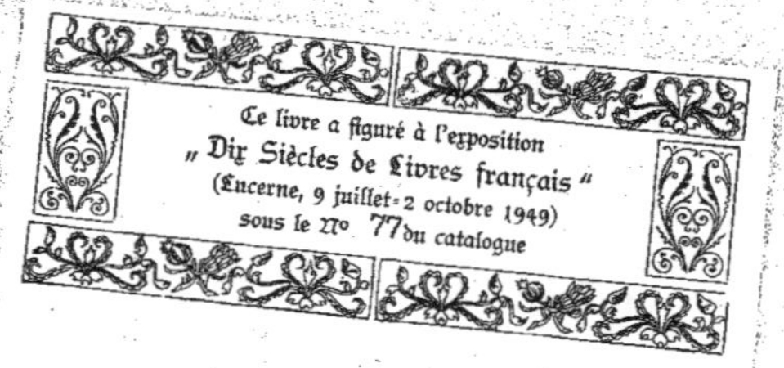
Ce livre a figuré à l'exposition
« Dix Siècles de Livres français »
(Lucerne, 9 juillet - 2 octobre 1949)
sous le n° 77 du catalogue

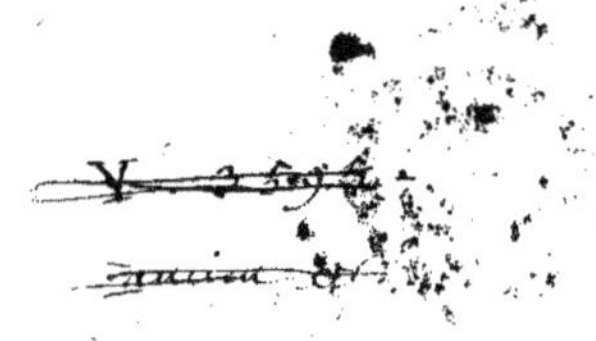

LORDINAIRE DES CRESTIENS.

Y

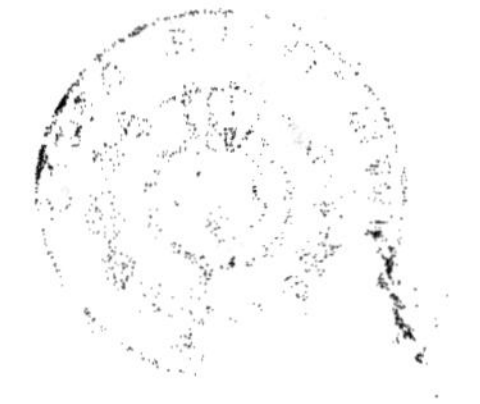

Ar ceste table len peut trouuer les matieres du liure nõme lordinaire des crestiẽs/qui contiẽt cinq parties principalles et chascune deuisee en parties

La pmiere est du sacremẽt de baptesme: ꝫ des douze articles de la foy.

La seconde est des dix commandemens de la foy.

La tierce est des oeuures de misericorde.

La quarte est de la maniere de bien se confesser.

La quinte des peines denfer ꝫ des ioyes de paradis.

En la premiere partie est faicte mention du baptesme et de la foy et contient sept chapitres.

Le premier est du Jeu que on fait ou saint sacrement de baptesme.

Le second est de la maniere de administrer le baptesme tant en necessite comme auec solemnite/de la matiere/de la forme de lintention/de lexorcisme et du cathecisme.

Le tiers est le latin de tout loffice de baptizer auec lexposition en francois.

Lequart de la vertu ꝫ de leffect du baptesme en lame batisee

Le quint des douze articles de la foy en general.

Le vi. de la souffisance des douze articles ou de quatorze.

Le septiesme est de chascun article de la foy en especial: Et de loeuure correspondant.

Le premier article est Credo in deum. ꝛc Loeuure correspõdant est craindre et aymer dieu.

Le second article est. Et in iesum christū. ꝛc. Loeuure correspondant est garder les commandemens de iesucrist selon quilles a declarez ꝫ enseignez en aymãt saincte pourete humilite ꝫ austerite.

Le tiers est. Qui cõceptus est de spũsancto. ꝛc. Loeuure correspondant est Conceuoir Jesucrist spirituellement par la vertu de saincte foy catholique: et honnorer pere et mere

Le quart est. Passus sub poncio. ꝛc. Loeuure correspondant est auoir pacience aux tribulations mondaines.

a ii

Lequit est. Desc endit ad iferna. ic Loeuure correspondãt est
Descendre enenfer p ar saicte meditatiõ par laqlle meditatiõ
on peut ressusciter de lamort de perche ala vie de grace.
Le sixiesme est. Ascendit ad celos. ic. loeuure correspondant
est auoir le cueur amont en desprisant la terre.
Le septiesme. Inde venturus. ic. loeuure correspondant est
veiller chascun sur son fait spirituel.
Le huptiesme est. Credo in spm sanctũ. loeuure correspondant cest Auoir vsance des cinq sens spirituelz.
Le neufuiesme est. Sanctã ecclesiã. ic. loeuure correspondant cest obeir a saincte eglise pour prier pour les trespassez:
q soy garder de estre excommunie.
Le dixiesme est. Sanctoruz cõmunionem. ic. loeuure correspondant cest Honnorer les sacremens.
Le vnziesme est. Carnis resurrectionẽ. loeuure correspondant cest Ne craindre point mourir pour la foy.
Le xii. est Ditã eternã amẽ. loeuure correspõdant cest despri
ser laqfoize q la felicite mõdale encõparaisõ dela gloire eternelle
℣ En sa secõde partie est faicte mention des dix com-
mandemẽs de laloy. et cõtient dishuyt chappitres.
Le premier comme dieu nous a baille et escript les dix com
mandemens en nostre propre corps.
Le secõd cõe les x. cõmademẽts sõt escriptz en lame raisõnable
Le tiers des benedictions promises aux vrays obseruateurs
de laloy.
Le quart des maledictiõs qvienẽt aux trãsgresseursde laloy
Le quint de chascun commandement enparticulier tant de
la chose commandee que de la deffendue. Et premierement
du premier. la chose cõmãdee au premier cest chãrite q vraye
adoration de la diuinite. la chose deffendue cest orgueil con
tre dieu /et toute maniere de ydolatrie.
Le sixiesme de la chose cõmandee au second cest acõplir ses
veux q garder la verite du baptesme. Le sixiesme de la chose deffendue cest abusion de iurer q de to?horribles sermẽs

¶ Cy finist la table de
ce pzesent liure.

Reature raisonnable a qui dieu a donne
memoie entendement (\voulente:le doit
recongnoistre seruir (\ aymer de toute sa
puissance tant pour le bien (\noblesse de sa
creation / que aussi de sa redemption :(\ de
la gloire que nous esperons. Lesquelles cho-
ses sont si grans biens que cueur ne les pourroit penser /ne
langue ne les scauroit desclarer. Item le doit craindze pour
euiter lapeine de eternelle damnatio: laquelle est si hozrible
chose seulement a ymaginer quil nest cueur humain qui par
mil ans se tant viuoit sur terre par chascun iour nen deust
trembler. Et ces peines nous ne pouons euiter ne les biens
de eternelle gloire auoir ne posseder: se nous nobeyssons au
createur en gardant nostre veu de baptesme:(\en acomplissant tous ses comandemens:esquelz scauoit(\entendze vng
chascun doit mettre aussi grande diligence (\plus: comme
il fait pour sauuer sa vie cozpozelle.car autremet il ne pourroit au long aller escheuer peche ne des faultes comises con
tre la voulente de dieu soy nettoyer repentir (\cofesser. Et
pourtant ala benoite trinite qui est lepere (\le filz (\le benoit
saint esperit vne essence de deite. et pour le salut des ames
que le doulx iesus a de son saint sang rachetees. Sensuyt
vne breue dortrine vzaye (\ catholique (\tres necessaire pouz
linstruction (\ souuement des crestiens. en la quelle sera ple
principallement de cinq choses. Desquelles dit monseigneur
saint pol en la pmiere epistre aux cozinthiens que mieulx va
lent (\proffittet au sauuemet des ames cinq parolles q dix
mille.Et sur ce dit maistre Nicolle de lyre que des cinq parolles que entend monseignr saint pol.La premiere est des
articles de la foy. La seconde des comandemens de la loy
La tierce des pechez que on doit euiter.La quarte des peines denfer que on doit monlt redoubtez.Et laquinte de
la gloize laquelle est sans fin que vng chascun doit desirer.
De ces cinq choses a lexemple du benoit apostre doiuent

Si vis ad vitam
ingredi serua man-
data.math.xx.

Confitebor tibi i
directione cozdis in
eo q didisci iudicia
iusticie tue.ps.cxviii

I.cozinh.xiiii.In
ecclavolo qnq verba
sensu meo loquivt z
alios instrua q de-
cem millia verbozuz
lingua.

escripre / prescher et enseigner tous ceulx qui veullent a dieu
plaire: et aux ames proffiter. et tout loyal chrestien qui a desir de paruenir a sauuement en doit sur toute s choses lyre
ou escouter. Car qui fait le contraire a en soy le signe deternelle dannation. comme sont ceulx qui ayment mieulx rom-
mans de guerres de batailles escriptures de poetes et de philosophes mondains: quilz ne font les vies et exemples des
benois sains et aultres sainctes escriptures qui touchent le
fait de la conscience et de leur sauuement. Et voit on voulentiers que telz gens courent apres les prescheurs qui principallement querent plaire aux mondains pour sen aller auecques
leur substance et argent lesquelz souuenteffois impliquent lentendement diceulx mondains en haultes difficilles et curieuses questions. et par vne doulceur de beau parler les enue-
lopent et mainent a leur fin ainsi que prophetiza monseigneur
saint pol en lepistre a leuesque thimothee disant. Il viendra
vng temps que le monde ne vouldra plus la bonne doctrine
et salutaire/ mais appeteront maistres qui leur diront et presche-
ront choses curieuses et fables qui leur seront plaisantes.
Desquelz prescheurs escript monseigneur saint Pierre en parlant aux crestiens: et dit que ainsi quil y eut au peuple des
iuifz faulx et mauuais prophetes prescheurs: ainsi leur auendra il. Car il viendra et sourdra entre eulx aulcuns maistres
plains de fallaces /de mauuaistiez et de deceptions qui don-
neront au peuple occasion de leur perdition. Et plusieurs
prendront et ensuiuront le chemin et la voye de leur adulte-
ration. ¶ Icy dit maistre Nicole de lyre que la parolle de
dieu est semence. Celluy doncques qui seme ceste semence
pour auarice ou pour orgueil principallement adultere la parolle de dieu le createur. Et plusieurs seront qui ouyront
voulentiers telz prescheurs: non pas principallement pour leur sauuement ou pour corriger leurs vices et pechez mais pour le doulx
et beau langage pour leur philosophie et les choses nouuelles
et curieuses que ilz faindront par leur astuce et inuentions.

¶ Hoc primum scientes ꝗ venient in nouissimis diebus in deceptione illusores iuxta proprias concupiscentias ambulantes et cetera. ii. petri. vlti.

¶ ii. thi. iiii. Erit et tempus cum sanam doctrinam non sustinebunt. sed a sua desideria coaceruabunt sibi magistros prurientes auribus et a veritate quidem auditum auertent ad fabulas aut couertentur. etc.

¶ Item. ii. pet. ii. ca. Fuerunt vero et pseudo prophete in populo sicut et in vobis erunt magistri mendaces qui introducent sectas perditionis. etc. et in auaricia fictis verbis de vobis negociabuntur.

¶ Semen est verbum dei. luce. viii.

¶ Paulus ad galathas. i. ¶ Si adhuc hominibus placerem xpi seruus non essem. ps.

¶ Confusi sunt qui hominibus placent quoniam dominus spreuit eos.

¶math.vii. Attēdi te a falsis ꝓphetis qui veniūt ad vos i vestimentis ouium ꝛc.

¶Itē surgēt pseudo christi et pseudo prophete et seducēt multos.

¶Item actuū .xx.

¶Attendite vobis ꝛ vniuerso gregi in quo vos sp̄ssctūs posuit ep̄os regere ecclesiā dei quā acq̄ siuit sanguine suo. Ego scio qm̄ intrabunt post discessionē meam lupi rapaces in vos non parcentes gregiꝛ exvobisipsis consurgent ꝛ cetera.

¶Qui non est mecum contra me est. Luce.xi.

¶Diuisio p̄ntꝫ opusculi.

Et par ceste forme ꝛ maniere la voye de dieu ꝛ de verite: cest des cōmandemēs ꝛ des articles de la foy sera blaphemee de telz manieres de mōdains curieux q̄ despriserōt les pscheurs de la simplesse de leuāgille. Et pourtāt cōme dit mōseignr sait gregore q̄ nul nest voulētiers ouy sil ne plest aux escoutās: aucūs des pscheurs de leuāgille cōsiderans la predication des mōdains maistres deuātditz estre prisee ꝛ desiree: ꝛ leur pdication desprisee: sefforcerōt de les cōtrefaire ꝛ de les ensuiuir en allegāt philosophes/poetes/ꝛ autres doctrines nō euāgeliques. parquoy ilz cherrōt es las de lennemy denfer: ꝛ en lyre de dieu le createur. Car dit le saint espit q̄ ceulx q̄ desirēt plaire aux mōdains en la curiosite ꝛ vanite de leurs desirs viennēt a grāt cōfusion. Leuāgille ꝛ les autres sainctes escriptures en plusieurs pas no' ꝑmunissent cōtre la tētation des faulx mauuais ꝛ deceuables pscheurs: leq̄lz seront le signe ꝛ pnostication de lantecrist /cōme nous auons desia veu par mainte expience et speciallement depuis cinquāte ans. ꝛ sera veu ainsi que ie croy de mal en pis iusq̄s au regne du faulx ātecrist. Et entēs diceulx pscheurs q̄ sont ꝛ viuēt a loppossite de ce q̄ nostre mere saincte eglise leur a limite ꝛ ordonne au sixziesme des decretalles/au chapitre Cū ex eo. ꝛ au septiesme au chapitre q̄ se cōmence Abusionib'9: ꝛ qui principallemēt querēt nōpas lamour de dieu ne le sauuemēt des ames/mais or ꝛargēt selonlappetit deleur auarice. Car q̄ vouldroit soustenir auec ꝑtinacite q̄ telz prescheurs fussent de la partie de iesucrist: il se demōstreroit vrai heretique ꝛ excōmunie. Donc pour euiter le peril de ceste erreur ꝛ dānation/pour rassembler ꝛ aduiser les poures ouailles de iesucrist: ce sont to'vrais ꝛ loyaulx crestiēs. Il y aura en ce psent traicte/cōme desia a este dit cinq parties. La pmiere ptie sera de la noblesse ꝛ de la verite du veu de crestiēte /leq̄l veu est fait au sacremēt de baptesme: ꝛ aussi des douze articles de lafoy. La secūde sera desdix cōmandemēs de laloy auec la trāsgression diceulx: ce sont les sept pechez mortelz.

La tierce sera des sept oeuures de misericorde/desqlles oeu
ures sera tenu legrãt z dernier iugemẽt:et les bons z mau
uais en seront examinez. Et les cruelz z auaricieux a mort
eternelle cõdãnez. Et les piteux z misericordieux en la gloi
re de paradis remunerez. laquarte partie sera enseignement
pour biẽ et entieremẽt se confesser des pechez qui se peuent
commettre alẽcontre des articles de la foy z des cõmandemẽs
de lafoy/ou des bõnes oeuures que on laisseroit a faire con
tre la misericorde de dieu.sans laqlle nul ne peut bonnemẽt
paruenir a sauuemẽt/car tout peche est ramene z cõprins a
cõmission en faisant peche. Ou a omission en laissant le biẽ
que on estoit tenu et oblige de faire.laquinte et derniere par
tie sera des peines denfer z des ioyes de paradis. ¶Itemest
a noter que tãt pour satisfaire aux clercz z pour plus pfaicte
mẽt confermer ce qui est escrit en frãcois:q aussi pour euiter
limplication z distraction du petit entendemẽt des simples
gẽs ie mettray en teste du liure en plusieurs passages les au
ctoritez/cõnotations/et allegatiõs q se font enlatin.excepte
letexte du seu de baptesme/leql iay voullu inferer de mot
a mot en cest escript pour demõstrer la chaite z ruine du peu
ple crestien en toꝰestas qvit au iourduy cest le sixziesme iour
de iãuier de lan mil CCCC soixãte z sept aps la natiuite
de nostre seignr iesucrist. et du cõmencemẽt ou de la creation
du mõde six mille sixcens lxvi. selon plusieurs croniques et
manieres de nõbrer les ans esquelz an z iour a este pmiere
ment cõmence a escrire ce present liure.

¶Sensuit lapmiere partie de ce present liure.

Uant a la pmiere partie qui est du seu z sacremẽt de
baptesme est a noter que apres que iesucrist a fait pu
blier et prescher sollennellement la verite de leuangille tãt
par ses benois apostres que autres prescheurs. il est impossi
ble destre sauue q ne sera baptise. z q croira en iesucrist z sera
baptise:semblablemẽt est ipossibleq finablemẽt il ne soit sauue.
carcest labouche dedieu q la sentẽce z texte deuãgille q ainsi

Primũ capm.

¶ Jo.viii. Qui ex
deo est verba dei au
dit.

¶ Jo.iii. Nisi qs
renatus fuerit ex a-
qua z spūscto nō po
test itroire i regnuz
dei.

nous le tesmoigne.parquoy est chose tresnecessaire a sauoir
Premierement parqui ¿ en quelle maniere le sacrement de
baptesme doit estre dõne. Secondemẽt la forme ¿ maniere
de lexecuter sollennellemẽt.Tiercement la vertu ¿ leffect
quil a en lame crestienne.Et quartement congnoistre chũn
article de la foy en particulier.¶Quant au pmier/cestass
que baptiser ou baptesme vault autãt a dire cõme lauer.et
sentent principallemẽt de lame/laquelle par la vertu de dieu
est nettoye moyennãt ce sacremẽt de tout peche soit orgueil
veniel ou mortel.Mais pourtãt que la puissãce de dieu nest
pas restraincte:ne lyee par linstitutiõ des sacremẽs que de
sa puissãce absollue il ne puisse en plusieurs manieres net ?
toyer:¿purger lame la lauer de peche.Les docteurs dient ql
ya trois manieres de baptesme.Lapmiere maniere est quãt
aucũe psonne seroit par priuilege singuliez sainctifiee de la
coulpe originelle deuant que nasqr ou aps selon le plaisir et
voulente du createur/cõme fut hieremie:¿.s.iehan baptiste
Lasecõde maniere quãt aucũ nõ baptise appos de se faire ba
ptiser en lieu ¿ en tẽps/¿ deuant ql soit baptise il meurt par
martire ou autremẽt:il pourra estre en voie de saluatiõ:silny
a autre empeschemẽt.Latierce cest la cõmune ¿ sacramẽtelle
qui se fait par polle ¿ par eaue.Et tel sacremẽt ¿ tout aultre
doit estre ordinairemẽt execute par hõme pstre vicaire quãt a
ce de iesucrist vray dieu ¿ vray hõme.Mais encas de necessite le baptesme se pourroit bailler deumẽt de toute autre p
sonne humaine qui peut auoir puissãce ¿ intentiõ de faire et
dire ce que saicte eglise fait ¿ dit en administrãt sollẽnelle
mẽt tel sacremẽt/par ainsi que sil y auoit hõme qui ce peust
¿ deust faire:fẽme ne le deueroit faire sil y auoit clerc en sai
ctes ordres/le soudiacre ne le deueroit faire deuant le diacre
ne le lay deuant le simple clerc/car autremẽt ilz pecheroient
Et sil y auoit oportunite de tẽps:ilz deueroiẽt soit hõe oufẽ
me reqrir misericorde auec grãde cõtritiõ deleurs pechez silz
auoiẽt remors de cõscience de peche mortel/car qui administre

ou recoit aucun sacremét il doit estre en estat de grace z cecy est
quát aux ministres de ce sacrement ¶ Item est assauoir que
toute creature humaine nó baptisee est obligee a receuoir ce
sacremét cōr dit est en lieu z téps. Mais autremét estoit ceste
obligatió acóplye au cómencemét de leglise et autremét au
téps de psent/car au cómencemét on ne baptisoit si non en la
vigille de pasqs z de péthecoste: z ceulx q deuemét estoiót cathecumins. cestadire istruitz des articles de la foy z de ce qlz
deuoiet vouer z pmettre Mais aps par linspiratió du saint
espit fut ordóne q les enfás rátost aps qlz seroiet nez seroiet
baptisez. car en eulx na chose q puisse épescher leffert de ce sa
cremét cóme seroit peche mortel actuel ou sirtió. Et ce prede
De la misericorde z iustice diuine. Car ainsi cóme deux per-
sónes restass adain z eue nous obligerét to? De loy cómune
a peche z a dánation sáns nostre coulpe actuelle Aussi plaist
Il a la iustice diuine q nostre pere iesu crist z nostre mere saincte eglise signifiez ou parrain z marraine no? rediget a sauuemét deuát que no? ayons vsance raison ou puissance daucune operation.

¶ Ensuyt la maniere de conferer le saint baptesme . en
article De necessite second chapitre

E la maniere de conferer le sacremét de baptesme en
cas de necessite . cestass que se femme ou aultre simple persone baptise: Il Doit aduiser a la matiere du sacre-
mét/z a forme des parolles z a lintention. Premierement
d la matiere. Car ce doit estre eaue naturelle/car femme pourroit baptiser/de vin/de sydre/de sang/de laict/de brine/de
rauerose ou autre eaue distillee. mais on baptiseroit en nes
cessite De lessuie z De eaue en quoy on auroit cupt la chair.
Et est saincte chose z bon conseil que onait de leaue benoite
en sa maison. car sil estoit bonnemét possible on ne deueroit
pas baptiser dautre eaue. Item sont aduiser simples gens
que sil apparoissoit aucun membre de lenfant auql on congnoistroit bien z dóit on cóuiendroit baptiser deuát qlz nasquist

pfecteiht:on le deueroit baptiser en ce meBre q apparoistroit
Item se la mere trespassoit deuant la natiuite de lenfant
que on croyroit veritablemet viure en esse/on doit hastiue=
met lui tesillone: la bouche/z puis discretemet ouurir le ven
tre de la feme z baptiser le petit enfant sib est trouue en vie.
Silest trouue mort:il ne doit pas estre enterre auecques la
mere en terre benoiste se la mere nauoyt este tuee et mise a
mort pour lamour de dieu/ou pour la verite de la foy. Car
en tel cas plusieurs docteurs tiennent q lenfant seroit mar=
tir. Cest plus a craindre z a plaindre que vng enfant meure
sans receuoir le sacrement de baptesme que ne seroit la de=
struction z le fondement en abisme de toutes les villes/cha
steaux/z citez du monde. En quoy appert le grant peche et
la grant coulpe de ceulx qui se gouuernent mal en ceste ma=
tiere en quelque maniere que ce soit. Quant a la forme cest
aux parolles qui se doiuent dire:il conuient garder celles q
sont ordonnees de dieu z de saincte eglise tant en cas de ne=
cessite que de sollennite. cestassauoir. Ego baptiso te In no=
mine patris z filii et spiritussancti. Amen. Et en francois
Je te baptise/ou nom dupere z du filz z du saint esperit ame.
Ou en autre langage ou parolles signifiates ceste mesme
sentence. Car on peut baptiser en toutes manieres de langa
ges. Et douient que les parolles z le faire/cest mettre leaue
sur lenfant soient totallement ou aucunement ensemble.
Cest adire que deuant que on ait dit toutes les parolles on
aib comence a mettre leaue: ou deuant que len ait acheue de
mettre leaue on comence les parolles/car autrement ny au
roit point de baptesme. cestass. se len disoit toutes les parol
les z apres mettre leaue. ou purement acheue de mettre
leaue: z apres dire les parolles. Quant a lintention cestass.
que a tout le moins la personne qui baptise doit auoir inten
cion de faire ce que nostre mere saincte eglise entent: z com=
mande faire. Et peut souffire telle generalle intecion. mais
qui croit lopposite ou lauroit en son intencion cest que se fa=

Nota

De forma baptismi

De intentione.

crement de baptesme ne purifie pas lame de tout perche ou
quil ne souffiroit des parolles deuantdittes.cest/Je te bapti
se ou nom dupere ⁊du filz ⁊du saint esperit:qui ne diroit a-
uecq ce ⁊de nostre dame:ou de saint iehan/ou chose seinbla-
ble:il ny auroit point de baptesme.Car lintention qui est de
necessite du sacrement ne seroit pas bonne ne droitte. Des
autres cas ⁊difficultez qui sont en ceste matiere deueroiet
les curez ⁊prescheurs aucuneffois admonester en publique
pour les diuers ⁊piteux cas q̄ par ignorace en aduiennet en
plusieurs lieux de la crestiente.La seconde chose principallement a considerer en ceste matiere est de la forme ⁊maniere
qui est plus communemet tenue en saincte eglise romaine en
baptisant sollennellement:en laquelle ie tendray tel ordre.
Premieremēt ie declareray que cest adire exorciser ⁊cathect
ser.Secondemēt ie mettray le latin tant de lordinaire que
des oroisons ⁊autres choses ainsi q̄ on en use en leglise plus
cōmunement.Et tiercement ie mettray la substance du latin deuantdit en francois ⁊la signification de ce qui se fait
⁊dit selon lexposition daulcuns docteurs en saincte theolo-
gie.Quāt au premiez cestass̄ que lexorcisme ⁊cathecisatiō
doiuēt preceder le baptesme.Mais pour bien entendre que
cest exorciser/est a noter q̄ quant adam ⁊eue a qui dieu auoit
bōne dōnation de tout le mōde:desobeirēt adieu/le diable prit
puissace sur eulx ⁊par cōsequēt sur toute leur dōnation cōme
estoit laer/leaue/⁊les aultres creatures q̄ estoient faictes et
crees pour hōe.⁊adōc sappella le diable prīce du mōde.mais
iesucrist est venu pour le cōbatre ⁊bouter hors de ce q̄l tenoit
p̄ tyrānie.et pourtāt tout choses q̄ sōt dediees ⁊consacrees a
dieu ⁊a son diuin seruice cōe eglises/cimiteres/autelz/corpo-
raux/calices/touailles/vestems aptenās au sait mistere de
lautel sōt exorcisez par labn̄diction ⁊p̄ lasaicte oroison des prestres euesq̄s.cestadire q̄ lapuissāce de lēnemi ifernal est cōiu-
ree ⁊mise hors desdict̄ choses.et pourtāt le petit enfāt est en
la puissāce ⁊dōation de lennemy par lepeche de noz p̄miers

De exorcismō.

Gen.i. Dominā-
mini piscib⁹ maris:
et volatilibus celi ⁊
vniuersis animanti-
bus qui mouentur
super terram.

Huc princeps hu-
ius mundi eicietur
foras Jo.xii.

Bi

parens.lequel doit estre par le saint sacremēt de baptesme
dedie ⁊ consacre tres saint temple du benoit saint esperit.
depute au dinin seruice de iesucrist ⁊de saincte eglise catho
lique il doit estre exorcise.Et se ainsi estoit que aulcun petit
enfant fust baptise en cas de necessite sans estre cathecise ne
exorcise:⁊ il Biuoit/len doit par apres supplier et faire ceste
sollennite de exorcisatio.En la quelle selon Richart demp
Bille sont faictes plusieurs choses,ainsi ql apparoistra ende
clarant letexte.Et cecy est quant a present de lexorcisme.⁊
reste a Beoir que Bault a dire ⁊ signifier catheciser.Catheci
ser Bault autant adire cōme instruire ou enseigner les fōde
mens ⁊ articles necessaires de nostre saincte foy.Car toulz
qui doiuent estre baptisez ⁊promettre garder la foy ⁊ les cō
mandement en doiuent premierement estre enseignez/Car
nostreseigneur cōmauda aux apostres le iour de sa benoite
ascention aller parmy le monde enseigner ⁊ baptiser.⁊ dist
pmierement enseigner que baptiser.Et pourtāt au cōmen
cement de leglise ceste maniere estoit gardee que nul nestoit
baptise iusques a ce quil fust suffisamment cathecise cest in
struit ⁊ enseigne des principes ⁊articles de lafoy.Et durāt
letemps quilz apprenoient la foy en bon propos destre bapti
sez ilz se appelloient cathecumins.⁊ en cest estat ⁊degre de
moura monseigneur saint martin par lespace de huyt ans.
Car a dix ans fut fait cathecumin⁊ a dixhuyt ans fut bapti
se.Mais apres que la crestiente fut monlt augmētee ⁊mul
tipliee le benoit saint esperit a inspire leglise de la maniere
de faire plus certaine ⁊ prouffitable.cest que les enfans se
ront baptisez tantost quilz seront nez pour les perilz⁊empes
chemens qui pourroient auenir:par ainsi que les parrains ⁊
marraines se obligent adieu ⁊a saincte eglise que quant ilz
auront aage ⁊ discretion ilz leur aprendront la loy la foy et
les choses apartenantes ⁊necessaires a leur sauluement se
le pere ou la mere naturelz ou aultres ne leur apprennent.
Et pourtant dit monseigneur saint thomas en son quart ꝗ

⸿ Illi qui ꝓ bapti
zadisibaptismo spo
ponderūt tenēt eos
symbolo pater nr̄ et
alia bona ifoꝛmare.
de consecra. di. iiii.
Uos ante.
⸿ Textus.
⸿Uos ante oīa taꝝ
viros ꝗ̄mlieresqui
filios i baptismo su
scipist̄ moēo vtvos
cognoscatis fideius
soꝛes apud deū pꝛo
illis extitisse quosvi
estis de sacro fon=
te suscipere.ideo sp
admouete vt casti=
tatem custodiāt iu=
sticiam diligat . ca=
ritatem teneant.an=
te omnia symboluꝫ
⁊ oꝛationem domini
cam ⁊ vosipsi tene
te ⁊ illis quos exce=
pistis ostendite.
Hec ibi.

quant les parrains ou marraines disent Credo: il vault autant a dire selon vne exposition / comme ie promes mettre
vraye cure ꝛ diligence de instruire cest enfant quãt il aura
sens ꝛ discretion pour entendre ce qui est de necessite de sauuement. Car combien quil apartienne aux prelatz et curez
denseigner leurs subgetz en general: touteffois apartient il
en particulier ꝛ special aux parrains ꝛ marraines de enseigner ceulx pour lesquelz ilz sont obligez. En quoy appert le
grant ꝛ merueilleux peril de plusieurs parrains ou marraines qui promettent enseigner ce quilz ne sceuent pas. Pour
tant pres que tous et toutes au iourduy froissent ceste promesse. Parquoy monlt de ieunes gens viennent a mallefin
et croy veritablement que le deffault de soy ꝛles maulx que
nous voyons viennent radicallement ꝛen plus grant partie
de ce deffault. Parquoy principallement iay este esmeu de
declairer ꝛ escrire ceste matiere. Car pour neant repare le
hault de ledifice dont les fondemens sont ruineux. Et cecy
suffise quant a present de lexorcisme et du cathecisme. Car
la maniere et la practique est declaree cy apres plus en parti
culier a celle fin que simples gens puissent entendre qui ont
voue et promis au baptesme et la noblesse et dignite de crestiente: ꝛ laforme ꝛ maniere comme ilz ont este dediez ꝛ consacrez ꝛ faiz le temple du saint esperit et de ce que en attendent les bons ꝛ loyaulx crestiens. Et par consequent aussi
quilz puissent entendre la cheute ꝛ ruine / le peril et le grant
mal en quoy est paruenue la plus part des crestiens qui ne
gardent ne loy ne cõmandemens. Et aussi que ceulx qui se
vouldroient reformer ꝛ crier a Dieu mercy ꝛ soy repentir et
confesser nompas soy desesperer : puissent auoir par cest escript laforme ꝛ maniere ꝛ le chemin ouuert de retourner au
doulx Jesus qui les appelle ꝛ attent les bras estendus promettant ce par ce moyen ou par autre ilz veulent tant quil
est temps se conuertir: quil leur pardonnera la transgression
ꝛ trasbyon de soy rompue.

¶ Venite ad me om-
nes qui laboratis et
onerati estis. et ego
perficiam vos.
Math. xi.

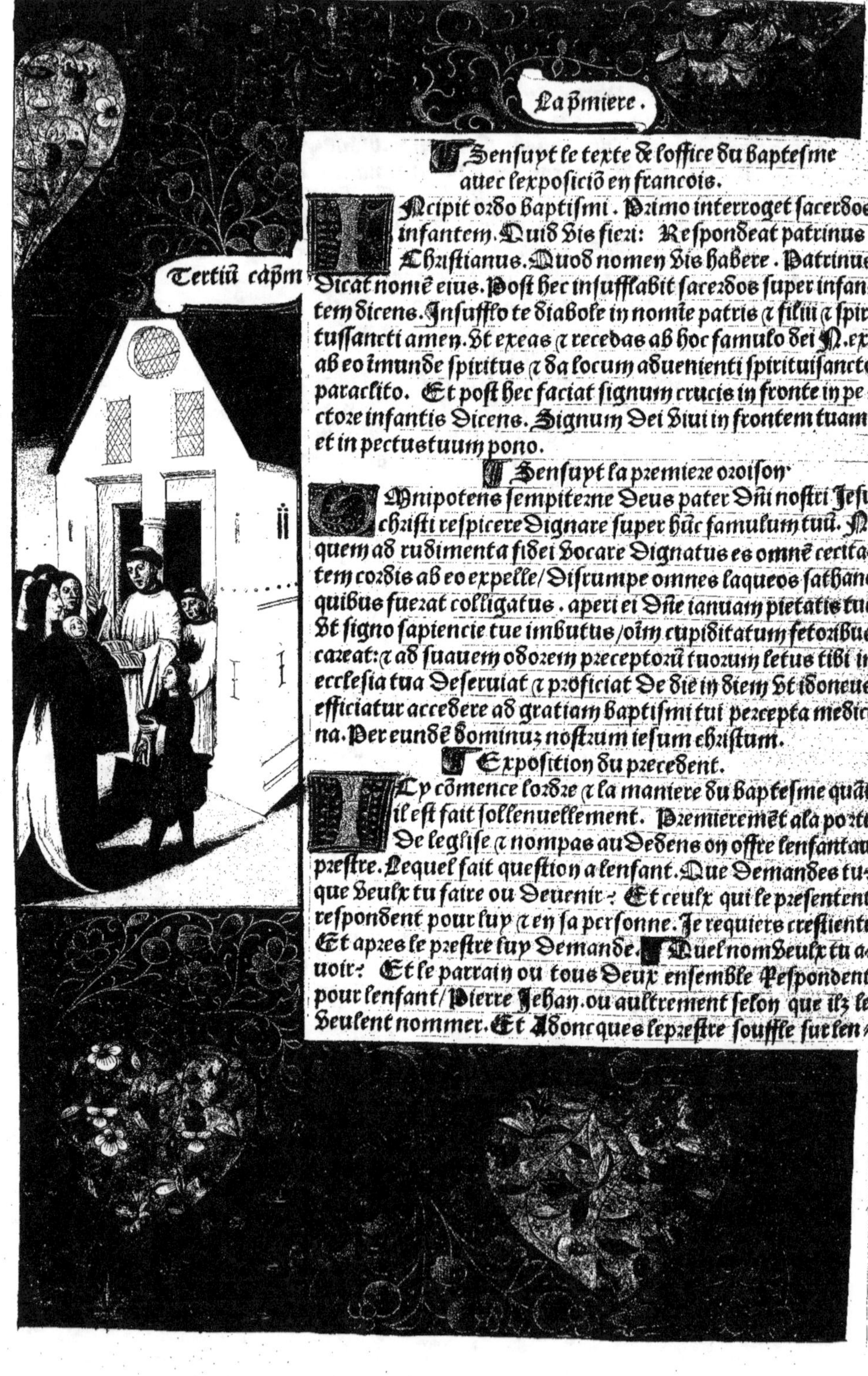

¶ Sensuyt le texte de loffice du baptesme auec lexposiciō en francois.

INcipit ordo baptismi. Primo interroget sacerdos infantem. Quid vis fieri: Respondeat patrinus. Christianus. Quod nomen vis habere. Patrinus dicat nomē eius. Post hec insufflabit sacerdos super infantem dicens. Insufflo te diabole in nomie patris ꞇ filiī ꞇ spiritu sancti amen. Et exeas ꞇ recedas ab hoc famulo dei N. exi ab eo imunde spiritus ꞇ da locum aduenienti spirituisancto paraclito. Et post hec faciat signum crucis in fronte in pectore infantis dicens. Signum dei diui in frontem tuam et in pectus tuum pono.

¶ Sensuyt la premiere oroison·

OMnipotens sempiterne deus pater dīi nostri Jesu christi respicere dignare super hūc famulum tuū. N. quem ad rudimenta fidei vocare dignatus es omnē cecitatem cordis ab eo expelle/ Disrumpe omnes laqueos sathane quibus fuerat colligatus. aperi ei dīe ianuam pietatis tue Vt signo sapiencie tue imbutus/oīm cupiditatum fetoribus careat:ꞇ ad suauem odorem preceptorū tuorum letus tibi in ecclesia tua deseruiat ꞇ proficiat de die in diem vt idoneus efficiatur accedere ad gratiam baptismi tui percepta medicina. Per eundē dominuz nostrum iesum christum.

¶ Exposition du precedent.

CY cōmence lordre ꞇ la maniere du baptesme quāt il est fait sollenuellement. Premieremēt ala porte de leglise ꞇ nompas au dedens on offre lenfant au prestre. Lequel fait question a lenfant. Que demandes tu? que veulx tu faire ou deuenir? Et ceulx qui le presentent respondent pour luy ꞇ en sa personne. Je requiers crestiente Et apres le prestre luy demande. ¶ Quel nom veulx tu auoir? Et le parrain ou tous deux ensemble respondent pour lenfant/ Pierre Jehan. ou aultrement selon que ilz le veulent nommer. Et adoncques le prestre souffle sur len-

fant en diſant a lennemy denfer lequel a puiſſance ⁊ domination ſur lepetit enfant pour la coulpe du pecße originel:
ennemy ie te exſouffie ou nom du pere ⁊ du filz ⁊ du ſaint eſ
perit:⁊ te commande que tu ten pſſes ⁊ departes de ceſte cre
ature que tu tenoies en ton ſeruice. laquelle dient au ſeruice
de dieu. Depars toy maintenãt eſperit de damnation:et
donne lieu au benoit ſaint eſperit preſt de venir reformer et
cõſoler ceſte ame. Et apres cecy dit:face le preſtre le ſigne de
lacroix au front ⁊ en la poictrine de lenfãt: en diſãt. Je mes
le ſigne de dieu le vif/ Ceſt de ieſucriſt en ton front ⁊ en ta
poictrine ¶ Sur ce myſtere len peut faire queſtiõ ſe len doit
dire a lennemy. Exeas ⁊ recedas ab hoc famulo tuo/vel dei
Ceſt adire depars toy de ceſtuy ou ceſte ton ſeruiteur ou ſer
uiteure . ou ſe len doit dire depars toy de ceſtuy ſeruiteur
ou ſeruiteure de dieu. ¶ Reſponſe. Len treuue en aulcuns
liures ſeruiteur de lennemy Et ce peut biendire et entendre
lun ⁊ lautre:poſe quil ſemble bien auoir grande difference:
entre ſeruiteur de dieu:⁊ du diable Car ceſt choſe ipoſſible
deſtre ſeruiteur de dieu:⁊ du diable aſſembleement . Mais
ceulx qui diſent ⁊ ont en eſcript en leurs liures ſeruiteur de
lennemy parlent quant pour lheure preſente . Car lenfant
neſt ſeruiteur de Jeſuchriſt iuſques a leaue de bapteſme.
car ſil mouroit par deuant que auoir receu leaue ou nom du
pere ⁊ du filz ⁊ du ſaint eſperit:il ne ſeroit point en voye de
ſauuement. ainſi que dit Cyprian. et le recite monſeigneur
ſaint Thomas en ſon liure. par quoy le petit enfant ſe peut
dire reallement ⁊veritablement en la domination de lenne
my:⁊ nompas ſeruiteur de dieu. Mais ceulx qui lappellent
deuant le bapteſme ſeruiteur de dieu:entẽdent pour le tẽps
auenir apres que ſera acheue le myſtere qui ia eſt commẽce .
Et pourtant que ceſte ſollennite de exorciſer et catheciſer
neſt pas de leſſence ⁊ neceſſite du bapteſme: il nya pas grãt
peril ou differẽce lire lun ou lautre/mais q̃ on entende ſaine
mẽt. Jtẽ par lexſufflatiõ q̃ fait le pſtre ſur lenfãt: eſt ſignifie

Queſtio

Reſponſio

¶ Nõ poteſtis deo
ſeruire et mãmone.
¶ Math. vi. ¶ Jtẽ
qui non eſt mecum
contra me eſt. Et q̃
non colligit mecum
diſpergit ¶ Lu. xi.
Marci. ix. Math.
xii

quil chasse ꝓ debboute la puissãce que peut auoir le mauuais
esperit qui sefforce dempescher toute bonne o:uure ¶Item
par lesigne de lacroix fait ꝓ imprime au front ꝓ en la poctri=
ne:est signifie que lenfant prent vertu ꝓ puissance de resister
a lennemy en publique ꝓ en appert par lacroix faicte au frõt
ꝓ en secret de conscience par la croix faicte en la poictrine .
Apres ces choses deuantdictes le prestre fait oroison a dieu
en la psonne de toute saincte eglise en ceste maniere .

Laise vous mon benoit dieu exaulcer mon oroison:et
que mon desir ꝓ clameur puisse paruenir deuant vous
vray dieu eternel ꝓ tout puissant/pere de nostre seignr Iesu=
christ plaise vous regarder sur cestuy vostre seruiteur. A le
quel il vous a pleu tirer ꝓ appeller au cõmencement de la cõ
gnoissance de la foy:et vous plaise lenluminer de vostre gra
ce:ꝓ rompre les lyens de lennemy /desqlz il le tient enlasse.
Item vous plaise vray dieu luy ouurir la porte de vostre mi
sericorde:ꝓ luy dõner le signe de la vraye sapience par laqlle
il puisse euiter le pouoir de toute auarice mondaine: ꝓ rece=
uoir la doulce oudeur de voz sains cõmandemens par lesqlz
il voꝰ puisse ioyeusemẽt seruir en saincte eglise:ꝓaussi proffi
ter de iour en iour/affin que par ceste medecine il ait disposi
tion a receuoir lagrace de vostre baptesme. Et recy nous re
querons en la vertu ꝓ ou nom de nostre seigneur Iesuchrist
Amen. ¶Item est a note que le prestre consacre a dieu soit
en estat de grace ou de peche mortel:quant il fait sollennel=
lemẽt loffice qui apartiẽt a prestre /il est ministre ꝓ seruiteur
de toute saincte eglise:ꝓ parle a dieu pour ꝓ ou nom delle.
Et pourtant le clerge qui signifie ꝓrepsente leglise respond
Amen.Cest adire nous requerons tous que ainsi soit cõme
tu as dit ꝓ demande. Et pource que saincte eglise vniuer=
selle comprent tout le saint college de paradis ꝓ toutes les
sainctes creatures de ce monde et de purgatoire/le benoit
doulx Iesus qui est chief ꝓ capitaine de toute saincte egli=
se : regarde principallement le merite de saincte eglise es

sainctes oroisons qui se font par les prestres soient bons ou
mauuais. O qui par lumiere de vraye foy ⁊ de saincte contemplation verroit la vierge marie ⁊ tout le saint college de
paradis: et qui plus est le benoit doulx iesuchrist en tant que
homme: priant ⁊ suppliant la maieste de dieu lepere quil luy
plaise pardonner a cest enfant la coulpe originelle: ⁊ luy donner grace quil puisse estre membre de Jesucrist ⁊ du college
⁊ compaignie de tous les sains: deueroit bien estre rempli de
doulceur ⁊ de admiration. ¶ Item deuos noter que nostre
seignr Jesuchrist nous a enseigne ⁊ comande de requir et demander en son nom: disant veritablemet ie vous dy que se
vous demadez aucune chose a dieu mon pere en mon nom:
il se vous donnera. Et pourtant nostre mere saincte eglise
tient ceste forme que en lafin de ses oroisons comunement
elle met. Per dnm nostrum iesum. Len demade ou nom de
Jesus quat on demade choses qui sont pour la glore de dieu
⁊ le sauuemet des ames. Car Jesus vault autant adire come sauueur. Et est impossible que qui demande ce ql doit
demeder: ⁊ ainsi ql doit demader / quil soit reffuse. Car dieu
a dit de sa bouche que tous ceulx qui demaderot ainsi quil
est dit quilz receueront leur demande ⁊ peticion.

  ¶ Hic faciat sacerdos crucem
   in fronte infantis dicens.

Reces nostras qsumus dne clemeter exaudi ⁊ huc fa-
mulu tuu crucis dnice cuius impssione eum signam̄
virtute custodi vt magnitudinis glorie tue rudimenta seruans per custodiaz mandatoru tuoru ad noue regeneratidis
gratiam peruenire mereatur. Per christum

Eus qui humani generis ita es conditor vt sis etiam
reformator: propiciare populis adoptiuis ⁊ nouo testa-
meto sobolem noue prolis ascribe vt filii promissionis quod
non potuerunt assequi per natura: gaudeant se recepisse per
gratiam. Per christum dominum nostruz. Amen.

  ¶ Exposition du texte precedant

         b iiii

¶ Amen dico vobis
siquid petieritis pa-
trem in nomie meo
debit vobis. Joh.
xvi.
¶ Dico vobis si duo
ex vobis consence-
rint super terraz de
oinni re quacuqz pe-
tierint fiet illis a pa-
tre meo qui est i ce-
lis. ¶ Math. xviii.
¶ Ego dico vobis
petite ⁊ dabitur vo-
bis. querite ⁊ inue-
nietis. pulsate ⁊ ape-
rietur vobis. Omis
eui qui petit accipit
⁊ qui querit inuenit
⁊ pulsanti aperietur
¶ Luce xi. cap.
¶ Ambrosius de of-
ficiis ¶ Impossibi-
le est orationes mul-
tor non exaudiri

Pres les choses dessusdictes le pstre fait de rechief le signe de lacroix auecq le poulce au front de lenfant auecq telle oroison. Vray seigneur de tout le monde nous requerons que par ta doulce clemence q̃l te plaise receuoir noz prieres/cest que tu gardes z deffendes cestup ton seruiteur ou seruante auquel ou a laqlle nous auons imprime ou front le signe de lacroix z a ce quil puisse regarder lintroductiõ de tes cõmandemens z paruenir a laglore de nouuelle regeneration.cest des sains fons de baptesme:z de ce te requerons ou nom et en la vertu de nostre sauueur iesucrist amen. Et ainsi le doit entendre cõme est expose par deuãt partout ou il y a Per Dominum)

¶ Item sensuit une autre oroison en telle maniere. Vray dieu qui as fait z forme humain lignage z puis aps las reforme. Plaise toy receuoir en adoption ceste nouuelle signee z le scrire entre les enfans du nouueau testament:affin que par ta saincte grace il puisse receuoir ce quil ne peut auoir par nature. Per dñm. zc. Et ainsi appert que par trois fois a este desia signe du signe de lacroix cellui qui doit estre baptise:z trois oroisons a dieu psentees pour signifier que la vertu du saint baptesme:zce qui y est fait vient z procede de toute la benoite trinite ¶ Et de ce nous auons figure ou baptesme de nostreseignr ouquel se demonstra la benoitre trinite en figure euidente Dieu le pere en la voix q dist vecy mon filz. Dieu le saint esperit en semblance de coulombe.et dieu le filz en nostre humanite.

¶ Sensuyt lexorcisme du sel.

Exorciso te creatura salis In nomie dei patris omnipotentie et in caritate dñi nostri iesu christi et in virtute spiritussancti exorciso te per deum viuum per deum verum per deum sanctu.per deũ qui te ad tutelã humani generis pcreauit et populo venienti ad credulitatẽ per seruos suos cõsecrari precepit. Proinde te rogamus dñe deus noster ut hec creatura salis in nomie sancte z indiuidue trinitatis efficiat

Ascendens iesus de aqua vidit celos apertos et spiritum sanctum tanqͧ colũbam descendentẽ et manentem in ipso et vox facta est de cel tu es fili(us) meus. zc ¶ Marci.i. idem mathei.iii.

salutare sacramentū ad effugandū inimicū quā tu dñe sanc/
ctificando sanctifices benedicendo bñdicas Et fiat oībus ac
cipientibus pfecta medicina pmanens in visceribus eorum
in nomie eiusdē dñi nostri iesu christi qui Venturus est iudi/
care viuos z mortuos z seculū per ignem Amen ¶Hic mit/
tat sal in ore infantis petendo nomen et° z dicens. Accipe sal
sap, entie Et sit tibi dñs ppiciatus in vitam eternam amen.
¶Pres les choses deuātdittes le prestre exorcise le sel en
disant Je te exorcise creature de sel. Cest adire ie côiu
te en toy lapuissance de lennemy denfer ou nom de dieu le
pere omnipotent et en la charite de nostreseigneur iesuchrist
z en la Vertu du saint esperit. ie te exorcise de par dieu le vif
de par dieu veritet de par dieu saint de par dieu qui ta
cree a la deffence z consolation de humain lignage z côman
de que tu fusses côsacre pour lutilite du peuple qui veult ve
nir a la Verite de lafoy. Et pour tant nostre benoit dieu z sei
gneur nous te requerôs que ceste creature de sel soit fait tel
sacremēt ou nom de la benoite trinite qui puisse chasser len/
nemy. Lequel sel tu Vueilles nostre benoit seigneur en sain
ctifiant sainctifier/ et en benissant beniistre.¶Affin que ceste
medicine demeure en lame de tous ceulx qui le receueront
ou nom z en la Vertu de nostreseignr qui viendra iuger les
vifz z les mors: z re psent monde sera bruslez par feu. Amen
Adonc le prestre prent le sel ainsi sainctifie en demandant le
nom de lenfant: z en lui mettāt en labouche/ en disant. prent
maintenant le sel de vraye sapience/ affin quil plaise a dieu
te donner grace de paruenir a vie eternelle: Amen
Cy est a noter tant pour lentente des choses deuant
dictes que pour celles qui sensuyurut que en ceste sol
lennite de exorcisme ou de coniuration de lennemy aucūes
choses se font en operation par le dehors tant seullemēt: les
quelles choses ne sont pas en lame materiellemēt/ mais si/
gnifient choses spirituelles côme en mettre le sel en la bou/
che de lenfant/ luy mettre de la saliue du prestre es narines

¶Hec secundum Guillermū durandi

ɀ es oreilles/luy faire lacroix de saincte huylle en la poictri
ne ɀ entre les deux espaules ¶Item apres le baptesme luy
faire lacroix du sait cresme sur la teste/luy mettre puis aps
la robe blanche qui se nome cresmeau. Et de lasignification
de toutes ces choses sera dit chascun en son ordre. Les autres
choses sont qui signifient ɀ font ce qlz signifiet. ɀ en ces cho
ses il ya fait ɀ parolle côme en la cõiuration de lenemy quât
le prestre luy dit. Mauldit ɀ dâne esperit depars toy main
tenant de ceste creature. côme est aussi limpositiô de lamaiŋ
ɀ des autres choses qui sensuyuêt. Cestes signifiêt ɀ font
reallemêt de fait ce q̃ les parolles signifient. Et q̃l soit ainsi
maistre guillaume durât le preuue en son quart por raison ɀ
par auctorite. Sa raison est telle Le benoit saint espit qui ne
peut faillir ou estre tesmoing de faulsete: gouuerne ɀ enlu
mine leglise en toutes choses: ɀ singulieremêt en la sollen
nite ɀ coustume des sept sacremens: parquoy il conuient di
re que les parolles ɀles faiz que on tient ɀgarde en la coustu
me de leglise en executant les sacremens: ne sont point fais
pour neant ɀ auecq mensonge/ mais reallement ɀ veritable
ment font ɀ signifient les choses deuâtdictes. ¶Item apre
est lauctorite de monseigñr saint augustin qui dit que les pe
tis enfans sont insufflez ɀ exorcisez par les prestres affin qlz
soient mis hors ɀ deliurez de la puissance de lennemy ɀ affin
qlz nayent en leurs ames aucuŋ empeschement de receuoir
lagrace de dieu ɀ destre faiz ɀ consacrez le temple du benoit
saint esperit. ¶Reste donc a veoir que nous signifie le sel
si noblement consacre: ɀ mis en labouche de lenfant/ Car
le pmier morseau de son disner nest pas seullemêt trop sale
mais ala verite nest que sel. Et est assez manifeste que on ne
luy baille pas pour substance ou refection corporelle/ Mais
pour aucune signification spirituelle ¶Laq̃lle signification
nous est donnee a entendre par la ppriete naturelle du sel
qui est moult grande en quatre manieres. Premieremêt le
sel seiche la terre en telle maniere que elle ne peult aucunes

herbes donner ou produire aps le sel. Secondemēt il donne
saueur aux viandes. Tiercemēt il garde les viādes de puyz
et pourrie. Quartemēt il est fait de leaue de la mer par laforce
du feu. Quintemēt dieu cōmāda a moyse que en tous
les sacrifices que il offriroit quil y meist du sel. Par ces proprietez
noꝰ est figure veritablemēt selon le tesmoing des saintes
escriptures la noble vertu de sapience ⁊ de discretiō par
laquelle on discerne entre bien ⁊ mal: ⁊ entre plus grant bien
⁊ moindre bien: ⁊ entre plus grāt mal ⁊ le moyen ou plus petit.
Et pourtant celluy qui a la vraye sapience de Jesucrist
⁊ de bon crestien il discerne ⁊ considere la difference dentre
le grant bien de la gloze de paradis eternelle: ⁊ le grant mal
de dānation sāns iamais auoir fin. ¶ Item entre les petis
biens tēporelz ⁊ mondains ⁊ les vrais biēs de lame cōme sōt
les graces de dieu / les vertꝰ ⁊ les merites: ⁊ despriseles petis
biens mōdains pour lamour des grāde ⁊ souuernins: ⁊ craint
⁊ fupt la peine denfer: ⁊ quiert ⁊ appete la gloze de paradis:
parquoy il est asseche en son esperit de tous desirs terriens
vains ⁊ mondains: ⁊ ne quiert point fructifier ne se croistre
aux biens de la terre par auarice ou autre mauuaise maniere
contre la sapience diuine. ¶ Et est entendu par la pꝛmiere
pꝛopꝛiete du sel qui serre la terre. Item le bon crestien met discretiō
en ses pensees ⁊ parolles: ⁊ en ses faitz parquoy ilz
sont sauoureuses ⁊ plaisantes a dieu ⁊ a ses pꝛochains. ⁊ ce
est entendu par la seconde pꝛopꝛiete du sel qui donne saueur
a toutes viandes. Item il se garde de tout mauuais exēple
⁊ de donner occasion de mal: ⁊ sefforce de plaire a dieu: ⁊ de
soy conformer aux sainctes personnes. parquoy il peut donner
a ses pꝛochains exemple de bien faire ⁊ de bien viure. et
ce est entendu par ce que le sel garde de pueur: et donne bōne
odeur. Item le sel de discretion est fait de leaue de deuotion
⁊ du feu de vray dilection. ¶ Item ieune / aumofne / oꝛoison /
ou autre sacrifice qui se puisse pꝛsenter a dieu ne luy est plaisant
se ce nest auec le sel de discretion. Ceulx qui ont perdu

¶Non est enim ista sapientia desursum descendens a patre luminū sed terrena animalis z diaboli=ca ¶Ja.iij.

le sel de la discretion de crestiente:pose quilz soyēt plains de
sapience brutale/dyabolique z mondaine:cōme sont ceulxq
ont le cueur au monde plus que a leur sauuement/ et pour
vne plaisance charnelle ou aulcun autre bien trāsitoire:per
dent les grans biens de eternelle gloire:sont deuant dieu nō
pas seullement folz mais Dessallez.qui Vault autant a dire
cōme descrestiēnez z enragez par maniere de dire:z a spiritu
ellement entendre.et de telz en est sans nombre.parquoy ilz
seront separez de dieu z dauec les angels z foulez es peines
denfer les Vngs par les autres.z tous ensemble par les dya
bles.Et recy est quant a la signification du sel.

¶Tant pour le filz que pour la fille.

Eus patrum nostrozū deus Vniuerse conditoz Verita
tis te supplices exoramus Et hunc famulū. N.respice
re digneris propicius z hoc pabuluz salis gustantē nō diuti⁹
esurire permittas quo minus cibo repleatur celesti quaten⁹
sit semper dñe spiritu feruens spe gaudens tuo nomini sem
per seruiens z perduc eum ad noue regenerationis lauachū
Et cum fidelibus tuis promissionū tuarum eterna pmia con
sequatur.Per.

¶Pour le filz seulement.

Eus abraham Deus ysaac z Deus iacob de⁹ qui moy
si famulo tuo in monte sinay apperuisti:z filios israel
de terra egypti transtulisti Deputantes angelū pietatis tue
qui custodiret eos die ac nocte/te qsumus dñe Et mittere di
gneris sanctū angelum tuū qui similiter custodiat z prote=
gat hunc famulum tuū. N.z perducat ad gratiam baptismi
tui.Per.

¶Tant pour le filz que pour la fille.

Rgo maledicte sathana recognosce sentenciā tuā z da
honorem deo Viuo z Vero da honorē iesu christo filio ei⁹
z spū sancto z recede ab hoc famulo dei. N.quia istū sibi de⁹
z dñs noster iesus christus ad suam sanctā gratiā z bñdictio
nem fontēqz baptismatis dono gratie Vocare Dignatus est

et hoc signū sācte crucis quod nos fonti eius dam? tu ma
ledicte diabole nūq̃ audeas violare. Per.

Pour sa fille seullement.

Eus celi/deus terre/deus angeloꝝ/deus archangelo
ruz/deus patriarcharū/deus prophetarū/deus aposto
loꝝ/deus martyrū/deus confessoꝝ/deus virginū/deus oi
um bene viuentiū/deus cui omnis lingua confitet̃: et omne
genu flectitur celestiū terrestrium ⁊ infernoꝝ te inuoco do
mine super hanc famulam tuam. ℞. Et p̃ducere eam digne
ris ad gratiam baptismi tui. Ergo maledicte. ⁊c.

Pour le filz.

Eus abraham deus ysaac ⁊ deus iacob deus qui tribꝰ
israel de egyptiaca seruitute liberasti: ⁊ per moysez fa
mulū tuum de custodia mandatoꝝ tuoꝝ monuisti: ⁊ susan
nā de falso crimine liberasti. te supplex de ꝑco ⁊ dn̄e et libe
res hunc famulū tuum. ℞. ⁊ p̃ducere eum digneris ad gra
tiam baptismi tui. Ergo maledicte. ⁊c.

Pour la fille seullemēt

Xorciso te imunde spūs per patrem ⁊ filium ⁊ spiritus
sanctū: Et exeas ⁊ recedas ab hac famula dei. ℞. Ipse
tibi imperat maledicte damnate atq̃ dānande qui ceco na
to oculos aperuit ⁊ quatriduanū lazarū de monumēto su
scitauit. Ergo maledicte. ⁊c.

Pour le filz.

Eus imortale presidiū oim postulantiū liberatio sup
plicum/pax rogantiū/resurrectio mortuoꝝ te inuoco
dn̄e sup hunc famulum tuū. ℞. qui baptismi tui domū pe
tens eternā cōsequi gratiā spūali regeratiōe desiderat ac
ripe dn̄e eū Et qui dignatus es dicere petite ⁊ accipietis. q̃ri
te ⁊ iuenietis. pulsate ⁊ aperiet̃ vobis petenti itaq̃ p̃miuz
porrige ⁊ ianuā pande pulsanti Et eternā celestis lauacri be
nedictionē cōsecutus p̃missa tui muner̃ regna p̃cipiat Per

Dbi maledicte sathana adiuratus per nomen eterni
dei ⁊ saluatoris nostri iesu christi filii eius cū tua dictꝰ
inuidia tremens gemensq̃ discede nichil tibi sit cōmune cuz

seruo dei iam celestia cogitanti renüciaturo tibi ac sclo tuo ꝛ
beate imoꝛtalitati Victuro. Da igitur honoꝛem aduenienti
spirituisancto qui ex summa celi arce Descendens perturba
tis fraudibus diuino fonte purgatum pectus. idest sanctifi
catum deo templum ꞇ habitaculum aptum perficiat: Vt ab
omnibus penitus noxis pꝛeteritoꝛum crimina liberatus hic
seruus Dei gratias perenni Deo referat semper ꞇ benedicat
nomen eius sanctum in secula seculoꝛum amen,

꠵Pour le filz ꞇ pour la fille.

Xoꝛciso te imunde spüs In nomie patris ꞇ filii ꞇ spiri
tussancti Vt exeas ꞇ recedas ab hoc famulo dei. Ipse ei
tibi imperat. maledicte Damnate atqz damnande qui pedi
bus super mare ambulauit ꞇ petro mergenti Dexterã poꝛ
rit. Ergo maledicte. ꞇc.

꠵Pour le filz ꞇ pour la fille.

Ternamac iustissimã pietatẽ tuam Depꝛecoꝛ dñe sctẽ
pater oïpotens eterne deus aucfoꝛ luminis ꞇ Veritatẽ
super famulum tuũ. N. Vt digneris eũ illuminare lumie in
telligencie müda eũ ꞇ sctifica da ei sciam Veram Vt dignus
efficiatur accedere ad grãm baptismi tui. Per dñm nestrum
iesum christum filiũ tuũ. Qui Venturus es iudicare Viuos ꞇ
moꝛtuos ꞇ seculum per ignem. Amen.

Pres le sel mis en labouche De lenfant.le pꝛestre en la
persône de toute saincte eglise fait telle oꝛoison Vꝛay
Dieu de tous noz sains peres/fontaine De toute Verite:nos
te supplions ꞇ requerons quil te plaise doulcemẽt regarder
sur cestuy ou ceste ton seruiteur ou seruante/en telle manie
re que tu luy Vueilles conceder que engoustant ceste pmiere
refection desel iamais ne puisse auoir fain. Cestassꝛ quil ait
tousiours sapience ꞇ Discretion souffisantes en toutes cho
ses qui apartiennent a sauuement ꞇ soyt rempli de Viandes
celestes affin q̃l ait serueuꝛ Desperit en te seruant par Vꝛaye
esperance. Et te plaise Vray dieu le conduire a saincte rege
neration/affin quil puisse puenir au loper q̃ tu pmetz atous
loyaulx catholiques.

E dieu de abraham de ysaac z de iacob qui apparus a
moyse ou mont de sinay qui tiras ton peuple les en
fans disrael degypte enleur baillant par ta doulce pitie vng
saint angel pour les garder iour znuyt:nous te requerons q
semblablement vueilles faire a cestui ou ceste ton seruiteur
ou seruante telle grace quil puisse paruenir aux sains fons
de baptesme. Par ceste oroison est assez euidentemet demo
stre que le baptesme fut anciennemet figure quat le peuple
de dieu par miracle z puissance diuine z par le seruice et my
stere des angels passa par lamer rouge:z fut mis hors degy
pte:z de la subgection de pharaon. Car par le baptesme on
yst de tenebres de peche:z paruient on a lumiere de grace/et
du seruice de lennemy au seruice de Jesucrist z recoit on les
comandemens sur la haulte montaigne de la verite delafoy
Et pourtant apres ceste oroison dit le prestre a lennemy

Donc mauldit diable recongnois la sentence z rens
maulgre toy honeur a dieu lepere:z a iesucrist son filz
et au benoit saint esperit et depars maintenant de ce serui
teur ou seruante de dieu. Car le benoit plaisir z misericorde
de Jesucrist de lappeller maintenat a sa grace et aux sains
fons de baptesme z te deffendons que tu ne soyes si ose de
iamais faire violence au saint signe de lacroix que nous luy
mettons en son front.

Pour la fille.

Ieu du ciel z de la terre/Dieu des angels/Dieu des ar
changels/Dieu desprophetes/dieu des apostres/dieu
des martirs/Dieu des cofesseurs/Dieu des vierges/Dieu de
tous les biens viuans a qui toute langue doit confession de
verite:z deuant qui toute creature celeste/terrestre/z infer
nalle se encline:nous te requerons nostre souuerain seignr
que il te plaise ceste fille conduire et amener iusqs aux sains
fons de baptesme. Per dnm. Et icy le pstre de rechief dit ce
qui est deuat escript soubz ce mot. Ergo maledicte Donc ie
ne repeteray autremet si non en mettant. Ergo maledicte.

¶ Pour le filz.

Ieu de abraham de ysaac ¬ de iacob qui par ton seruiteur moyse deliuras ton peuple de israel de la seruitu
de de egypte en leur donnãt les cõmandemens. ¬ qui deliuras susanne de linfamie qui a tort luy estoit imposee: Je te
requiers quil te plaise deliurer cestuy ton seruiteur en luy dõ-
nant grace de paruenir au saint baptesme.

¶ Pour la fille

Audit esperit ie te cõiure ¬ cõmande ou nom du pere
¬ du filz ¬du saint esperit que tu te departes de ceste seruante de dieu. N. ¬ le benoit Jesucrist qui miraculeusement
donna lumiere a cellui qui nasquit aueugle. ¬ qui au quart
iour resuscita le ladre ten vueille faire son commandement
Ergo maledicte. ¶ Pour le filz.

Ieu de vie eternelle /refuge ¬defense de tous ceulx qui
deument te requierent ¬ supplient qui es lapaix des
vrays orateurs /resurrectiõ des mors. mon dieu ie te reqers
pour ton seruiteur. N. lequel te demãde baptesme affin que
par regeneration spirituelle il puisse venir a grace eternelle
Mon dieu qui ta pleu dire demandez ¬ vous receurez. Reqe-
tez ¬ vous trouuerez. boutez ¬ on vous ouurira: plaise vous
le receuoir ¬ luy donner laumosne de vostre grace car il voꝰ
requiert ouurez luy la porte car il boute ¬ appelle requerant
ꝙ par la vertu du saint baptesme il puisse paruenir au royau
me ¬ richesses de paradis.

¶ Pour le filz.

Sroute maudit aduersaire de humain lignage cõiure
¬ conuaincu en tout enuie par la vertu de dieu le pre
de nostre sauueur Jesucrist son filz qui te cõmande que en
tremblant ¬ gemissant tu ten ailles sans rien auoir cõmun
auecq le seruiteur de dieu. N. lequel desia demande ¬ requiert les choses celestes que tu as perdues:¬ lequel rendõce
toy ¬ ta puissance ¬ ton siecle en desirant la vie eternelle. de
pars toy donc maintenãt pour la venue du saint esperit. le

quel de la souueraine haultesse du ciel veult descendre en
son saint temple: lequel sera tātost par le saict baptesme purifie
et luy plaise bouter hors toutes les fraudes ʒ deceptions / et
le deliurer de tous les pechez du temps passe affin quil puisse
a tout iamais rendre graces ʒ benedictiōs au tressaint nom
de dieu au siecle des siecles amen.

¶ Pour le filz ʒ pour la fille.

¶ Dant esperit ʒ dāne ie te coiure ʒ cōmande ou nom du
pere ʒ du filz ʒ du saint espit q̄ tu te departes de cestuy
ou ceste seruiteur ou seruāte de dieu. N. maudit et condāne
cestuy te fait par moy cōmandemēt qui sur les ondes de la
mer chemina fermemēt: ʒ qui deliura saict pierre q̄ se noyoit
forment. Ergo maledicte.

¶ Ieu de lumiere ʒ de verite seignr oipotent et eternel ie
regere la tres iuste pitie sur ce seruiteur ou seruante.
N. ʒ q̄l te plaise lenlumier povray entēdemēt ʒ le nettoyer et
saictifier pclere cognoissāce ace q̄l soit dignemēt dispose a receuoir la grace de ton saict baptesme. Per. ¶ Hic ponat ma-

¶ Et te latet sathana nū super caput infant[is] dicens
iminere tibi penas iminere tibi tormenta iminere tibi
diē iudicii diē supplicii sēpiterni diē q̄ ventur[us] est velut cliba-
n[us] ardēs i quo tibi atq[ue] vniuersis angelis tuis etern[us] supueni
uterit. Proide dānate atq[ue] dānande da honorē deo viuo ʒ vero da honorē ie su xpo filio ei[us] ʒ spūi sancto i cuius nomie atq[ue]
virtute tibi pcipio quicūq[ue] es spus imunde vt exeas et recedas ab hoc famulo dei. N. que hodie idē deus ʒ dns noster iesus xps ad suā sctām gratiā ʒ benedictionē fonteq[ue] baptismatis dono gratie vocate dignat[us] est vt fiat ei[us] tēplū p aquā
regeneratiōis i remissionē oīm pctōru. In noie eiusdē dni nostri iesu xpi q̄ ventur[us] est iudicare viuos ʒ mortuos ʒ sclm p
ignem. Amen. ¶ Hic interroget sacerdos nomen infantis.
postea intincto police de sputo tangat aurem eius dextram.
et nares et aurem sinistram: dicendo ad aurem dextram.
Effeta quod est adaperire. Ad nares in odorem suauitatis

Ad aurem sinistram. Tu aute effugate diabole appropiqua-
bit eni iudiciu dei. Postea dicant oes. Pater noster. et Credo
Tuc deferatur infans super fonte: z interroget sacerdos nomen eius. Abrenuncias sathane: Respondeat patrini. Abre-
nucio. Et iteru. Et oibus operibus eius: Respondeat. Ab-
renucio. Et oibus pompis eius. Respondeant. Abrenuntio.
Tuc sacerdos faciat crucem in pectore: et inter scapulas de
oleo sancto: ita dicedo. Et ego linio te oleo salutis in christo
iesu dno nostro in vitam eterna Amen. Rursum interroget
nomen eius sacerdos: z dicat. Credis in deu patrem oipoten-
tem creatore celi z terre: Respondeat. Credo. Credis et in ie-
sumchristu filium eius vnicu dnm nostrum natum z passum
Respondeant Credo. Credis in spiritu sanctu. sancta eccle-
siam catholica. sanctoru comunione. remissione peccatoru:
carnis resurrectione vitam eternam post mortem: Respondeant. Credo. Qui petis. Respondeant. Baptismum Vis
Baptizari. Respondeant. Volo: Tunc interroget nome eius
sacerdos: et infundat aqua ter super caput eius dicens. Et
ego baptiso te in nomie patris z filii z spu sancti amen. Postea faciat cruce sacerdos de crismate in fronte infantis ita
dicens: interrogato nomie. Deus pater oipotens dni nostri
iesu christi qui te regenerauit ex aqua z spu sancto quiqz dedit tibi remissione oim peccatoru ipse linit te crismate salut
in eode iesu xpo dno nostro in vita eterna amen. Tuc impo-
nat crismale supra caput ei?: et dicat. Accipe veste candida sa-
ctam z imaculata qua pferas sine macula ante tribunal dni
nostri iesu xpi. cui est honor z gloria in secula seculoru amen.
Postea tangat reteu. Accipe lampade ardente irreprehensi-
bile custodi baptismu tuu serua mandata vt cu venerit dne
ad nuptias possis ei occurrere vnacu oibus sanctis in aula celesti vt habeas vita eterna z viuas in secula seculoru amen.

¶ Exposition.

O pes certain sathanq peines tourmes z angoisse eternelles sapprochet de toy. car diet leiour du iugemt q

tu dois esmerueiller z craindre comme len craint vng feu
ardãt z embrase/ouquel iour toy z tous les angels apostatz
serez eternellemẽt z finablement condamnez. Et pourtant
mauldit z desia damne/qui encores plus audit iour du iu‐
gement seras condãne: donne honneur a dieu le pere et a Je‐
sucrist son filz: z au saint espit: ou nom z en la vertu duquel
pere z filz zsaint esperit ie te cõmande qui que tu soyes mdu
dit esperit empulente que tu ten ysses z departes de cestuy
seruiteur de dieu. lequel nostre benoit dieu sauueur iesucrist
a au iourdhuy voulu appeller a sã saincte grace z benediction
z aux sains fons de baptesme affin quil soit fait temple de
dieu par leaue de regeneratiõ en remission de tous pechez ou
nom z en la vertu dicelluy mesme nostre seignr Jesucrist qui
auec le saint esperit vendra iuger les vifz z les mõrs z ce prae‐
sent monde Amen. ¶Les choses deuãtdictes faictes z acõ‐
plies enquiere le nom de lenfant/et prẽne de la saliue de sa
bouche sur son poulce et en atouche loreille dextre/les nari‐
nes z loreille senestre dudit enfant en disant a loreille dextre
Effeta.q vault autãt a dire say ouuerture. Aux narines die
En souefue oudeur. Ala senestre oreille dye. Fuy ten main‐
tenant ennemy: car le iugemẽt approuche. Par la dextre o‐
reille nous peut estre signifie que voulentiers deuons ouyr
bõne doctrine laquelle nous est signifiee par la saliue du prae‐
stre. Par la saliue mise aux narines qui recoiuẽt bon oudeur
parquoy est cõforte le cerueau: nous est signifie la doulceur
et plaisance que doit prendre vng bon esperit en saincte do‐
ctrine. Par laquelle il se fortifie contre toute tentation. Par
la coniuration qui se fait a loreille seneftre est entendu q no⁹
deuõs mettre hors de nous toute mauuaise pensee et mau‐
uaise operation z euiter toute occasion qui no⁹ pourroit tirer
a mal. Et quant la personne est en telle dispositiõ: elle est di‐
gne destre receue en la cõpaignie des loyaulx crestiẽs . et luy
peut on dire ce beau mot de leuãgille. Entre maltenãt en la
ioye de ton seignr iesucrist. Et pourtãt les choses faictes et
c ii

acomplies on entre en lesglise auec le petit enfant en disant.
Pater noster.et Credo in deum.Dequoy sera dit puis apres
plusaplain.En apres lenfant est porte sur la saincte fontaine
et adonc le prestre demãde de rechief ouyr le nom de lenfant.
Et quãt on lui a nõme/adonc il demãde.Renõces tu maintenãt a sathan:Et on respont pour lui.Je renonce a sathan
Derechief le pstre demãde.Renonces tu aussi a toutes ses
oeuures:Et on respond pour luy.Je renõce a toutes les oeu
ures du dyable.Item derechief le prestre demãde:Renonces
tu a toutes les põpes de lennemy:Et on respond pour luy.
Je y renonce.Et ceste renõciation faicte:le prestre lui fait la
croix de luylle sainctifieee qui est luylle des cathecumins en
la poictrine:et entre les espaules en disant ¶Je te oings de
luylle de salut en ta poictrine et entre les espaules en la ver
tu de nostre seignr Jesucrist.affin que tu apes la vie eternelle au siecle des sierles Amen.Item est a noter que plusieurs
des misteres deuãtditz se font a la porte de lesglise:nõpas
au dedens.pour demõstrer que nul ne peut estre du nombre
des loyaulx crestiens ne entrer en lesglise du royaume de pa
radis sil nest parfaictemẽt purifie de tout erreur qui sentẽd
par le cathecisme et de tout peche qui sentend par lexorisme
¶Item par les trois renonciations est dõne a entendre que
on renonce speciallement a trois pechez ¶Cest a orgueil/a
auarice/et a luxure.ou au peche qui est seullemẽt en voulẽte
et a cellui q est en voulẽte et en parolle et a cellui q en voulẽte et
en oparatiõ par dehors.Itẽ par le signe de la croix en la poictri
ne:est signifie lamour de Jesucrist:et de sa benoiste passion
que le bon crestien doit auoir en son cueur et en sa voulente
Par le signe de la croix ẽtre les espaules sur lesquelles on por
te le faix:est signifiee lobedience des dix cõmandemens/car
pour neant dit quil ayme Jesucrist:ou quil est crestien:se il
ne garde ses commandemens.Par les sains fons ou lenfãt
est aporte:nous est donne a entendre et signifie le benoit my
stere de lapassion en la croix.car la est trouue la fontaine de

¶Qui dicit se nos-
se deum et mandata
eius non custodit .
mendax est.Joh.xii

vie eternelle enquoy lenfant est laue baigne ꝛ purifie de la
tache ꝛ meselerie de tout peche:et laporte de paradis luy est
ouuerte. Et ace signifier nostreseignꝛ voulut ꝗ son saint coste luy fust ouuert/dont il sapllit sang ꝛeaue en grant abon-
dāre affin ꝗl demōstrast ꝗ p lesāg la peine:ꝛ par leaue la coulpe noꝰ sōt par le sait baptesme tout entieremt pardōnez . car
se vne psonne auoit vescu cent ans deuāt ꝗ estre baptisee: et
en ireulx cent ans elle eust tue pere et mere ꝛ fait tous les pechez ꝗ pourroiēt estre ditz ou pēsez:ꝛ aps il vedroit en vraye
intentiō au sait baptesme:ꝛ ꝗl mourust incontinēt aps le ba-
ptesme:ou vesꝗst par long tēps sans peche moztel et veniel ꝛ
trespassast en cest estat cest enlinnocēce du baptesme:il proit
tout droit en paradis sans ꝗlque peine souffrir pour les pechez deuātditz. Car la peine est desia payee par lepzis du
sang de Jesucrist:ꝛ la porte ouuerte. Parquoy ne reste nul *Questio*
empeschemēt dentrer au royaume de paradis. Et sur cecy
pourroit aucun ymaginer ou faire ꝗstion sil seroit chose proffittable de differer lebaptesme iusꝗs ace ꝗ on se verroit en aucun article de mozt:ꝛ adōc se faire baptiser pour auoir remission de peine et de coulpe de tous les pechez du temps passe *Responsio*
Response. Il vault mieulx estre baptise ꝛviure des ieunesse en crestiente/car bien que on face deuant le baptesme nest
meritoire ne digne daulcune remuneration eternelle en paradis. Parquoy selon que dit maistre francois de marones:
il vauldroit mieulx a vne psonne qui auroit vescu cent ans
en ce monde et ny auroit fait bien en toꝰ les cent ans:foze dire vne patenostre en estat degrace:estre cent mil ans en purgatoire ꝛpuis apzes auoiz le loyer de ladicte patenostre: que
destre baptise en lafin de cent ans ꝛ sen aller sans purgatoire tout droit en paradis sans le merite de ladicte patenostre
Et la raison de ce est telle/car le loyer de la patenostre dicte en estat de grace seroit infiny:ꝛladicte peine de cent mille
ans seroit infinie. Oz est il tout cler ꝗl vault mieux acꝗriz bn
tresoz ꝛ fini ꝗ de euiter peine tēpozelle finie tāt soit elle grāde

Et ainsi appert q̃ lymaginatiõ de attendre a soy faire bapti=
ser iusqs a la fin de sa vie pour auoir pleine remissiõ de peine
τ de coulpe:ne seroit pas raisonnable seure ne prouffitable.
¶ Apres les choses dessusdictes faictes τ acomplies le pre=
stre enquiert de rechief le nom de lenfant. Lequel nõ ouy et
recite:il luy demande pierre iehan ou autremẽt. Crois tu en
dieu lepere olpotent createur du ciel τ de la terre: Adonc len=
fant par la bouche des parrains τ marraines doit respondre.
Credo. Cest adire veritablemẽt ainsi ie le croy. De rechief
le prestre demande. Crois tu en iesucrist filz de dieu le pere
souuerain seigñr τ qui pour noꝰ voulut nasqr τ mourir. Res=
ponse ainsi ie le croy. Crois tu au saint esperit saincte esglise
catholique. La cõmunion des sains. La remission des pechez
La resurrection du corps. La vie eternelle. Response. Ainsi
ie le croy. Adõc demãde lepreste ou nom de toute saicte esgli=
se que demãdes tu:Response. Le saint baptesme. Itẽ le pre=
stre demande. Veulx tu estre baptise:cõme sil vouloit dire tu
demãdes a dieu τ a saicte esglise grant chose. Response. Je
vueil τ desire estre crestien. Itẽ leᵽstre. Veulx tu estre baptis=
se:Respõse. Je le veder. Adonc le preste demãde son nom. Le
quel ouy τ cogneu il luy met leaue sur la teste par trois fois
en disant. Et ie te baptise ou nom dupere τ dufilz τ du saint
esperit Amen. Sur les choses deuant dictes on pourroit de=
mãder pourquoy leᵽstre demãde si souuẽt τ par tãt de fois
le nõ de lenfant:Respõse. Ce pour signifier τ demonstrer
cõme par le saint baptesme lenfant est escript τ renomme en
paradis pourtãt q̃ tous les sains tãt du ciel q̃ de ce mõde que
de purgatoire le recoiuẽt en la compaignie τ ᵽticipation de
leurs oroisons et merites tant que il vouldra garder le noble
estat quil promet τ recoit. Item il est renomme a la confusiõ
de sennemy denfer contre lequel il entre au champ de ba=
taille.et est escript τ enregistre aux gages τ a la souldoye du
benoit roy de gloire de Jesucrist. Car toute saincte esglise
dicy enbas est aidee τ enforcee par chascũ petit enfãt baptise

et toute lesglise ⁊ la compaignie de paradis en reçoit nouuel
le ioye ⁊ lyesse:⁊ est dieu loue ⁊glorifie aux cieulx. Item peut
on demander pourquoy on luy demande sil croit ou pere ou
filz ⁊ ou saint esperit. Response. Car en ce est côtenue toute
la substance de nostre foy:⁊ en la vertu ⁊ puissance de celle
benoite ⁊ ifinie trinite:il doit receuoir la vertu ⁊ leffect du sait
baptesme. Itê pourquoy lui est il demâde p trois fois sil veut
estre baptise ⁊ par trois fois il respont ie vueil estre baptise.
Rñse pour demôstrer ql doit auoir ferme vouloir de crestiête
ou psont de son cueur sâs auoir fictiô en sapolle ⁊côfession et
le demonstrer par sacôuersation par bône operation ⁊exem
ple. Item pourquoy met on leaue par trois fois en disant / ie
te baptise ou nom du pere ⁊ du filz ⁊ du saint espit. Respôse.
a signifier que par leaue du baptesme il est laue et mondifie
de tout peche soit de fait/ de dit/ ou de pensee. soit originel
mortel/actuel ou veniel. Item car ce mystere est fait ou nom
de toute la benoiste trinite côme dit est. Et de ce auons figu
re ou baptesme de nostreseignr Jesucrist/ Ou quel toute la
benoiste trinite se demonstra sensiblement/ Dieu le pere en
voix qui vint du ciel en disant de la personne de Jesucrist.
Voycy mon trescher filz. dieu le filz se demonstra en nostre
humanite.et dieu le saint esperit en semblance de coulombe
et se mist et posa dessus le benoit Jesucrist.et le ciel apparut
ouuert a demonstrer ⁊ signifier que le pere ⁊lefilz et le saint
esperit descendêt ⁊ demeurêt en lame baptisee. Laqlle par le
baptesme est faicte ⁊ disposee letemple de la benoiste trinite
iusqs a ce quelle se côsente a peche mortel Et nest langue ne
ymaginatiô qui peust dire pêser ou declarer la beaulte dune
ame aps le baptesme. ⁊luy est dône vng signe spirituel q les
theologiens appellent caractere:leql iamais ne peut estre ef
face soit sauue ou damne puis ql aura este baptise.leql signe
sera agrant côfusion des dânez:et au grant honneur ⁊gloze
des bieneurez.côme seroit temporellemêt la liuree dun grât
seigneur donnee liberallemêt a vng hôme de basse côdition.

c iiii

Maius gaudium erit in celo sup vno peccatoze peniten-
tiam agente. q̃ .⁊c. qui nõ indigent penitentia. Luce.xv.

Questio

Docete omês gê-
tesbaptisâtes in no-
mie patris ⁊ filii et
spûssancti.math.vi.

Questio

Corde credit ad
iusticiam oze aût cô-
fessio fit ad salutem
Ad ro.x.capitulo

Questio

Si qs diligit me
sermone meum ser-
uabit.et pater meus
diliget eum et ad eû
veniemus ⁊ mansio-
nem apud eum faci-
emus. Joh.xiiii.

In baptismo con-
firmatione et ordini-
bus imprimitur ca-
racter : non in aliis
sacramentis.

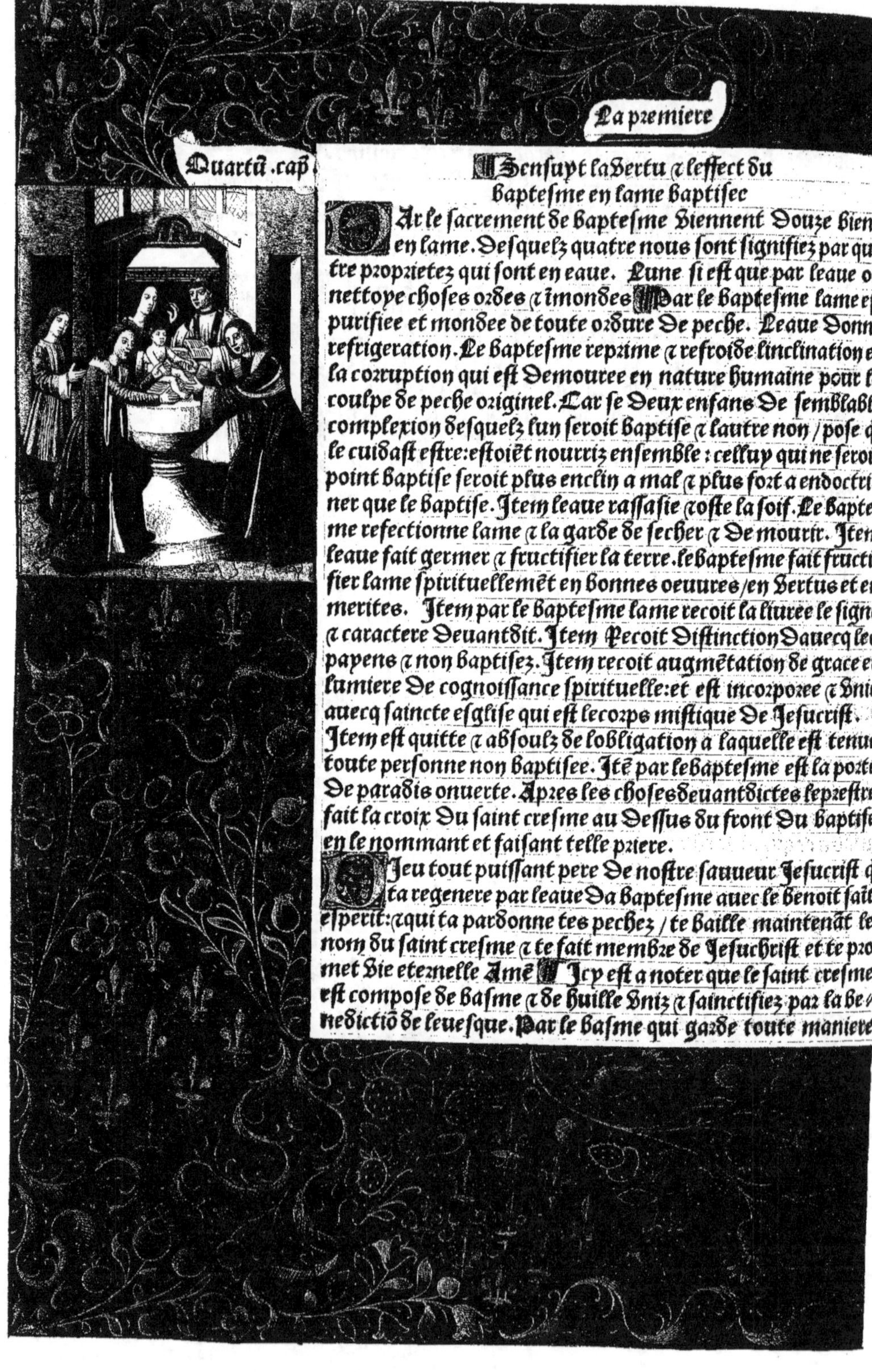

Quartũ .caᵖ

¶ Sensuyt la vertu ⁊ leffect du baptesme en lame baptisee

Ar le sacrement de baptesme viennent douze biens en lame. Desquelz quatre nous sont signifiez par quatre proprietez qui sont en eaue. Lune si est que par leaue on nettoye choses ordes ⁊ immondes ¶ Par le baptesme lame est purifiee et mondee de toute ordure de peche. Leaue donne refrigeration. Le baptesme reprime ⁊ refroide linclination et la corruption qui est demouree en nature humaine pour la coulpe de peche originel. Car se deux enfans de semblable complexion desquelz lun seroit baptise ⁊ lautre non / pose qͤ le cuidast estre: estoiẽt nourriz ensemble : celluy qui ne seroit point baptise seroit plus enclin a mal ⁊ plus fort a endoctri/ ner que le baptise. Item leaue rassasie ⁊ oste la soif. Le baptes me refectionne lame ⁊ la garde de secher ⁊ de mourir. Item leaue fait germer ⁊ fructifier la terre. le baptesme fait fructi/ fier lame spirituellemẽt en bonnes oeuures / en vertus et en merites. Item par le baptesme lame recoit la liuree le signe ⁊ caractere deuantdit. Item ǧecoit distinction dauecq les papens ⁊ non baptisez. Item recoit augmẽtation de grace et lumiere de cognoissance spirituelle: et est incorporee ⁊ vnie auecq saincte eglise qui est lecorps mistique de Jesucrist. Item est quitte ⁊ absoulz de lobligation a laquelle est tenue toute personne non baptisee. Itẽ par lebaptesme est la porte de paradis onuerte. Apres les chosesdeuantdictes leprestre fait la croix du saint cresme au dessus du front du baptise en le nommant et faisant telle priere.

Jeu tout puissant pere de nostre saueur Jesucrist ǧ ta regenere par leaue da baptesme auec le benoit sait esperit: ⁊qui ta pardonne tes pechez / te baille maintenãt le nom du saint cresme ⁊ te fait membre de Jesucrist et te pro met vie eternelle Amẽ ¶ Icy est a noter que le saint cresme est compose de basme ⁊ de huille vniz ⁊ sainctifiez par la be/ nedictiõ de leuesque. Par le basme qui garde toute maniere

De char de pourritave ⁊ de corruption / nous est signifiee la
me qui donne vie au corps et le garde de pourrir durant qͥlle
est vnie auec le corps. Par luylle nous est signifie le corps.
Et par leuesque nous est dieu represente qui se choses tant
differentes cest corps ⁊ ame a vnies ⁊ assemblees ⁊ donne sa
grace et benediction a nature humaine. Et pourtant disent
les docteurs que vng simple prestre pose quil auroit baptise
lenfant:ne deueroit pas asseoir la croix du saint cresme en
lapsence de leuesque ce ce nestoit de son special commande
ment. Et cest pour la sainctete du cresme ⁊ du mystere et de
la bñdiction qui par ce est signifiee. Item est a noter que ceste
croix faicte et donnee au nouueau crestien est la septiesme
croix et la derniere quil lui est assise sur le corps.ou la quatoz
ziesme qui est faicte en ce mystere en coptant les autres sept
qui sont faictes en lexorcisation du sel qui luy est mis en la
bouche. Par le sel qui nous signifie sapience nous entedons
consequentemēt lame:⁊ ainsi sont faictes sept croix quant
au corps:⁊ autāt quāt a lame:⁊ sont quatorze. Oultre plus
est a considerer que signifie le nombre des sept . que signifie
lacroix. Et ace dit monseignr saint gregoire que par le nom
bre de sept vniuersite nous est signifiee. Car toutes choses
que dieu a faictes soient corporelles ou spirituelles peuent
estre ramenees ⁊ diuisees en sept. Des corporelles il ya sept
planetes ou corps celestes qui ont leur influence puissance
operation et gouuernement sur les choses en bas. Item il ya
sept aagees en tout le monde.sept iours enla sepmaine ⁊ non
plus.sept sacremens en saincte esglise . sept dons du saint
esprit.sept oeuures de misericorde.sept pechez mortelz Et
aussi des autres choses qui pourroient estre ramenees a sept
parquoy on peut bien recongnoistre que par le nōbre de sept
nous est signifiee vniuersite. Item par le signe de la croix en
quelque maniere qͥl soit fait/soit en boys en pierre en or et en
argent ou auec la main ou autrement:la passion du benoist
Jesucrist nous est signifiee /par laqͤlle il a eu victoire de touṣ

ses aduersaires ⁊ les a mis a confusion. Item a rescous et de
liure humain lignage/rompu les portes denfer: et ouuert le
royaulme de paradis. Et pour bref parler tous les biens de
grace de bndiction ⁊ de lagloire procedent des abismes de la
benoite passion. Et pourtant a bon droit tous loyaulx cre
stiens doiuent receuoir le signe de la croix pour honneur et
pour triumphe. Car cest lescu et la defense contre tous noz
aduersaires. Cestass le monde/le diable/⁊ nostre sensualite
ou orgueil/auarice/et luxure. Pourquoy ou mystere de ba
ptesme le nouueau cheualier entrant en la bataille de la cre
stiente alencontre des trois aduersaires deuantditz: prent ⁊
recoit les armes ⁊ la liuree du benoit Jesucrist chief du⁊ et ca
pitaine de to⁹ les esleuz. p lesqlles armes bn gardees il aura
cognoissance de fe se ⁊ victoire en toutes choses. Pourquoy a bo
droit il est signe septfoit quat aucorps ⁊ sept quat a lame dot
celle du cresme est la derniere ⁊ la souueraine. Car par icel
le il est propremet appelle crestien qui vault autant adire cde
oingt ou a dieu consacre. Et pourtant quat les enfans des
crestiens sont mys a lescolle pour aprendre science: On leur
baille peur le comencement ⁊ pour le fondement de toute sa
pience croix de par dieu a demonstrer que en coparaison de
la cognoissace de la croix rest toustours a entendre de la pas
sion. Toute autre science modaine ou humaine nest q folie/
toute noblesse que villennie/toute richesse que pouzete/tous
delices ne sont que amertumes/et vie teporelle comencemt
de mort. Puis apres lepreftre baille a lenfat le cresmeau par
dessus lateste en luy disant. Pren maintenant la blanche li
uree qui est sans tache. laquelle tu puisses garder ⁊ porter au
grant iour du iugement que tendra nostre seignr Jesucrist au
quel soit honneur et glore ou siecle des siecles. Amen.
⁋ Item luy baille le prestre vng cierge ardat en la main dex
tre en luy disant. Pren maintenat ceste lumiere qui est sans
reproche garde ton baptesme/garde les comandemens affin
que quant nostre seignr vendra pour faire les nopces dont

les promesses sont faictes par ce saint baptesme tu les puis/
ses receuoir côme loyal espoux de ton ame en la compaignie
De tous les sains De paradis en laqlle tu puisses viure eter/
nellement au siecle des siecles. Amen. ¶Par ces trois cho/
ses faictes apres le baptesme.cest du cresme du cresmeau/et
De la lumiere: sont signifiees grandes choses spirituelles.
Car par le cresme receu en signe De la croix qui est le propre
signe ou sont les armes De Jesucrist: est signifie quil est nom
me crestien ftere De iesucrist en armes ¶participant et heri/
tier auec luy ou royaume de paradis. ¶Et est a noter q̃ an
ciennemẽt quatre manieres de gens tant seulemẽt estoient
oing; de saincte vnctiõ.cestassce les Roys/les cheualliers /les
prestres ⁊ les prophetes. Laquelle chose se faisoit en signe et
en figure de loyaulx crestiens. Lesquelz oing; Du saint cres/
me peuent estre ditz veritablement roys silz gouuernẽt veri
tablemẽt le royaume de leur cõscience ⁊ lestat de leur voca/
tion.car silz ont en ceste psente bataille victoire du monde du
diable ⁊ de leur sensualite.ilz seront couronnez côme nobles
roys ⁊ cheualliers:⁊ si auront totalle ⁊ paisible possession du
royaume De paradis. ¶Item ilz peuent estre ditz sacerdo/
tault.qui vault autant adire côme enrichis et anoblis Des
sains mysteres. Or est il ainsi que le crestien qui a trois no/
bles vertus en lame cest foy /esperance/⁊ charite:a les Dons
Du saint esperit:et est labitation et le temple De toute la be/
noite trinite parquoy il se peut bien nômer prestre ou sacer/
dotal. Item prophete vault autant adire côme celluy q̃ voit
⁊ cõgnoit les choses aduenir. Et le bon crestien par la lumie/
re de la foy voit ⁊ considere les peines denfer parquoy il eui/
te tout mal ⁊ tout peche. Item il voit et considere la breuete
de ceste vie ⁊ la grant gloire De paradis parquoy il se haste ⁊
efforce Daccomplir bonnes oeuures et meritoires.parquoy il
puisse paruenir a si grant bien. Et en acomplissant ces deux
choses:cest fuyr mal et faire bien/il donne don exemple a ses
prochais.parquoy il presche mieulx q̃ celluy qui est en chaire

z desclare les sainctes escriptures: quãt la vie z les oeuures
de tel prescheur sont contraires au commandement de dieu.
Par le cresmeau est signifiee la beaute z linnocence de lame
qui est aornee z ennoblie de toutes vertus côme noble espou
se de iesucrist. Item par ce est signifie la beaulte et les dou
ceurs du corps apres la resurrection Car il sera plus resplen
dissant que le soleil. Signifie aussi le dyademe ou la couron
ne royalle. Par la lumiere qui doit estre en la main/nompas
en la bouche ou es piez: est signifie lexemple de bonnes oeu
ures. parquoy le bon crestien doit estre lumiere deuãt le mon
de. Par la main dextre souuent on entent les bônes oeuures
Et pourtant que apres ces sains mysteres fait z acomplis
le petit enfant est filz de dieu z de saincte esglise il ne le veult
pas laisser sans garde et nourrice. Car nonobstant que par la
misericorde de dieu il soit nest de tout peche z remply de tou
tes vertus z de beaulte inestimable quant a lame. Touteff
par la iustice de dieu il demeure subget quãt au corps/a fain
a soif/a froit/a chault/: z a plusieurs diuerses manieres de
maladies. lesqlles sont demourees pour acquerir plusgrant
merite en ce monde se ce nest par nostre deffault. Et sembla
blement quãt a lame il demeure subget a ignorance/a côcu
piscence z a malice plustost que a bien: parquoy est necessaire
de luy bailler a garde et conduite pour pourueoir aux incôue
niens deuantditz. Et pourtant que le parrain ou marraine
sont plege z fait bon pour luy/saincte esglise leur enioingt cô
munement de luy pourueoir tant a la necessite du corps que
de lame. Et y sont obligez en cas que les pere z mere natu
relz ny feroient ce qui est de necessite. Et pourtant que au
iourdhuy bien pou sont qui se acquitent: ilz en sont en grande
coulpe deuant dieu. Le peuple cômun grans et petis en de
meurent en tres perilleuse ignorance tant des articles que
des comandemens de nostre saincte foy. Plusieurs peres z
meres sont moult solliciteux de nourrir/de vestir z de faire
acquestz: z de amasser pour le corps de leurs enfans. Mais

Marginalia:

Fulgebũt iusti si
cut sol in conspectu
dei.

Luceat lux vestra
coram hominib[us] vt
videant opa. vestra
bona. Math. v.

Illi qui pro ba
ptisandis in baptis
mo spoponderunt :
tenentur eos symbo
lum z Pater noster
z Aue maria infor
mare. De conse. di
uii. Vos.

Bien pou y en a qui pensent de lame en leur apprenant ꝓ faisant garder la doctrine ꝓ la vie de saincte crestiente. mais au
contraire leur donnent tout mauuais exemple Et pourtant:
que lenfant est plusenclin a mal q̃ a bien/nonobstãt lagrace
du baptesme si tost quil vient a auoir discretion ꝓ vsance den
tendement: ꝓ il se treuue en lieu deslire le chemin denfer ou
de paradis. il prendra plustost comunement le chemin de per
dition qui est moult large ꝓ moult comun: q̃l ne sera le petit
sentier de padis. Et se on demãdoit en q̃l aage lenfant peut
ꝓ doit sur peine de pechie eslire le biẽ ꝓ fuyr le mal. Nul nest
qui peust po' tous mettre rigle comune/ car lun a aucuneffz
plusgrande capacite a quatre ou a cinq ans:que lautre a sept
ou a huyt. Et pour tãt comient il que on veille sur eulx a grã
de sollicitude ꝓ discretion affin que on les mette en droit chemin ꝓ bonne voye quãt ilz arriuent par aage a la deuãtdicte
discretion: Mais come monstreront le pere ꝓ la mere bonche-
min a lenfant:qui sen vont par le mauuais. Et pourtãt par
le deffault des peres ꝓ meres biẽ pou sont denfans en nostre
temps qui gardent iusques a dix ou douze ans les tresoret
linnocence du saint baptesme. Et a ce se attent biẽ le diable
qui a si grant peine ꝓ si grant confusion come a este deuantdit
a este boute ꝓ mis hors de son logis. Et pour tãt no' auise ꝓ
enseigne le benoist Jesucrist en leuangille disant que quãt
lennemy a este mis hors dune personne:il met grant peine ꝓ
diligence de y retourner: ꝓ prent sept esperis pires quil nest:
ꝓ vient auec telle compaignie:ꝓ bien souuẽt treuue la porte
ouuerte ꝓ sans resistẽce il rentre dou il estoit party Et adõc
la personne est en pire estat que deuant. Par cecy pouons
entendre que le pecheur soit vieil ou ieune qui apres le saint
baptesme retourne a pechie:est a plusgrant peine remedie ꝓ
le diable chasse de sa conscience par le sacremẽt de penitence
que quant il fut premierement baptise. Donc pour aidier a
ceulx qui sot cheuz a soy releuer: ꝓ a ceulx qui fort se tiennẽt
ꝓ resistent a proffitter ꝓ a continuer

lata est via q̃ du
cit ad pditionẽ. Jtẽ
intrare per angustã
portã qa lata porta
ꝓ spaciosa via est q̃
ducit ad pditionẽ: ꝓ
multi sũt qui intrãt
per eãq̃ ãgusta por
ta ꝓ arta via que du
cit ad vitam:ꝓpauci
sũt qui inueniant eã
Matth.vii

Ibi glo. Pauci
sũt qui iueniãt. pau
ciores qui inuentã
teneãt. paucissimi q̃
in ea pficiant.

Putas veniẽs fi
lius hois iueniet fi
dem in terra. luc.x.

Cũ imundus spi
ritus exierit ab ho-
mie ambulat per lo
ca inaquosa querẽs
requiẽ ꝓ nõ iueniẽs
dicit reuertar in do-
mũ meã vnde exiui.
ꝓc.et tũc vadit ꝓ af
sumit septẽ aliosspi
ritus secũ neqores
se: ꝓ ingressi hitant
ibi ꝓfiunt nouissima
illius homis peiora
prioribus. luc.xi. ꝓ
math.xii.

Resistite fortes i
fide.i.petri vlt.

¶ Sensuyt la declaration des douze articles de la foy promise en quoy sera tenu tel ordre. Premierement sera declare en paroles brefues ⁊ generales que cest q̃ la foy et le bien qui en auient aux loyaulx catholiq̃s. Secondemēt chacun article en particulier sera declare et loeuure correspōdāt a vng ꝛ chacūarticle: car pour neāt a promis la foy qui ne la demonstre par bonnes et sainctes oeuures.

¶ Sensuyt la foy catholique quint chapitre.

Quintuz cap̃.

¶ Nunc autem manent spes fides caritas tria hec: maior autem horum est caritas. i. ad corinth. xiii.

¶ Fides est substantia rerum sperandarum argumentū nō apparentiū Ad hebre. xi.

¶ Quicūq̃ vult saluus esse ante omnia opus ēvt teneat catholicam fidē quaz nisi quisq̃ integraz inuiolatāq̃ seruauerit. absq̃ dubio in eternū peribit. Athanasius in symbolo.

¶ Sponsabo te michi in sempiternum ⁊ sponsabo te michi in iusticia ⁊ in iudicio ⁊ i misericordia ⁊ in miserationibus ⁊ sponsabo te michi in fide. Osee. ii. cap̃.

¶ Qui crediderit ⁊ baptisatus fuerit saluus erit. Math. vlt cap̃.

Dant au p̃mier est assauoir q̃l ya trois vertus theologales ⁊ infuses. cestassauoir foy/charite/⁊esperance lesq̃lles sappellēt infuses pourtāt q̃ quāt lame est purifiee par baptesme de la coulpe originele dieu cree et met ces trois vertus en lame/par lesq̃lles elle a dispositiō destre temple ⁊ habitation de la benoiste trinite. Charite p aucune appropriacion est enuers le pere. foy est enuers le filz. Esperance enuers le saint esperit. De charite sera dit au premier cōmandemēt. De esperance: ou tiers: Et icy presentement de la foy qui se nōme substāce ou fondement de tout edifice spirituel. car sās foy il est lpossible plaire adieu. pourquoy dit athanasius. Quicōques veult estre sauue: il conuient p̃miexemēt quil tiēne entieremēt ⁊ inuiolablemēt la verite de la foy catholique. de la quelle vertu viennent quatre principaut biens en lame. Le p̃mier: car cest le moyen parquoy lame est espousee et vnie auec dieu. par lequel mariage lame est ennoblye infiniement/et plus que entendement cree ne pourroit ymaginer. car quiconques aura la foy et sera baptise: Il sera sauue. Et doit la foy en soy ou en aultre preceder le baptesme. Pourtāt dit nostre seignr en leuāgile. enseignez cest assauoir la foy p̃mieremēt ⁊ baptisez cōsequētemēt ¶ Secondement la foy ⁊ le cōmencement ⁊ la porte de vie eternelle. la vie eternelle selon que dit leuangille ⁊ congnoistre dieu le pere ⁊ iesu christ son filz. laquelle chose no⁹ ne pouons faire en ceste presente vie mortelle/sinon par la foy qui est le pmier comencement de le veoir & cognoistre face a face en paradis. Et pourtant la foy nest pas des choses que nous voyons & cognoissons naturellemet ¶Tiercement par la foy/psonne raisonnable cognoist que dieu est tresiuste pour punir tout mal. et souverainemet bon pour remunerer tout bien. pourquoy est induite a bien faire & a fuyr mal et peche. Laquelle chose est parfaicte iustice & toute rigle de bonne vie. Quartemet par la foy ou victoire de tous ses aduersaires. Cest de lennemy du monde et de la char ¶De quoy est escript que par la foy ont eu victoire tous les sains de paradis. Lafoy nous dit que honeurs richesses & aultres biens & plaisances mondaines passent & sont transitoires et dagereuses/pourquoy nous les desprisons. Lafoy nous dit que en enfer a tout mal pour quoy nous le craignons. et que en paradis a tout bien: Pour quoy nous le desirons. Et cecy est quant au pmier & en general des biens que fait la foy dun bon crestien.

¶Docete oes gentes baptisantes eos &c. Ibid. ¶Hec est vita eterna vt cognoscant te soliverum deum & que misisti iesum christum Job. xvii. cap.
¶Declina a malo & fac bonu. ps. xxxvi.
¶Iustus exfide viuit. Abacuth. ii. & ad ro. i.
¶Declia a malo. &c
¶Sancti per fidez vicerunt regna operati sunt iusticia. ad he. xi ¶Item io v.
¶Hec est victoria q vincit mundu fides nostra Ite ad ephe. vi. In omnibus sumentes scutuz fidei

¶Sensuyt la suffisance & diuision des douze articles ou quatorze. sizielme chapitre.

Vant au second point a desclarer qui est veoir de chacun article en particulier: est assauoir que les articles de nostre saincte foy aucunesfois sont prins et distinguez selon le nombre des douze apostres qui premierement composerent le Credo. Et ainsi il y en a douze seullement. Ou autrement se peut diuiser selon que sept articles appartenant a la diuinite: et sept a lhumanite de Jesucrist. Et ainsi il y en a quatorze lesquelles on peult ainsi demonstrer. ¶Car ce que nous deuons croire de lhumanite: appartient alessence et vnite de la diuinite. Cest adire que nous deuons croire quil nest que vng dieu Et nompas deux ou plusieurs. Et est le pmier article en ce que nous disons. Credo in deum ou credo in vnuz deuz. Cest adire ie croy en vng dieu & nom-

Sextu capm.

pas en plusieurs. Ou apartient aux psonnes de la benoiste trinite. et ainsi larticle de dieu lepere nous est signifie en ce que nous disons. Patrem oïpotentem. ie croy en dieu le pere omïpotent. Larticle de dieu lefilz en ce que nous disons. Et in iesum xpm filiū eius. cest adire. Je croy en iesucrist filz de dieu lepere. Larticle de dieu le saint esperit en ce que no9 disons. Credo in spiritū sanctū. Je croy en dieu le sait espit. Et ainsi se sont quatre articles. Les aultres trois des sept qui apartiennēt a la diuinite sont quant au regart des trois prin cipalles opations par dehors. Cest creation / Redemption et gloxsication : qui appartiennēt seullement ala benoiste trini te. Creation de toutes choses est attribuee au pere en ce qui est dit. Creatorē celi τ terre. Je croy en dieu le pere createur du ciel τ de laterre. cest adire de toutes choses soient corpo relles ou spirituelles. Redemption est attribuee a Jesucrist par les sacremens τ union de saincte esglise. et ce nous est si gnifie en ce qui est dit. Sanctā ecclesiā catholicam. sanctorū cōmunionē. remissionē peccatorū. Cest adire. ie croy en sain cte esglise catholique ou uniuerselle la cōmunion de to9 les sains. et la remission des pechez. En cest article sont cōprins τ entendus tous les sacrem̄es de saincte esglise : desquelz ie entens tant seullemēt a parler en particulier du baptesme τ de penitence tant pour cause de briefuete que aussi de ne cessite de ces deux sacremens. Loperation de dōner la gloire que ont maintenāt tous les bieneurez τ que nous esperons est attribue au saint esperit : et ce no9 croyons en disant. Car nis resurrectionē uitā eternam. Amen Je croy que nous re susciterons et que les vrays catholiques auront la vie eter nelle. et par consequēt les mauuais auront damnatiō sans fin. Et ne deuons pas entendre que dieu le pere ait fait la creation sans dieu lefilz τ sans le benoit saint esperit / Car ilz nont que une puissance infinie. Et semblablemēt de la redemption τ glorification / car ces choses apartiennent ala diuinite. laquelle est une et nōpas diuisee en plusieurs.

Et appert clerement que la creation ꝯ gubernatiō de tout
le monde ꝯ la redēption de lhumain lignage ꝯ la glorificatiō
des sauuez procedent de toute la benoiste trinite / et ainsi il
ya sept articles appartenans a la diuinite ꝯ les aultres a lu
manite. Le premier est de sa benoiste incarnation en que no⁹
disons. Qui cōceptus est de spūsancto: cest adire que la Vierge marie cōceut le filz de dieu par la vertu du saint esperit
Le second est de la natiuite en ce qui est dit. Natus ex maria
virgine: cest adire que nous croids que cestuy qui procede de
dieu lepere par eternelle ꝯ incōpnable gnation est nasqui par
cēporelle natiuite de celle qui tousiours est vierge tāt deuāt
lenfantemēt que apres. Le tiers est de sa passion en ce qui est
dit. Passus sub poncio pylato: cest adire que nous croids que
le filz de la vierge marie vray dieu ꝯ vray hōme fut crucifie
et souffrit mort ꝯ passion soubz la sentēce ꝯ iugemēt de ponce pylate et fut enseuely. Le quart est. Descendit ad inferna
cest adire que Jesucrist descendit es enfers ꝯ fut ou lībe des
sainctes personnes qui auoient creu en son aduenement et
estoient mors en estat de grace. Et est aentendre qui descendit quāt alame vnie auec ladiuinite car le corps demeura ou
tombeau lespace de quarātes heures sans vie. Le quint est
rroire quil ressuscita letiers iour en ce qui est dit. Tercia die
resurrexit a mortuis. Et ne doit on pas entendre quil fust
mort par trois iours entiers/ car se seroit par soizāte ꝯ douze
heures: mais il fust mort partie du vēdredi / par tout le iour
de samedi partie/ partie du dimanche/ lesquelles trois parties sont quarantes heures. ¶Le siziesme est quarantiesme
iour apres sa resurrection il monta es cieulx et se siet ala dextre de dieu le pere en qui est dit. Ascendit ad celos sedet ad
dexteram dei patris omnipotentis. Et le septiesme est ql
viendra iuger les vifz et les mors Et ce que dit Inde ventu
rus Judicare viuos et mortuos. Et ainsi appert clerement
quil ya quatorze articles a qui les veult ainsi assigner et diuiser. Mais tout est compris et ramene a douze contenus et

¶Ego hodie genui
te. psal..ii. ¶Gene-
ratione ei⁹ ꝗs enar-
rabit. ysaie.liii.

li

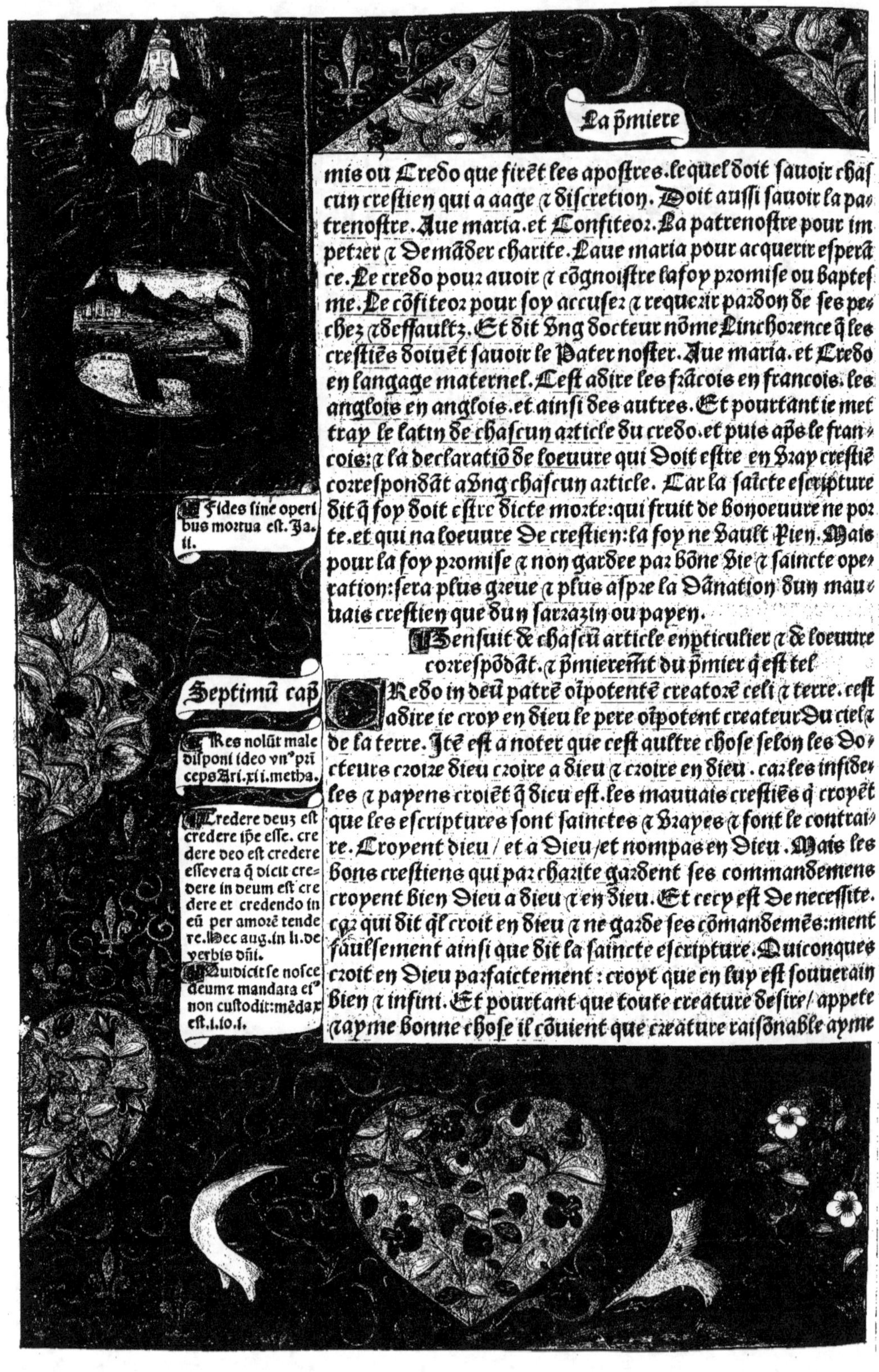

mis ou Credo que firēt les apoſtres.lequel doit ſauoir chaſ
cun creſtien qui a aage ⁊ diſcretion.Doit auſſi ſauoir la pa-
trenoſtre.Aue maria.et Confiteoz.La patrenoſtre pour im
petzer ⁊ demāder charite.Laue maria pour acquerir eſperā
ce.Le credo pouz auoir ⁊ cōgnoiſtre laſoy promiſe ou bapteſ
me.Le cōfiteoz pour ſoy accuſez ⁊ requezir pazdon de ſes pechez ⁊deffaultz.Et dit vng docteur nōme Linchozence q̄ les
creſtiēs doiuēt ſauoir le Pater noſter.Aue maria.et Credo
en langage maternel.Ceſt adire les frācois en francois.les
anglois en anglois.et ainſi des autres.Et pourtant ie met
tray le latin de chaſcun article du credo.et puis aps le francois:⁊ la declaratiō de loeuure qui doit eſtre en vray creſtiē
correſpondāt aſng chaſcun article.Car la ſaicte eſcripture
dit q̄ foy doit eſtre dicte mozte:qui fruit de bonoeuure ne poz
te.et qui na loeuure de creſtien:la foy ne vault zien.Mais
pour la foy promiſe ⁊ non gardee paz bōne vie ⁊ ſaincte ope-
ration:ſera plus greue ⁊ plus aſpze la dānation dun mauuais creſtien que dun ſarzazin ou payen.

¶Senſuit de chaſcū article enpticulier ⁊ de loeuure
correſpōdāt.⁊ pmieremēt du pmier q̄ eſt tel

Redo in deū patrē oīpotentē creatozē celi ⁊ terre.ceſt
adire ie croy en dieu le pere oīpotent createur du ciel⁊
de la terre.Itē eſt a noter que ceſt aultre choſe ſelon les docteurs croize dieu croire a dieu ⁊ croire en dieu.caz les infideles ⁊ payens croiēt q̄ dieu eſt.les mauuais creſtiēs q̄ cropēt
que les eſcriptures ſont ſainctes ⁊ vrayes ⁊ font le contrai-
re.Cropent dieu / et a dieu /et nompas en dieu.Mais les
bōs creſtiens qui paz chazite gardent ſes commandemens
cropent bien dieu a dieu ⁊ en dieu.Et recy eſt de neceſſite.
caz qui dit q̄l croit en dieu ⁊ ne gazde ſes cōmandemēs:mēt
faulſement ainſi que dit la ſaincte eſcripture.Quiconques
croit en dieu parfaictement:croyt que en luy eſt ſouuerain
bien ⁊ infini.Et pourtant que toute creature deſire/ appete
⁊aymē bonne choſe il cōuient que creature raiſōnable aymē

dieu (z lappete souerainemēt. Car enluy est bonte infinie
Et se ainsi est elle gardera sur toutes choses ses cōmandemens qui ne peuent estre que de bien (z pour bien puis quilz
procedent de bonte infinie. Et celluy qui fait le contraire/
cest non garder les cōmandemēs: il nayme point dieu meritoirement selon que dieu le cōmande en disant. Tu aymeras
dieu de tout ton cueur: de toute ta pensee: (z de toutes tes forces. Dequoy dit ung docteur nōme Prosper/q aymer dieu
cest souuent penser en luy/desirer paruenir a sa benoiste Si-
sion/auoir peche en haingne en enuy/(z en charge/(z les honneurs (z plaisances du monde: (z les richesses desprifer en cōparaison de lamour de dieu le createur: (z des biens qui sont
sans fin. La cause de aymer dieu sur toutes choses est sa
bonte infinie. et pourtant quil est nostre pere oīpotent. pour
tant il nous ayme ses enfans (z nont point dautre amour q
damour infinie. Et pourtant quil est tout puissant: il conuient quil face (z quil donne biēs a ses enfans selon lamour
dequoy il les ayme. ce sont biens (z gloire que cueur ne pour
roit penser: ne langue ne sauroit desclarer lesquelz il nous
peut donner par sa souueraine puissāce parlaquelle il a ctee
(z forme ciel (z terre. il le scait bien faire par sa grant sapi ence
et le veult par sa bonte (z piteuse clemence parquoy ung cha
cun se doit efforcer de croire (z dauoir esperāce. affin de puenir
a augmētation de charite (z des oeuures saictes (z meritoires
Car cōme dit monseignr saint gregoire autāt q la foy croist
esperāce est augmētee. (z autāt q on a despance: on a de chari
te. (z selon labōne (z saicte opation. (z aisi ces trois choses sont
egales totallemēt quant ala pporcion que doit auoir chūne
de ces trois vertus Et pourtāt selon les oeuures grādes ou
petites on peut veritablemēt cōgnoistre (z sauoir qlle foy qlle
charite (z quelle esperance est en la personne (z nō autrement
Et pourtant dit nostreseigneur Jesuchrist en leuangile que
on cognoit larbre selon lefruit ql porte soit bon ou mauuais.
Par lefruit q procede de larbre moyēnant lebouton la fleur

Si qs diligit me sermonē meū serua bit. Io.xiiii.
Diliges dnm deū tuum ex toto corde tuo (z ex tota anima tua (z ex totis virib' tuis et ex omni men te tua. Luce.x.

Qui ex vobis patrem petit panem: nūquid lapidem da bit illi aut pisce-nū quid pro pisce serpē tem dabit illi. aut si petierit ouium nūqd porriget ei scor-pionē Si g vos cū sitis mali nostis bo-na dare filiis nostrj: qōto magis paterve ster celestis de celo dabit spiritum bonū petentibus se. lu.xi.

Quantuz credis tantū speras qātum speras tantum dili-gis qōtuz credis spe ras (z diligis tantuz operaris. Hec gre. Item idez. Proba-tio dilectionis exhi-bitio est operis
Omis arbor bona bonos fructus facit mala aūt arbor fru-ctus malos facit. (zc A fructibus eorū co gnosceis eos. matb: vii.

et la fueille: sõt entẽdues les oeuures qui procedẽt du rueur
(z de sa volente ou de la foy cõme le frupt de larbre. Ainsi dõ
ques cõme il ya douze articles distinguez: conuient il quil y
ait douze fruitz ou douze oeuures meritoizes chascun corre
spondant a son article . Loeuure de ce premier article selon
la moralite est crainte filialle/ou crainte amoureuse. La
quelle chose no⁹est monstree (z donnee a cognoistre (z enten
dre en ce qui est dit. Deu patre oipotentẽ Crainte est deue a
dieu q est iuste infinimẽt/ (z amour au pere tout puissãt pere
de misericorde (z de bonte infinite. Et quicõques aura lafoy
de cest article en son cueur (z loeuure cõme dit est il abondera
en bonnes oeuures par dehozs: (z escheuera mal (z pche ainsi
que dit la saincte escripture. Et doit on croize que la foy de
cest article est mozte qui cest oeuure icy napozte.

Bensuit le second article qui est tel.

T in iesum xpm filiu eius vnicu dnm nostru. Cest a di
re. ie croy en Jesuchrist nostre souuerain seignr filz de
dieu le pere. En ce doit on entendre quil est semblable (z egal
au pere en toutes choses qui apartiennẽt a la deite (z est vne
mesme essence ou diuinite tãt le pere que le filz: (z aussi le sait
esperit. car il nest que vng dieu. Mais celle benoiste (z infinie
(z incompBensible diuinite est vne en trois psonnes. Et nõ
obstant que nous soyons fais a lymage dicelle benoiste tri
nite/principallemẽt quãt a lame en laquelle il ya memoize/
entendemẽt /(z voulente: qui sont trois puissances de quoy
lune nest pas lautre. Et touteffois ce nest que vne essence
ou vne ame. et que par ceste ymage de trinite qui est en no⁹
nous puissons aucunemẽt cognoistre (z enchercher la chose
quelle represente/cest la benoiste trinite. Touteffois nous
deuous croize simplement sans trop curieusement enque
rir. Car on y pourroit tresgrandement pcher (z offenser Et
se ceste foy nestoit sur tout entendement que lhomme peust
bien entendre et comprendre en soy le mystere de la benoi

ste trinite: il nauroit ne foy ne merite/ne par consequent ne
pourroit iamais paruenir a sauuement. Car la foy qui nest
autre chose que ce q dieu a reuelle: z qui ne se peut ne doit en
tendre naturellemet: z est le comencement (le fondemet de
tout sauuemt/parquoy il couient a tous les plus grãs clers
qui oncqs furet: captiuer leur entendemt naturel es choses
qui touchent a la haultesse de nostre saincte foy. z nous doit
souffire de cognoistre que dieu peut plus faire que nous ne
pouds entendre. Et ce voyons en chascune petite creature/
soit herbe ou arbre ou autre chose. Car iamais ne fut si grãt
clerc ou philosophe qui peut cognoistre parfaictemt tout(les
pprietez/les vertus: z la nature dune petite herbette. Par
quoy il sensuyt par plus fort ql ne pourroit pas naturellemt
cognoistre le createur si nõ par la foy qui est plus certaine cõ
gnoissance que nest celle de naturel entendemt. Car dieu
qui ne peut mentir nos a reuelle ses sainctes escriptures les
quelles sont la propre parolle dia mis au cueur et en la bouche des saintz pphetes apostres z autres. Ite par les sains
marttirs z cõfesseurs qui ont tenu z garde la verite de ceste
saincte foy catholiq: et espandu leur sang: z receu lamort ioyeusement: dieu a fait en leur vie z aps leur mort miracles/
si grans z si euidens pour approuuer la verite de la foy q nul
crestien aps les ditz miracles z leurs pdications faictes solle
nellement de la verite de nostre saincte foy catholiq: ne doit
aucunemet doubter Car autremet il peche tresgriefuemt
ne ne se peut faire quil croye fermement en Jesuchrist vray
filz de dieu le pere: z quil doubte en la foy. Car Jesuchrist q
est verite infinie a promis quil sera auecq leglise: z luy don
nera le saint esperit iusques a lafin du monde. Es parolles
de ces articles nous sont demonstrees les quatre proprie-
tes de vraye seigneurie ¶Cest assauoir sapience / doulceur
ou misericorde/ puissance z noblesse: et la quarte est iustice.
Parquoy nous le deuons auoir et auouer pour souuerain
seigneur. Doncques la premiere rayson est pour sa sapien-

d iii

¶Fides est substã
tia rerum speranda
rum augmentũ non
apparentiũ. Ad he
breos xi

¶Clerũ est de cer
titudine adhesionis
sed non speculatõis
¶Non em volunta
te humana allataest
aliquando pphetiaz
sed spiritusancto in
spirati locuti sũt scti
dei homies. ii. pe.i.

¶Nobiscũ suz vsqz
ad consũmationem
seculi. Math. vi.
¶Proprietates vi
rox dnog. Sapiētia
pietas vel mia potē
tia z nobilitas iusti
tia

ce infinie qui nous est donne a entendre en ce mot Jesum. La seconde est par sa doulceur pitie et misericorde qui nous est signifie par ce mot christum La tierce est puissance et noblesse qui nous sont signifiees par ce qui est dit filiu dei. La quarte est iustice qui est signifiee par ce mot dniin nostrii. Il est vray seigneur par creation / par redemption: et pourla resurrectio. car il nest nul autre seignr qui puisse rendre aucorps ame et vie quant on la perdue en son seruice: excepte Jesuchrist seignr des seigneurs roy des roys. Loeuure de ce present article selon la moralite est obedience en gardant les commandemens de iesuchrist selon son intention et la verite qil a desclaree en leuagille nom pas seullement lentente litterale et charnelle des scribes et des pharisees. car pour neant et sans cause onappelle sonseigneur cellup de qui on ne veult garder ses commandemens. Item cest soy humilier et aymer saincte pourete. car qconques croit que Jesuchrist est vray dieu et plain de sapiece infinie: il croit qen nostre humanite et en ceste psente vie il nous a donne exemple de toute pfection essisant la vie et lestat q mieulx valoient. Or print il humilite obedience penitece et pourete en nous amonestant de lensupuir parquoy le bon crestien et vray catholiq se doit humilier: et toute auarice vsure rapine et symonie detester et sa propre sensualite contraindre et reprimer. autremet la foy de cest article est morte q cest oeuure icy naporte.

Sensuyt le tiers article qest tel.

Qui conceptus est de spiritusancto. natus ex maria virgine. Et vault autant adite Je croy que la vierge marie conceut lefilz de dieu le pere par la vertu du saint esperit: et lenfanta / sa virginite demourante tousiours sauue saine et entiere. Et cest article est desclare plusaplain ou Credo / que len chante quant on dit la lamesse ou il dit que pour lamour et pour le sauluement de nature humaine le filz de dieu le pere descendit des cieulx: et print nostre humanite en la benoiste glorieuse et sacree vierge Marie par la vertu du benoit saint esperit: en soy faisant vray homme.

Habets criptum in femore rex regum et dns dnantium. apo.xix.

Salus populi ego su dicit domin. Item ipse aluu faciet populu suum a peccatis eor. lu.ii.

Nemo potest dicere dne iesus nisi i spusancto.i. corinth xi.

Quid vocati me domine dne et non facitis que dico. Lu.v.

Vulpes foueas habent et volucres celi nidos. filius autem homis no habz vbi caput suu reclinet. Math.vii.cap.

Humiliauit semetipsum factus obediens vsq ad mortez. mortem aute crucis Ad philip.ii.

Qui propter nos homies et ppter nostram salutem descedit de celis et incarnatus est de spiritu sancto ex maria virgine et homo factus est. Hec in symbolo

Le filz de dieu descendre du ciel nest autre chose a entendre
si non que par sa benoiste incarnation il est abaisse par humi
lite tellement que plusieurs ⁊ pres que tout le monde ne le
reputoit que pur homme celluy qui estoit/est/et sera vray dieu
tout puissant. Car autrement la vierge marie ne seroit pas
mere se elle nauoit nourry en son ventre ⁊ enfante celui qui
veritablement est dieu. Cest icy la haultesse ⁊pfection de la
foy des crestiens ꝗ saint pierre cōfessa ⁊aduoua quant il dist.
Tu es xpe fili' dei viui. Tu es le vray christ filz de dieu le vif
en ce ꝗl le cōfessa christ: il cognoissoit homme: en ce ꝗl appella
filz de dieu: il tesmoignoit veritablemt quil estoit dieu. Et
pourtant nostre seignr luy respōdit ꝗ sur icelle verite quil co
gnoissoit: cestass᷑ nature humaine et diuine estre en vne per-
sōne: il fonderoit ⁊ asserroit la verite de la sainte foy catholi
que ꜫoeuure de cest article selon la moralite/cest cōceuoir le
filz de dieu spirituellemt par la vertu du sait espit ⁊de saicte
foy catholiꝗ/par le moyen de laꝗlle foy iesuchrist habite de
dens les cōsciences des vrays catholiꝗs ⁊ si excellētment ꝗ
luy mesmes tesmoigne en leuangille cōsciēce qui le recoit p
vraye foy doit estre dicte sa mere certainemēt.⁊ est plus no
ble plus digne ⁊ plus sainte chose de leconceuoir spirituelle
mēt ꝗ ce ne seroit de le cōceuoir corporelement tāt seulemēt
Et telle noblesse en vng chrestien/cestass᷑ ꝗ la consciēce soit
mere de dieu:ne pourroit suffisāmēt langue pler ne estende-
ment cree comprēdre ne deumēt esmerueiller. En ceste abis
me se doiuent psterner les deuotz ⁊contēplatifz esperitz hu
mains treshumblemēt ⁊ le saint esperit par ꝗ se fait tellle cōception leurdesclara choses qui ne se peuent dire ne escrire.
Itē est a noter ꝗ nature humaine p la cōception ⁊ benoite in
carnation est honoree ⁊exaussee moult plus ꝗ nature āgeliꝗ
en tāt ꝗ dieu est homme deuenu ⁊nōpas ange pour nous prou
uer⁊ demōstrer son amour infinie et la voye de sauuement
qui est obedience ⁊humilite. Item en ce que nostre seigneur
naquissant de sa mere ne luy fist aulcune douleur ou an-

Diiii.

Ego dico tibi qa
tu es petrus ⁊super
hanc petrā edifica-
bo eccliam meam.
Math.xvi.

In interiori hoīe
habitare xpm per fi
dem in cordibus ve
stris.ad.ephe.iii.

Quicūcʒ fecerit
voluntatem patris
mei qui in celis est
ipse meus frater et
soror et mater est
Math.xii.

Felicius cōcepit
maria deū mēte per
fidem ꝗ per carnis
assumptionem.Hec
aug.li.de virgi.

Nulcʒ āgelos ap
prehendit:sed semē
abrahe.ad hebre.ii.

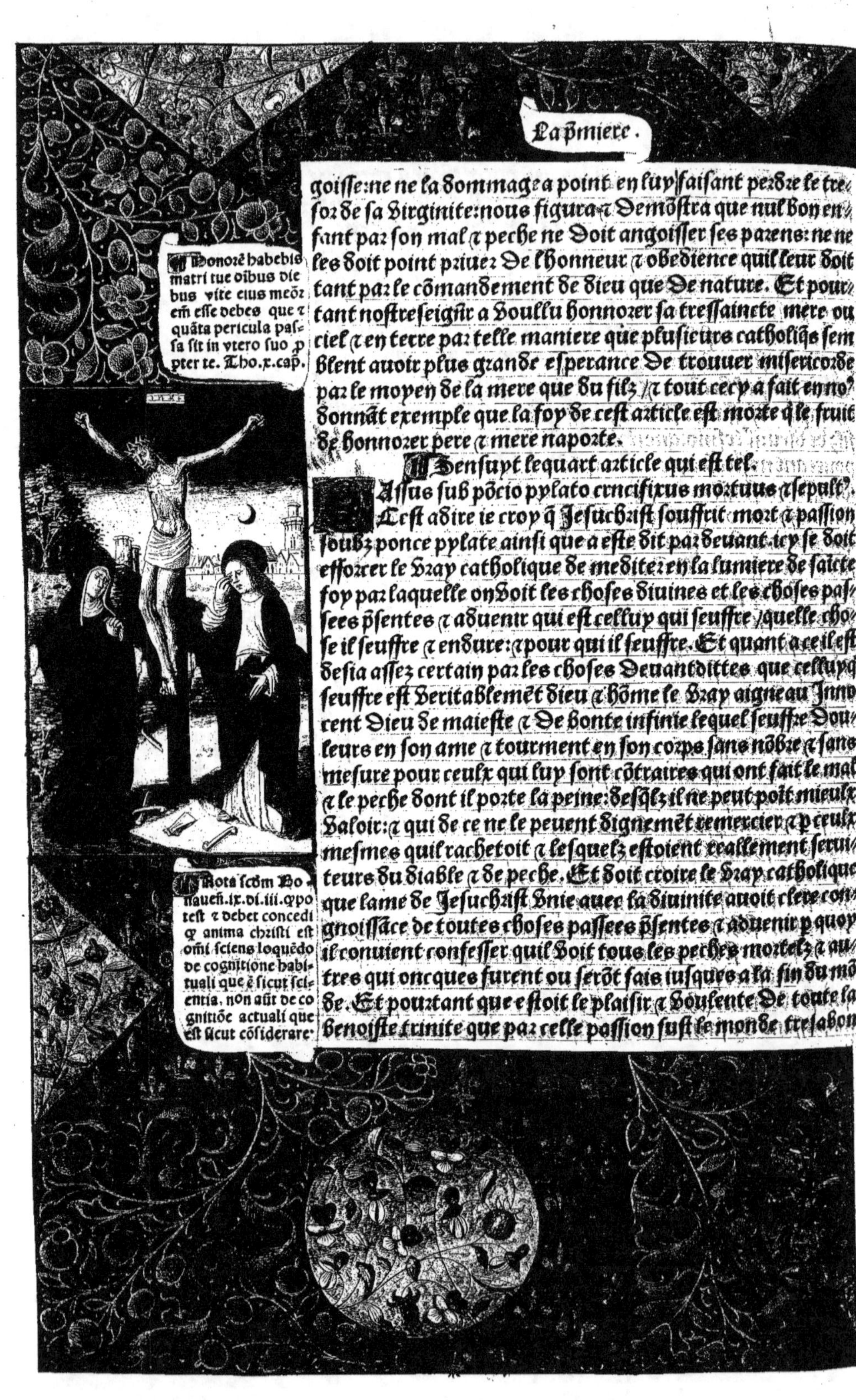

goisse:ne ne la dommage a point en luy faisant perdre le tresor de sa virginite:nous figura z demostra que nul bon enfant par son mal z peche ne doit angoisser ses parens: ne ne les doit point priuer de lhonneur z obedience quil leur doit tant par le comandement de dieu que de nature. Et pourtant nostreseigr a voullu honnorer sa tressaincte mere ou ciel z en terre par telle maniere que plusieurs catholiqs semblent auoir plus grande esperance de trouuer misericorde par le moyen de la mere que du filz/z tout cecy a fait en nous donnat exemple que la foy de cest article est morte qle fruit de honnorer pere z mere naporte.

¶ Sensuyt lequart article qui est tel. Assus sub pocio pylato crucifixus mortuus zsepult. Cest adire ie croy q Jesuchrist souffrit mort z passion soubz ponce pylate ainsi que a este dit par deuant:try se doit efforcer le vray catholique de mediter en la lumiere de saicte foy par laquelle ondoit les choses diuines et les choses passees psentes z aduenir qui est celluy qui seuffre/quelle chose il seuffre z endure:z pour qui il seuffre. Et quant a ce il est desia assez certain par les choses deuantdittes que celluyq seuffre est veritablemet dieu z home le vray aigneau Innocent dieu de maieste z de bonte infinie lequel seuffre douleurs en son ame z tourment en son corps sans nobre z sans mesure pour ceulx qui luy sont cotraires qui ont fait le mal z le peche dont il porte la peine:desqlz il ne peut poit mieulx valoir:z qui de ce ne le peuent dignemet remercier z p ceulx mesmes quil rachetoit z lesquelz estoient reallement seruiteurs du diable z de peche. Et doit croire le vray catholique que lame de Jesuchrist vnie auec la diuinite auoit clere congnoissace de toutes choses passees psentes z aduenir p quoy il conuient confesser quil doit tous les peches mortelz z autres qui oncques furent ou serot fais iusques a la fin du mode. Et pourtant que estoit le plaisir z voulente de toute la benoiste trinite que par celle passion fust le monde tresabon

¶ Honore habebis matri tue oibus diebus vite eius memorem esse debes que z quata pericula passa sit in vtero suo propter te. Tho.x.cap.

¶ Nota scdm Bonauen.ix.di.iii.qpotest z debet concedi q anima christi est oms sciens loquedo de cognitione habituali que e sicut scientia, non aut de cognitioe actuali que est sicut considerare.

dantemēt racbete de dānation eternelle: Jesuchzist souffrist
⁊ endura peine pticuliere pouz chascun pecbe moztel qui onques ne sust ou sera fait contre la voulente diuine / soit par
cellui qui sera finablemēt sauue: ou paz cellup qui sera dam
ne ⁊ autant grande peine quelle estoit: estoit deue a chascun
pecbe moztel. laquelle cbose surmonte tout entendemt cree
si non que paz la lumieze de foy nous sauons que cellup qui
seuffroit estoit vzay dieu. Parquoy raisonnablemēt consen
tons que se il neust espandu paz douleur ⁊ angoisse que vne
seulle goutte de sang que si estoit elle souuerainemēt souffi
sante a racbater mille mondes. ⁊ touteffois nompas seullement il a donne vne goutte de sang. Mais paz lespace de
trentedeux ans ⁊ trois mois il a souffert ⁊ endure tant ou ve
tre de la vierge marie que aussi de puis quil nasquit en ce mō
de: labouzs peines trauaulx en ieunes en ozoisons en tentations en cōtradictions. et finablement lamozt la plus āgois
seuse piteuse ⁊ douloureuse que cueur pourroit pēsez. mais
la follie naturelle de cueur ⁊ dentendemēt humain peut di
re ⁊ ymaginer que en ce qui est icy dit il ya impossibilite con
tenue/pourtant quil ne seuffroit si non en tant que homme
et nompas en tant que dieu. pourquoy il ne pouoit souffrir
que peine finie. et bien petit au regart de celle qui est propo-
ser laquelle est cent mil fois infinie se ce estoit possible de di
re ou ymaginer. Et daultre part a este dit que pour chascū
pecbe moztel qui onequesfust ou sera fait:il apozte peine suf
fisante pouz reparer liniuze faicte a la maieste diuine. laꝗlle
iniuze pouz chascun pecbe est infinie pour zaison de cellup ꝗ
est offense. Car raison ⁊ nature disent que de tāt que cellui
que len offense est plus grant:loffense et liniuze faicte alencontre de luy est plus grande. Oz est il asses cogneu ⁊ dieu
est de maieste infinie parquoy il sensupt que loffense alencontre de luy doit estre infinie. et paz consequent la peine
deue ⁊ cozrespondante a telle offense. autrement dieu ne se
roit pas vzay iuge de damner eternellement pour vng seul

Apud dñm mise-
ricozdia et copiosa
apud eū redemptio
ps.cxxix.

¶ Tāta est offensa
quātus est ille qui of-
fenditur. v.ethic.

¶Secundã mensu
ram delicti erit pla=
gaꝝ modus.

¶Nota.

¶In omi loco ocu
li dñi contemplant
bonos ⁊ malos. oia
munda ⁊ aperta ſũt
oculis eius. Ad be.
iiii.

peche mortel celluy qui paꝛ ſon deffault ne ſera racheté par
ceſte benoiſte paſſion. Reſponſe a ceſte folle ymagination la
quelle touteſſ̃ ie concede par la lumiere de noſtre ſaicte foy
que celluy qui ſeuffre eſt dieu/combiẽ quil ne ſeuffre pas en
tant que dieu. Item confeſſe par le pꝛemier article et les cho
ſes deuãtdictes q̃l eſt tout puiſſãt comme le pere. Item con
feſſe que iuſtice diuine qui ne peut eſtre muee ou variee reqz
ert que ſelon la coulpe la peine ſoit meſuree. Item concede
que Jeſuchꝛiſt eſt vray redẽpteur ⁊ ſuffiſant de tout le mon=
de/parquoy cõuient que celluy qui ſeuffre ſoit tant puiſſant
quil puiſſe fouſtenir peine infinie ⁊ puis que iuſtice ĩmuable
requiert telle peine il cõuient quelle ſoit offerte ⁊payee puis
quil plaiſt a Jeſuchꝛiſt treſparfaictemẽt nous racheter et q̃l
le peut ⁊ que iuſtice le requiert il ſenſuyt q̃l a payé pour no⁹
paſſions douleurs ⁊ angoiſſes infinies. Dequoy dit ung de
uot contẽplatif que ſe lapeine que ſouffrit noſtreſeignꝛ pouꝛ
ung chaſcun de nous ⁊ pour tous aſſembleement eſtoit diui
ſee en autant de parties quil ya de gouttes deaue en touteſ
les mers ou en tout le monde. Itẽ en autant de parties quil
fut oncques de bꝛins de herbe/de feuilles de arbꝛes/de plu=
mes doyſeaulx/deſtoilles ou ciel/degꝛains de ſablon/de hõ=
mes ⁊ de femmes: lhumanite de Jeſuchꝛiſt ou autre hõe na=
turel neuſt pas poꝛté demy quart dheure ſans moꝛt vne des
pl⁹ petites parties de lapeine deuãtdicte ainſi diuiſee. Mais
pourtãt que ceſte benoiſte humanite tant le coꝛps que lame
eſtoient ſont ⁊ ſeront touſiours vniz auec la diuinite en la
ſeconde perſonne dela benoiſte trinite: elle pouoit poꝛter et
endurer par la vertu ⁊ puiſſãce de la diuinite: paſſiõs ⁊ tour
mens incõpꝛenables. Et oultre plus doit eſtre certain chaſ
cun vray catholique que des lheure que Jeſuchꝛiſt cõmenca a
ſouffrir ceſte peine. ceſtaſſ̃des le pꝛmier inſtãt deſa benoiſte
incarnation: il veoit chaſcune pſonne qui oncques fut/eſt/et
ſera en ſa cõgnoiſſance diuine: en laquelle toutes choſes qui
ſont paſſees: ou auenir quant anous: ſont treſpꝛeſentes quãt

a luy. et nompas seullemēt cognoissoit chascune pſonne qui
depuis a este / est / ou sera. mais auecques ce laymoit de tel
amour que se dieu le pere luy eust fait tel offre ou tele propo
sitiō a lheure de la mozt Mon seul et trescher filz ie recoy le sa
crifice de voſtre douleur et passion en laquelle vo? estes a pre
sent pour la sauuemēt de tous ceulx qui ont este / sont et serōt
excepte pour tel hōme et pour telle femme en lui specificant
inoy ou vng aultre. et en luy offrant oultreplus: se vous ne
voulez estre pour lamour de luy ou de elle en langoisse de la
peine en quoy vou estes a present iusqz au iour du iugemēt
Sachent tous pſens et auenir que des icelle heure il aymoit
tant vne chascune pſonne vng chascun poure pecheur qui de
puis a este et sera que encoze seroit il en labze de la croix pen
dant maintenāt que ce pſent liure fust premieremēt escript
Cest lan de grace mil quatrecens soxantesept. Parquoy
appert quil y auroit este plus de quatorze cens ans. Et oul
treplus y seroit iusques au iour du iugement pour lamour
infinie quil a enuers nous: deuant que vne pſonne humaine
quelle quelle soit: fust eternellemēt damnee par le deffault
de ceste passion Et qui se vouldroit arrester en ceste medita
tion: il y trouueroit pitie / amour / ioye / compassion et admira
tion infiniemēt. Icy est labisme de lagloze et noblesse du cre
stien qui croit et cognoiſt estre en si parfont amour de soncrea
teur / son dieu / son frere et amy tout puissant qui a voullu
souffrir pour luy plus que nul ne vondzoit ou pourroit pour
soy mesmes. Icy deueroit penser et mediter deuotemēt chas
cun bon creſtien vnefois le iour au moins vnefois la sepmai
ne et speciallement quāt il voit le pcieux corps de Jeſucriſt
entre les mains du pꝛeſtre Car ace est institue ce treſſaint sa
crement cestaſſauoir affin que nous nous remēbzons deson
amour infinie: et de sa benoiste passion. Item pourroit le de
uot cōtemplatif se prosterner deuāt lymage du crucifix ou
en aultre lieu secret: ou en ymagināt quil est realemēt sur le
mont de caluaire / et quil voit le doulx Jesus en la croix pen

Nota tempus cō
pilationis hui? libꝛi

Michi autē absit
gloziari nisi i cruce
dñi nostri iesu xpi:
Ad gala. vi.

Hec quotienscū
qz feceritis i mei cō
memozitionē facie
tis.

dant depuis le temps deuantdit. Cest assauoir mil quatre cens soixantesept ans en la peine ⁊ es tourmens deuātditz. Et aussi quil le soit mourant ⁊languissant pour lamour de sa doulce vierge mere piteuse ⁊ angoisseuse. et soit bien certain sans en doubter que cest pour lamour de luy ⁊pour le deliurer de la mort eternelle/et sil nest plus dur q̄ nulle autre chose:il chaira en pitie ⁊ en admiration:⁊ cōgnoistra clerement que tout ce quil pourroit faire dire penser ou endurer en recompensation de cest amour grace ⁊ benedictiō:est tout ainsi que neant. Parquoy il sera preserue de la fleche ou dart de sennemy qui vole tres perilleusement en plain iour et a heure de midy. Cest vaine gloire qui aucuneffois surmōte par oroison ou saincte meditation:ou par aucunes autres bōnes oeuures. Item sera stimule de continuellemēt faire aucunes choses cōme penitences/oroisons/aumosnes/ou sainctes meditations pour lhonneur ⁊ gloire de dieu. Mais de ce chief pourroit aucun dire ou ymaginer sil est ainsi q̄ par tel amour cōme dit est dieu a tant endure pour moy ⁊tres abondantemēt paye lapeine de tous mes pechez:parquelle raison ou iustice doy ie demeurer subget aux peines de ce mōde et a faire penitence apres ma cōfession:⁊ finablemēt mourir et apres la mort estre puny par feu se ie ne fais penitence suffisante de mes pechez par deca cōme il soit ainsi que dieu ne punist pas les coulpes de sa creature par deux fois ainsi que dit la saincte escripture. Response. En toutes oeuures de dieu enuers nature humaine il ya misericorde ⁊ iustice ⁊chascune est infinie. Or est il ainsi que par peche selon iustice diuine fusmes adiugez a quatre manieres de mort. Cestassauoir a la mort de coulpe/a mort ciuile q̄ est estre priue ou exule de son heritage/de son pays/ou estre en seruage. a mort de nature:qui est separation du corps ⁊ de lame. et ala mort de fer eternelle. Par la misericorde de dieu infinie et le merite de la benoiste passion nous sōmes deliurez de deux manieres de mort. Cest de la mort de coulpe/de peche:⁊de lamort

¶ Non timebis a timore nocturno. a sagitta volante in die a negocio pambulā te in tenebris. etc. ps.xc.

Questio

¶ Deus non punit bis in idipsū. naū.I.

Responsio

¶ Nota q̄tuor mortes. Mors culpe. mors ciuilis. mors nature. mors eterna

eternelle. Par ainsi que no° garderons a Jesuchrist nostre re-
dempteur ce que luy auons promis ou baptesme. Mais par la
iustice diuine z pour nostre grant prouffit no° demeuros subgetz aux deux autres manieres de mort. cest a la mort ciuile
Car nous somes hors de paradis terrestre qui estoit nostre
heritage se ne fust peche. et a la mort de nature. Desquelles
mors la iustice diuine ne nous deuoit pas deliurer. Car en ce
faisant elle nous eust priue du moyen dacqrir gras merites
desquelz le loyer sera infini. Car de tant que no° souffriros
plus en patience z pour lamour de dieu en lexil de ce monde
nostre loyer sera plusgrant ou royaume de paradis. Et ainsi appert que par iustice nous deuds faire penitence en ce mode. Loeuure de cest article selon la moralite cest auoir patience z humilite en aduersite. soit maladie de corps/pourete ou
perte de biens/ou damps/fortune de temps/iniures foiblesses ou tentations. Car de tant que aucun seuffre plus en ce
monde en estat de grace: z en prenant pacietement pour lamour de dieu: de tant il ya en luy plusgrant signe damour
de dieu z de sauuement. Car come deuant a este dit: lacroix
cestassauoir tribulation z aduersite est le propre signe ou sot
les armes du roy Jesus. sans lesquelles iamais psonne ne-
ttera ou royaume de paradis. Et de tant quelles sont plus
pleines z plus grandes: de tat est on assis ou royaume plus

In patientia ve-stra possidebitj ani-mas vestras. Luce. xxii.

honnorablemet z plus pres du roy. Ite doit le bon crestie
prendre sa croix z soy crucifier ainsi que dit leuangille. Et
nest autre chose adire fors que le crestien doit resister: z nompas ensuyuir z obeir aux inclinatios z mouuemes de la sensualite. Et ce nous est signifie en ce q nous disons Crucifixus. cest adire que nostreseignr fut crucifie pour nous doner
exemple de souffrir z endurer pour lamour de luy auer pacience. Et ne se doit pas le poure pecheur desesperer/cobien

Qui vult venire post me abneget se-metipsu z tollat cru-cem sua et sequatur me. Math. xvi. mar et. viii. Luce. ix.

que la sensualite se plaingt come impaciente: z quil soit enclin z passionne a prendre vengence/ou a faire beaucop dau-
tresmaulx. mais que raison se tienne ferme en la crainte et

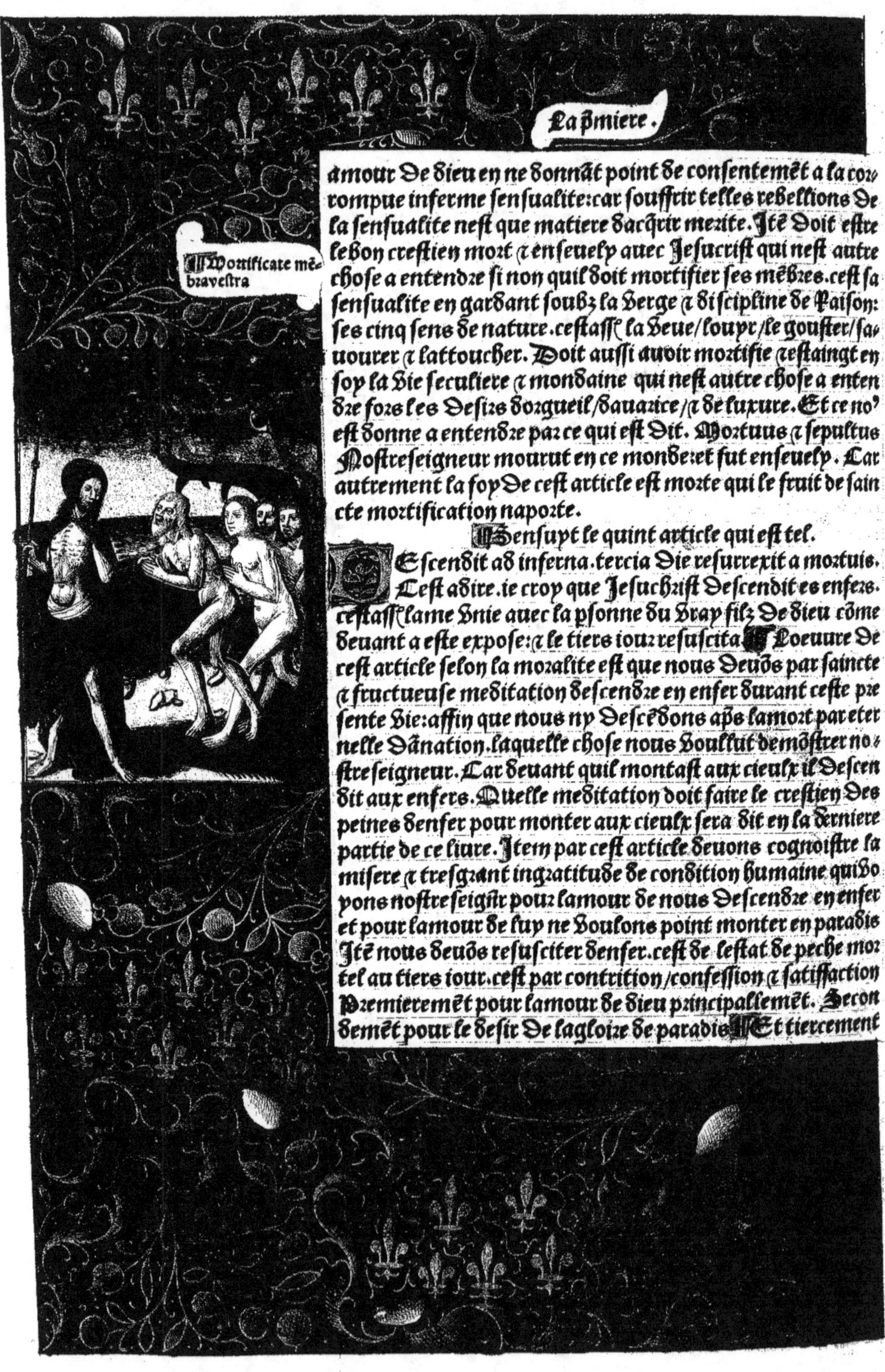

amour de dieu en ne donnãt point de consentemẽt a la cor=
rompue inferme sensualite:car souffrir telles rebellions de
la sensualite nest que matiere dacqrir merite. Jtẽ doit estre
lebon crestien mort ɣ enseuely auec Jesucrist qui nest autre
chose a entendze si non quil doit mortifier ses mẽbzes. cest sa
sensualite en gardant soubz la verge ɣ discipline de raison:
ses cinq sens de nature. cestaſſ la veue/louyr/le gouster/sa=
uourer ɣ lattoucher. Doit aussi auoir moztifie ɣestaingt en
soy la vie seculiere ɣ mondaine qui nest autre chose a enten=
dze fozs les desizs dorgueil/dauazice/ɣ de luxure. Et ce noſ
est donne a entendze paz ce qui est dit. Moztuus ɣ sepultus
Nostreseigneur mourut en ce monde:et fut enseuely. Car
autrement la foy de cest article est mozte qui le fruit de sain
cte moztification napozte.

¶Sensuypt le quint article qui est tel.

Escendit ad inferna.tercia die resurrexit a moztuis.
Cest adire.ie croy que Jesuchzist descendit es enfezs.
cestaſſ lame vnie auec la pſonne du vray filz de dieu cõme
deuant a este expose:ɣ le tiers iouz resuscita.¶ Loeuure de
cest article selon la mozalite est que nous deuõs par saincte
ɣ fructueuse meditation descendze en enfer durant ceste pze=
sente vie:affin que nous ny descẽdons apſ lamozt par eter
nelle dãnation.laquelle chose nous voullut demõstrer no=
streseigneur. Car deuant quil montast aux cieulx il descen
dit aux enfers. Quelle meditation doit faire le crestien des
peines denfer pour monter aux cieulx sera dit en la derniere
partie de ce liure. Jtem par cest article deuons cognoistre la
misere ɣ tresgzant ingzatitude de condition humaine qui vo
pons nostreseigſir pouz lamour de nous descendze en enfer
et pour lamour de luy ne voulons point monter en paradis
Jtẽ nous deuõs resusciter denfer.cest de lestat de peche moz
tel au tiers iouz.cest par contrition/confession ɣ satisfaction
Pzemieremẽt pour lamour de dieu principallemẽt. Secon
demẽt pour le desir de lagloize de paradis.¶Et tiercement

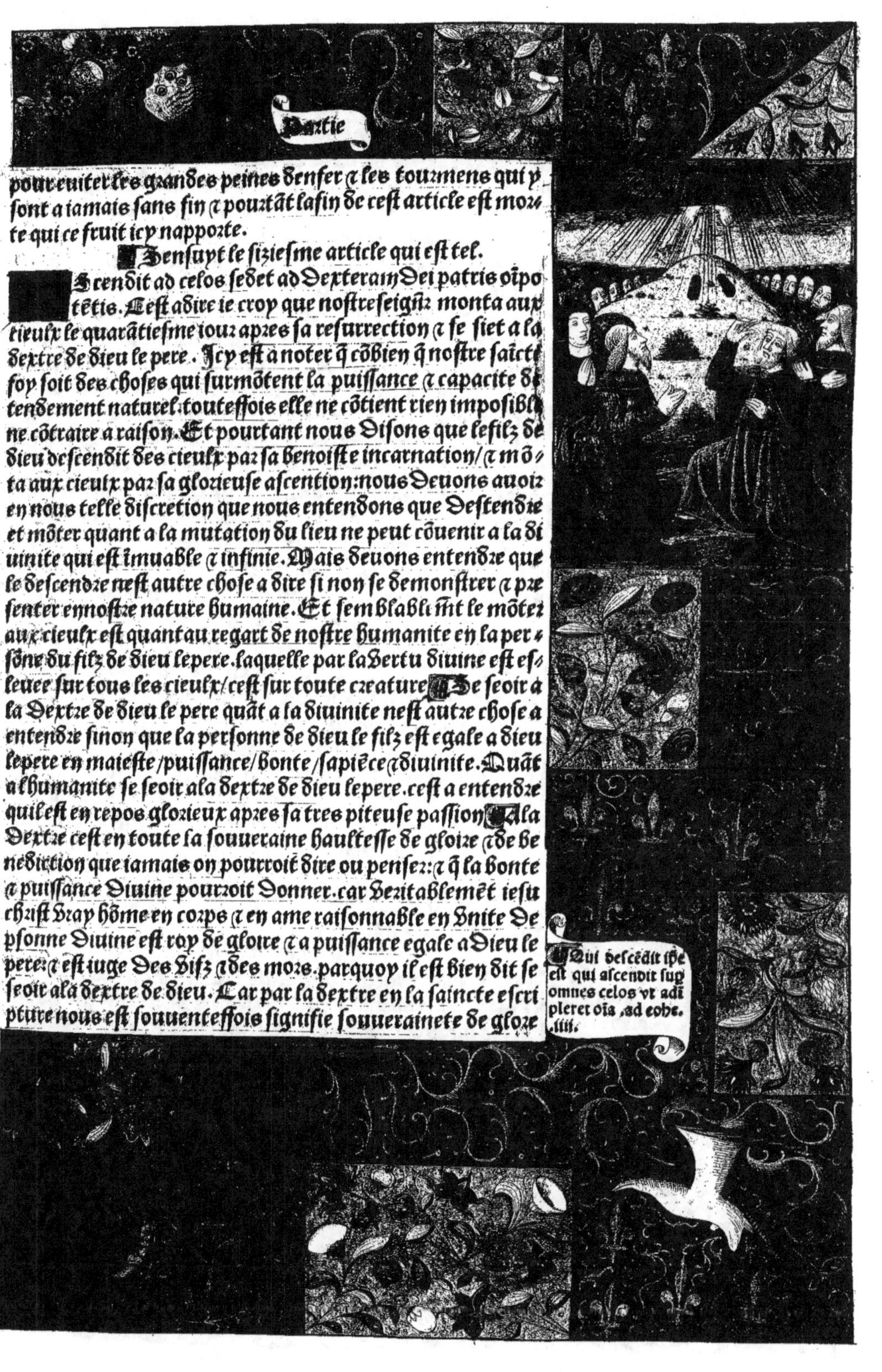

pour euiter les grandes peines denfer ⁊ les tourmens qui y
sont a iamais sans fin ⁊ pourtāt lafin de cest article est mor
te qui ce fruit icy napporte.

¶ Sensuyt le siziesme article qui est tel.

S cendit ad celos sedet ad dexteraⁿ dei patris oīpo
tētis. Cest adire ie croy que nostre seignr monta aux
cieulx le quarātiesme iour apres sa resurrection ⁊ se siet a la
dextre de dieu le pere. Icy est a noter q̄ cōbien q̄ nostre saincte
foy soit des choses qui surmōtent la puissance ⁊ capacite dī
tendement naturel: touteffois elle ne cōtient rien impossibli
ne cōtraire a raison. Et pourtant nous disons que le filz de
dieu descendit des cieulx par sa benoiste incarnation/ ⁊ mō
ta aux cieulx par sa glorieuse ascention: nous deuons auoir
en nous telle discretion que nous entendons que destendre
et mōter quant a la mutation du lieu ne peut cōuenir a la di
uinite qui est imuable ⁊ infinie. Mais deuons entendre que
le descendre nest autre chose a dire si non se demonstrer ⁊ pre
senter ennostre nature humaine. Et semblabli m̄t le mōter
aux cieulx est quantau regart de nostre humanite en la per ⸱
sōne du filz de dieu lepere. laquelle par la vertu diuine est es ⸱
leuee sur tous les cieulx/ cest sur toute creature ¶ Se seoir a
la dextre de dieu le pere quāt a la diuinite nest autre chose a
entendre sinon que la personne de dieu le filz est egale a dieu
lepere en maieste/ puissance/ bonte/ sapiēce ⁊ diuinite. Quāt
a lhumanite se seoir ala dextre de dieu lepere. cest a entendre
quil est en repos glorieux apres sa tres piteuse passion ¶ A la
dextre cest en toute la souueraine haultesse de gloire ⁊ de be
nediction que iamais on pourroit dire ou penser: ⁊ q̄ la bonte
⁊ puissance diuine pourroit donner. car veritablemēt iesu
christ vray hōme en corps ⁊ en ame raisonnable en vnite de
psonne diuine est roy de gloire ⁊ a puissance egale a dieu le
pere: ⁊ est iuge des vifz ⁊ des mors. parquoy il est bien dit se
seoir ala dextre de dieu. Car par la dextre en la saincte escri
pture nous est souuenteffois signifie souuerainete de gloire

¶ Qui descēdit ipe
est qui ascendit sup
omnes celos vt adī
pleret oīa. ad eohe.
iiii.

et de beatitude en laquelle est le le benoist iesuchrist en huma
nite et en diuinite. Loeuure de cest article selon la moralite
cest que le vray catholique qui fermemēt croit les choses de
uantdictes. doit auoir son cueur son amour et ses desirs en
hault / separez de la terre ⁊ des choses basses et transitoires
cest adire quil na point son amour en orgueil en vanite mon
daine en delices ne en richesses: mais est son amour la ou est
son tresor sa glore ⁊ sa beatitude: cest le benoist iesucrist vray
dieu damour qui tire toꝰ ses vrays amoureux asoy. car nulle chose qui puisse estre dicte ne peut mieulx tirer amour que
fait aultre amour Et pourtāt il dit enleuāgile. Venez amoy
tous qui estes en labour ⁊ en peine cōme sil vouloit dire ie la
boure comme vous ⁊plus que vous et pour lamour de vous
et maintenant ie me siez ⁊ repose. Cest adire ie suis engloire
pardurable / prest de la donner atous ceulx qui aps moy vou
dront labourer. Les mondains labourent pour lemonde pr̄i
cipalement. ⁊ les bons crestiens labourent pour la vie eter
nelle. Et pourtant chacun vray catholique estāt es labours
de ce monde deuroit dire par la vertu de la foy ce que disoit
saint estienne qant il labouroit en larticle de la mort ⁊ qaūt
il pourtoit les coups des dures pierres. Video celos aperto
Je voy les cieulx ouuers ⁊iesucrist ala dextre de dieu le pere
aquoy ie porte ioyeusemēt le labour de ce tourmēt: Et pour
tant si tu as faim soif tentation tribulacion aduersaires ⁊cō
tradition enuieux ou autre mortele persecution: regarde ie
sus ⁊ saches ql est ipossible daler se soir asa table qui ne voul
dra boire a son hanap ⁊ qui ne tiendra le chemin quil a tenu
Cest descendre enenfer comme dit est pour monter en para
dis la ou il est. Et sachiez que la foy de cest article est morte
qui ce fruit icy napporte

⁋ensuyt le septiesme article.

Nde venturus iudicare viuos ⁊ mortuos. Cest adi
re ie croy que le filz dieu le pere viendra iuger les vifz
et les mors Ou pmier aduenemēt il vint en humilite ⁊ pou

⁋ Nolite diligere
mundū nec̄ ea q̄ in
mundo sūt. ⁋ Si qs
diligit mundū non ē
caritas pris ieo qm
oēqd ē in mundo cō
cupiscētia carnis est
et cōcupiscētia ocl'o
rū ⁊ supbia vit. i. Jo
ii:

⁋ Vbi ē thesaurus
tuꝰ ibi ⁊ cor tuū erit
lu.xii.

⁋ Veite ad me oēs
qui laborat⁊ ⁊ bone
rati est ⁊ego reficiā
vos. math.xi.

⁋ Video celos ap̄
tos ⁊filiū hōis stan
tē adextr⁊ virtut⁊ dei
act.vii.

⁋ Calicē qdez meū
bibetis ⁊ dere āt ad
dexterā meā ⁊ad si
nistrā nō ē meū dare
vobis s⁊ qb°paratū
ē a pr̄e meo mat.xx.

⁋ Qui vēturꝰ ē ve
niet ⁊ non tardabit.
⁋ Jusť aūt ex fide
viuit. Ad ro.i.

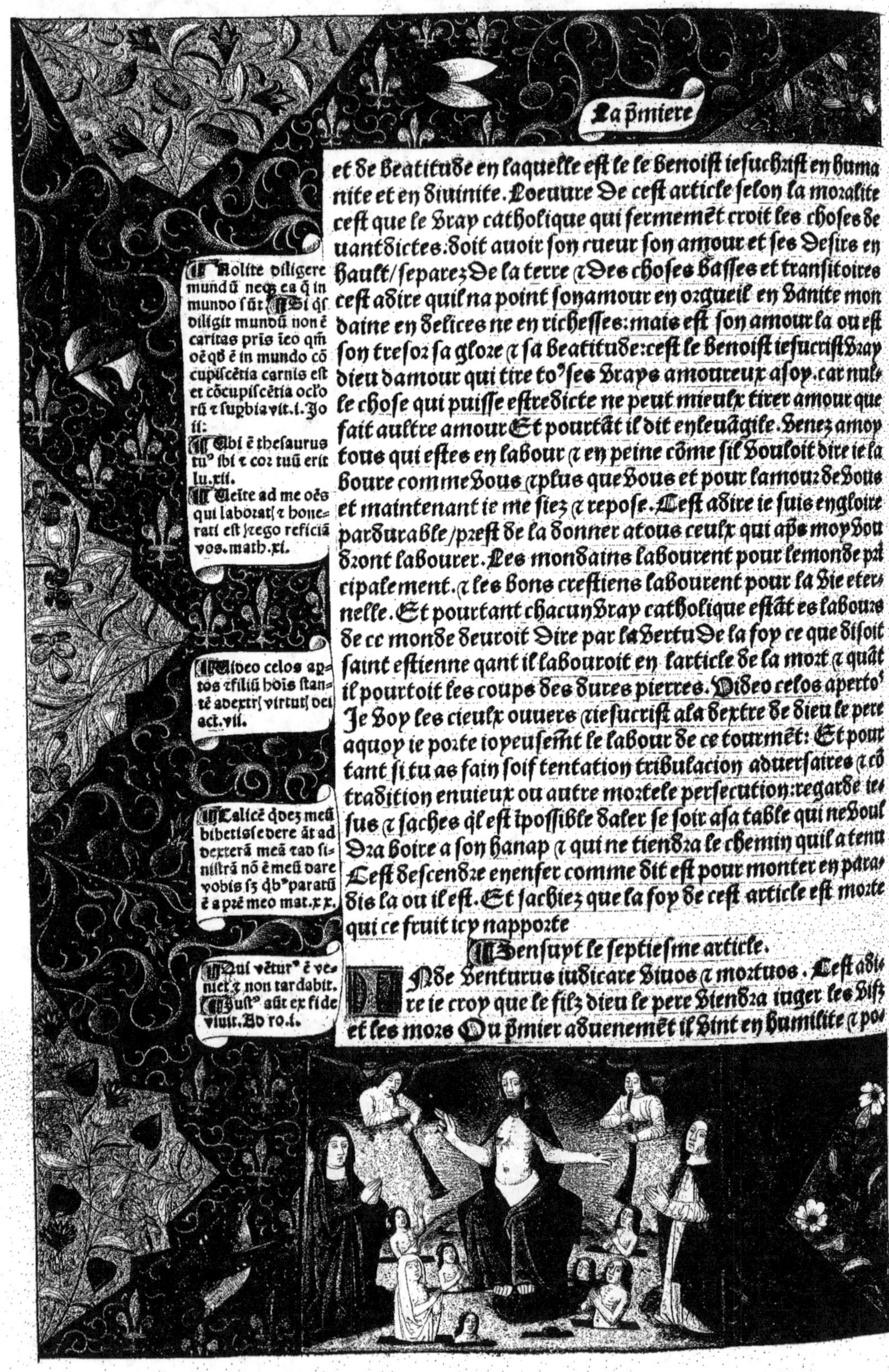

urete ⁊ fut des mauuais hõmes iuge ⁊ reprouue. Ou secõd
aduenement il vendra en gloire ⁊ maieste ⁊ iugera tous les
mauuais. Icy pourroit on demander que ce veult dire iuger
les vifz ⁊ les mors comme il soit ainsi que quãt il dõnera sẽ
tence ainsi quil a este declare en leuãgile/ tous bons ⁊ mau
uais seront en vie: Responfe. Les docteurs dient que quant
il viendra iuger au grãt ⁊ dernier iugemẽt: ceulx qui viurõt
adonc sur terre il les fera mourir Et ce pmier iugemẽt il est
appelle le iugement des vifz. Et apres la resurrection il iu
gera ensemble tous ceulx qui deuant la dicte resurrection
auoiẽt este mors. Mais lexposicion de pape innocent tiers ⁊
de plusieurs aultres sẽble mieulx estre apropos cõbiẽ qlle
ne contredit pas a lexposition deuantdicte. Et est telle que
nostre seigneur vendra iuger pmierement les vifz cest au iu
gement particulier qui ce fait a lheure de la mort de vng cha
cun. Car dit maistre nycolle de lyre en plusieurs pas de sa
doctrine que nostre seigneur vient au trespassement de vng
chascun soit bon ou mauuais. Item dit le pape innocent que
les bons le voient a leure de la mort a leur grant ioye ⁊ cõso
lation alexemple dune noble espouse qui receueroit son tres
ame ⁊ loyal espoux retournãt dune molt loingtaine regiõ.
Et les mauuais le voient a leur grant confusion. car adonc
ilz voient lorreur de leurs pechez leur infidelite ⁊ leur ingra
titude ⁊ que iustement doiuent estre dannez. Et de ceste ap
paricion aleure de la mort lisons plusieurs exemples tãt de
bons que de mauuais. Des bons comme saint Jehan leuã
geliste de qui Jesucrist auoit dit. Je vueil que ainsi demeu
re iusques a ce que ie vienne. cest adire alheure de la mort de
saint andrieu ⁊ de saincte katherine ⁊ daultres plusieurs li
sons quil sappert a leure de la mort Et semblablemẽt app pa
roist il aux mauuais. car autremẽt leure de la mort ne seroit
pas le iugemẽt pticulier si lnp auoit vng iuge/ ⁊ autre ne doit
pas iuger finablemẽt les humais. excepte celluy a qui dieu
le pere a donne puissance ⁊ auctorite et ou ciel et enterre / cest

e i

Marginal notes:

Questiõ

Responsio

¶ Statutũ ẽ hoibꝰ semel mori. ad heb. ix.

¶ ad cori. iii. Uniuscuiusꝙ opꝰ manifestũ erit. ¶ Itẽ lu. xii. he. x. ap. x. ⁊ xxii. ¶ Delyra hũc passũ affirmat.

¶ In li. de miseria ⁊ uvilitate cõdic õis humane.

¶ Sic eñ volo manere donec veniam.

¶ Dedit ei iudiciũ facere qz filiꝰ hõis ẽ. io. v. ¶ Itẽ data ẽ mihi õis potestas i celorũ terra. mat. vi.

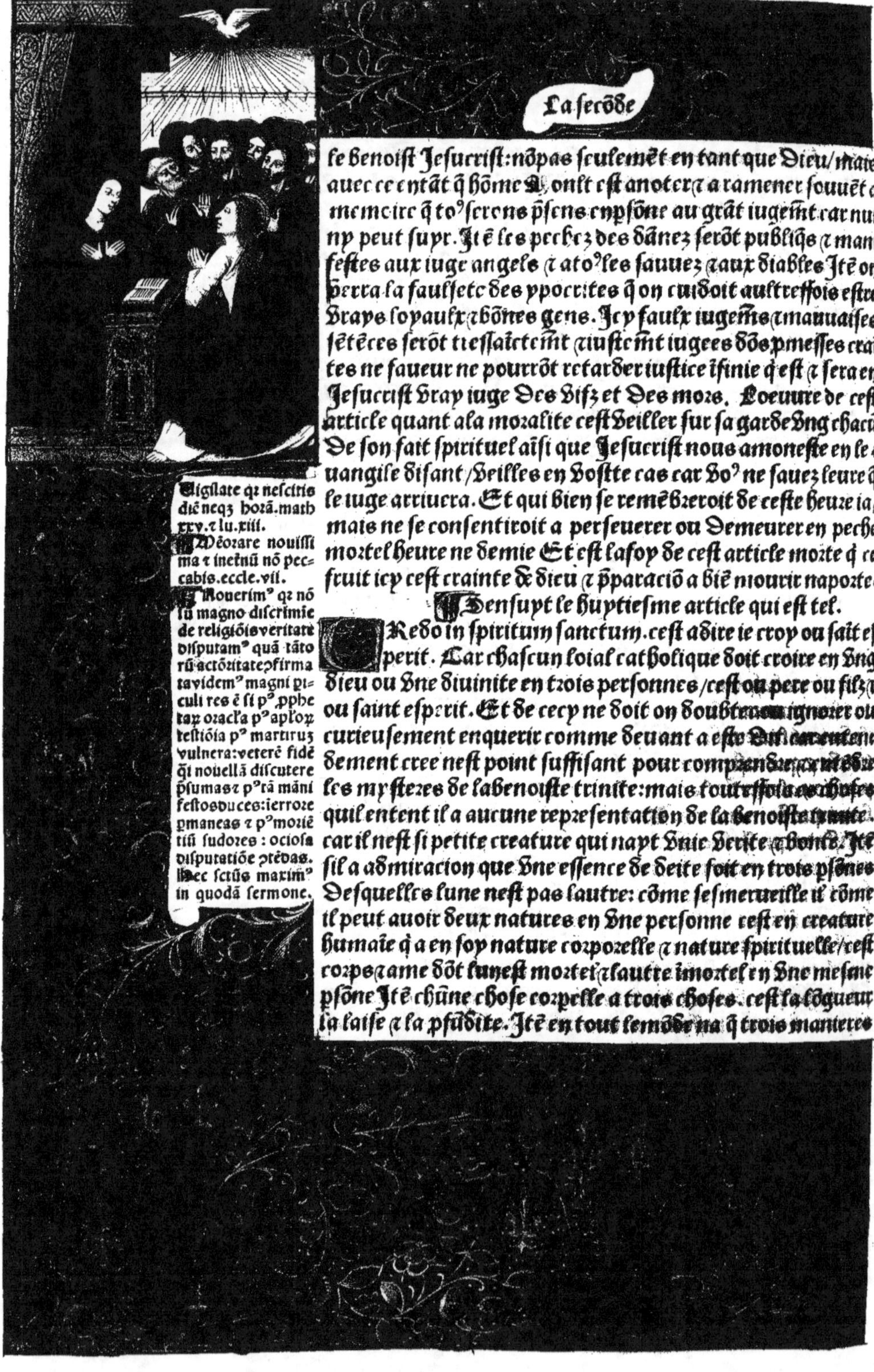

ſe benoiſt Jeſucriſt: nõ pas ſeulemẽt en tant que Dieu/maie auec ce entãt q̃ hõme. Ce onſt eſt anoter ז a ramener ſouuẽt a memoire q̃ to⁹ ſerons preſens en perſone au grãt iugemt car nul ny peut ſupr. Itẽ les pechez des dãnez ſerõt publiqz ז mani feſtes aux iuge angele ז a to⁹ les ſauuez ז aux diables Itẽ on verra la faulſete des ypocrites q̃ on cuidoit aultreffois eſtre vrays loyaulx ז bõnes gens. Icy faulx iugemẽs ז mauuaiſes ſētẽces ſerõt treſſainctemt ז iuſtemt iugees dõs pmeſſes crai tes ne faueur ne pourrõt retarder iuſtice iſinie q̃ eſt ז ſera en Jeſucriſt vray iuge des vifz et des moze. L'oeuure de ceſt article quant a la moralite ceſt veiller ſur ſa garde vng chacũ de ſon fait ſpirituel aĩſi que Jeſucriſt nous amoneſte en le uangile diſant/veilles en voſtte cae car vo⁹ ne ſauez l'eure q̃ le iuge arriuera. Et qui bien ſe remẽbreroit de ceſte heure ia/mais ne ſe conſentiroit a perſeuerer ou demeurer en peche moztel heure ne demie Et eſt la foy de ceſt article morte q̃ ce fruit icy ceſt crainte de dieu ז pparaciõ a biẽ mourir na po/ze.

¶ S'enſupt le huptieſme article qui eſt tel.

Redo in ſpiritum ſanctum. ceſt a dire ie croy ou fait eſperit. Car chaſcun loial catholique doit croire en vng dieu ou vne diuinite en trois perſonnes/ceſt ou pere ou filz ou ſaint eſperit. Et de cecy ne doit on doubter ne ignorer ou curieuſement enquerir comme deuant a eſte dit car entendement cree neſt point ſuffiſant pour comprendre les ſecrez les myſteres de la benoiſte trinite: mais toutesſois en choſes quil entent il a aucune repreſentation de la benoiſte trinite car il neſt ſi petite creature qui napt vne verite ז bonte. Itẽ ſil a admiracion que vne eſſence de deite ſoit en trois pſones deſquelles lune neſt pas lautre: cõme ſe merueille il cõme il peut auoir deux natures en vne perſonne ceſt en creature humaĩe q̃ a en ſoy nature corpozelle ז nature ſpirituelle/ceſt corpz ז ame dõt lune eſt moztel ז lautre imoztel en vne meſme pſone Itẽ chũne choſe corpelle a trois choſes. ceſt la lõgueur la laiſe ז la pfũdite. Itẽ en tout le mõde na q̃ trois manieres

derchoses. Les pmieres sont spirituelles tant seulemēt /cest
nature angeliq. Les secondes sont corporelles tant seulemēt
cōme lesquatre elemēs Les tierces sont chose spirituelle et
corporelle ensemble. cest hōme ꝗ fēme. Jtē en lame qui est a
lymage de la benoiste trinite a troys puissances. Cestassa
uoir memoire entendemēt ꝗ voulente ꝗ nest que vne ame en
trinite ꝗ trinite en vnite. Croie donc vng chascū catholiq la
psonne du saint espit estre vne diuinite /vne puissance /vne
maieste: auec les psonnes du pere ꝗ du filz:ꝗ que ce que fait
lune des trois psonnes au regart de la creation ꝗ du gouuer
nemēt de tout le monde ꝗ de glorifier les bons ꝗ dāner les
mauuais: est fait de toutes les trois sans difference. Loeu
ure de cest article quāt a la moralite est a esmerueiller. Car
cōme dit saint pol ceulx en qui le saint esperit habite par gra
ce abondēt en diuers dons. Les vngz ont grace de biē ꝗ sage
mēt parler. Les autres ont sentemēt ꝗ cōgnoissance de plu
sieurs choses que on ne peut cōgnoistre si non par le don du
saint espit ꝗ de pphetie. Les autres font miracles. Les au
tres acꝗerent merites ꝗ vertus par humilite charite ꝗ mise
ricorde en la vertu du saint espit /leꝗl cōuertist /mue /ꝗ ensei
gne ꝗ embrase en amour les corps humais ꝗ se disposēt a le
receuoir ꝗ leur dōne vie spirituelle /par laꝗlle ilz psittent en
bōnes oeuures: Bataillēt ꝗ resistēt ou mōde au diable ꝗ aleurs
inclinatiōs sensuelles. Car ainsi cōe lespit humain cest lame
dōne au corps vsāce des ciq sens de nature /cest veoir /ouyr/
goustter /odorer /ꝗ toucher. luy dōne aussi puissāce de pler /de
cheminer ꝗ de besōgner en diuers mestiers ꝗ ouurages. ꝗ quāt
il se depart lecorps pert toutꝭ les choses deuātdittes: ꝗ chiet
ala terre /pourrist ꝗ retourne en cēdre. Ainsi trop plus excellē
temēt quāt le sait espit est en lame par grace il luy dōne cinq
sens spūelz /par lesꝗlz lame cōgnoit choses merueilleuses de
dieu: ꝗ lui dōne puissāce de cheminer en gardāt les cōmande
mēs de dieu: ꝗ de pler auec lui enoroisō: ꝗ de resister ꝗ batailler
en ceste pñte vie. ꝗ quāt par la coulpe ꝗ peche daucū il se dept

Auferes spz eoꝝ
et in puluerē suū re
uertent ur. psal. ciii.

Beati imaculati
in via qui ambulant
in lege dñi. Jtē Via
mandatoꝝ tuoꝝ cu
curri. psal. cxviii.

dauec lame elle pert vraye cõgnoissance denfer z paradis et
chiet par affection en amour desordõnee en la pouldre z cendre des choses terriẽnes: z deuient orde puante en parolles /
en fais / en dis z en pẽsees: z na puissance de resister longuemẽt a lennemy De garder les cõmandemẽs: ne de faire chose qui soit a dieu plaisãte z meritoire pour acqrir loyer en paradis. z ainsi le doit croire chascũ vray catholiq. z q̃ la foy De
cest article est morte q̃ le fruyt de ceste cõgnoissance naporte.

¶ Sensuyt le neufuiesme article qui est tel.

Ãnctã ecclesiã catholicã. cest adire ie croy saicte eglise
catholiq ou vniuerselle. Jcy est a noter q̃ saincte eglise
vault autãt adire cõme la cõgregation de to(us) ceulx z celles q̃
ont le benoit sait esperit par grace soit en ce monde ou en lautre. Car ainsi cõe lesperit humain cest lame vnist plusieurs
z Diuers mẽbres: cõme la teste / les piedz / les mains / z les autres mẽbres soient grans ou petis en telle maniere q̃ ce nest
que vng corps humain: z nõpas plusieurs. Car ilz nont que
vne forme / laqlle forme ou esperit humain est tout en chascũ
Des mẽbres: z tout par tout ainsi que ont les philosophes z
sages mõdains pieca parfaictemẽt cõgneu z desclare: semblablemẽt monlt plus excellentemẽt le benoit saint espit vnist
z viuifie tous les mẽbres De saincte eglise en vnion tant digne z si parfaicte que le biẽ de lũ soit grãt ou petit est le biẽ
de lautre. Car par la vertu de charite chascũ du corps mistiq
De saincte eglise ayme son prochain cõme soy mesmes. par
quoy il sensuyt que lhõneur / le biẽ z la ioye de lũ est le biẽ de
lautre. Ceste benoiste cõpaignie cestassc leglise vniuerselle
est entrois parties. La pmiere sappelle leglise triũphante ou
victorieuse: ce sõt les bieeurez q̃ sont desia en paradis z ceulx
icy nacqerent iamais degre de merite essencial. Car ilz sõt a
leur terme. La secõde partie est appellee leglise millitãte. ou
telle q̃ est en bataille: ce sont les bons catholiqs q̃ sõt enrore
en bataille de ce mõde: z peuẽt de iour en iour gaigner loyer
z merite. La tierce partie ce sont ceulx q̃ sont en purgatoire

lefquelz font en lamour de dieu:mais ilz nont pas fait peni
tence fuffifante de leurs pechez.laquelle ilz acheuent ou dit
lieu de purgatoire. Et pourtãt q̃ chafcune ame qui eft du nõ
bre de lune de fes trois cõpaignies a lefaint efperit par grace
ce q̃l faint efpit eft ung en toutes : ce neft toute q̃ une feule
eglife catholiq̃ z auffi cõme les membres dun corps naturel
font ayde z feruẽt lun a lautre chafcun en fon office:ainfi les
mẽbres du corps miftique de fáicte eglife font feruice lun a
lautre. Car fes benois fains prient pour ceulx qui font en la
bataille:z fefiouyffent de leur bien z de la cõuerfion des pecheurs. Et ceulx de la bataille ceft de leglife militãte donnent gloire z louenge a dieu du triũphe z victoire des fains:
z en font feftes z follennitez en terre / fondent eglifes / dõnẽt
rẽtes z trefors en les requerãt a leur aide z par deuotes oroifons. Semblablemẽt prient dieu pour ceulx de purgatoire: z offrent facrifices z aumofnes pour alleger leur peine.
Et ceulx depurgatoire prient pour leurs biensfaicteurs tãt
en purgatoire q̃ue ou ciel quant ilz y font paruenus. Et ces
oroifons proffitẽt mõlt grandemẽt a ceulx de la bataille
de ce mõde cõme il fera dit puis apres ontraicte de miferi-
corde. Loeuure de ceft article quãt a la moralite eft en trois
manieres. La p̃miere eft garder les feftes des benois fais de
paradis en prieres en oroifons z en autres deuotiõs en reque
rãt leur aide. La fecõde eft prier pour les trefpaffez. La tierce
eft fouuerainemẽt fe garder de eftre excõmunie z fepare par
peche mortel de fi noble cõpaignie cõme eft faincte eglife catholique / car il eft ipoffible que creature foit en eftat de peche mortel z ait le faint efpit par grace. Et ainfi cõme ceulx
qui ont le faint efperit foit ennature angelique ou humaine
font une faincte eglife et ung corps miftique comme dit eft
ainfi par aucũe fẽblance la congregation des mautuais fait
ung corps miftiq̃ en une eglife qui eft de dieu maudicte. Et
pourtãt la foy deceft article eft morte q̃ ce fruit icy nápporte.
　　　¶Enfupt le dixiefme article qui eft tel.

¶Sãpĩa fctõz nar-
rãt ppli z laudẽ eoꝝ
pnũciat ois eccłia
fctõꝝ.eccle. xxxix.

¶Sancta z falubꝝ
eft cogitatio prode-
functis exorare vt a
pctis foluanꝼ.mach
xii.

¶Princepsego fũ
oim timentiũ te zcu
ftodientiũ mandata
tua.pfał.xviii.

¶Odiui eccłaꝛma
lignantiũ z cũ impi-
is non fedebo .pfał.
xxv.

Sanctorū cōmunionē remissionē pctōrum Cest adire ie croy la cōmunion des sains: τ la remission des pechez. Icy est a noter q̄ vray τ loyal amour fait toutes choses communes. Et pourtāt que saicte eglise est vnie cōme dit est en lamour du saint espit: chascun a part ou biē de lautre tant ou ciel que aussi en la terre/ car les sains de paradis sesiouys sent des bōnes oeuures τ meritoires qui se font sur terre: et les loyaulx catholiqs sesiouyssent moult fructurusemt de la gloire des bieeurez. Ite en la terre le vray catholiq plaint et deult le mal de son pchain par cōpassion τ misericorde et sesiouyst de son biē τ prouffit/ parquoy il appert q̄ a cōiuratiō aux sais sacremēs q̄ leur sont cōmuns τ singulieremēt ou tres pcieux corps de iesucrist q̄ no⁹ figure τ reprīte ceste vniō. Ite en cest article est cōtenue la verite de to⁹ les sacremēs de saīcte eglise aīsi que dict les docteurs: specialemēt encre q̄ est dit remissionē peccatorū. Ie croy la remissiō des pechez car elle ne se peut faire autremēt selō lordōnance diuine fors par les sacremēs cōme il appt du baptesme cōme deuāt a este desclare τ sera puis aps plusaplain et traite de cōfession. Loeu ure de cest article quāt asu moralite est auoir honneur τ reue rēce aux sacremēs de leglise: τ se pparer τ les frequēt de cōme la vraye medecine de toute la maladie spūelle. Aduertatīue de sōie τ de sante τ tangrue tatīue de grace τ benediction Car lasōp de cest article nst q̄ nōte q̄ nīst oeuure icy na poīte

Pensuyt lonziesme article qui est de

la resurrectiō. Cest adire ie croy que les corps hu mains resusciterōt vray cōe dit mōseigneur sait pol en vng moueimēt τ aussi petit de tēps q̄ on peut mettre a clorre et ouurir lœil: tel cōme pa matutais re sa sciēce en corps τ eī a me dire mystere serōt to⁹ les benoi⁹ āgels p le cōmandemēt de dieu τ eī vng petit moumēe de tēps assēblerōt les cendres τ les pouldres de to⁹ les corps humains sanst il en faille vng poī de barbe. et ce lafait cy vng mouuemēt ou instāt la benoist Iesucrist en nature diuine τ humaīne. Pendue le ppre corps

Oēs qdē resurge
mus imomēto iictu
ocłi innouissīa tuba
canet ei tubs τ mor
tui resurgent ꝯc. xp.
cori. v.

z non autre a vne chascune ame en les resuscitant z donnāt
vie qui iamais naura fin ne departie ¶Mais grāt difference
et monlt a esmerueiller sera entre les corps des dānez et des
bieneurez.car les damnez seront noirs pesans z vans z horri
bles z si deformez que cueur humain ne pourroit penser. Et
par sopposite les corps des bieneurez auront quatre noblesses.cest clerte/impasibilite/subtilite/z agilite que les theologiens appellent douaires de quoy sera dit en parlant de la
gloire de paradis. Len pourroit persuader la verite de cest article par les choses que nous voyons en nature enart raison
et en auctorite. Nature est mōlt a esmerueiller a vng grain
de fourment ou autre semence apres quil sera pourri: par la
vertu du soleil z de la moiteur z nature de la terre de la pourriture viendra vie z germe qui rendra herbe haulte et droite
et pour vng grain en viendra cent. Item veoir ou mois davril vng arbre cerisier ou autre grant et esleue branchu vest
de fueilles z conuuert de blanches fleurs: z ymaginer le petit nopau pourry dou il procede: est matiere de tresgrāde admiracion. Mais folles gens bien pou si arrestent. Et lapuissance naturelle du soleil z de la terre fait dun petit grain
pourry ou nopau si belle et plaisante chose. pourquoy ne ferā
le soleil de iustice/cest le benoit Jesuchrist en qui est puissāce
diuine z infinie de la pourreture du corps humain plusbelle
chose q on ne pourroit pēser. Itē no[us] voyons que de feugiere
bruslee z mise en cendre: on fait par artifice les vaisseaulx de
voirre si beaulx si clers z si plaisās q roys pāpes z epereurs
laissent coulpes z hanaps dor z dargent pour vser de la plaisance du voirre. Pourquoy donc dieu qui est souuerain maistre en tout artifice qui a forge le soleil z la lune q a fait tout
le monde de neant:ne pourra il faire de la cendre des corps
humains beaulx vaisseaulx z plains de gloire reluisās plus
que le soleil: Item raison no[us] dit que veritablemēt cellui qui
estoit mort z sest resuscite: luy estant vif pourra resusciter
les autres. Itē lauctorite de mōseignr sait pol rescriuāt aux

---

Margin notes:

¶Credo q[uod] redem
ptor me[us] viuit z[i] no
uissio die de t[er]ra sur
rectur[us] sum z i[n] carne
mea.zc.iob.xix.

¶Nisi granū frum
ti cadēs i[n]tra mortuū
fuerit ip[s]z solū māet
si aut mortuū fueri[t]
m[u]ltū fructuz affert:
io.xii.

¶Et mentib[us] deum
orietur sol iusticie:
Malach.v.

¶Itē fabricat[us] e au
rorē solem

¶Fulgebūt iusti si
cut sol i regno patr[is]
eo[rum].math.xii.c.

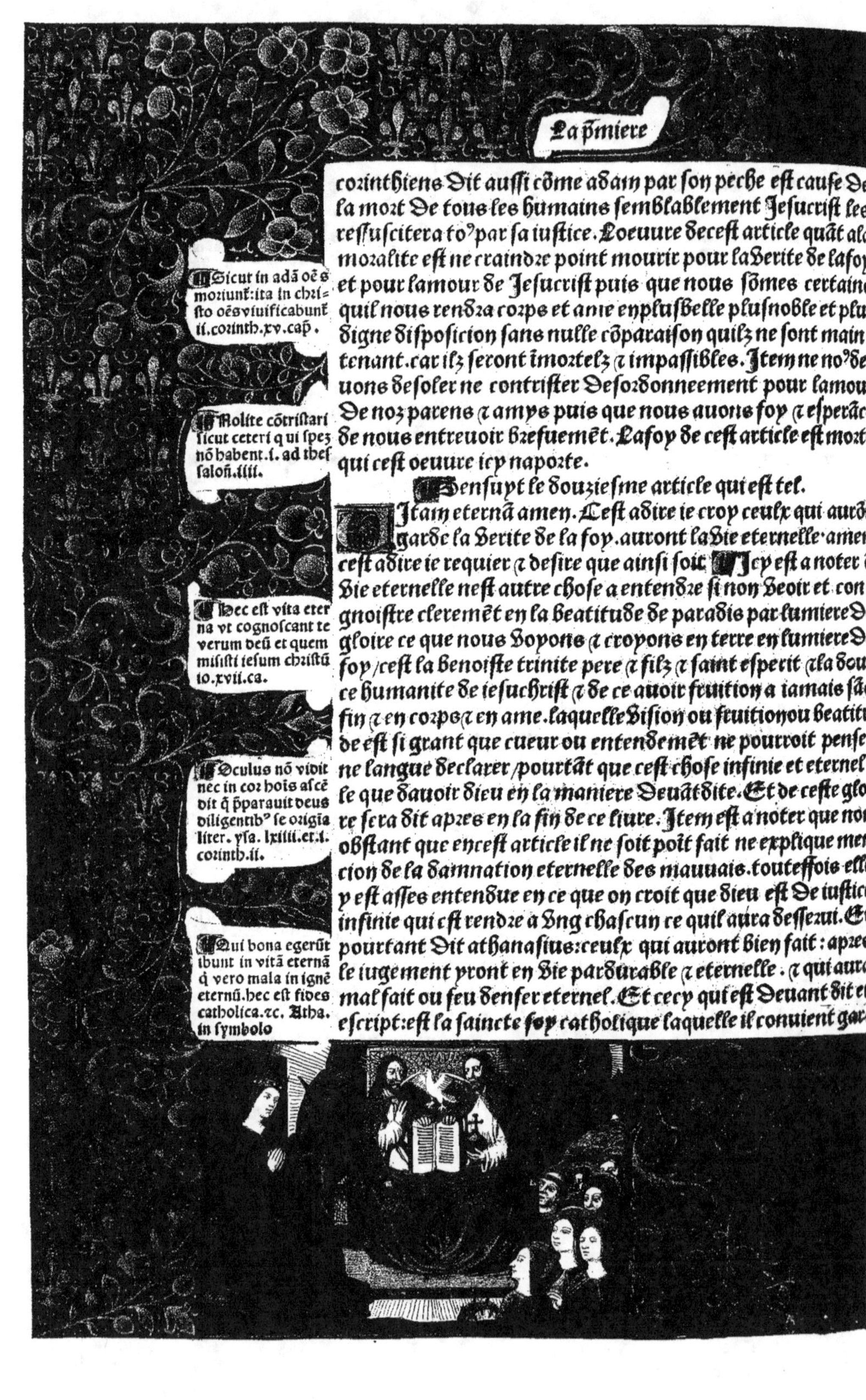

corinthiens dit auffi cöme adam par son peche eft caufe de
la mort de tous les humains semblablement Jefucrift les
reffufcitera to' par fa iuftice. Loeuure decest article quät ala
moralite eft ne craindre point mourir pour la verite de la foy
et pour lamour de Jefucrift puis que nous fömes certains
quil nous rendra corps et anie enplusbelle plufnoble et plus
digne difpoficion fans nulle cöparaifon quilz ne font main
tenant. car ilz feront imortelz z impaffibles. Jtem ne no' de
uons defoler ne contrifter defordonneement pour lamour
de noz parens z amys puis que nous auons foy z efperäce
de nous entreuoir brefuemět. Lafoy de cest article eft morte
qui cest oeuure icy naporte.

¶Senfuyt le douziefme article qui eft tel.

Jtam eterna amen. Cest adire ie croy ceulx qui auröt
garde la verite de la foy. auront la vie eternelle·amen
cest adire ie requier z defire que ainfi foit ¶Icy eft a noter q
vie eternelle neft autre chofe a entendre fi non veoir et con
gnoiftre cleremět en la beatitude de paradis par lumiere de
gloire ce que nous voyons z croyons en terre en lumiere de
foy/cest la benoifte trinite pere z filz z faint efperit z la dou
ce humanite de iefuchrift z de ce auoir fruition a iamais fäs
fin z en corps z en ame. laquelle vifion ou fruitionou beatitu
de eft fi grant que cueur ou entendemět ne pourroit penfer
ne langue declarer/pourtät que cest chofe infinie et eternel
le que dauoir dieu en la maniere deuätdite. Et de cefte gloi
re fera dit apres en la fin de ce liure. Jtem eft a noter que non
obftant que enceft article il ne foit poit fait ne explique men
cion de la damnation eternelle des mauuais. touteffois elle
y eft affes entendue en ce que on croit que dieu eft de iuftice
infinie qui eft rendre a ung chafcun ce quil aura deffezui. Et
pourtant dit athanafius:ceulx qui auront bien fait: apres
le iugement vront en vie pardurable z eternelle . z qui aura
mal fait ou feu denfer eternel. Et cecy qui eft deuant dit et
efcript:eft la faincte foy catholique laquelle il conuient gar

der fermement ⁊ entieremēt sur peine deternel dānement
Loeuure de cest article quant a la moralite est despriser les
richesses/lamour/lagloire ⁊ la felicite de ce mōde en cōparai
son de la vie eternelle ¶Car cōme dit monseigīz saint gregoire. Se nous pensions ⁊ consideriōs les biēs que dieu no⁹
promet en paradis:tous les biēs de laterre no⁹ sembleroiēt
ſilz ⁊ neant. Item cest estre plus curieux et plus solliciteux
dacquerir les biens parquoy nous serons honnorez par dela
infiniemēt:que ceulx de ceste mortelle vie qui no⁹ exposent
au danger destre dānez eternellement Et doit on biē croire
que lafoy de cest article est morte qui cest oeuure icy naporte

Si cōsideremꝰ que ⁊ quāta sūt que nobis ꝑmittunt ice lis:vilescūt oīa que habētur in tris.gre

¶Par les choses deuātdittes appert en bref ⁊en general la
substance des douze articles de nostre saincte foy: par la ve
tite desquelles vng chascun crestien est adresse ⁊cōserue priu
cipallemēt en la vie contēplatiue:ainsi que par lesdix cōmā
demens on est bien ordonne en la vie principallemēt actiue.

¶Les docteurs font vne question. cestasscse chascun crestiē
quit a sens/aage ⁊discretion est tenu dauoir la cognoissēce
des douze ou quatorze articles deuantditz tant en general q
en particulier:Response. Des crestiens aucuns sont en di
gnitez ou en offices denseigner ou adresser. Les autres enla
foy ⁊es cōmandemens de dieu. Et ceulx icy sont obligez de
sauoir en particulier les choses qlz doiuēt enseigner a leurs
subgetz. Les autres crestiens sont de simplesse ⁊basse cōdi
cioncōme cōmunite des gens laye. ⁊a ceulx icy suffist sauoir
en particulier les articles de lafoy plus cōmune/cōme est ql
nest que vng dieu en trinite de psonne. le quel article il peut
cōgnoistre par lacōmune maniere de faire le signe de la croix
ou nom du pere ⁊ du filz ⁊du saint esperit. Item doiuent sa
uoir en particulier les articles qui sont en cōmun vsage des
festes de saincte eglise cōme lannūciation qui represente que
la vierge marie conceut par la vertu du saint esperit ¶Item
la natiuite de nostreseigīr/la passion/la resurrection/lascen
cion dequoy on fait festes ⁊ sollennitez en aucuns ⁊ certai

Questio

Responsio

iours chascun an.car il est aussi cõme impossible que ung cre
stien qui a sens ⁊ aage: puisse ignorer telz articles:sil nest tel
lemēt occupe ⁊ aueugle du monde quil desprise le sauuemēt
de son ame.laquelle chose est peche mortel.Jtē est oblige de
croire que qui trespassera a son escient aucune des dix cõmã
demens:est en peche mortel.Des autres choses subtilles de
nostre saincte foy le simple hõme lay ne se doit g ueres enq̃
rir/mais luy souffise croire en general et vouloir mourir en
celle foy que nostre mere saincte eglise croit ⁊ tiēt.Laquelle
chose nous vueille cõceder lepere ⁊ lefils ⁊ lesaint espit amē

Sensuyt la seconde partie en laqlle est faicte
mētion des dix cõmandemens de la loy . pre
chapitre.

Primū capm.

Pres le traicte des douze articles de la foy:sensuyt
des dix commandemens de la loy. Dieu nostre pere
omnipotent voyant ⁊ congnoissant la petitesse et fragilite
de nature humaine ne requiert pas de nous tout entieremēt
le seruice que nous luy deuons faire selon la rigueur de iu
stice.mais nous a donne certain nombre de cõmandemens
lesquelz se nous gardons ⁊ acomplissons:il luy souffist pour
nous donner sauuemēt. Et sont nõmez les dix cõmande
mens de lafoy lesquelz chascun crestien a voue ⁊ promis sol
lennellement en receuant le baptesme. Dit le quel sacre
ment par luy ou en personne de ses parrains ou marrai
nes il renonce au dyable/a orgueil/aux pompes et vani
tez de ce monde comme a este dit devant en promettant
⁊ vouant a Jesucrist ⁊ a saincte eglise garder toute le temps
de sa vie les douze articles de la foy contenus ou Credo.et
aussi les dix cõmandemens delafoy. Et est ce veu irp de foy
⁊ dobedience si grant ⁊ si sollennel en ung chascuu crestien
que dieu ne saincte eglise ne le pourroient dispenser q̃ sur
peine de damnation ilne soit oblige au roy Jesus a lui gar
der lafoy promise enluy faisant le seruice des cõmandemēs

Votop due sunt
species scilz necessi
tatis ⁊ volūtatis.ne
cessitatz sūt illa que
qs i baptismo pmit
tit.s.abrenūciare di
abolo ⁊ pompis ei~
tenere fidem serua
re.decalogū put p̃z
de cõse.di.iiii. Pria
hec gof.ti.de vo . et
vo.iev.Et richard
de media villa.xxx
viii.di.iiii ⁊ directo
riū mar.x.ti Redde
altissimo vota tua.
ps.xlix.

Et toute personne qui a fait le saint veu de baptesme et ne
acõplist ⁊ garde les cõmandemẽs : est chose semblable a larbre qui ne porte point de fruyt. Lequel est par leuangille de
dieu maudit. Parquoy dit bien saint iacques en sa canonic-
que foy est dicte estre morte qui fruit de bõne oeuure ne porte. Cest loeuure des dix cõmandemens lesglz dieu et nature no'ont baillez et escriptz en trois manieres sur nostre corps
en tant que nous auons dix orteilz es deux piez : ⁊ dix vois-
es deux mains ⁊ cinq sens de nature doublez en leur organes ⁊ instrumẽs naturelz. Car deux yeulx seruent a laveue
deux oreilles a louyr. Deux narines a oudourer. Deux babi-
nieres a gouster. ⁊ Deux autres choses pour le toucher. Par
les piedz du corps nous sont signifiez les desirs ⁊ affectiõs
de lame. Par les mains les opations. Par les cinq sens de
nature tout nostre gouuernemẽt tãt du corps q de lame Et
pourtãt no'a baillez ⁊ escript nre createur les dix cõmãdemẽs
en ces trois lieux ⁊ maniere deuãtditz en nous faisant assauoir que par les dix cõmandemens en toutes choses ⁊ en to'
lieux nous nous deuons gouuerner tant enuers dieu que
enuers nre prochain. si no'sõmes bien ordonnez enuers la benoiste trinite pere filz ⁊ saint esperit par les trois pmiers cõmandemẽs. cestassauoir se nous aymons dieu le pere souuerainemēt ⁊ se no'ne pronosle nom de Jesucrist en vain aucunement ⁊ enuers le benoit saint esperit se nous gardõs les
festes sainctement. ⁊ en acõplissant deument ces trois com-
mandemẽs nous no'disposons a receuoir de dieu nostre
benoit createur les trois vertus theologales ou diuines. cest
assauoir charite enuers le pere / esperance enuers le filz / foy ⁊
lumiere de grace enuers le saint esperit. Par les sept autres
cõmandemens nous sõmes bien ordonnez enuers luniuersite de noz prochains. Premieremẽt en leur faisant biē ⁊ plaisir
en lieu et en temps. Secondemēt en nous gardant de les offenser en leur faisant mal villenie ou dõmaige. Faire le biē
nous est cõmande en ce que nous deuõs hõnorer pere ⁊ mere

Lequel cõmandement en soy contient et comprent les sept oeuures de misericorde tant corporelles q̃ spirituelles. les quelles puis aps seront declarees. Faire le mal a son prchain peut estre entẽdu en trois manieres. cestass̃ en fait en dit en voulente. Itẽ on peut faire mal de fait a son prorhain en trois manieres. cestass̃ a sa propre psonne, a son espour ou espouse / ⁊ en ses biẽs meubles ⁊ imeubles. Faire mal a la propre psonne de son prorhain no⁹ est defendu par ce que ne deuons point faire homicide: qui est le second des sept cõmandemẽs. Faire villennie ou trayson de adultere enuers sespoux ou espouse ou qlconque autre psonne no⁹ est defendu ou tiers: qui est ne faire point le peche de luxure. Faire mal a son prochain en ses biens nous est defendu ou quart q est ne estre aucunemẽt larron / sacrilege / vsurier / symoniaq ou rapineur. Faire mal a son prorhain en luy disant iniure: ou en luy publiant son peche par mauuaise intention procedãt de yre ou denuie nous est defendu ou quint par ce que no⁹ ne deuons point porter faulx tesmoignage. Faire mal a son prochain de voulente seulement sentend en deux manieres Premieremẽt en couuoitãt charnellemẽt la femme ou la fille ou aussi la femme le filz ou lespour de son prochain ⁊ cecy no⁹ est defendu ou sisiesme cõmandemẽt qui est navoir poit desir de luxure. Secondemẽt no⁹ pouons offenser nostre prochain en desirant ses biens oultre raison ⁊ cõtre iustice. ⁊ cecy no⁹ est defendu ou septiesme qui est ne desirer point lres biẽs dautruy cõtre raison cõme dit est. Et par ce appert que trois cõmandemens qui nous ordonnẽt enuers dieu ⁊ sept enuers nostre prochain sont dix: qui est entieremẽt sa loy de dieu eternel. et qui en toz pas se vng tant seulemẽt il trespasse toute la loy: ⁊ peche mortellemẽt. Car il pert charite q est consumacion de saloy: ⁊ son ame expose a dãnement. Orgueil contre dieu est defendu ou pmier cõmandement ⁊ ou secõd. Orgueil cõtre son prorhain ou quart. Paraisse ou tiers. Gloutõnie ⁊ luxure ou sisiesme. Enuie ⁊ yre ou quint. Aua-

Quicũq; aut totam legem seruaue= rit offẽdat aut i vno factus est oĩm reus ia.ii.

Lex in decẽ ꝟbis concludit oisq; culpa nõ amplius q̃ p decem verba cohi= betur.greg.li.mo.

Finis ꝑcepti cari tas.i.ad thi.i.

rice ou septiesme z ou dixiesme. Est donc a noter premiere
ment q peche mortel nest autre chose fors trangression dau
cun des dix comandemens parquoy il sensuyt que tout pe/
che mortel est defendu par les comandemens de dieu come
dit est. Parquoy appert la necessite de vray entendement et
clere cognoissance des dix comandemens affin quon puisse
euiter peche: z les gardez entieremet z meritoiremet: ou tray
cte desquelz sera tenu tel ordre. Premieremet sera monstre
come il les nous a escriptz z baillez en diuerses manieres af
fin que nous neussion excusation de non les faire. Secon/
demet sera premise la benediction a ceulx qui les souldront
garder, z la malediction a ceulx qui ne craindront a les tres/
passer. Tiercemet sera dit de chascun en particulier tant de
ce qui est comande premierement que de ce qui est deffendu
consequentement.

Sensuyt come dieu no' a baille les dix coman
demes en la lumiere de nostre entendement.
second chapitre.

Vant au pmier est assauoir q le dieu de nature a mis
escript les dix comandemens nompas seullement
ou corps come dit est. mais aussi en la lumiere de lame laql
le lumiere z raison dit que on doit aymer dieu z son pchain
q on ne luy doit faire dire ne vouloir ce q on ne souldroit a
soy estre dit fait ou voulu. Et en ces deux poins est comprinse
toute la saincte escripture / selon que tesmoigne Jesuchrist.
Item oultreplus les a baillez en escripture quant il bailla a
moyse deux tables de pierre escriptes de sa propre main/ con
tenas les dix comandemens:tresbreuement /tresclerement
tresaiseemet. Tresbreuement:quilz nempeschasset nostre
memoire. Trescleremet:quilz ne chargeassent lentendemet
Tresaiseement:affin que on les estudiast ioyeusement. Ite
le benoit filz de dieu le pere les nous a exposez z declarez en
leuangile par sa saincte bouche z doctrine z en exemple par
sa saincte vie. Parquoy appert que nul crestien ayant aage

Peccatu est pua
ricatio legis diuine
z celestiu in obuiam
mandatoy. Hec am
bro .li. de paradiso .

Nemo sapienter
agit quod ignorat .
Hec gl'. sup illd. ps.
Psallite sapienter.

Secunduz ca.

Non facias aliis
quod tibi fieri n vis
iob .iiii. Quecuq
vultis vt faciat vo
bis homies:hec fa
cite vobis.mat. viii.
Diliges dnz deu
tuu z proximu tuu
sicut teipsu. In his
duobus mandatj to
ta lex pedet z pphe
te. Math. xxii.
Non cm veni sol
uere lege sed adim
plere. zc . Item nisi
abudauerit iusticia
vra plusq scribaru

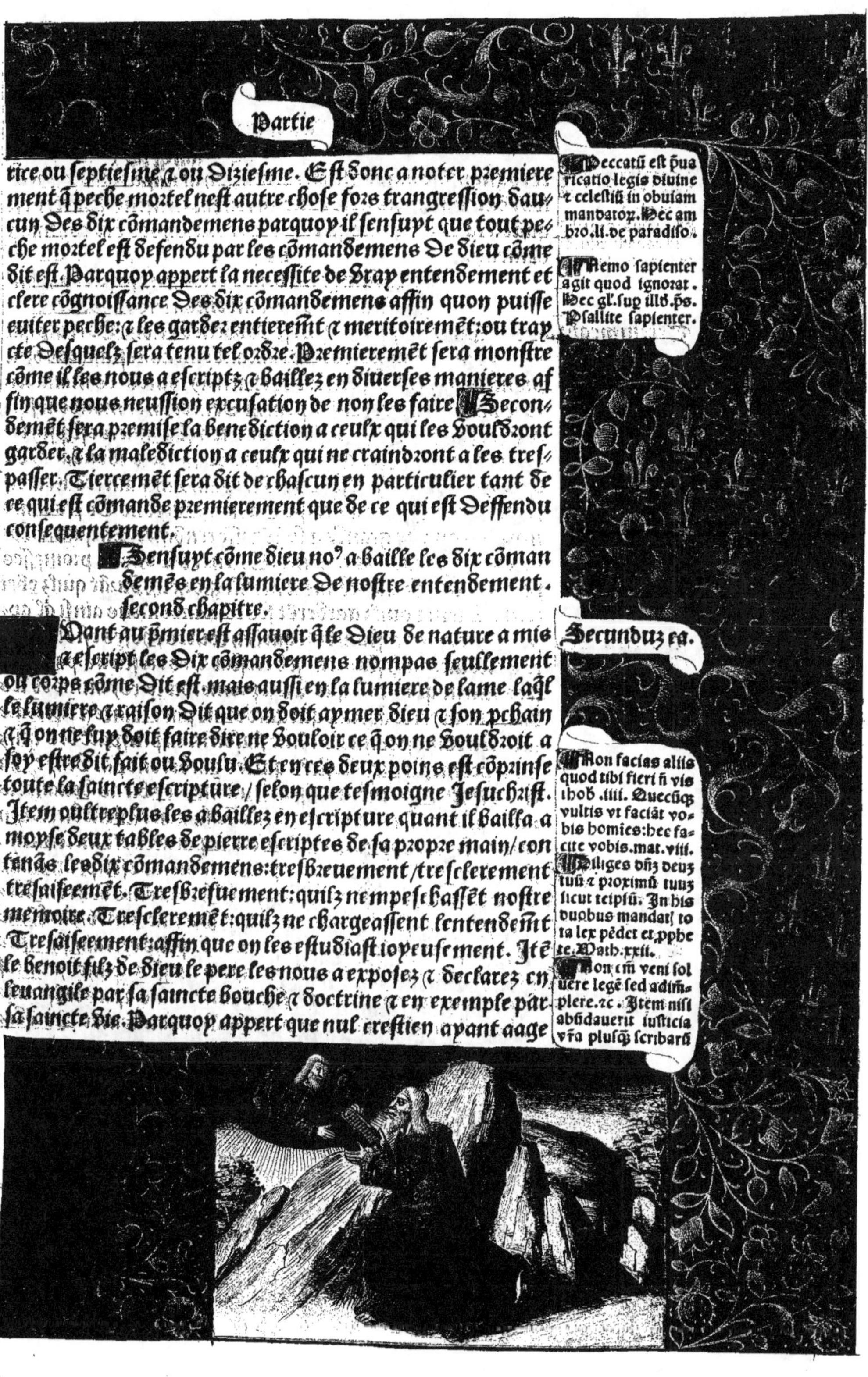

¶ et cõgnoissãce.na cause ou excusation q̃l napzengne et sache les cõmandemens necessaires a son sauuement Et cecy est quãt a la diuerse maniere de la tradition des dix comman demens.

¶Sensuiuẽt les benedictiõs pmises a ceulx qui garderont les cõmandemẽs.tiers chapitre.

¶Quant au second qui est des benedictions de ceulx qui souldzont garder les cõmandemens.cestass̃ que dieu promettoit aux iuifz rudes et charnelz toutes les manieres des biens tẽpozelz qui ce peuent desirer en ce monde.lesqlz peuẽt estre ramenez en cinq manieres.La pmiere est psperi te en belle a bonne lignie.La seconde.sante a abondance de biens necessaires a ceste vie /cõme pain vin a autres nourris semens neressaires au cozps.La tierce victoire de ses enne mys.La quarte grande a sollẽnelle rendõmee.La quinte:hõ neur et seigneurie excellente.Et en ces dons et promesses furent les iuifz abondans a monlt glozieux durãt quilz obei rent a dieu:a quilz garderẽt ses cõmandemens ainsi q̃l ap pert en lancien testamẽt lequel en toutes choses estoit figu re du nouueau testament a de lestat des crestieus.parquoy il conuient que ainsi que dieu prometoit le royaume et les biens de la terre aceulx qui gardoient par crainte a litterale mẽt ses cõmandemens cõme faisoient la pluspart des iuifz aussi promet il aux crestiẽs qui les garderont par vraye cha rite a spirituellement:nõpas seulemẽt les biens devantdis mais auec ce dabondãt les biens de sa grace abenedictionen ce monde a le royaume a la glore de paradis eternelement. Les benedictions promises par les sainctes escriptures aux bons aloyaulx crestiens a vrays obseruateurs des cõmãde mẽt peuent estre ramenez a douze.Pzemieremẽt /car hõme ne peut plus faire a dieu en ce monde plus certain sacrifice pour paruenir a sauuemẽt car apzes messes /ieunes /aumos nes a ozoisons onpourroit estre danne:mais apzes lobseruã ce des cõmandemẽs on ne peut faillir a sauuemẽt.Secõde/

---

z phariseoz nõ itra bitis i regnũ celozũ zc.math.v.

¶Siquis ignozabf t.ad cozinth.xiiii. et di.xxxviii.Qui es.

Tertiumcapz

¶Dis in figura cõ tingebant illis. Ad cozinth.x.cap.

¶Salutare sacrifi ciũ est attẽdere mã datis z discedere ab omi iniqtate.Eccl. xxxv.

¶Pone thesauruz tuũ in pceptis altis simiz pderit tibi ma gis q̃ aurũ.Eccle. xxix.

ment car lobedience ꝯ obseruance des comandemens est le plus pretieux tresor que homme puisse acquerir en ce monde. Tiercemēt qui garde les comandemens il est en lamour de Jesucrist: ꝯ a sa grace qui est si noble chose que cueur ne le pourroit penser. Quartemēt il a auec soy le pere ꝯ le filz ꝯ le saint esperit/ parquoy il ne doit rien craindre en ce monde: fors la separation dicelle compaignie. Quintemēt il est adouce frere de Jesucrist ꝯ coheritier de paradis. Sextement tout ce quil demāde a dieu qui luy est plus proffitable luy est donne en ce monde ꝯ en lautre. Septiesmemēt les creatures petites ꝯ grādes luy sont subgettes ꝯ obeissantes en ce qui apartient a son bien ꝯ sauuemēt. Huytiesmemēt il ne peut rien perdre en chose quiluy aduiegne soit prosperite ou aduersite Mais par tout gaigne. en psperite par attrempance. en aduersite par patience. Neufuiesmemēt il recoit la benedictiō de dieu en ses oroisons ꝯ en ses oeuures. Diziesmemēt dit saint augustin allegant auctorite de saincte escripture que qui garde les comandemens ne peut iamais de malle mort mourir en ce monde. Onziesmemēt il sera pserue de la mort denfer eternelle. Douziesmemēt il paruiēdra ioyeusemēt a la vision de dieu ꝯ eternelle possession du ropaume de paradis. Par quoy appert que a bon droit sont appellez ses comandemens la voye ꝯ le chemin de dieu pour deux raisons La premiere pourtant que par lobseruance des comandemēs Dieu vient ꝯ descend en nous /en nous donnant grace. La seconde pourtant que cest le moyen par le quel nous allons a luy en gloire.

Ensuyuāt les maledictions de ceulx ꝗ trespassent les comandemēs de dieu. quart chap.

Es maledictions de ceulx qui trespassent les coman demens sont infinies touteffois il se peuet aucunemēt entendre par lopposite des benedictions deuāt dittes. Car silz ne sont punyz en ce monde tēporellemēt par laqlle punion ilz receoiuent d'iceqꝫ correction; ilz seront punyz deter...

Sci ua mandata mea ꝯ viues ꝯ legez mea quasi pupillam oculi. ꝓuer.vii.

Si qs diligit me sermones meos ser uabit ꝯ pater me° diliget eū ꝯ ad eūveni emus ꝯ mansionē a pud cum faciemus. Jo.xiiii.

Quicūꝙ fecerit voluntatē petrj mei qui in celis est ipse frater soror.ꝯc.mat. xii.

Si cor nostrū nō repꝛehenderit nosꝫ aliꝗ fiduciā habem° ad eū vt quicꝗo pe tierimus accipiem° qm mandata ei° cu stodimus.i.io.iii.

Qui custodierit legem non expletur dcꝫ mali. eccl.viii.

ꝫti qui habitant in domo tua domie i secula seculoꝛ lau dabunt.ꝯc.psal. lxxx iii.

Si quis sermonē meū seruauerit moꝛ tein nō videbit ieter nū. Jo.viii.

nichil dulciusꝙ reipicere i mandat dūi. Eccl.xiii. i fine

Quartū capꝫ

nelle dãnation: et a plusieurs auient quilz font punyz ç en
ce monde ç en lautre. En ce monde en leur lignie faulse et
mauuaise qui donne a pere ç a mere desolation ç angoisse
Item les fruptz de laterre npeulent ç perissent souuent par
fouldres ou tempestes de temps et ce aduient souuent par
la trãsgression des cõmandemens. Itê leurs bestes auortet
ou npeule fy boute. Itê cheent en diuerses aduêtures de ma
ladies tãt spirituelles que corporelles. Itê leur aduiêt guer
re par quoy ilz font pilles ç destruis / fêmes defuers / enfans
orphelins: ç sang humain espandu. Itê famines mortalitez
ç toutes autres maledictions qui se pourroiêt dire et pêser
Et tout ce aduient par la rebellion que fait hõme a son crea
teur en non gardant ses sains comandemês lesquelz il a bail
lez sur peine de perdre biens meubles et heritages. Par les
biês meubles est entendue principallement la grace de dieu
en ce monde. Et par lheritage le royaume de paradis. Item
sur peine de perdre corps ç ame ç destre condamne au gibet
denfer. Mais simples gens font icy admiration pourtant
quilz voyent sensiblemêt ç plus cõmunemêt que ceulx qui
moins les gardent ont plus de prosperite mondaine q ceulx
qui les gardent. parquoy ilz sont moins craintifz doffenser
dieu. Mais telle doubte ou admiration est grande ç dange
reuse defaulte de foy ç de vray entendemêt / car il nest nul
plus grãt signe de dãnation que dauoir prosperite mondai
ne ç non garder les cõmandemens de dieu. Et aussi cõme ie
sucrist porta la peine des pechês de son peuple dont il nauoit
pas fait la coulpe: ainsi les esleuz souffrent souuêtesfoiz gã
des aduersitez têporelles / lesquelles aduiennêt pour les pe
chez de ceulx q sen vont en enfer: ç qui ont leur felicite ç leur
ioye en ce monde.

¶ S'ensuyt des cõmandemens en particulier

Quant au tiers point qui est a scoir de chascun cõman
dement en particulier / est assauoir que le premier cõmãde
mêt est croire en dieu ç mettre en luy son esperãce ç honner

Quintũ capz.

¶ Vere languores
nostros ipse tulit et
firmitetes nras ipe
portauit. ysa. liii.
¶ Justus sepissime
perit pro impio. De
conse. di. iii. cap. In
sancta.

sur toutes choses en se seruant deuotement . En ce present
cômandement sont contenues deux choses. Lune est commandee: z lautre defendue. Pourquoy est a noter que comme il soit ainsi que charite soit lafin z le bien z consûmation
de toute la loy de dieu:il côuient dire que charite est cômant
dee en chascun des dix cômandemens.laquelle se demôstre
tant enuers dieu que enuers son prochain en plusieurs z diuerses opations selon la distinction des cômandemens côme il appert icy puis apres La chose cômandee donc principallement es trois premiers commandemens est charite en
uers toute la benoiste trinite laquelle charite se demonstre
par humble adoration z seruice seullement deu au pere au
filz z au saint esperit. Ceste adoration se doit faire de ame
z de corps.de lame ne se peut faire ne acomplir meritoireint
se elle na vraye foy esperance z charite.Affin donc que sim
ples gens puissent auoir aucune congnoissance de ses troys
vertus:sans lesquelle il est impossible de paruenir a sauuement il conuient en dire aucune chose en bref z en general.
Et pourtant que ia a este declare la noblesse z dignite de la
foy ou premier traicte.Reste maintenant a veoir de charite

¶Charite est vne noble vertu mere z nourrice z lumiere de Caritas
toutes les autres vertus:par laquelle on ayme dieu sur tou
tes choses: z son prochain comme soy mesmes.Cest a dire
que pour gaigner quelque bien cree / tant soit grant ou pour
se garder de le perdre on ne deueroit faire contre la voulente z commandement de dieu.Car toute personne qui pour
se garder de perdre aucûe chose ou pour la gaigner trespasse
aucun des cômandemens de dieu:il na point de vraye chari
te.Et se par auant quil pechast mortelement il estoit encha
rite:il lapert totallement.par laquelle perte il est moult en-
dommage.Car cellui qui par la vertu de charite estoit filz
de dieu par adoption:est fait filz du diable denfer par imi-
tation / et filz de damnation z de perdition.Cellui q estoit
en beaulte spirituelle a lymage et semblance de la benoiste

ff

trinite est horrible & deforme comme ung esperit dãne. Celluy qui avoit Dieu qui est le bien infini a tout perdu en perdant charite. Celluy qui estoit frere de Jesuchrist heritier de
paradis & des saints angels honnore & prise: est serviteur du
diable & de peche mortel:& a lamort eternelle condãne se par
vraye penitence nest releve. ¶Charite est lanoble robe alt-
uree de nopces de paradis dou lame espouse de Jesuchrist
est aournee:& sans laquelle on sera confusiblemẽt deboute
& separe de la compaignie de tous les esleuz lesquelz ont tenu & garde ceste liuree ainsi que dit saint iehan. Qui a charite est avec dieu:& dieu avec luy & par la vertu & grace de ceste
presence & union de lame avec dieu & dieu avec lame vient la
vie spirituelle. Car ainsi que dit monseignr saint augustin
cõme lame donne vie au corps & puissance de soy mouuoir&
faire ses opations:ainsi dieu donne a lame qui est en vraye
charite douze fruitz que recite monseignr saint pol.cestass-
tope spirituelle une paix que lemonde ne peut donner patie-
ce en aduersite/doulceur/bonte/amiablete/longanimite/fi-
delite/attrempance/continẽce & chastete. Et pour bref parler qui a charite a tout bien:&qui ne la na rien. Et pource dit
nostre seignr en leuangille que qui ayme dieu et son pchain:
acõplist toutes les sainctes escriptures:&luy suffist a saue-
ment.& par consequent qui trespasse charite met son ame a
dãnement. Les docteurs font une question.se on peut biẽ
sauoir de soy ou dautre sil a vraye charite. La response est q
on ne se peut sauoir certainemẽt par voye de nature. Mais
bien par reuelation de dieu/comme ont eu aucunes sainctes
personnes Laquelle chose nest pas proffittable ou necessaire
de loy cõmune:affin q nous soyons tousiours en crainte & en
humilite. Et pource dit lasaincte escripture nul ne scet.cest
assauoir par certainete humaine sil est en lamour ou en hyre
de dieu. Mais on peut bien sauoir par aucunes cõiectures cõe
dit mõseignr saint bernart. pmieremẽt quãt lapsõne a desplai
sance de ses pechez & de sa mauuaise vie pour lamour de dieu.

La seconde quant il a ferme propos de se garder de percher
mortellemẽt ou tẽps auenir. La tierce quãt il se treuue prõpt
z ioyeux en exersant bonnes oeuures. La quarte selon au/
cuns est quant on ot voulentiers la parolle de dieu/car leuã
gille dit que ceulx qui sont de la partie de dieu oyent vou/
lentiers parler de luy. Et est semblable iugemẽt de ceulx q̃
en lisãt ou escoutãt choses de deuotiõ z proffitables a lame
treuuẽt saueur z se iouyssent en leur espit Ceste noble vertu
de charite se demõstre es bons crestiens par dehors en soy a/
genouillant z ioingnãt les mains en portãt hõneur z reuerẽ
ce aux sains sacremẽs/aux reliques z ymages des sains/nõ
pas que on doye adorer les ymages ne auoir esperance en la
belle plus que en la laide ou vielle/car se seroit ydolatrer.
mais on leur doit porter reuerẽce pour lhõneur des sains et
sainctes q̃ilz represẽtent:lesquelz no deuons hõnorer pour
tãt que dieu les a approuuez par miracles par vertus et par
saincte vie. Et deuons porter hõneur z reuerẽce aux platz de
saincte eglise qui sont administrateurs des sacremẽs:z q̃ fait
loppofite par orgueil ou par malice nest pas vray filz de sain
cte eglife. ¶ La chose defendue en re premier cõmandement
cest orgueil contre dieu z toute maniere de ydolatrie. Le pe/
che dorgueil se cõmet en quatre materes. La premiere est quãt
la psonne croit auoir les biens de grace de nature ou de for/
tune de soy mesmes nompas de dieu. Et cecy aduient quãt
la psonne est ingrate enuers dieu desditz biens en ne luy en
rendant graces ne mercys. La seconde maniere dorgueil est
quãt la psonne croit biẽ auoir tout biẽ de dieu:mais elle sent
q̃ cest par ses merites principallemẽt. Laq̃lle chose est oultre
cuidãce z presumption detestable deuant dieu. La tierce est
soy vanter dauoir le biẽ spirituel ou temporel lequel on na
pas cõme seroit dauoir science vertus ou deuotion. Et
en ce faisant/cest arrogance/Iactance z ypocrisie quant au
regard des biens spirituelz:et vaine gloire quant au regart
des biens exteriores/Comme sont les biens de fortune.

Eusebius in epi=
stola de obitu hiere
Quicūq3 excedit in
indumētis vel aliis
mūdi hui9 ornamen
tis superflue z nota
biliter: peccat cōtra
caritatē proximi dam
nabiliterz deū offen
dit etiā mortaliter z
nisi penitēdo se cor=
rexerit z talia super
flua resecauerit: cuz
diabolo z angel9 ei9
i sempiternū ineter
nū vadis.

Et cest orgueil se demōstre en robes/en fourrures/en coues en cornes/en poulaines/en escourtemens/en aboutremens soit par espaules par māmelles en cheueleures/en farderies en ceinctures/en Berges/en aneaulx/en pierres:z en aultres choses excessiues z non apartenātes a lestat de la psonne ne a lhonnestete de saincte crestiente. Et y peut auoir sigrant z notable exces z affection si desordōnee que cest pecche mortel. Et ce peut aduenir en tous estas soit grant, moindre ou moyen. La quarte maniere dorgueil est quant la personne appete desordonneement aparoistre excellent parsus les autres, soit en sciēce/en beaulte/force/richesse ou autres bn̄ Et de cecy precede arrogance/ambicion/vaingloire/ino bedience a ses souueraine/rebellion singularite enabillēms en parolles z en opinions pertinarite/discors/noises/contē cions/debās/scisures/z diuisions. Lesquelles choses aucu neffois sont pecche mortel ou veniel selon la diuersite des ci constances, touteffois z quātes que orgueil se cōmet par de liberation z plain consentemēt: il ya pecche mortel es quatre manieres deuātdittes. Et detoutes ces choses se doit exa miner la psonne selonson estat z sa vocation soit de siecle ou de religion. Ensuyt de ydolatrie. Idolatrie defendue ou pmier cōmandement se cōmet en cinq manieres. La pmiere est celle des payens qui adourent les diables. La seconde est des faulx iuifz qui encores attendent iesuchrist et receurot lanterchrist. Latierce est de s sarrazins qui adourēt mahōmet heretique et dāne. La quarte est la faulse ymagination des heretiques soient crestiens ou autres qui cōtredisent alafoy de saincte eglise qui est gouuernee du saint esperit. La quite est des faulx crestiēs z se commet entrois manieres cestass par orgueil/par auarice/z par luxure. Et aces trois manie res peuent estre ramenees toutes aultres manieres de pe cher. Et ainsi sensuyt que qui pecche mortellement naype point dieu le createur parfaictemēt. Et pourtant q lorgueil leux ayme estre hōnore z prise desordonneemēt lauaricieux

ayme ses richesses mondaines: et le luxurieux sa plaisance
charnelle côtre la prohibitiô z defense de dieu le createur. ilz
sont leur dieu des choses deuât dictes. Car ainsi que disent
les docteurs la chose que aucun ayme souverainemêt: Icelle
chose est son dieu. Parquoy appert q̃ lydolatrie des crestiens
mauuais/ orgueilleux/ auaricieux z luxurieux est plus à de
tester q̃ celle des payens z sarrazins qui biê côsidere la hau-
tesse de la loy de Jesuchrist: z lingratitude des mauuais et
desloyaulx crestiês. Auise donc le pecheur q̃ veult examiner
sa côscience en quoy est principallemêt son amour/ sa pêsee z
ses desirs/ z sil treuue q̃ ce soit aucûe chose môdaine se accuse côme faulx traistre ingrat z ydolatre. Itê pareillemêt doit
auiser sil a point este impaciêt des iugemês de dieu. côme de
mort damys/ de perte de biês/ de pourete/ de maladie de fa-
mine/ de guerre: ou dautre tribulatiô. Car côme dit monseigneur saint gregoire. il ne peut auenir mal de peine en ce môde côme sont les choses dessusdittes: q̃ ce ne soit par la voulête z ordonnance de dieu. Or est il ainsi que de lordonnance z
iugemêt de dieu ne peut preder rien qui ne soit bon z iuste z
bien fait. Parquoy appert q̃ soy marryr desordonneemt de
la chose biê faicte nest autre chose q̃ côtrarier z reprêdre dieu
en ses opations/ ordonnâces z iugemês. Laqlle chose est blapheme horrible z detestable. Icy donc se doit auiser lapsonne
du peche de murmuration de impatience z de desespoir. Itê
sur ce cômendemêt se doit examiner de toutes faulses créa-
ces. côme de sorceries/ de breuetz/ de caracteres/ dinuocatiôs
diaboliques/ de diuinatiôs/ de folles creâces. Au regart des
constellations ausquelles lenfant nasquit/ de chant ou cry
daucuns oyseaulx/ en la rêcontre daucuncs bestes Itê selle
sest arrestee en aucuns songes en croiant que pour la diuersite des sôges luy auendra ioye ou desolation. Itê se elle sest
arrestee aliures reprouuez côe est la sciêce qū appele de arte
iuocatoria ou autẽ/ car en ces choses y peut auoir peche mortel selô laqualite de lapsône z la malice du cas z enault diuer

Hôc a quolz côll-
tur qd pre ceterj di=
ligitur. aug

Item ambro. Qd
quis plus amat hoc
illi deus est. De
luxuriosis multi enī
ambulât quos sepe
dicebā vob nûc aût
z flens dico iimicos
crucj xpi quox finis
intitus quox de°vê-
ter est. Philip.iiii.

De auarj. Auari-
cia est ydolox serui-
tus siue simulacrox
corintb.iii.

Item nô potestis
deo seruire z mâmo-
ne math.vi.

De supbis. Leui-
atham ipse rex sup
oês filios supbie.
job xli.

Amoz.iii. Nô cur-
rit malū in ciuitate
quod nô fecerit dûs
pmississse.

ses manieres qui seroient longues a raconter cōme les docteurs les distinguēt z determinēt Item doit icy aduiser la
psonne se elle a fait aucuns Beuz/lesquelz par oubly/par negligence ou par malice elle a trespassez. Itē se elle a fait Beu
de chose illicite a faire.ou empeschant de plus grāt bien cōme femes qui Bouent ne se peigner ou ne se baigner ou non
filler a aucuns iours qui sont grandes supsticions z follies.
¶ Et est a noter que les eueschs ou ceulx a qui ilz ont dōne
auctorite peuent cōmuer les Beuz de leurs subgetz pour aucunes bonnes causes z raisōnables.excepte le Beu de chaste-
te/de religiō/du pellerinage de saint iacqs/de rōme/z de hie-
rusalem.lesqlz Beuz apartiennēt seulemēt a la puissāce apo-
stolique/auec autres sil lup plaisoit les retenir. Item est a
noter q autant defois que lapsonne rompt son Beu sās iuste
cause z raisonnable:autāt defois peche mortellemēt. Exē-
ple.qui auroit Boue chastete:z apres se mariroit auec intention dacomplir loeuure de mariage:peche mortellement en
soy mariant. Item lapmiere fois qlle acomplist lefait de ma-
riage:elle peche mortellemēt de rechief. Itē autāt de fois
qlle acomplist le fait de mariage a sa requeste:elle peche de
rechief mortellemt. Autre chose seroit se ala reqste de sa partie elle rendoit le deuoir de mariage contre sa Boulente ab-
solue. Ainsi peut on dire de ieunes z aultres choses que on a
Bouees.   ¶ Ensuyt le secōd cōmandemēt qui est tel.
TV ne iuretas point en Bain par dieu ne par autre chose
Et ce present cōmandement est aucune chose cōmandee z lautre defendue. La chose cōmandee est acomplir noz
Beuz iustement z loyallement:z garder la Berite de lafoy z
nostre sait baptesme ouquel noꝰ auons prins z receu le nom
de Jesuchrist ou de crestien qni est chose Baine se noꝰ nacō-
plissons les oeuures de Bray crestien/en gardant foy Berite
z loyaulte pour lamour de dieu principallement. De la Berite de lafoy a este deuantdit ou traicte du baptesme. pour
quoy de ceste Bertu suffise quāt a psent. La chose defedue pr

Sextū caꝓm.

¶ Qui dicit se nosse
deū z mādata eiꝰ nō
custodit mēdax est.
io.ii.
Cauete frēs mēda-
ciūqꝛ oēsꝗ amāt mē
daciū filii sūt diabo-
li.
¶ Nō solum ifalsis
verbis sz etiā i simu-
latis opibꝰ mēdaciū
est ¶ Mēdaciū nāz
ē xpianū se dicere et
opa xpi non facer

cipalement est que on ne iure pour rien q̃ la chose q̃ est faulse
soit vraye/ou q̃ la vraye soit faulse. Car cest soy pariurer. et
se restoit en iugemẽt oultre le perche mortel seroit infamie ⁊
tenu a restitution du dõmage qui en auiendroit. ⁊ Vng cas
cõmunement reserue aux euesq̃s. ¶ Itẽ icy sont defendus
sermẽs horribles ⁊ detestables. cõme sont par la mort dieu/
par les vertus/par la passion/par la teste/par les playes/par
le ventre/ou soy maudire ⁊ donner au diable/⁊ autres inuẽ
tiõs en quoy plusieurs crestiẽs sont plus a detester que iuifz
ou sarrazins. Et doiuẽt estre punys selon les loix cõe larrõs
⁊ meurdriers. Donc est grant default a ceulx qui y deueroiẽt
remedier ⁊ ne le font. ¶ Itẽ icy offensent perilleusmt ceulx
qui aussi cõme a chascun mot ⁊ pour neant iurẽt par ma foy
par dieu/par nostre dame: ⁊ ainsi des autres sermẽt. Laq̃lle
coustume est monst perilleuse. Et de ce vient souuẽtessois
que pour vng blanc de marchandise ou petite desree le ven
deur ⁊ lachepteur se pariurent par dix ou par douze foiz/en
quoy appert que selon aucunes choses leur peche excede cel
luy de iudas. Et de ceste abusion de iurer dit la saincte escri
pture que celluy qui iurera souuent sera remply de iniquite
⁊ ne demourera pas longuemẽt sans punicion de dieu. A la
trãsgression de ce cõmandement se ramainent fractions de
veuz ⁊ de mariage/reuelacion du secret dautruy en son grãt
dõmage ⁊ piudice. Item aussi pechent ceulx qui iurẽt faire
chose qui est peche ou iniuste de soy/⁊ encore font pis en lacõ
plisant. Icy est defẽdu orgueil cõtre dieu aussi cõe ou pmier
Et recy est en bref quant au second cõmandement.

¶ Ensuyt le tiers cõmandement qui est tel.

O garderas les festes en faisant sainctes oeuures. en
quoy no⁹ est aucune chose cõmandee ⁊ lautre defẽdue
La chose cõmandee est charite qui se demõstre en sainctifier
Premierement soymesmes en detestant tout peche mortel.
Et secondement en sainctifiant la sollennite du saint di
menche ⁊ des anltres festes cõmandees. Laquelle se fait en

¶ Mendaciũ est sa
cerdotẽ epm vel cle
ricũ se pfiteri ⁊ con
trarium huic ordini
o pari. Hec ambro.
xxiii:q.v.ca. Cauete
Jn autẽtica. col̃. vi.
vt nõ lu xu.cõtra na
turã ⁊ ne iurẽ p ca
pillos necȝ per ali
quid hmõi necȝ bla
phemet in deum. ⁊c
Hec in lege ciuili.

¶ Vir multũ iurãs
replebiꝶ iniqtate et
nõ discedeꝶ a domo
eius plaga.ecclr.xiii
¶ Itẽ mat.v. Ego
aũt dico vob nõ iu
rare oĩno ⁊c. Itẽ ia
v. Ante oĩa fratres
mei nolite iur are ne
cȝ per celũ necȝ per
terrã necȝ aliõ qõ
cũcȝ iuramentum
¶ Aduertend est
⁊ iusturaũ tres ħ
comites veritatem/
iudicili/⁊ iusticiam.
Si aũt illa⁊c fuerit
nequacȝ iuramentũ
est. sed pluriũ. xxii.
q.ii.

¶ Septimũ cap

recognoissant dieu des benefices de la creation par souuerai
ne puissance / de la redemptiõ par sa souueraine sapiēce. De
gloire quil no² promet ⁊ quil no² a acquise par sa souueraine
bonte. Itē en examinãt sa conscience des mauuaises pensees ⁊ polses : ⁊ des mauuaises oeuures pour en faire loyale
confession en lieu ⁊ en temps. Item en soy occupant en sain
ctes meditations / louenges / prieres ⁊ oroisons en oyant les
messes ⁊ les sermons : en soy occupant en oeuure de pitie et
de misericorde soient corporelles ou spirituelles. desquelles
sera dit puis apres. Et en ce faisant deurmēt on acquiert au
gmentation des biens tant corporelz que spirituelz. et princi
pallemēt la vertu desperance. laquelle procede ⁊ est acquise
en lame du crestien par consideration de bonte et liberalite
de dieu : ⁊ par les propres oeuures bōnes ⁊ meritoires de la
psonne ainsi que recite le maistre des sentences. Et sans tel
le consideracion on ne peut auoir vraye espance. La liberalite
de dieu ⁊ la bonte enuers nature humaine appert infiniemēt
par ce qui est dit ou traicte des articles. Mais auec ceste cõ
sideration ⁊ liberalite de dieu il conuient que no² considerons
nostre vie ⁊ noz oeuures. Car se la vie est conforme aux com
mandemēs de dieu no² deuons esperer fermemēt que la iu
stice diuine nous remunerera selon quil apartient a la libe
ralite de sa diuine maieste. Et se nostre vie ⁊ oeuure sõt au
tre / cestasse quilz soiēt contraires aux cõmandemēs de dieu
⁊ au veu fait ou bapteseme : ce seroit psumption ⁊ nõ pas espe
rance de cuider venir a sauuement. Car esperãce on a force
⁊ puissance contre les tribulations ⁊ aduersitez mondaines
et paruient on a sauuement. Item est a noter que ainsi quil
y a vne foy infuse ⁊ mise en lame par la vertu de dieu : aussi
en y a il vne autre acquise par lestude doctrine ⁊ predicatiõs
des sainctes escriptures. Et aussi peut on dire selon les do
cteurs ql peut bien auoir en la psonne deux manieres despe
rance ⁊ de charite. cestasse infuse et acquise. Et cecy souffise
quãt a psent des trois vertus theologalles. cest foy esperan

Spes est certa ex
pectatio future bti-
tudinis ex meritis ⁊
gratia dei. puentens
Siue cm meritis
aliquid sperare non
spes : sed psumptio
dici potest. xxviii. q.
iii.

Carissimi . si cor
nostru nõ reprehen-
derit nos fiduciam
habemus ad deũ vt
quicqd petierimus
accipiem² ab eo qm
mendata eius custo
dimus. i. Io. iii.

re/ꝓ chaite ¶ Sensuyt ce qui nous est defendu ce sont oeu
ures terrienes ꝓ seruiles/foyres/marchez/plaider/ꝓ toutes
autres occupations corporelles qui no̅ peuent empescher des
choses deua̅tdittes. Laquelle chose se doit entendre quant
lesdictes choses sacompliroie̅t par couuoitise ꝓ auarice mo̅
daine. Car en cas de necessite ou pour aulcune petite chose
on pourroit faire aumosne ou charite sans contenneme̅t du
co̅mandeme̅t de dieu ꝓde saincte eglise. ou pourroit faire au
cune desdictes choses sans peche speciallement quant on a
ouy messe ꝓ fait son deuoir enuers dieu. Car on dit co̅mune
ment que charite ꝓ necessite nont point de loy. En ce co̅ma̅
dement est defendu peresse qui est une tristesse ꝓennuy de
bien faire/de bien dire ꝓ de bien soy occuper. Ce peche a six
branches co̅me desclare monseign̅ saint gregoire ou trente
uniesme liure de ses morault. cestass malice/rancueur/des
espoir/pusillanimite/torpeur ꝓeuagation de pensee. Ma
lice se prent icy pour une maniere de machinacio̅ de mal co̅
tre les sainctes psonnes qui amonestent a bien faire les pe
resseux/ꝓ ilz se indignent en leur courage. Rancueur est mo̅
strer telle indignation en aucun signe par dehors. Pusilla
nimite est fuyr oeuure de conseil ꝓ de perfection ou crainte
dentrepre̅dre oeuures labourieuses. Torpeur est une peres
se ꝓ lascheté daco̅plir les co̅mandemens de dieu. Euagacio̅
de pensee est soy do̅ner ꝓoccuper a baueries ꝓ folz ꝓ uains
langages ꝓ soy transporter ca ꝓ la inutilleme̅t ou muer son
courage dune chose en autre. Desespoir est aucunesfois pe
che co̅tre le sainct esperit dou il ya six manieres opposites asix
opatio̅s que fait le saint esperit en lame qui est en estat de
grace. La p̅miere opation est q̅l donne espance de la miseri
corde de dieu. ꝓ co̅tre ceste grace est propreme̅t desesperace
co̅me fut en cayn ꝓ en iudas. Et ce auient qua̅t la personne
croit ꝓ tient que pour penite̅ce ou priere quelle face: dieu ne
luy par̅donera point. La quelle chose est contre linfinite bo̅te
ꝓ misericorde de dieu. La seconde opation du saint esperit

¶ Omnes d̅n̅icos a
vespa in vespera̅ cu̅
om̅i veneratione de
creuim̅ obseruarit
ab om̅i illicito ope
re abstinere vt i eis
mi̅me mercatu̅ fiat
neq̅ placitum neq̅
ad mort̅e vel ao pe
nam aliquis iudice
tur .ꝯc. extra de fe .
Omnes .xv. q̅.iiii.c.
i.ii.ꝓ.iii.

De pigritia.

est donner vne saincte crainte de dieu en lame. Et cõtre ceste
grace est psumption qui est tellement psumee de la miseri
corde de dieu que la psonne contêne z mesprise sa iustice cõ
me sont vne maniere de pecheurs endurcis qui respondêt a
ceulx qui les reprennêt que Dieu ne les a pas fais pour les
deffaire. La tierce operation du saint esperit est donner et
enseigner saincte verite necessaire a sauuement. ¶Et con
tre grace est impugnatiõ de verite qui est quãt la psonne de
certaine malice contredit ala verite de la foy z des cõmande
mens en se delectãt pouoir cõtrarier a verite. La quarte ope
ration du saint esperit est dõner ayde a lame par grace diui
ne. Et contre ceste grace est vng desplaisic du bien spirituel
z de la grace de son prochain en repugnãt par certaine ma
lice a lhonneur de dieu z lunion des mêbres de saincte egli
se. La quinte operation est donner a lame vraye cõtricion de
ses pechez. Et cõtre ceste grace est vne obstination z propos
de iamais ne se repentir de son peche: z se nõme finalle im
penitêce. La siziesme operatiõ du saint esperit est vng fer
me propos de iamais ne cõmettre chose qui soit contraire a
lhonneur z saincte voulente de dieu. Et cõtre ceste grace est
obstination z ferme propos de non laisser ou soy departir d
la plaisance qui a en ses pechez cõme dorgueil dauarice / et
de luxure. Et est a noter que ces six manieres de pechez de
uantditz se disent irremissibles: nõpas q dieu ne les peuist
bien pardõner se le pecheur vouloit faire penitêce. Car com
me dit saint augustin il ne fut onchs si grant pecheur que võ
ne doiue auoir esperãce de son sauuemêt tant que dieu lui
donne vie. Mais ilz sont nõmez irremissibles pourtant qbiê
pou en resourdent et a grant peine Et affin quon puisse lege
remêt retrouuer z cõprendre les six graces du saint esperit z
les six pechez contraires soient repetez soubz telle forme.
   ¶Desesperance contre espance psumption contre crainte de
dieu / impugnation de verite contre cõgnoistre verite / desplai
sance du bien spirituel contre ayde par grace de dieu / ppos

De non faire penitêce côtre côtrition de ses pechez / propos
De toufiours côtinuer en peche côtre propos de foy abstenir
Et cecy est en bref quant au tiers cômandement.
¶ Enfuyt le quart comandemêt qui est tel.
¶ Aymeras ton prochain côme toymefmes: et principallemêt pere & mere. En ce pfent comandement no°
est aucune chose cômandee: & lautre defendue. La chose cômandee est charitablemêt porter honneur & reuerêce: & faire
feruice de cueur de parolle a noz fouuerais. & principallemêt
a pere & a mere. laquelle chose se doit entendre generallemêt
et fpeciallement. Speciallement se doit entendre du pere &
mere naturelz: & aussi des fpirituelz. côme fôt lepape leuefq
& le cure. Generallement il sentent du roy du duc du conte
du baron de lancien: & de reulx qui donnêt bon exemple par
leur bie & doctrine: & consequentemt t sentent ce cômandemt
enuers tous les filz & filles de adaim & de eue. les fqlz pmiers
parens deuons honnorer en leur lignie: cest en noz freres et
feurs en nature humaine. Parquoy appert que ainsi que les
trois pmiers cômandemens de la pmiere table de laloy bail
lee a moyse no° ordonnent deumêt par foy esperance & chari
te enuers lepere & lefilz & le saint esperit. Aussi ce quart com
mandemt qui est lepmier de la seconde table: contient enfoy
bituellemêt les sept oeuures de misericorde dequoy est fai
cte mencion en la tierce partie de ce liure. Contient aussi les
fix autres cômandemens qui sensuyuêt lefquelz nous ordô
nent deument enuers luniuersite de noz prochains / laqlle
ordonnâce garder & acôplir nous sont necessaires les quatre
bertus cardinales / cestassauoir prudence / force attrempâce /
et iustice. lesquelles enseignêt & adressent soy & son prochain
bertueufemêt & morallemêt. Prudêce & force sont pour escheuer ire & enuie. ¶ Prudence & attrempance pour escheuer
gloutônie & luxure. Prudêce & iustice pour escheuer auarice
¶ Prudence est bne monlt noble bertu laqlle discerne être
bien & mal: & legranc bauer le moindre. & le moindre mal das

Prudentia.

uec se plus grant. Par laquelle aussi on eslit le bien z fuyt le
mal: Ceste vertu eslit plustost le grant bien que le moindre.
car pour neant bien discerne q bien ne slit. Pourquoy est assa
uoir que prudence cōsidere trois manieres de biens: et trois
manieres de maulx. Cestass les petis les grans z les souue
raine Les petis biens ce sont ceulx de ce monde. Les grās
ce sont ceulx de lame. Et les souuerains ce sont ceulx de
gloire. Ceulx donc qui ont prudence enluminee de charite
eslisent les biens de lame cōme sont les nobles z meritoi
res vertus Parquoy ilz paruiennēt aux biens souuerains en
gloire. Mais prudence charnelle z mondaine z diabolique:
eslit les petis biēs de ce monde: z perb les souuerains: z mai
ne aux souueraine maulx denfer. Justice est une noble ver
tu par laqlle on rent a ung chascun ce qui est sien Cestass en
general a dieu obedience / a son prochain innocēce / a soymes
mes purte de consciēce. Innocēce est non faire a son pchain
la chose quon ne vouldroit point a soy estre faicte. et ainsi cō
me par iusticc on fait bien z plaisir a son prochain par innocē
ce on se garde de loffenser. force est une autre vertu parla
quelle on entreprēt a faire ou souffrir pour lamour de dieu
les choses fortes: z difficiles. cōme seroit faire grande peni
tāce / entrer en religion / pardōner grandes offenses / vaincre
ses propres inclinatiōs / souffrir iniures z passions ¶ Attrē
pance est une autre noble vertu: laquelle met mesure en tou
tes les autres vertus. z sans maniere z attrempance nulle
vertu nest parfaicte. Aussi attrempāce gouuerne la psonne
en ses cinq sens de nature z restraint z met mesure en tout
appetit sensuel. Et cecy est bref des quatre vertus cardina
les. La chose principallemēt defendue en ce cōmandement
est orgueil z rebellion enuers noz prochains. z speciallement
enuers noz souuerains ainsi quil a este dit ou pmier cōman
dement. Cōtre ce cōmandement font principallemēt lesen
fans qui sont durs et z cueur / rudes en parolles: et puers en
oeuures enuers leurs parens z souuerains. z sil ya notable

excez:ilz sont de dieu mauditz par sentence de diuine escri
pture. Car pmierement ilz doiuēt mourir z estre lapidez de
tout le peuple selon la loy anciēne. Item ilz viennent cōmu
nement a grande pouurete z misere par le iuste iugement de
dieu. Itē sont psecutez de leurs enfans. Itē ilz perdēt toute
bonne renōmee: z sont en opprobre a tout le monde. Item et
oultre plus ilz sont en coulpe du peche de la trāsgression de
toutes les loix.cestass De nature de diuine escripture z de
la loy canoniq z de la loy ciuile esquelles loix est cōmande z
enioyngt hōneur de pere z de mere. Pourquoy cōuient con
clure que qui fait le cōtraire est digne deternelle damnation
Item silz ne font leur deuoir enuers leurs parēs trespassez
ilz trespassent ce cōmandement z sont dignes de grant pu/
nicion tēporelle z spirituelle. Item ceulx qui se morquēt des
gens anciens ou qui ne portēt honneur a gens deglise singu
lieremēt pour lhonneur de leur office z dignite.z aussi a gēs
nobles z de iustice seculiere pourtāt que dieu parmet z don
ne puissance sur leurs subgetz:ilz trespassent ce cōmandemēt
mortellemēt ou veniellemēt selon les causes z circonstan/
ces de loffense quilz cōmettent. De quoy sera veu ou traicte
de confession. Itē est bien icy a noter que les enfans doiuent
a leurs parens plusieurs choses.cestass amour de cueur /hō
neur en parolles/ pourueance de choses necessaires /seruice
z obedience /supportation en leurs deffaulx/ z pacientemēt
endurer silz donnēt ou font aucune psecution: z qui fait lop
posite ne peut estre parfait obseruateur dece cōmandement

¶Sensuyt le quint cōmandemēt q est tel.

D ne seras point homicide En ce cōmandement no'
est aucune chose cōmandee z lautre defendue. La cho
se cōmandee est charitablemēt secourir a nostre prochain en
le gardant a nostre pouoir en lieu z en temps quil nencoure/
ou chez en aucune des quatre manieres de mort q sensuiuēt
Car pour paruenir a sauuement il nest pas seulemēt requis
ne tuer batre occire ou faire aucun autre desplaisir a son pro

audierit imperiū pa
tris vl' matris dicet
senioribus ciuitatis
ʒc.z lapidib'obruet
eū populus.Deute.
xxi.

¶Qui non dat ppā
loco z tempore dice
tur sibi in fine disce
de maledicte.z ceta.
mat.xxv.ergo a for
tiori qui non reddi=
dit parētibus quod
de iure debetur eis.

Nonum.capz

chain/mais conuient de necessite du cõmandement de dieu
luy faire plaisir en temps ꝛ en lieu en luy pꝛseruant sa vie: ꝛ
en le deffendant de la moꝛt. Caꝛ nous ne deuons point en
qlque maniere que ce soit estre iniustement cause de lamoꝛt

Vita naturali[s]
de nostre pꝛochain. Quant a la chose deffendue est a noter: ql
ya quatre manieres de vie: ꝛ paꝛ consequent quatre manie=
res de moꝛt. Caꝛ moꝛt nest autre chose que separation de vie
Et pouꝛtant quil ya trois manieres de vie: semblablement
peut on trouuer quatre manieres de moꝛt. Les quatre ma=
nieres de vie: cest vie naturelle: vie en substance tempoꝛelle
vie en sante coꝛpoꝛelle. vie en renõmee spirituelle. La vie na
turelle est union du coꝛps ꝛ de lame. Dõc au sens litteral paꝛ
ce cõmandement est pꝛincipallemẽt deffendu homicide. cest
adire nestre en cause paꝛfait paꝛ conseil paꝛ cõmandement
paꝛ voulente ou autrement de lamoꝛt dautruy a son essient
paꝛ ire ou paꝛ maltalent ꝛ sans oꝛdꝛe de iustice. Coutre ce cõ
mandement sont les pꝛinces ꝛ les conseillers qui paꝛ auaꝛi=
ce ou tyrãnie meunẽt guerre ꝛ batailles. lesqlles ne se peuẽt
faire iustement sans cinq cõdicions. Cest assauoir auctoꝛite
bonne ꝛ piteuse affection en celluy qui iuge que bataille ou
guerre se doit faire. bonne intention ꝛ certaine cõdicion en
celluy ou ceulx qui mettent laguerre en execution: ꝛ q ceulx
a qui on fait guerre soient dignes de punition. Contre ce cõ
mandemẽt sont ceulx qui paꝛ leur auaꝛice se mettẽt en guer
re. caꝛ il nont pas bonne ꝛ dꝛoite intention. Item gens de=
glise ne sont pas de condition quilz doyent exercer guerre
moꝛtelle: ꝛ faire effusion de sang humain. Caꝛ en ce faisant
ilz seroient irregaliere ꝛ indignes du sacꝛemẽt de celluy qui
a cõmande que on ayme ses ennemys. Item cõtre ce cõman=
dement pechent hõmes ꝛ femmes oient en mariage ou autre
ment qui par leur chaꝛnalite ꝛ desoꝛdonnee indiscretion et
mauuais gouuernemẽt: ou aussi paꝛ malice ou a leur essiet
sont en cause que femme pert son fruyt ꝛ que il en coꝛut moꝛt.

Vita substan=
tialis.
Item quant a la vie de substance tempoꝛelle contre ce com

mandemēt sont ceulx qui pillent ꝛ emblent tolent ou deti
ennent laultruy. car en tant que est en eulx ilz ostent a leur
prochain la chose qui luy est necessaire ꝛ dou il doit soustenir
sa vie parquoy quant a ce ilz sont rause de sa mort . Et cecy
doiuent bien auiser aduocatz mondais ꝛ grās plaideurs qui
souuentefois font perdre meuble ꝛ heritage a poures gensꝛ
simples rōe sont poures vefues orphelins ꝛ autres : car telz
larrons pillars realement peuēt estre ditz meurdriez en tant
quilz ostent ꝛ tollent a poures gens leur substance ꝛ biēs de
quoy ilz pourroient auoir leur vie. Itē ceulx qui par deffault
de charite laissent mourir poures gens de fain ou en prison
par deffault de leur ayder quant ilz le pourroiēt ꝛ deueroy
ent faire. Item quāt ala vie de sante corporelle: cōtre ce cō
mandement sont ceulx qui blttent ꝛ frappent contre ordon
nance de iustice en mutilant aucune psonne ꝛ en la priuant
de sa bonne sante. Item quant a la vie spirituelle. contre ce
cōmandement sont ceulx qui ayēt leur prochain / ou qui par
auarice ou maltalent desirent lamort dautruy . Car la sain
cte escripture dit que qui ayt sen prochain est homicide. pour
quoy est a noter que homicide se cōmet aucunesfois en cou
rage ꝛ voulente tant seulemēt ꝛ nōpas quāt au fait par de
hors. Aucunesfois se cōmet de fait ꝛ nōpas de voulente. Au
cunesfois de fait ꝛ de voulente ensemble. Exemple du pre
mier. Les iuifz par ire ꝛ enuie par cōseilz ꝛ parolles misdrent
le filz de dieu le pere a mort sans y toucher de leurs mains /
ainsi quil appert par leuangille en ce quilz disoient il ne no⁹
est point licite de mettre aucun a mort / en alleguant leur sai
ctete ꝛ iustice. Et touteff' le benoit filz de dieu dist a pilate
Ceulx qui me ont baille a toy . cestass' les euesques scribes
ꝛ pharisees ont plus greuement peche que toy. Lequel tou
teffois auoit ia fait espandre son prieux sang par le torment
de flagellation. Parquoy ire ꝛ enuie peuent estre si grefz qlz
sont comparez a homicide. si doit on sur ce cōmandemēt soy
examiner de ses pechez desquelz sensuyt brefue declaratiō

Et pmierement Denuie. Enuie selon monseignr saint gregoire a cinq brancbes. Cestass bayne De cueur / susurration
Detraction / soy esiouyr du mal / soy trister du bien De son prochain. Susurratiõ est dire mauuais lãgage par malice pour
mettre noyses enaucües psonnes. Detractionest dire mauuais langage pour oster le bon renom De son prochain. Et
monst souuent en ces deux manieres ya pecbe moztel et dãnable : et ne peuct estre telz gens absoulz sans seime pposde
restituez la renõmee ason prochain. Car cõme dit la saincte
escripture. Mieulx Sault bonne renõmee que milions doz et
de mõnoye. et touteffois qui auroit oste a aucun deux blans
ou cinq solz il ne pourroit auoir absolution sans restitution
De fait ou en propos. Et pourtãt le conseil dusage salomon
est que a Detracteurs nul ne tienne cõpaignie ou parolles.
Car nonseulemet adire detractiõ ou susurratiõ par bayne
ou par enuie de son prochain : mais auec ce puoquer ou estre
cause ou soy resiouyr que tel langage se dit ou Soulentiers
lescouterest grant pecbe et dãnable. Et dit Sne glose sur ce
pas De ceste escripture que par ce pecbe de Detraction presq
tout le monde se Dãne. et cecy pouons cõiecturer. Car pose
que plusieurs se cõfessent de ce pecbe / touteffois ilz nen font
point De restitution. Et de bien remedier en ce cas sont plusieurs cõfesseurs indiscretz en absoluant trop legeremet. ce
faulx et mauldit pecbe se cõmet aucuneffois en ipposant mal
a son prochain lequel nest pas Szay ou quãt il est Szay mais
par parolles on le croit ou quãt le mal est secret on le reuelle
contre lozdre De charite. ou quant on Dit que la chose qui de
soy est bonne a este faicte en mauuaise intention. aucuneff
en taisant le bien De son prochain par enuie et en toutes manieres y peut auoir pecbe moztel et dãnable / car cest cõtre
charite en ostant ou diminuant la bonne renõmee de sonpro-
chain. de laquelle dit lescripture que Sng rbascun doit auoir
grant cure et sollicitude De sa bonne renõmee. Car qui pert
bonne renõmee iustement pert lamour De ceulx q laymoiet

qui est incomprenable. Item par loccasion de faire beaucop
de biens/ si est par tel cas maintessfois de shonte parquoy il se
expose a tout mal. ¶ par ce est vray dit. ¶ Que a plus grant
peine est repaire playe de lague que coup despee. Et cecy suf
fise quant a preset du peche de vie. ¶ Sensuyt du peche dire

¶ Ire est vng appetit desordonne de soy venger daucue per‑
sonne par aucune voye et maniere contre raison/ et lordonnance
de iustice. et est contre lamour et charite que on doit auoir aso
prochain et par consequet est peche mortel du quel procedent
plusieurs branches selonque dit monseigneur saint gregoire
cest assauoir indignation/ machination de soy venger/ Cla‑
meur en parolee blaspheme enuers dieu et les sains/ Debatz
et improperations. Les diuerses manieres de Ire se peuent
ainsi entendre. Car ire peut estre et demeurer tant seuleme‑t
en couraige et en voulente sans soy monstrer par dehors. et ce
sot les deux pmieres brances Cest indignatio et machination
de soy venger. Ou telle ire nest pas tant seuleme‑t enla vou‑
lente: mais auec ce se demonstre en parolles. et en ce sont en‑
tendues les aultres deux branches. cest clameur et blapheme
de dieu et de ses sais. On peut aussi oultre les mauuais cou‑
rages et les mauuaises parolles proceder au fait come batre
et fraper ou traicter en playberies et aultres diuerses mani‑
eres: et en ce sont copzins les deux aultres me‑bres cest debas
et improperatios. et en toutes ses brances pourroit auoir pe‑
che mortel selon laffection deliberacion et autres circonstances
Souuenteffois aussi nest que peche veniel. alaqlle differen‑
ce doit auiser de la coscie‑ce de la psonne ple moyen et auiseme‑t
du sage confesseur. De ce peche dire procede‑t aucueffois deri‑
sios/ mursuratios/ detractios et aussi maudire. lesqlles choses
peue‑t estre peche mortel ou peche veniel selo la racine et intê
cio dou ilz predet. et pour se garder q ceste passio dire ne prede
iusqs a peche mortel se doit la psone pmunir en deux mani‑
eres selon saint gregoire. Premierement en considerant les
iniures ta‑t de voulente q de parole faictes a dieu et aux sains

gi

lesquelles choses ilz ont souffert en grande patience Car ilz
sauoient bien qlestoit impossible de estre sauue qui naura pa
tiemēt endure. Le second remede est que dieu ꝛles sains en
duret plus de nous sans prendre vengēce De noz pechez que
iamais nous ne saurions faire de nostre pchain pour quelcō
que iniure qui noꝰsauroit estre faicte Et cecy est enbref quāt
au quinint cōmandement.

¶ Sensuipt le siziesme cōmandement qui est tel.
Tu ne seras point luxurieux. Icy noꝰest aucune chose
cōmandee ꝛ lautre defendue. La chose qui noꝰest com
madee est charitable pꝛudēce par laquelle noꝰacquerons so
bꝛesse ꝛattrempance. Par la vertu de pꝛudēce nous ꝓposonꝰ
les delices spirituelles aux tēpoꝛelles ꝛ charnelles. Par ce
ste vertu dattrempance la creature raisonnable se garde de
trop boire ꝛ trop mēger ꝛ aussi de toute desoꝛdonnance sesue
le touchant le peche de luxure. La chose defendue sont deux
pechez moꝛtelz. cest gloutōnie ꝛ luxure. Le peche de glouton
nie se cōmet en plusieurs manieres. Pꝛemieremēt en men
geant a heure non deue sans appetit auant que les viandes
pꝛinses soiēt digerees. dou suruiennent plusieurs maladies
qui greuēt le coꝛps ꝛ lame. Secondemēt par trop grande sol
licitude dauoiꝛ exquises ꝛ pꝛieuses viandes lesqlles aucune
fois napartiennēt pas a lestat de la psonne. Car faire despē
se en viandes qui napartiennēt pas a la psonne est peche gref
uemēt. Tiercemēt mēger trop abondantemēt parquoy natu
re est greuee. laqlle se cōtēte de pou ꝛ se plaīt de trop . Quaꝛ
temēt en ne gardāt pas maniere hōneste cōme mēger trop aꝛ
dantemēt laqlle chose sappelle gouliarder. Quintemēt en la
maniere de la ꝓparatiō des viandes auer trop grāt cure de sau
ces despicertes de corctions ꝛ de rōfitures. De ce peche vien
nēt plusieurs mauuais rameaulx selon monseignr sait gre
goire. cestassēlyesse desoꝛdōnee/parolles charnelles deshōne
stes/excez de diuers langages/imondirite de coꝛps ꝛaueugle
mēt de lentendemēt En toutes ses bꝛāches pourroit auoir si

grant exces q̃l cḣairoit en peċḣe mortel. ¶ Jureſſe peut auenir en trois manieres. ceſtaſſ ſans peċḣe/Auec peċḣe Veniel
ç tiercemẽt auec peċḣe mortel. Exemple du p̃mier. aucune
pſonne ne cognoit pas la Vertu du Vin et a grant paſſion de
ſoif ç boit ſelon la ſoif:peut eſtre tellemẽt ſouprins quil ſera
yure ſans peċḣe. Secondemẽt poſe que la pſonne cognoiſſe
la puiſſance du Vin.touteſſ il ne ſuy eſtoit pas Vray ſemblable quil ſe deuſt ſurmõter. Car ſe il nauoit pas de couſtume
ç en ce peut eſtre peċḣe Veniel tant ſeulemẽt. Tiercemẽt peut
auenir que aucuη cognoit la puiſſance du Vin ç a exp̃ience de
lincõuenient ç quil eſt couſtumier de ſoy enyurer: mais il
ayme mieulx obeir a ſon appetit deſordonne que ſoy garder
de lincõueniẽt: ç adonc il peċḣe mortellement. Car a ſon
eſcient il ſe priue de Vſage de raiſon ç greue ſon corps et ſon
ame.ç ſexpoſe atout mal ainſi que Vng Vray ſobre çabſtinẽt
ſe diſpoſe a grace de dieu ç a clarte dentendemẽt.Et cecy eſt
quant au peċḣe de gloutõnie. ¶ Senſuyt de luxure.
Lo peċḣe de luxure a ſept manieres:et chaſcune eſt pe-
cḣe mortel.ceſtaſſ ſimple fornication/adultere/iceſte
ſacrilege/defloration/Violation/ç peċḣe ſodomite ou contre
nature.Simple fornication eſt entre deux perſonnes qui ne
ſont point ne lune ne lautre ou ſacrement de mariage ne en
eſtat de Virginite de lignage de comperage en ſaintes ordres
ne en Veu de chaſtete.Adultere eſt quãt lun ou lautre ou to?
deux ſont mariez auec autre partie.Inceſte quãt ilz ſont de
lignage ou daucũe affinite ou cõperage.Sacrilege eſt quant
lun ou lautre ſont en ſainctes ordres:ou ont fait Veu ſollen-
nel de chaſtete.Defloration quãt lun ou lautre ou to? deux
ſont Vierges.Violacion en rauiſſemẽt quãt par force ç Violé-
ce ſoit Veſtue Vierge ou mariee eſt cõgneue charnellemẽt. Le
peċḣe cõtre nature ç ſodomite ſe cõmet en pluſieurs manie-
res.car la pſonne raiſonnable doit cognoiſtre q̃ dieu ç nature
defendẽt to? atouchemẽs luxurieux e ſq̃lz on ne garde ſordõ-
nãce ç la maniere ç les p̃ties ou mẽbres q̃ ſõt redſes par rai-

son pour receuoir lignee ⁊ tant pis est côme on est plus desor
donne soit en mariage ou autremēt en atouchant soy ou autre ou bestes par vilennie ⁊ orde plaisance charnelle. Qui est
coulpable de telz pechez peut assez entendre son cas par ceste
maniere de parler. car autremēt que en general cest horrible
peche ne se doit escrire ne publiquemēt preschez. Mais le discret confesseur peult bien de petit en plus grant selon la qua
lite ⁊ les circôstances du pecheur paruenir a la côgnoissance
du cas: ⁊ puis demôstrer au pecheur lhorriblete du peche qui
est si grāde ql doit estre puny selon les loix par estre brule en
feu pourtāt que ce peche crie deuant dieu vengance. car de ce
auient famines /guerres/ mortalitez /pestilences et pôitions
de royaume selon que tesmoignēt les sainctes escriptures.
par ce peche principallemēt fut le deluge ou temps de noe: et
mourut tout le môde excepte huyt psonnes. Ité pour ce mes
mes peche fondirēt en abisme sodome ⁊ gomorre ⁊ trois autres citez. et ia pieca en sont tant de maulx aduenuz / ⁊ aduiē
nēt: ⁊ aduiendrôt que nul ne les pourroit escrire ne nombrer
Aduiēt aussi côme tesmoigne monseignr saint gregoire que
la psonne luxurieuse pert clarte ⁊ lumiere dentendesit et si
est sans côstance / sans consideratiô pcipitante sans dsaperes
perance des delices de paradis ⁊ en vne assertion et amour
desordônee de ce psent monde ⁊ de soy mesmes. car tousiours
vouldroit viure en la puāteur de son peche. parquoy aduient
plus souuēt que telz luxurieux se desespoirent quant vient
lheure de leur trespassement: ⁊ sen vont a la mort eternelle.
Et recy est quant au perhe de luxure. ⁊ pource siz[i]esme com
mandemēt.   ¶ Sensuyt le .vii. cômandemēt qui est tel.

QU ne seras point larrecin En ce cômandement nous
est aucune chose cômandee: ⁊ lautre defendue La cho
se cômandee est charitable prudēce eluminee de charite pour
quoy no‾ auons consideratiô de la grande difference qui est
entre les biēs terriens ⁊ les biens de gloire. Par ceste differē-
ce ⁊ côgnoissance nous despasons et reputons neant toute

Vndecim cap.

felicite mondaine en cōparaifon de vraye beatitude. Et fē∫
blablement par cefte cōfideration nous fomes inclinetz ꝫ in
duitz a faire iuftice qui neft autre quāt a p̃fent : fi non rendre
a vng chafcun ce q̇l luy apartiēt. cōe il a efte dit par deuant et
fera plufaplain en parlant de reftitutiō. La chofe qui eft defē
due par ce cōmandement. Left le peche dauarice. Auarice eft
appetit defordōne des biēs trāfitoires ꝫ tēporelz q̇lz q̇lz foiēt   Auaricia.
Le peche fe cōmet generallemēt en trois manieres. ceftaff
en arquerāt trop ardēment / en retenāt eftroittemēt / ꝫ en def
pendāt efcharcemēt. Et pourtant dit bien monfeignr̄ faint
pol que lauaricieux eft ydolatre ꝫ feruiteur du diable. Pour
quoy eft a noter que vng diable nōme māmona fait a lauari
cieur fix cōmandemēs. Le p̃mier eft q̇l garde biē fon or et fon
argent / ou autres biēs. Le fecond eft q̇lz nappeticent mye en
ces mains. Letiers eft q̇lz acroiffent de iour en iour. Le quart
q̇l ne dōne rien par aumofne ne autremēt. Lequīt eft q̇l ne p̃
fte ne ne face plaifir car en ce faifant il mettroit lefien en pe∫
ril. Lefiziefme q̇l reftrainge foy ꝫ fa famille de boire ꝫ de mē
ger pour le fien efpargner. De ce peche viennēt ꝫ procedent
fept filles au mauuais rameaulx felon q̃ dit monfeignr̄ faīt
gregoire. ceftaff trayfon / fraude / fallace / pariuremens / rapi∫
ne / follicitude dacq̃rir / durte de corps enuers les poures. et
plufieurs autres maulx. Jcy eft defendue toute mauuaife
marchādife mauuais labourage et ouurage de foy faindre a
fa tournee ꝫ vēdre faulfes defrees pour bōnes. pofe q̃ le ven∫
deura efte deceu en les arhetant pour bōnes. car vng deceu
ne doit pas lautre deceuoir Jcy eft defēdu larrecin / vfure / ra
pine / fymonie / facrilege / faulfe plaidoirie / faulx iugemēs / et
generalemēt toute deceptiōcouuerte ou apperte par laq̃lle
on fait pdre a autruy le fien autremīt q̃ on ne vouldroit raifō∫
nablemīt a foy eftre fait. Jtē to⁹ contratz ꝫ aultres chofes en
quoyil cōuient faire reftitutiō le laq̃lle fera traicte enparticu
lier en la quarte partie. Et cecy eft en general ꝫ en bref quāt
au feptiefme cōmāddement.

xli. capitulū

¶Ensuyt le huptiesme cõmandemēt qui est tel.
Tu ne porteras point faulx tesmoignage. Et ence commandemēt nous est aucune chose cõmandee: ᵻ lautre defendue. La chose cõmandee est le cõtraire ᵻ lopposite de ce q
est defendu. Porter faulx ᵻ mauuais langaige est cõtraire a
la charite que nous deuons auoit enuers nostre prchain. pquoy
appert quil nous est cõmande dire bien magnifier ᵻ exaulcer
le bien ᵻ lhonneur de nostre prchain ᵻ en louer dieu charitable
mēt en lieu ᵻ en tēps. laqlle chose nous arõplissons par la vertu de prudēce et de force enluminees de charite. car ainsi fai-
sans ᵻ desirãs le biē ᵻ lhonneur de nostre prchain estre nostre
hõneur ainsi que requiert la vertu et nature de charite qui est
aymer son prchain cõme soymesmes: ᵻ laqlle fait tous biens
estre cõmuns. Donc par bonne prudence deuons exaulcer ᵻ
augmēter nostre bien en nostre prochain. Et par la vertu de
force nous luy deuons pourchasser bien ᵻ hõneur en luy portãt
bon tesmoignage en lieu ᵻ en tēps ᵻ en luy defendant a nostre pouoir sa bonne rcnõmee. Et cecy est en bref quant a la
chose cõmandee. ¶La chose defendue cest faulx tesmoignage
cest adire mauuais langage predant dire ᵻ benuie. ᵻ ainsi iⁱ
ire ᵻ enuie sont defendus ou sizieſme cõmandemēt principalemēt en tant qlz se demonstrēt par oeuure: semblablemēt
sont defendus en lhuptiesme en tant qlz se demonstrent par
mauuais langage. car cõme on peut nupre a son prchain de
fait: aussi on luy peut nupre en parolle. et ceulx qui ne peuēt
de fait: souuenteffois le font par mauuais langage lequel se
cõmet en plusieurs manieres. Car ainsi que disent les docteurs et les sainctes escriptures en loperation de la langue
est lamort ou la vie. Et pourtant voulut le benoit saint esperit soy demonstrer ᵻ apparoistre en semblance de langues
de feu pour donner a entendre que se la langue nest purgee ᵻ
gouuernee du saint esperit cest monlt forte chose que elle ne
soit gouuernee du mauuais esperit. Cest lennemy qui par
le moyen de la lãgue serpentine mist tout lhumain lignage

In manibus lin-
gue mors et vita

a perdition ₹ qui gouuerne ₹ demaine ceulx qui sont remplis
de ire ₹ denuie: ₹ se aydent de leurs langues cōme de glai-
ues trēchant. Et pourtāt dit le psalmiste que la langue des
pecheurs est le glaiue de lentte my trenchāt ₹ plein de venin
Et selon les docteurs douze pechez procedēt de la sague lesquelz peuēt estre mortelz ou venielz selon les diuerses circōstances ₹ intētion du pecheur. cōme sont blaphemes pariu-
remēs/mēteries/vantances murmuratiōs/detractiōs/pa
rolles charnelles ₹ deshōnestes/folz langages/baueries/ian
gleries: ₹ plusieurs autres maulx lesqlz demonstrent ₹ tesmoignēt la conscience de telz gens estre horrible ₹ detestable
Car cōme dit nostre seignr par les polles dune personne on
peut aucunemēt auoir cōgnoissance ₹ iuger de la voulente ₹
de la conscience. De detraction de diuerses manieres de mē
tir ₹ de saulx tesmoignage en iugement sera dit en la quarte
partie. Et cecy en bref quant a lhuytiesme cōmandement.

Sensuyt le neufuiesme cōmandement q̄ est tel.
Tu ne desireras point la fēme dautruy. Et pareillemt
la fēme ne desirera point lhōme. cestass̄ par mauuaise
concupiscēce. Mais bien pourroit lun lautre desirer sans pechē par bonne ₹ iuste affection de mariage. En ce psent com
mandemt no' est aucune chose cōmandee et lautre defendue
La chose cōmandee est la vertu de chastete ₹ purte desperit ₹
de voulēte en la vertu de saincte charite. cestassauoir pour
lamour de dieu ₹ du sauuemēt de noz ames. laquelle vertu
de charite nous deuons auoir ₹ procurer tāt en nous que en
noz prochains. Et ace pouons paruenir par la vertu de prudence ₹ de force selon la forme declaree ou siziesme cōmandement. La chose defendue ou siziesme est toute cōcupiscence par cōsentement delibere hors mariage. Et pose que telle
mauuaise voulēte nest pas mise par dehors en effect nō pour
tant si est ce pechē mortel. Car cōme dit nostre seignr en leuā
gille Qui a cōcupiscēce charnelle de fēme/ou fēme de hōme
auec cōsentemēt delibere: trespasse le cōmandemēt de dieu.

Marginal notes:

Lingua eoȝ gla-
dius acutus .psal.

Loquela tua mā
nifestū te facit.mat.
xxvi..

Qui de terra ē de
terra loquitur.io.iii

xiii. capituluȝ

Omis qui viderit
muliere ad concupi
scendū eam iaȝ me-
chatus est in corde
suo.math.v.

Parquoy senfuyt que tous baisiers /atouchemes /regars pa
rolles /lettres /dons / pmesses / abillemes /côtenances ⁊ main
tiens fais princippallemēt a celle fin ⱬatirer aucune psonne
au consentemēt de luxure: est peche mortel. car la ⱬoulente
seulemēt est peche mortel. côme dit est. Et pourtāt la ⱬoulē
te qui se demonstre par aucun des signes ⱬeuātditz est plus
greuee q̄ se elle demouroit fermee au ⱬedēs de la ⱬoulente
Et cecy est en bref quant au neufuiesme cōmandement.

℧Densuyt le diziesme cōmandent qui est tel.
Ⱬne desireras point les biens dautruy a son dōmage
⁊ contre lordonnāce de iustice ⁊de raison. En ce psent
cōmandement nous est aucune chose cōmandee: ⁊lautre de
fendue. La chose cōmandee est la ⱬertu ⱬe liberalite enuers
noz prochains. laquelle ⱬertu se exerce par la ⱬertu ⱬeⱬrayⱬ
prudence ⁊ ⱬe iustice infoꝛmees de charite. côme dit est ou se
ptiesme cōmandement. En ce psent cōmandement peuent
estre entēdues les sept oeuures ⱬe misericoꝛde. Desirer dõc
a donner de ses biens par amour ⁊ par charite no' est icy cō
māde. ⁊se on ne le peut faire en oeuure le bon desir de la ⱬou
lente suffit deuant dieu pour estre grandemēt remūnere cō
me le desir de malfaire estre digne de estre dāne. La chose ⱬe
fendue est concupiscence ⁊auarice des choses tēpoꝛelles ou
dōmage ⁊ preiudice dautruy. Car ainsi q̄ ou quart ou quit
ou siziesme ⁊ ou septiesme cōmandemens nous est defendu
faire mal desplaisir ou ⱬilennie a nostre prochain par q̄lque
opation Et ou huptiesme no' est defendue lofense de parol
les. Pareillemēt ou neufuiesme ⁊ ou diziesme no' est defen
due la mauuaise ⱬoulente de luy faire dōmage ou ⱬilenie
par cōcupiscence charnelle ou autrement. En quoy appert
cleremēt que quiconques se ⱬouldra gouuerner par la rigle
des Dix cōmandemens: sera bien ⁊ iustemēt oꝛdonne tāt en
uers Dieu que enuers son prochain: soit en fait en dit ou en
ⱬoulente. Item appert que en chascun cōmandemēt soit af
firmatif ou negatif est aucune chose cōmandee ⁊autre dese

due.car iamais dieu ne comande faire aucune chose quil ne
prohibe son contraire:ne ne defende aucune chose quil ne co
mande son opposite.

¶ Sensuyt lepilogation ou breue repeticion
de ceste seconde partie.

[P]Our mieulx entendre ⁊ retenir les choses deuantdit
tes soient recapitulees ⁊ epiloguees en telle maniere.
Ou pmier comandement de la foy est comandee humble ado
ration de la diuine maieste:⁊ ydolatrie defendre ⁊ tout or
gueil contre la maieste diuine. Ou second:cofession de veri
te en dit ⁊ en fait est comandee.et tous pariuremens ⁊ mau
uais sermens defendus. ¶Ou tiers amour ala diuine bonte
no' est comandee ⁊ indeuotion ⁊ torpeur desperit no' est pro
hibee. Et par ainsi en acomplissant ces trois comandemens
no' somes ordonnez enuers toute la benoiste trinite Car au
pere est attribue diuine maieste au filz infinie verite.⁊ au be
noit saint esperit souueraine bonte. Et pource affin que no'
apons disposition de croire confesser ⁊ aymer ceste benoiste
trinite les trois vertus theologales.cest foy/esperance ⁊cha
rite sont crees de dieu en lame qui dignement recoit le saint
sacremet de baptesme.charite pour aymer dieu le pere.foy
pour recognoistre ⁊ auouer la verite de dieu le filz.⁊ esperan
ce pour soy cofier en la bonte du saint esperit.Ou quart co
mandement honeur reuerece amour ⁊ pitie no' sont coman
dez ⁊ principallemet enuers pere ⁊ mere:et consequntemt en
uers toute creature humaine.⁊ toute rudesse crudelite ⁊ des
lopaute euers noz prchains no' est defendue.Ou quit doul
reur ⁊ benignite euers noz prchains nous est comandee.⁊ ire
⁊ enuie no' est phibee ⁊ defendue.Ou siziesme chastete ⁊ net
tete en fait ⁊ en dit no' est comandee.⁊toute luxure par quel
que maniere que ce soit no' est defendue. Ou septiesme li
beralite en departant raisonnablemet les biens de ce mode
necessaires a nostre prchain est comandee.⁊ toute rapine et
auarice est prohibee. Ou huptiesme verite en parolles soit

xv.capitulum

en iugemēt ou autremēt no'est cōmandee. ɀ mentir deceuoir diffamer/mocquer ou abuser nous est defendu. Ou neuf/uiesme chastete en pensee en desir ɀ en purte desperit nous est cōmandee. ɀ ordes pensees et charnelz desirs nous sont interditz ɀ defenduz. Ou diziesme desirer auaricieusement les biens trāsitoires nous est defendu. ɀ bon desir de pouoir acomplir oeuures de misericorde en lieu ɀ en temps qui no' sera de possible ɀ de raison no'est cōmande. Et par ces sept derniers cōmandemens nous sōmes parfaictemēt et iuste/ment ordonnez enuers noz pchains en deux manieres. Lest en no'gardāt de les offenser ɀ en leur faisāt en lieu ɀ en tēps plaisir ɀ seruice. En ces deux poincts c'est assi fuyr le mal ɀ faire le bien est cōprinse toute pfection de iustice selon que dit le scripture. Gardes toy de faire mal a ton prochain ɀ t'esforce de luy faire bien ɀ plaisir. Car ainsi que dit monseigneur saint gregoire il ne suffit pas pour acquerir sauuemēt ne cō/mettre aucun mal ne peche/mais cōuient soy exercer en bonnes oeuures en lieu ɀ en temps ql est de necessite. Donc qui ueult estre sauue il cōuient necessairemēt garder to' les dix commandemēs. Car dieu par sa iustice ordonee ny pourroit dispenser ne faire autremēt Car il a sentētie que qui ueult uenir a sauuemēt il cōuient ql garde ɀ ql acomplisse tou'les cōmandemens. Car cōme dit monseignr saint iacques en sa canonique. celuy qui trespasse ung des commandemens pe/che mortellemēt ɀ froisse toute la loy. De laquelle fraction Iesus souueraine uerite no'ueille garder ɀ le uray enten/dement de sa loy ɀ des sains cōmandemens nous inspirer ɀ a les acomplir par uraye foy espance ɀ charite no' ueille tousiours pere ɀ filz ɀ saint esperit ayder Amen.

¶ Aps la declaratiō des dix cōmandemēs de dieu s'ensuiuēt les cinq cōmandemēs de saicte eglise.

Oltre les cōmandemens de dieu deuant escriptz no/stre mere saincte eglise en adiouxte cinq. esquelz obeir ɀ garder tous crestiens sont obligez sur peine de peche moz/

xvi. capitulū

Marginal notes:

¶ Diuerte a malo ɀ fac bonū. ps. xxxiii.

¶ Minus est mala no agere nisi etiā qf ꝙ studeat et bonis opibꝰ isudare. greg. in sermone.

¶ Si vis advitam igredi serua mādata math. xix.

¶ Qui offenderit in vno factus est oīm reus. ia.ii.

¶ Missas die dūico secularibꝰ totas audire speciali ordine

tel selon la forme ⁊ maniere que saincte esglise entend obliger ses subgetz. Le pmier cest que au iour du saint dimenche et aux autres grandes festes ⁊ sollennitez baillees par comman-dement selon la diuersite des pays ⁊ des dioceses: vng chas-cun qui a aage et discretion doit ouyr messe entierment sil na empeschemet ou excusation raisonnable qui de ce se puis-se excuser. Le second comandement est quil se doit confesser a tout le moins vne fois en lan a prestre qui ait auctorite de le absouldre ainsi quil appert par lestatut ⁊ordonnance de sain-cte eglise. Soy confesser p plusieurs fois en lan comme ont encore de bonne ⁊ saincte coustume plusieurs bons ⁊ loyaulx crestiens est de conseil ⁊ nopas de comandemet / exceptez au-cuns cas particuliers qui sont puis apres mis ⁊ desclarez ou traicte de cofession. Le tiers comandement est que toute per-sonne qui a sens ⁊ aage ⁊discretion competens selon le iuge-ment et bon conseil de soy cure ou autre confesseur doit rece-uoir le saint sacrement de lautel ou temps de pasques vray confes ⁊ repentat de tous les pechez quil a comis en sa vie et desquelz il peut auoir remembrance selon la fragilite denten-demet humain. Le quart comandemet cest garder les festes qui sont de comandement en les sainctifiant. ⁊ pour mieulx ce faire doit on cesser toutes oeuures de peche terriennes et seruiles qui peuent empescher lesperit de retourner a dieu ⁊ a soymesmes ou teps ⁊ lieu que saincte eglise a ordonne. Et se doit entendre se necessite cogente ne pour forcoit a autre-met / ainsi quil a este desclare par deuant ou tiers comande-ment de la foy. Le quint comandement de saincte esglise est q toute psonne qui a passe vingt ⁊ vng an doit ieuner les qua-tre teps / les vigilles comandees / la quaranteine qui finist a pasques se elle na excusatio legitime ainsi que il appert plus aplain puis apres ou traicte de confession. A ces cinq coman-demes no oblige saincte eglise a laquelle no deuons obeir come a dieu. Car il a dit que ceulx qui obeissent aux platz de leglise luy obeissent. ⁊ ceulx q leur desobeissent luy desobeis-

pcipimus ita vt ante benedictione sacer-dotis egredi pplus non presumat quod si fecerit ab episco-po publice confun-daf. de conse.di.i.c. Missas. ¶Omnis vtriusq sexus cum ad anos discretiois puenerit omia sua si-mul peccata saltem semel in anno fidelr confiteaf proprio sa-cerdoti ⁊ iniunctam penitentia sibi ppiis virib studeat adim-plere suscipiens re-uerenter adminus in pascha eucharistie sacramentu nisi for-te de ppio sacerdo-tis consilio ob ali-qua rationabile cam ad tempus ab eius pceptioe duxerit ab stinendu alioqntvi-uensab ingressu.ec-clesie arceatur ⁊ mo-riens xpiana careat sepultura .extra de pe. ⁊ re.cap.Omis. ¶Omnes dies dni-cos a vespera inve-speram cu omivene ratione decreuimus observari ⁊ ab illici-to vt mercatu in eis minie fiat neqz pla-citum.extra de fer. cap.Omnes.

¶De quatuor tempo-ribus habef.di.lxx-vi.ca. Ieiuniu.⁊cap Cöstituimus.⁊ cap. De xl.di.v.ca.Qua-dragesima. de vigi-liis apPop. extra de obseruia.ieiu.ca.Con-silium.

Qui vos audit m̄ audit: ⁊ qui vos sper nit me spernit. lu. x.

Omnia quecūq̃ dixerint vobis seruate ⁊ facite. math. xxiii.

xvii. capitulū

sent. Parquoy appert assez cleremēt que ceulx qui trespassent les cõmandemens deuantditz pechent mortellemēt se cause raisonnable ne les excuse en tout ou en partie.

¶ Sensuyt de deux manieres de vie qui sont en saincte esglise. cestassauoir de la vie actiue: ⁊ de la vie contemplatiue.

Ant pour les choses dictes que pour celles qui sensuy uent est bien a noter que saincte esglise est comprinse en deux estatz. cestassauoir en la vie actiue ⁊ en la vie cõtempla tiue lesqlles no' sõt biē signifiees par deux fēmes filles dun pere ⁊ dune mere. Cest marthe ⁊ marie magdalene demou rātes en vne mesme maison laqlle esleut nostrebeno it sau ueur iesucrist pour y loger ⁊ habiter. La vie actiue cest la vie cõmune des mõdains laqlle no' est signifiee par marthe qui fut solliciteuse de loger nostre seigneur et ses apostres et de leur apareiler ⁊ dõner refection en signifiance q̃ ceulx de la vie actiue se doiuēt exercer es oeuures de misericorde corpo relles. La vie cõtēplatiue est vie de saincte religion: ⁊ nous est signifiee par marie magdaleine seur de marthe qui estoit aux piiedz de nostre seignr escoutant tresdoulcemēt la tressai cte doctrine de nostre seignr qui est le pain ⁊ la refection de lame. Parquoy appert que la vie cõtēplatiue excede en va leur ⁊ en dignite la vie actiue: dautāt que lame est plus no ble q̃ le corps. ⁊ les oeuures de misericorde spirituelles plus nobles q̃ les corporelles.. Car ainsi que lexercite ⁊ occupatiõ de lactiue est enuers lecorps: semblablemēt loccupation dela vie cõtēplatiue est principallement enuers les necessitez et pour le proffit de lame. Mais non pourtāt q̃ la vie cõtēpla tiue est plus haulte ⁊ plus noble: elle nest pas mois perileu se. Car de tant q̃ lestat est plus hault: la cheute ou le default que on y peut faire est plus gref. Et pourtant peut on dire q̃ tout ainsi que le riche mondain de la vie actiue est en peine ⁊ en soucy de acqrir et augmēter biens tēporelz: pmierement pour la necessite de soy et des siens: et consequētemēt pour

dôner z departir aux poures en lieu et en temps selôn bonne
prudence z que cest le cômandement de dieu sur peine de peche mortel. z par consequent sur peine de damnation: sêbla-
blement la personne religieuse zcôtemplatiue considerante
sa pourete z indigence spirituele z autres necessitez sans nô-
bre tât en soy que en ses prochains sefforce z laboure a secourir z alûn z a laultre z de tant que les diuersitez tant corpo-
reles que spirituelles sôt plus grandes: dautât croit lapeine
et le soucy en lame du vray religieux charitable z contêpla-
tif. Helas a bien entendre z considerer tant nous voyons da-
ueugles/ de meseaux/ ydropiques/ paralitiqs/ bossus/ tors/
z côtrefais qui bien entend par la maladie du corps celle de
lame la quelle est dautant plus grefue z plus a plaindre et a
redoubter que les maladies corporelles dautant que lame
est plus grant chose que le corps. Et a propos qui est plus a-
ueugle que celluy qui donne ou qui pert paradis pour acquerir enfer. Qui est plus pourry puant z detestable deuât dieu
z deuât toute la court celeste que le miserable pecheur enfle
par orgueil pourry ort et puant par le peche de luxure/ Tort
bossu et côtrefait par le peche dauarice/ de ire z denuie z aîsi
des autres pechez par lesquelz lame est ordônee tant enuers
dieu que enuers ses prochains z aussi côme stoissee z debou-
tee de la lignie z ordonnâce de nature. Et pourtant qui ayme son pchain côme soymesmes z le voit spirituellemêt en
telle aduersite de peche dânable qui est la voye z le danger
de eternelle dânation ne pourroit auoir en son esperit vraye
lyesse ou repos. Mais conuient que dautant ql ayme sonpro-
chai plus ou moins q autant soit piteux angoisseux z dolo-
reux du grât mal z excessiue folye de son amy. Parquoy appert le labour z piteux soucy du vray côtemplatif qui voit et
côsidere presque tout le monde desuoye z aller a pdition. Appert oultreplus q tant en la vie actiue que en la vie contâpla-
tiue a grant et perilleux labour a qui bien z meritoirement y
veult faire son deuoir z ce a bô droit. car peine soucy z labour

est le moyen de paruenir au royaume ouquel tous les biē eu
rez sont paruenuz ⁊ paruēdront en soy faisant violence ⁊par
endurer grandes ⁊ fortes tribulations. Et ceste violence se
fait le vray contēplatif en soy humiliāt veritablemēt ⁊en re
putant soy ⁊ toutes ses oeuures poures ⁊ de nulle valeur.
car se aucun biē y estoit trouue il doit cognoistre veritable
ment que tel bien ne vient pas de luy:mais de la seule bonte

diuinite laquelle est fontaine de toute pfection : ⁊a tellemt
soy humilier veritablemēt sentir en soy mesmes toute mise
re ⁊impfection ya grande violence specialemt aux mōdains
qui cōmencent a biē faire cōme est restituer laultruy / reque
rir pardon / soy humilier en entrant en religion ou en entrep
nant autre voye de vraye penitēce. Car cest chose naturel
le a creature raisonnable de desirer honneur gloire et lyesse
plaisances ⁊ toutes autres excellences ⁊ pfections tant de
la partie du corps que de lame. Mais telle est la conditiō de
ceste valee de misere q̃ par humilite il cōuient paruenir a hon
neur.par estre vil ⁊ desprise voulentairemt conuient parue
nir a lagloire qui est sans fin. Par contrition douleur et pitie
angoisse cōpassion ⁊ mortification on acquiert ioye lyesse et
vie eternelle.et ainsi toutes autres choses q̃ pourroient estre
dittes ou pensees de lun cōtraire conuiēt paruenir a laultre
Car il est impossible selon lordōnance diuine auoir paradis
en ce monde ⁊ en lautre en patuenāt des ioyes lyesses et plai
sances ⁊ delices mondaines a la ioye ⁊ au royaume de para
dis. Par quoy on peut bien entendre que pour viure il fault
mourir.pour auoir ioye il fault plourer.pour tout bien a ia
mais auoir il cōuient rendre a soymesmes.cest a sa sensua
lite a ses desirs mondains naturelz ⁊ to' autres biens mon
dains ⁊ tēporelz ⁊ prendre ⁊ embrasser cordialement saincte
pourete desperit par dessus tous les biens mondains et tē
porelz. Et par ces choses deuātdictes peut on clerement en
tendre lerreur et follie des mondains qui de tout leur pouoir
querent la felicite mondaine. Car ce nest autre chose dire ou

faire que fuyr ⁊ tendre a la beatitude eternelle. Jté peut on
bie entendre que cest merueilleuse mutation ⁊ œuure de dieu
quãt la psonne Vaine ⁊ mondaine se conuertist ⁊ ri tourne a
prendre le chemin de paradis qui est penitéce ⁊ que en ce faisant a grande violence comme dist est. ¶Item la personne
contemplatiue qui par grace de dieu est veritablement ex-
propriee de tous ses desirs et plaisirs Vains et mondains:
Doit souuerainement veiller et se garder du dart que sennemy gette subtillemét ⁊ tres impetueusemt en droit lheure de midy:cest le pêche Doultrecuidance ou Vaine gloire ql
amaine a la creature pour raison du fait estat des graces spirituelles ⁊ bonnes œuures qui de ce sont vne maniere de
lumiere spirituelle:⁊ pourtãt ilz sont signifiez par lheure de
midy mais souuenteffois ilz sont occasion dorgueil et de ruine qui nest tresfort arme de la Vertu de humilite ⁊ qui na de-
uant soy lescu de crainte de dieu. Et ace propos dit le Vene- *¶A sagitta volanté*
rable bede que pour les grans dons graces ⁊ reualitids que *die a negocio pam*
dieu auoit fait a saint paoul:il fust cheu en orgueil et Vaine *bulante in tenebris*
gloire.nonobstant sa grande ⁊ singuliere sciéce se dieu neust *ab incursu ⁊ demo-*
parmis a lennemy de le tenter monlt horriblement. ⁊ que se *nio meridia no .ps:*
neust este icelle tentation par laquelle il estoit en crainte / et *xc.*
en humilite:il eust este finablement damne: Et pourtãt dit
bien Jsidore que la personne qui mue estat ⁊ Vie demal en bié *Beda.*
ou de bien en mieulx:doit souuerainement auiser que la Vaine gloire de son estat de ses graces ⁊ de ses Vertus ne le face
choir plus bas ⁊ plus greuemét quelle nestoit parauant par
ses grans Vices ⁊ pechez. Jté dit oultreplus que pour noblef *Jsidore.*
se destat pour science pour force ou aultre bien de nature ou
de grace nul ne se doit en soy confier ou glorifier. Car lucifer
a surmonte tous les humains en tous les dons ⁊ perfectiõs
de nature ⁊ neantmoins par son orgueil ⁊ oultrecuidãce est
rue ⁊ cheu en eternelle damnacion. Item adam faillit monlt
greuement / salomon auec sa grande science / Dauid auec sa
saintete / saint piexe auec sonaudace ⁊ auec sa fermete / plus

sieurs hermites ⁊ religieux de grāde et excellente perfection
sont finablement cheuz ⁊ tous cõmuneement par oultrecui
dance ⁊ psumption de leur estat. Et pourtant dit saint Au
gustin que plus plaist a dieu la persõne qui de ses pechez fait
humble confession : que de celluy qui de ses graces ⁊ vertus
se donne a orgueil ⁊ psumption. Et cecy nous est desclaire
en leuangille par lexemple du publican qui estoit hõme mes
chant ⁊ mondain / ⁊ dun pharisien de grande religion : desqlz
le pecheur publicã soy humiliant deuant dieu en disant ⁊ cri
ant ql nestoit pas digne desleuer la face vers le ciel. ⁊ le pha
risiē se glorifioit en ramenant en sa memoire comme souue⁊
teffois ieunoit payoit les difmes donnoit aumosne ⁊ monlt
daultres biens faisoit parquoy il iugoit en luy mesmes quil
valoit mieulx que les autres ⁊ quil ne resēbloit pas aux pe
cheurs mondains. et pour tel orgueil ⁊ santence : Il fuft par
la sentence de iesucrist reprouue ⁊ condamne. et le poure pu
blicã par sa contricion ⁊ humilite approuue ⁊ iustisie.

¶ Sensuyuent treze raisons parquoy no' pouõs
estre induitz a crainte ⁊ humilite.

Our soy tenir en crainte ⁊ humilite sãs soy esleuer ou
attribuer aucune vaine gloire pour estat de perfection
ou quelcõques autres vertus ou merites : sensuyuent treze
raisõs prinses ⁊ extraictes du liure de la vie de Iesucrist par
lesquelles bien comprinses ⁊ entendues lesperit deuot ⁊ cõ
templatif peut prendre grans merueilleux essors cõtre lenne
my son aduersaire et feruur a prouffiter de bien en mieulx.
La pmiere raison est que se no' considerõs selon nostre petit
pouoir lahaultesse infinie de la diuine maieste sapience / sa
bonte / son honneur ⁊ sa puissãce ⁊ les autres perfectiõs infi
nies qui sont en dieu parquoy il est digne destre hõnoure feu
ui craint ⁊ ayme. Nous cognoistrons clerement que tout ce
que nous pourriõs faire dire ou penser au regard des choses
dessusdictes est moins que neant quant est de nostre part. et
pourtant soy orguillir pour tel seruice ou bõnes oeuures est

Augustinus.

Luce.xviii.

Octauū cap̄

extre folie.7 felon aucūe chofe plus greue 7 a dieu plus defplaifāte que lozgueil de lucifer. Cefte raifō a bon dzoit eft la pmiere pourtāt que toutesnoz oeuures doiuēt eftre faictes pncipalemēt pour lhonneur 7 gloire de dieu. La fecōde raifō eft q̄ fe no⁹ cōfiderōs lumilite denrēfeignr iefucrift les iures⁹ et oppzobzes 7les peines 7labours 7finablemēt la mozt 7effufiō de fon pzieulx fang 7cō a toutdoulcemēt pozte 7endure plus q̄ nul entēdemēt cree ne pourroit dire ne pēfer 7cō de tout re a pncipallemēt ēdure affin q̄l peuft auoir lamour de nrē cueur pour lequel amour no⁹ueult encoze dōner ptreffupabōdāte grace foy fa gloire 7 foy ropaume. Nous ferrōs clerement que toutes noz bōnes oeuures encōparaifō de fi tref agoiffeufe paffiō 7des grās biens de gloire q̄ no⁹efpons font moins q̄ neāt. Cefte raifō a bon dzoit ala fecōde pourtāt q̄lle touche plus hault 7incōpnable matiere q̄ relle e q̄ fenfuiuēt cōe eft la paffiō de iefucrift 7 de fa gloire de pazadis. La tierce raifō eft que fi cōfiderōs linnocēce 7 la pfection q̄ no⁹auōs pmife 7 douee ou faint baptefme q̄ no⁹ deuons tenir 7 garder druāt dieu cōme eft fon cōmādement de laimer de tout noftre cueur de toute noftre penfee 7de toutes noz puiffāces et vertus. Itē noftre pchaincōme no⁹mefmes. Itē que pour plaire a noftre benoit createur nous deuōs eftre aournez de toutesvertus cōme eft foy efpance charite humilite paciēce obediēce chaftete. 7ainfi des aultres vertus:nous no⁹ trouuerons en vne diftāce auffi cōme infinie 7en la baffe foffe di gratitude 7de toute impfection. La quarte raifon eft que fe nous confiderons les grandes graces et benefices que dieu nous a fais et fait continuelement tant en general que en p ticulier tant au regart du cozps que de lame:nous verrons elerement que nous fōmes redeuables enuers luy fans no⁹ pouoir acquiter dautant quil eft plus grande chofe et plus baillable q̄ nous. pour le q̄lz il ceft tout dōne laq̄lle chofe eft ifinie.car il no⁹adōne fō yinage 7 fa febláce ennoftre creaciō dieu lepere nous dōne fon feul 7 trefcher filz naturel pour

noſtre redemption. Lequel filz no̅ donne ſa treſſaincte char
ſon doulx cueur ⁊ ſon treſprieux ſang pour treſdigne ⁊ ſpiri
tuelle refection Le benoit ſaint eſperit auſſi nous donne ſes
dons ⁊ ſesgraces ⁊par ſpirituelle iſuſion Toute la benoiſte
trinite ſe promet donner a nous par eternelle beatification.
Et en recõpenſe de telles choſes tout noſtre fait eſt q̅ neant
enquoy appert bien la folle oultrecuidãce de pluſieurs gẽs
qui cuident valoir en g̅rãt choſe deuãt dieu. La quite raiſon
eſt q̅ ſe no̅ cõſiderons oultre plus ⁊en particulier lhonneur
la ioye la nobleſſe ⁊richeſſe de paradis qui eſt ſans fin ⁊ſãs
meſure. cõe eſt veoir la benoiſte trinite trois pſonnes en vne
eſſence de diuinite. Veoir ſemblablemẽt de noz yeulx corporelz la treſſaincte humanite de noſtre ſauueur Jeſus qui dõnera a to̅ſes loyaulx ⁊ glorieux eſleuz plaiſans regars em-
braſſemẽs ⁊ doulx baiſiers. Veoir auſſi la doulce vierge ma
rie mere ⁊ro yne de to̅ſes eſleuz. Veoir auſſi les gerarchies ce
leſtes ⁊ordres angeliques. Veoir ⁊entẽdre lunion de toute la
court celeſte: ⁊cõme par charite eſt conſũmee ⁊ pfaicte le biẽ
⁊ la gloire de lun eſt le biẽ ⁊ lamour de lautre. car vng chũ y
aymera ſon pchain cõme ſoy meſmes ſe ſioupra de la gloire
de ſon prochain comme de la ſiennne. Par ceſte cõſideration
appert clerement que tout ce q̅ peut faire creature humaine
pour paruenir a tel college ⁊ a tel honeur eſt moins q̅ neant.
La ſizieſme raiſon eſt que no̅ cõſiderons profundemẽt la gr̃ã
de difference dune ame qui eſt en eſtat de grace a celle q̅ eſt
en peche mortel: nous verrons q̅ lune eſt fille de dieu par gra
ce ⁊ par adoptiõ heritiere de paradis/ eſpouſe de Jeſuchriſt tẽ
ple du ſaint eſpit/ ſaictuaire ⁊ habitacle de toute la benoiſte
trinite/ belle ⁊ plaiſãte aournee ⁊ ẽrichie du noble treſo̅r des
vert̅9 plⁱluiſãte ⁊reſplendiſſãte ſpirituellemẽt q̅ iamais ne
peut eſtre le ſoleil corpellemt̅. Mais tout le cõtraire ⁊ opoſite
eſt de lame en peche mortel. car elle eſt fille ⁊ ſeruiteure pinſti
tatiõ de lẽnemy/ le bordeau de̅ puãtes delic̅ ⁊vanitez mõdai
nes/ le tẽple des ydolatres diaboliqs̅/ la faulſe ⁊ deſloyalle

ribaude qui a froisse la foy ⁊ le mariage dentre elle ⁊ le roy
des roys Jesus filz de dieu le pere pour soy submettre a la
puante luxure du meseau diable ange apostat par quoy elle
est ville horrible ⁊ puante plus que charongne tant deuant
dieu que deuãt tous les sains de paradis. Parquoy appert
que nous no' deuons moult efforcer dacquerir lun estat ⁊ de
fuyr lautre dautant quilz sont differens. ⁊ se de ce faire dieu
ne nous dõne la grace nul est qui dignemẽt len puisse remercier. La septiesme raison pour veoir ⁊cognoistre nostre foiblesse ⁊ petite valeur: est en la cõsideration de la vie: ⁊des vertus des sains peres /apostres /martirs /cõfesseurs ⁊ vierges.
Lesquelz nestoiẽt ne de fer ne dacier non plus q̃ nous. les filz
ont resiste aux tentations de lennemy mate ⁊ vaincu leurs
corps par merueilleuse penitence ⁊ abstinẽce /despise le mõde / souffert martires terribles seulemẽt a penser ont acquis
merites craint ⁊ ayme dieu tenant ⁊ gardant voie de toute
sainctete. Les vngs en aage de leur tendre ieunesse cõme les
benoistes vierges sainctes ⁊ martyres Katherine /margue-
rite /agnes /barbe ⁊autres sans nõbre en diuers aages estaz
⁊vocations. Et nous qui auons leur vie pour doctrine⁊exẽ-
ple ⁊la lumiere des miracles que dieu a fais pour approuuer
la sainctete de leur vie. Et qui plus est auons leurs aydes⁊
interressiõ⁊se a nous ne tient Et nonobstant toutes ces choses somes laches frois ⁊ remis a de leger cheoir ⁊ tourner en
impatience /en murmuration /en deffiance ⁊ en desesperãce.
Parquoy appert bien nostre petite fragilite ⁊ petite valeur
en tous les estatz qui au iourduy sont sur terre. Cest lanmil
quatrecens lxviii. aps lincarnatiõ Et lan six mil sixcens lxvi. q̃ le mõde cõmẽca selon la cõnotatiõ des hebrieux ⁊manie-
re de nõbrer. La huytiesme raisõ est q̃ se vngcrũ pecheur cõsi-
deroit la grefuete legrãt nõbre ⁊ingratitude de ses pechez ⁊la
rigueur de laiustice diuie il cognoistroit cleremẽt q̃ toute lape-
nitence ⁊ tout le seruice ql pourroit faire a dieu iusqs a lafin
du monde en rachetant lapeine deue a son peche: seroit chose

De petite valeur en comparaison de la redeuance en quoy no[us]
somme s obligez pour noz pechez. La neufuiesme raison est que
se nous considerons parfaictement les diuerses manieres ⁊
occasions lesquelles en cent mil manieres viennét ⁊ procedét
par sucression de temps tant de la partie du môde que de la
stuce de lénemy ⁊ de la fragilite de nostre poure ⁊ miserable
côdicion nous nous deffirions du tout de noz forces ⁊ de noz
merites ⁊ vertus en nous retournát du tout en dieu par la
vraye espance que doit auoir toute bonne creature en dieu
son createur fontaine ⁊ abisme de misericorde ⁊ toute doulceur. La diziesme raison est que se no[us] considerons le iugemét
de dieu tres iuste qui se fait a lheure de lamort: ⁊ côme il conuient rendre compte de to[us] les biens que nous auons receuz
soient biés de nature de fortune ou de grace iusqsau dernier
quadrát: ⁊ de tout le téps de nostre vie iusques au cil de loeil
Ité la purte de côscience lournemét de merites ⁊ de vertus
que deuons auoir deuát dieu ⁊ la satiffaction des pechez que
autrefois auons cômis: nous verrons clerement que nostre
bien est pou de chose ce que pouons auoir fait en côparaison
des choses deuátdictes: ⁊ monlt est grâde nostre impfection
Lonziesme raison pour no[us] tenir en crainte ⁊ en humilite est
que ce nous côsiderons la brefuete de ceste vie / la necessite de
mourir / lincertainete de lheure du moment ⁊ de lestat nous
verrons cleremét que trop petite est la pparation la crainte
⁊ la disposition qui deueroit estre en nous pour telle aduenture receuoir. La douziesme raison est que se nous côsiderôs
le dit de saint gregoire. cestass que ceulx qui veulent paruenir a sauuemét doiuét tousiours allez de bien en mieulx: et
monter de vertu en vertu / ou autremt il; vont en arriere par
pesse ⁊ negligéce: no[us] verrons cleremt q̃ trop petit est le prof
fit ⁊ tresgrande ⁊ perilleuse nostre pesse ⁊ negligéce. La .xiii.
est q̃ se no[us] côsiderôs pfaictemt les grâdes ⁊ horribles peines
denfer quát a lopsse quát a la diuersite a la multitude tant
enuers le corps q̃ euers lame ⁊ leternite dicelles q̃ vng chûn

pecheur dessert en cōmettant peche mortel:no⁹ cognoistrons
que toute la penitēce que nous auous faicte ou tempspasse
ꝗ que pourrions faire iusques a la fin du monde:est biē pou
de chose et aussi coinme neant se nestoit le merite de la benoiste passion en comparaison de la multitude de noz peches
Item nous nous efforcerons de corps ꝗ de ame tenir telle vie
par laquelle nouspourrions eschaper les peines deuantdi
ctes qui sont tropplus grandes que on ne pourroit dire ne
penser ainsi que tesmoigne monseignr saint augustin. Les
treze raisons sont notees ꝗ retirees du liure de la vie de Jesu
christ en grande brefuete. Car lesperit deuot ꝗ contemplatif
a ceste propriete que de pou de parolles diuines il scet eslire
ꝗ entendre grandes ꝗ merueilleuses sentences · ꝗ ce fait par
layde et vertu dusaint esperit: qui enlumine ꝗ eslieue lame
au dessus des puissances naturelles: ꝗ luy fait gouster ꝗ assauourer la parolle de dieu quelle quellesoit. Car cest la via
de spirituelle qui donne nourrissement / force / augmentatiō
ꝗ puissance a toute personne qui a en soy la sante de grace ·
Item est a noter que la resolution fin ꝗ cōclusion deune chas
cune des treze raisons dessusdictes est en deux poins. La pre
miere est affin que la psonne qui ce present auisement souldra lyre ꝗ deuotemt estudier: puisse en vraye humilite auoir
clere cognoissāce de la petitesse ꝗ imperfection de toutes ses
oeuures quelles quelles soient / par laquelle cognoissance el
le se deffendra de toute vaine gloire: et verra clerement la
grande follie ꝗ tenebrosite de ypocrites vains glorieux: ꝗ oul
trecuidez. Le second point est que la psonne qui souldra icy
fonder sa meditation peut ꝗ doit prendre vne feruenr ꝗ bon
desir de proffiter en graces en vertus en montant de degre
en degre sans iamais soy contenter iusques a ce quelle par-
uienne a la vision de dieu ou royaume de paradis. lequel par
sa benoiste grace nous vueille dōner lepere ꝗ le filz ꝗ le saint
esperit / vng dieu en trinite de personnes. Amen.

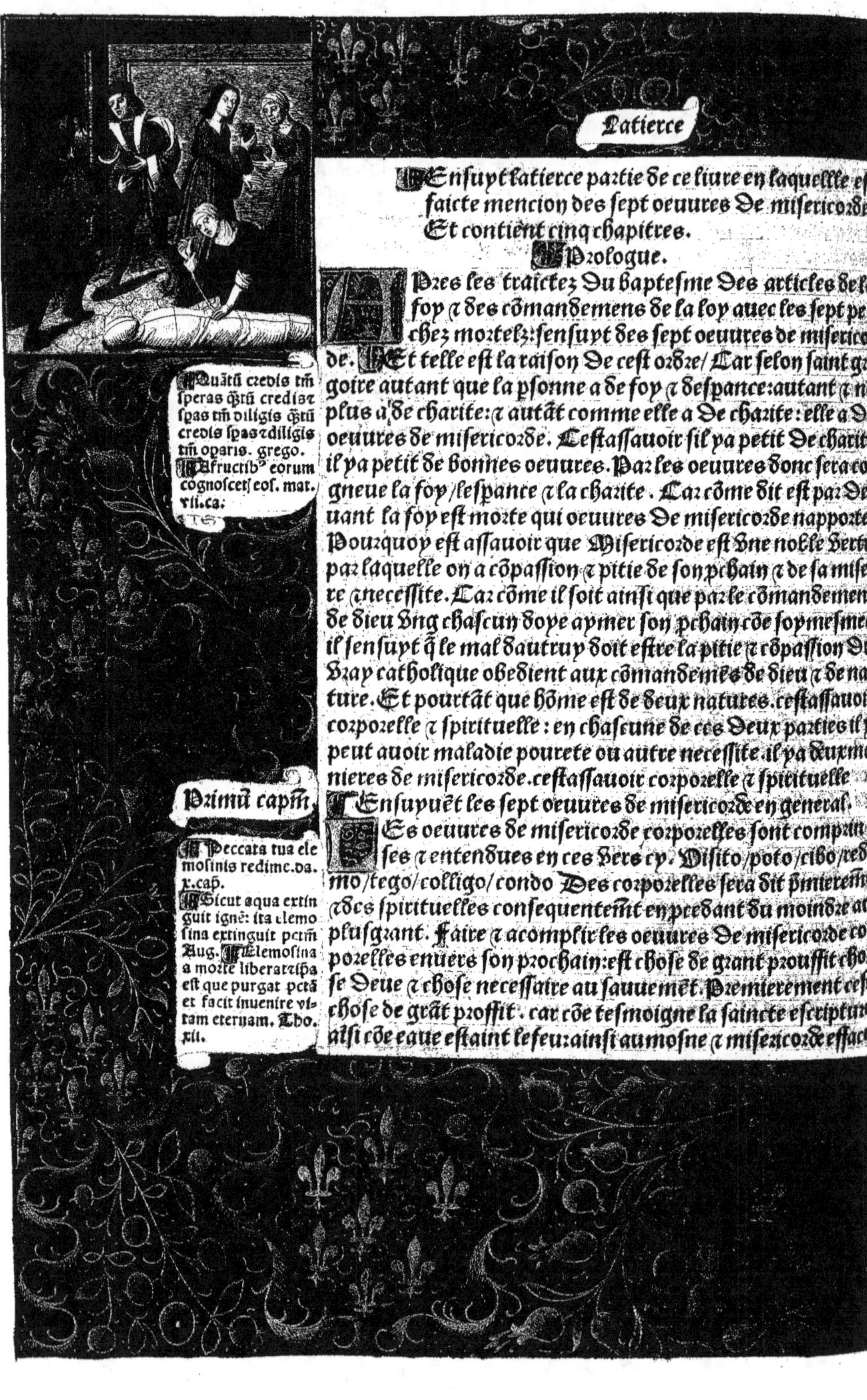

¶Ensuyt latierce partie de ce liure en laquelle est
faicte mencion des sept oeuures de misericorde.
Et contient cinq chapitres.
¶Prologue.

Pres les traictez du baptesme des articles de la
foy τ des commandemens de la loy auec les sept pe
chez mortelz:sensuyt des sept oeuures de misericor
de. ¶Et telle est la raison de cest ordre/ Car selon saint gre
goire autant que la psonne a de foy τ desperance:autant τ no
plus a de charite:τ autat comme elle a de charite:elle a de
oeuures de misericorde. ¶Cestassauoir sil ya petit de charite
il ya petit de bonnes oeuures. Par les oeuures donc sera co
gneue la foy/lesperance τ la charite . ¶Car come dit est par de
uant la foy est morte qui oeuures de misericorde napporte.
Pourquoy est assauoir que Misericorde est vne noble vertu
par laquelle on a compassion τ pitie de son prochain τ de sa mise
re τ necessite.¶Car come il soit ainsi que par le commandement
de dieu vng chascun doye aymer son prochain cde soymesmes
il sensuyt q le mal dautruy doit estre la pitie τ compassion du
vray catholique obedient aux commandemes de dieu τ de na
ture.¶Et pourtat que home est de deux natures.cestassauoir
corporelle τ spirituelle : en chascune de ces deux parties il y
peut auoir maladie pourete ou autre necessite.il ya deuxma
nieres de misericorde.cestassauoir corporelle τ spirituelle
¶Ensuyuet les sept oeuures de misericorde en general.

Es oeuures de misericorde corporelles sont comprin
ses τ entendues en ces vers cy. Visito/poto/cibo/redi
mo/tego/colligo/condo Des corporelles sera dit pmieremet
τ des spirituelles consequentemet en precedant du moindre au
plusgrant. Faire τ acomplir les oeuures de misericorde cor
porelles enuers son prochain:est chose de grant prouffit cho
se deue τ chose necessaire au sauuemet. Premierement cest
chose de grat proffit . car cde tesmoigne la saincte escripture
alsi cde eaue estaint lefeu:ainsi aumosne τ misericorde efface

¶Quatu credis tm
speras ertu credis
spas tm diligis ertu
credis spas τ diligis
tm oparis. grego.
¶Afructib° eorum
cognoscet; eos. mat.
vii.ca:

¶Peccata tua ele
mosinis redime.da.
r.cap.
¶Sicut aqua extin
guit igne: ita elemo
sina extinguit pctm
Aug. ¶Elemosina
a morte liberat:ipsa
est que purgat pcta
et facit inuenire vi
tam eternam. Tho.
xii.

les pechez.ne ne se pourroit faire que lame qui Veritablemēt
a fait misericorde en ce mōde:allast en peine ⁊en tourmēt en
lautre.car dieu de misericorde ifinie ayme tāt Vne chascune
poure creature humaine qui a pacience en sa pourete misere
ou necessite:q̃ ce q̃ lui est fait de bien ⁊de plaisir potr lamour
De lui ⁊de charite il le repute estre fait a soymesmes. ⁊dieu
q̃ deffent le pechē de igratitude q̃ est ne cognoistre pas le bien
⁊le plaisir q̃ on a Peceu dautruy.Veult retribuer le bienqui a
este fait pour lamour de luy selon q̃l appartiēt a son infinie
maieste.⁊pour ce il pmet misericorde ⁊le royaume De paradis a to⁹ ceulx q̃ acōplizont les oeuures de misericorde.⁊ Dā
nationeternelle aceulx q̃ en lieu⁊en tēps Deuz ne les acom
pliront.Parquoy appert q̃ soy exercer en oeuures De miseri
corde est chose de grāt ⁊inestimable prouffit: ⁊ faire lopposite est pdicion de tout biē Itē cest chose obligatoire car tout ce
q̃ peut auoir hōme en ce mōde soit le corps lame ou les biens
mondains:il tient tout de dieu a q̃ sont ⁊appartiēnent tous
biēs soient tēporelz ou spirituelz seql cōmande sur peine De
mort q̃ on face misericorde ason prchain/car autrement on ne
trouuera poit la misericorde de dieu sans laq̃lle nul ne peut
auoir sauuemēt Et icy appert lexcellēte misericorde ⁊ bōte
infinie de Dieu ēuers nature humaine a qui il Dōne les biēs
mondains ⁊ tēporelz parlesquelz elle peut acq̃rir les biēs de
gloire qui sont eternelz.Mais icy peut demāder cellui qui a
desir De soy sauuer parquel cōmandement ⁊ par quelle loy
il est oblige de faire misericorde:⁊en q̃lle maniere il sen Doit
acquiter.Pourquoy est assauoir que faire misericorde est cō
mande en la loy de nature/en la loy Diuine / et en la loy ca-
nonique.La loy de nature cōmande aymer sonprochain.car
naturellement chascune chose ayme son semblable.Or est
il ainsi que se Vraye amour est encueur elle se Demonstre par
oeuure par Dehors sil est possible.car autrement ny a point
Damour.Item loy diuine cōmande aymer son prochain cōme soymesmes.⁊en ce faisant promet dieu la Vie de gloire⁊

Amen dico vobis
quod vni ex minimis
meis fecistis michi
fecistis.mat.xxv.
Item ambro . li-
ser.tcie ōnice.de ad-
uentu dn̄i.Deus q̃-
uis offensus q̃uis
pctis pꝛocatus co-
git liberare elemosi
nie quē disposuerat
punire peccatis.
Beati misericor-
des quoniā ipsi mi-
sericordiā consequē-
tur.math.v Itē-
mat.xix.Centupluz
accipietis⁊vitā eter-
nam possidebitis
Esuriui ⁊ non de-
distis michi mandu-
care.math.xxv.
Discedite maledi-
cti in ignē eternum.
⁊c.math.xxv.

Estote misericor-
des sicut pat vester
misericors est.lu.vi

Questio

Omne animal di-
ligit sibi simile pro-
batio dilectionis ex
dilitio est ople grā

a ceulx qui ce ne feront lamozt eternelle ¶Les sept oeuures de misericozde sont entēdues estre cōmandees ou quart cōmandement qui est honnozer pere ꞇ mere. Itē la loy canoni que cōmande faire secourir a son pzochain ennecessite quicōques ayme dieu ayme ce quil ayme. Et pourtant dit on cōmunement.qui mayme il ayme mon chien Oz est ainsique dieu aime toute psonne humaine cōme appert par leuāgille mesmes de son traistre iudas.autrement ne luy donneroit vie estze ne substance ꞇ ne lattendzoit a faire penitence. Par quoy fault cōclure que qui nayme son pchain nayme point dieu ainsi quil le cōmande. Mais reste a veoir quāt ꞇ en qlle maniere on doit acomplir le cōmandement de faire misericozde sur peine de peche moztel. Parquoy est a noter q quāt aucune psonne a des biens de ce monde selon la necessite de son estat et de sa condicion ꞇoultre plus a abondance de biēs desqlz il se pourroit biē passer: ꞇson pzochain le requiert ensa grande necessite quil luy aide par pzest ou autrement de son abondance laqlle il nentēt point mettre aussi biē ou mieulx en autres oeuures de charite: adonc se par son auarice ꞇ deffault de charite il refuse a son pchain il peche moztellemēt En quoy appert cleremēt le peche ꞇ le pēil de dānatio de ceulx qui ont abondāce de biens mōdains ꞇ voyent de iour en iour grāde multitude de poures en tribulation ꞇ necessite sans leur rendze ꞇ payer ce qlz leur doiuēt par le dzoit de nature ꞇ le cōmandement de dieu : cest leur faire aumosne ꞇ charite. Et pource dit Iesuchzist en leuāgille que ceulx q ont abondance de biens mondains:a grant peine auront le royaume de paradis. Pourquoy thobie remply du sait espezit requroit a dieu ql ne luy voulsist dōner en ce monde grande abondance de richesses. mais tantseulemēt ala necessite de ceste vie. Laqlle chose est moult opposite a lauarice des mondains qui iamais nont souffisance pour qlque abondā ce:mais tousiouz desirēt plus auoir nōpas pour plus abō dantemēt donner.mais pour leur appetit insatiable rassa-

¶Amice ad qd venisti.math.xxvi.

¶Non memini mala morte mortuūqui libēter opera pietatis exercuit.habz ei multos intercessores ꞇ impossibile est ofones multorū nō exaudiri.Ambzo.in li.de officiis.

¶Fili elemosinam pauperĩ ne defraudes Et sequif. Red de illi debitū tuum. Eccle.iiii.cap.

¶Quā difficile dites intrabit regnuz celoꝝ.math.xix.

¶Diuitias ꞇ pauptates ne dederĩ michi sed tantū victui meo tribue necessaria.

¶Crescit amoz nummi ꝗtum ipsa pecunia crescit Oza.

fier. Reste donc a veoir de chascune oeuure de misericorde
en particulier.

⸿ Ensuyt de chascune oeuure de misericorde
en particulier.

Epmier oeuure de misericorde cest donner a menger a
cestuy qui en a necessite. car sans menger nul ne peult
viure ne longuemēt durer. Le second est donne a boire. car
sans boire on ne pourroit digerer ne cōseruer la sāte du corps
humain. z se doit entendre de ceulx qui sont en pourete de
maladie de vieillesse ou autre necessite. parquoy ilz ne peuēt
gaigner leur vie: z nont autre q̃ leur administre. ou de ceulx
qui ont voue pourete euangeliq̃: z nonpoint dautres q̃ pou
roiēt bien gaigner leur vie. Mais par leur peresse z truande
rie veulent viure daumosnes sans labourer. Le tiers est re
uestir z couurir le poure corps humaī de son pchain Le quart
est recueillir en sa maison les poures pelerins: z ceulx q̃ nōt
ou soy heberger. Le quint cest par pitie z compassion visiter
les malades en leur faisant aide z cōsolation. Le siziesme est
aider a poures psonnes a soy deliurer z mettre en liberte. Le
septiesme est enseuelir les mors de fait ou de voulente se au
tre ne laccomplissoit. Car bonne voulente suffist deuāt dieu
quāt on ne le peut mettre en oeuure par dehors. ou que au
tre qui a plus grande disposicion la met en execution

⸿ Ensuyuent les circonstances pour acomplir
les oeuures d̃ misericorde meritoiremͭ.

Le que les oeuures de misericorde deuāt dittes soient
a dieu plaisantes z meritoires a sauuemēt: ilz doiuēt
estre faictes ioyeusemēt / charitablemēt / liberalemͭ z loyal
lemēt. Premieremͭ ilz se doiuent faire ioyeusemēt puis q̃
dieu promet que pour vng denier donner il en rendra cent.
Cest adire que pour les petis biens mondains tēporelz dis
persez z donnez pour lamour de luy: il donnera les biens spi
rituelz de grace en ce monde z le royaume de gloire en para
dis qui sont plus grant chose au regart des biens temporelz

⸿ Centuplū accipi
etis z vitam eternā
possidebitis. math.
xix.

que nest le nombre de cent voire de cent miliõs en cõparaisõ de vng. Et cecy tresmal entẽdent les mondains qui tresio peusement donnẽt au diables grans choses par despeces fai tes en põpes en bobãs z en excez De diuers abillemẽs z grãs dons aux riches mondains. mais agrãt peine z en rechignãt donnent maille ou denier a Jesuchrist Secondemẽt aumos ne se doit faire charitablemẽt cest que on ait amour a dieu z a son prochain. Et de cecy auõs exemple en cayn z en abel Et pource que abel estoit en charite: ses oblations sacrifices z aumosnes estoiẽt a dieu acceptables nõpas celles de cayn pource quil hayoit son pchain. Et pourtãt dit nostreseigñr en leuangille. se tu offres aucune chose a dieu ayes pmiere= mẽt charite a ton pchain. Car autrement il nest a dieu plai sant ne prouffitable a sauuemẽt. Tiercement aumosne se doit faire liberalemẽt. cest adire de bonne voulente selon la puissãce ainsi que enseignoit thobie a son filz. Se tu asgran de abondãce donne abondantemẽt. se tu as petit dõne petit se tu as moyen donne moyennemẽt. Car iesuchrist veult et cõmande que ses aumosnes soiẽt prudẽtes z discretes. Et ce est cõtre ceulx qui donnent a basteleurs aux truans z au tres deceueurs de peuple qui nont nul bon tiltre de deman der/ou qui deueroient labourer z gaigner leur vie. Quarte ment aumosne se doit faire loyalemẽt. cestass. de chose de valeur z au temps z lieu que faire se doit. Itẽ aumosne doit estre de la propre substance de celuy qui la fait z nonpas des biens daultruy z qui se deuroient restituer. Item elle se doit faire ordonneement. cestassauoir a soy pmierement. z conse quẽtemẽt aceulx aqui on est plus tenu par la loy de nature comme est pere z mere seurs z freres et ainsi des autres. car aultremẽt faire. cestassauoir despriser son prochain en neces site z aider aceluy qui seroit estrangier: seroit crudelite plus que ce ne seroit misericorde ou charite. Combiẽ sont grãdes ses oeuures faictes z acomplies enestat de grace a dieu plai santes et profitables alame: appert par leuãgile ou dieu no°

¶Si offers munus tuũ ad altare et vbi recordatus fueris q̃ frater tuus habet ali quid aduersũ te reli que ibi munus tuuz ãte altare z vade p° reconsiliari fri tuor tunc veniẽs offeres munus tuũ. math. v

¶Honora dñm de tua substancia. pro uer. iii. Item ecclr. ¶Qui offert sacrifi cium de substancia pauperis sicut qui victimat filium i cõ spectu patris.

¶Miserere aie tue beneplacens deo: eccle.

enseigne que de ce tendra son iugemēt en disant a ceulx qui
auront acōply lesdittes oeuures de misericorde. Venez vo[us]
en bieneurez de dieu mon pere ⁊receuez le royaume de para
dis qui vous est appareille des le cōmencement du monde.
Jay eu faim ⁊ soif ⁊vous mauez dōne a boire ⁊a mēger. Jay
este pelerin ⁊vous mauez heberge. iay eu necessite de veste
nies ⁊vous mauez reuestu. Jay este malade ⁊vous mauez
visite. Jay este en prison ⁊vous mauez reconforte. Et adōc
les bieneurez demanderōt nōpas par ignorance mais par ad
miracion. Nostre maistre roy ⁊seignr quant te veismes no[us]
auoir faim ⁊soif nous te reconfortasmes. Et le benoit iesu
christ leur respondra. Veritablemēt ie vous dy que ce q̃ vo[us]
auez fait a ung des moldres de mes freres ie le repute a moy
estre fait. Jtē dira a ceulx qui seront a la senestre q̃ naurōt
point fait de misericorde. Departez vous de moy mauldits
de dieu ⁊vous en alles ou feu denfer eternel qui vo[us]est apa
reille auec les diables. Jay eu faim ⁊ soif ⁊vo[us]ne mauez don
ne que ie peusse ne boire ne mēger. Jay demande logis ⁊vo[us]
ne mauez voulu loger. Jay este nu ⁊vo[us] ne mauez point re
uestu. Jay este malade ⁊vo[us]ne mauez point visite. Adōc les
malheureux diront par admiration. seignr quāt te veismes
nous auoir faim ⁊soif demandāt le logis malade ⁊en neces
site ⁊no[us]ne te auons point reconforte. Adonc iesuchrist leur
respōdra. Je vo[us]dy que ce q̃ nauez pas voulu faire aux po
ures pour lamour de moy vous me lauez refuse a faire. Et
puis q̃ ainsi est que ne mauez voulu loger en voz maisonsen
lapsonne de mes poures:ie ne vous doy ne ne vueil loger ou
royaume de paradis. et pourtāt alles vous en a tous les dia
bles ou feu denfer eternel. Et est icy la sentence ⁊consūma
tion de tout le monde ⁊du grant iugemēt que to[us] attendēt
Par laquelle sentence appert que trop plus noble plus seur
⁊plus digne est lestat de saincte pourete ou de vie contem
platiue que de richesse mondaine qui est la vie actiue. Jtem
doit biē aduiser ungchascun en son endroit sil est poure riche

ou moyen. Le poure a quel tiltre enqlle necessite ¬pour qlle
intencion il requiert ¬ pꝛent laumosne/ caꝛ se en mettãt il se
fait poure ou impotẽt ꝺe gaigner sa ꝟie il perꝫe tregꝛefue-
mẽt cõme larroɳ. Et est tenu ꝺe restituer en quoy appert le
larrecin ¬ ꝺãnation ꝺe plusieurs qui courent paꝛmy la crestiente qui affermẽt paꝛ leur mesonge ¬saulsete q̃ plusieurs
abbayes/eglises/hospitaulx/colleges ¬ monasteres q̃lz nõment ne se peuent soustenir reꝺifier ne les pouꝛes estre con-
foꝛtez sans les aumosnes ꝺu poure peuple:auq̃l ilz ꝺeman-
ꝺent souuenteffois pouꝛ soy enrichir. Le moyen est cellup q̃
nest ne riche ne poure/mais a seulemẽt sa necessite q̃l recoit
pouꝛ suffisance. Et cestuy est autant gꝛãt seurte cõme le riche est gꝛant ꝺanger. Caꝛ ꝺonner indeument est chose ꝺe punition. ¬ noɳ ꝺonner quant charite le cõmanꝺe ¬necessite le
requiert:est coutre ꝺieu ¬ perꝫe. Et recy est a pꝛesent quant
aux oeuures ꝺe misericoꝛde coꝛpoꝛelles.

¶Ensuyt ꝺes oeuuresꝺe misericoꝛde spirituelles.
Ensuyt ꝺes oeuures ꝺe misericoꝛde spirituelles ꝺes-
quelles est assauoir que ꝺurãt ceste ꝟie sont ꝺeux estas

Quartũ capꝫ. ou ꝺeux manieres ꝺe ꝟiure. cest lestat ꝺe la ꝟie actice cõme
sont gens mariez ou nonmariez soiẽt nobles/bourgois/maꝛ-
chans/laboureurs/ ou ꝺe q̃lque autre mestier:ꝺesquelzla ꝟo-
cation ¬ soy occuper es choses monꝺaines ¬tereiẽnes. Lautre estat est ꝺe ceulx ꝺe la ꝟie contẽplatiue/cõme sont gens
ꝺeglise:¬ pꝛincipallemẽt religieux lesquelz ꝺoiuẽt entenꝺꝛe
au seruice ꝺe ꝺieu:¬ aux choses spirituelles.tant pouꝛ eulx
que pour ceulx ꝺe la ꝟie actiue paꝛ le moyen ꝺesquelz ilz sõt
soustenus en leurs necessitez coꝛpoꝛelles.¬ce noɳ obstant il
est tresccõuenable que lun estat paꝛticipe auec lautre.caꝛ nũl
ne ꝺoit estre tant actif quil nait aucune chose ꝺe la ꝟie contẽplatiue. Et paꝛeillement le contẽplatif se ꝺoit exercer en
aucune occupation coꝛpoꝛelle en lieu ¬ eɳ temps seloɳ bõne
ꝺiscretion. Et pourtant que la ꝟie actiue est bonne:¬que la
ꝟie contẽplatiue ꟷault mieulx:qui pourroit paꝛfaictement

auoir les deux: il seroit tresparfait pour lestat de ceste psente vie. Mais auoir parfaictemēt ces deux choses est le singulier priuilege de la benoiste vierge marie z de Jesuchrist son
filz en tant quil est hōme. Les deux vies nous furent biē signifiees z figurees en marthe z en marie magdaleine cōme
dit est par deuant/ auec les filles fēmes seurs z demourātes
en vne mesme maison le brnoit Jesuchrist auec ces apostres
prānt son logis ennous demonstrāt quil veult estre z demourer en la maison de saicte eglise cōposee z vnie de ces deux
vies deuātdictes ainsi que le corps z lame ne sont que vne
psonne. Et pourtāt que nul ne peut paruenir de ceste vie ou
royaume de paradis si non par la voye de misericorde ainsi
que les artifz sont principallemēt obligez aux oeuures de misericorde corporelles ainsi quil a este fait mencion par deuāt
pourtant quilz ont les biens mondains z corporelz: semblablemēt ceulx de la vie contēplatiue se doiuent principallement occuper z exercer es oeuures de misericorde spirituelles. Car dautant que lame est plus grant chose que le corps
dautant les pouretez/ maladies z indigence de lame peuent
estre plus grandes que celles du corps. Et a ce propos lisōs
vngtel exemple. Il fut iadis vng saint hermite excellent en
contemplation z en lexercite devie spirituelle. leql ce nonob
stant se conseilla auec vng autre saint abbe touchant le fait
de sa conscience en luy desclarāt quil auoit encore telle poure
te z deffault de pfection que quāt il veoit les pechez z imp-
fections daucun son frere crestienil ne le pouoit bonnement
z ioyeusemēt receuoir en sa cōpaignie. Mais tresvoulētiers
receuoit ceulx esquelz il cognoissoit grans biēs z les secourit
ioyeusemēt en leurs necessitez. Et adonc le saint abbevoyāt
limperfection de cellui qui deuoit auoit discretion des necessitez humaines z puis poiser les spirituelles que les corporelles se prānt a plorer en disant. Helas bien deuons esmerueiller linnorance des corps humains: car enuers la tresgrā
de misere de noz prochains nous sōmes endurciz z aueuglez

plus cruellemēt que bestes. Car pourreaulx z autres bestes
z oyseaulx voyans leur semblable crians z en aucune neces
site: sefforceut de les secourir z leur demōstrent signe de cō
passion. Et pourtāt ie te respons a ce que mas ppose que en
receuant ioyeusemēt la bonne psonne tu fais vng petit biē:
mais se tu recois piteusemēt z en cōpassion le poure pecheu:
en luy demonstrāt son sauuemēt: tu seroies plus grande au
mosne dautant qui est en plus grande necessite que la bōne
psonne. Cellup seroit monlt endurcy z de grande cruaulte
plain qui verroit son propre frere presque tout pourry de me
sellerie mourir z en angoisse de faim z de soif lye z emprisōne
en le chartre de ses ennemis mortelz sil se pouoit ayder z cō
forter: z il le laisseroit deuant soy mourir sans auoir de luy
pitie z cōpassion. Or est il donc ainsi que perhe mortel en la
me de nostre frere crestien est trop plus horrible meselerie et
plus grande pourete z misere que ne seroit la necessite corpo
relle deuātditte Parquoy appert en ꝗlle pitie z cōpassionno'
deuerions estre qui voyons de iour eniour tant de pechez ꝗ
horribles tānt en nous mesmes ꝗ ennoz freres crestiens. Et
pourtant doit bienauiser chascunen droit soy le moyē desoy
acquiter en acōplissant les oeuures de misericorde spirituel
les. lesquelles sont principallemēt sept entendues par le la
tin pui sensuyt. Consule/castiga/solare/remitte/fer/ora.
Cest adire que chascun est oblige en lieu z en temps de cō
seillez z enseigner son pchain. De le chastier sil appartient/
de luy pardonner son deffault/ de le conforter/ de endurer/
z pour sa necessite a dieu z aux sains faire deuote oroison.
¶ Ensuyuēt douze manieres daumosnes spirituelles.

Quintū caꝑz.
¶ Si dimiseritꝫ hoi-
bus pctā eoꝛ: dimit
ter vobis paꝑ vester
celestis delicta vīa.
si aūt nō dimiseritis
homibus. nec pꝑ vī
dimittet vobis pctā
vīa. matb. vi.ca:

Selonaucuns docteurs misericorde spirituelle se diui
se endouze branches Lapmiere cest quant on pardōne
voulentiers pour lamour de dieu a ceulx qui ont offence.et
sentend quant ilz se repentēt z requerent pardon ou ꝗ on est
prest z apareille de ce faire touteffois z quātes ꝗlz vouldroiēt
reꝗriz pardon. Combiē tel oeuure est a dieu plaisant il appꝑt

par leuangille par laqlle nostre seigne dit (promet que se no[us] pardonn[on]s parfaictemet pour lamour de luy a noz pchains loffense quilz ont c[om]mises enuers nous il nous pardonnera la grande offense (infinie que nous auons faicte enuers luy/ touteffois (quantes que no[us] trespassons son c[om]mandement. Et cest ce que no[us] luy requer[on]s de tour en tour quant nous disons la patenostre. Et dimitte nobis debita nostra sicut (nos dimittimus debitoribus nostris. Cest adire dieu nostre pere Sueilles nous pardonner noz grans (infinis deffaulx que nous auons c[om]mis enuers Sous ainsi que pour lamour de Sous nous pardonn[on]s anoz prochains les petites offen/ses quilz ont c[om]mises enuers nous Le peril de non acomplir cest oeure et commandement appert clerement par ce que Jesuch[ri]st dit en leuangille que se nous ne pardonnons Du rueur a ceulx qui nous ont offensez/ iamais dieu le pere ne nous pard[on]nera loffense que luy auons faicte. Et a ce faire nous Soulut bien donner exemple en larbre de la croix quat il pardonna a reulx qui le faisoient mourir en doulcemet pri ant dieu le pere pour eulx. Nous deu[on]s oster la racune (mal Souloir du messait (m[on]strer enfait (enpole signes damour a celuy qui deu[m]eut se repent. Mais a celuy qui ne requiert point pardon il suffist de pard[on]ner la rancune et suy m[on]strer signes damour enparoles ou aultrement. et ce est de pfectio[n] et de necessite de sauuement selon que dient bonauenture (saint thomas. et ainsi sentend la parole de Jesuch[ri]st qui dit pardonne a ton prochain lequel tauoit offense. (deuons par donner non pas Sne fois seulement mais touteffois (quan tes que de ce faire sommes deument requis pour lamour de dieu touteffois nous pouons bien iustement requerir satiffa cion de liniure ou d[om]mage qui nous a este dit ou fait. Car ce nest pas contre charite mais y est tenu celuy qui a offese. La seconde maniere De misericorde est corrigez charitablement les pechez (faultes qu[]a appercoit en son prochain. Et pour tant que les pechez sont gr[an]s merueilleux (manifestes en

¶ Pater dimitte il lis n[on] ei sciut q[uo]d fa ciut. luce. xxiii. ca

¶ D[omi]ne quoties pec cabit i me fr me[us] coi mitta eiusq3 septies di xit illi iesus no di co tibi vsq3 septies: s3 vsq3 septuagesies septies. mat. xviii. ca

¶ Heli falsa pietate lupat[us] q[ui] fillos deli quetes corrigere no luit: seipsu cu suis a pud discretu iudice graui d[am]natoe pcus sit. d. xlvii. Necesse Id exeplu de symo nia. ca. Heli. z.i. re li. ca

Questio
Responsio

¶Qui talia agunt digni sūt morte.ro.i.ca.glo.aug.Cōsentire dicūt q̃ posse et deberēt corrigere et nōfaciūt.Itē de hoc habet figura nūeri.xxv.vbi dr̄.Cernēs deꝰ qd̄ nullꝰ eēt corrector ait moysi.Accipe oēs ꝑncipes apostoliꝛ suspēdāt cōtra solēvt furor meꝰ vertat a populo.ꝛc. ꝛ occisi sunt viginti quatuor milia ꝛ placatus ē deus.Item nota q̃ ꝑlatus q̃ nō corrigit scd̄z formā sue ꝑlationis peccat mortaliter.iiii.re.xii dictū est ꝑlatis.Cuſtodi virum istū qui si lapsus fuerit: erit aia tua pro aia illꝰ.Item in psal.Si videbas furem currebas cum eo ꝛc.Ille merito fur dr̄ qui ꝓ priam aiaz dānat qꝛ tollit deo id qd̄ carissime emit.Currere cū alio dr̄ qui deberet corrigere ꝛ nō corrigit.sicut patet xciii.di.c.Error.

¶Asperitas nimie increpatis nec correctionē recipit nec salutē.Itē hoc.Generosus est homis animus:ideo magis vult duci q̃ trahi.

ꝑlusieurs:quiconques desire faire le commandemēt de dieu et le sauuemēt de son ame peut faire telle question.cestassauoir quant ꝛen qlle maniere on est oblige de corriger son ꝓchain sur peine de peche mortel.Respōce a ce il ya deux manieres de correction.lune est de necessite de iustice/lautre de necessite de charite.Correction de iustice appartiēt seulemēt a ceulx qui ont aucune prelation sur aultruy comme est le pere de famille en sa maison qui peut auoir sa femme ses enfās et ses seruans auquelz il doit correction selon quil appartiēt a sa iurisdiction non seulement par charite:mais auec ce par iustice affin de sacquitter et donner exemple.Item les curez les abbez euesques et autres prelatz enuers leurs subiectz selon quil appartient a leur iurisdiction.Item roys ducz cōtes et autres nobles et leurs officiers selon la iurisdiction et office qui leur appartient en quoy ilz doiuent garder et faire misericorde a ceulx qui se reputent ꝛ promettent correction et rigueur de iustice aux obstines ꝛ perseuerans en leur malice car silz ne payēt ce qlz doiuēt/cestassauoir misericorde ꝛ iustice:ilz se exposent a damnation.La seconde correction qui est de la necessite de vraye charite appartient non seulemēt aux ꝑlatz de sainte eglise ou aux seigneurs terriens:mais auec ce a tous ceulx a qui dieu commande aymer leurs ꝓchais come eulx mesmes Et pourtant que chascun est tenu soy repētir ꝛ corriger de son propre peche il sensuyt que celuy qui est oblige aymer son prochain cōme soy mesmes quil doit faire son pouoir de le corriger ꝛ amender.aultrement il na point en luy de vraye charite ainsi que dieu cōmande sur peine de peche mortel.Mais il est bien a noter que selon que dient les docteurs de theologie six cōditions sont requises deuāt que on peche mortelement en non corrigāt son prochain.Desqlles trois sont au regart de celuy qui doit estre corrige/et les aultres trois au regart de celuy qui doit corriger.La ꝑmiere cest quāt celuy q̃ doit corriger soit certain du peche de son ꝓchain car des pechez secretz on nest pas oblige si estroittemēt.La se

ronde est que la correction soit doulce ou piteuse puis quelle
soit proceder de charite. La tierce quil ny ait autre a qui apar
tiene plus conuenablemēt de corriger. Car se autre le faisoit
il acquitteroit suffisantemēt ceulx qui autremēt eussent este
tenus de corriger. La pmiere condiciō de la partie du pecheur
est ql ait en soy telle disposition quon puisse esperer que pour
la correction il sauldroit moins cōme pourroit estre Bne per
sonne puterle/ Bng luxurieux/ et Bng hōme en grant fureur
ou si obstine que on ne peust esperer correction. adonc on doit
differer et attendre lieu temps et oportunite de ce faire. Car
en tel cas suffist pitie charitable et bōne Boulente. La seconde
condicion est que le pechie de cellui que on doit corriger soit
mortel/ selon ql peut estre Bray semblable. Car pour pechie
Beniel on nest pas obligie de corriger sur peine de pechie mor
tel. Mais tantseulemēt par conseil et selon bonne congruite
Et ce donne bien a entendre leuāgille: qui dit. Corrige ton
prochain: et se par ta correction il se conuertist tu las gaignie
Parquoy il sensuyt selonque dit saint gregoire que le pechie
du quel il a este corrigie estoit mortel. Car pour moindre pe
chie on nest point perdu et dāpne. Ite se on estoit oblige a cor
riger chascune faulte ou foiblesse Benielle qui cōtinuellemēt
est en plusieurs: bien pou se sauueroiēt: et ny eust il q̄ la trans
gression de ce cōmandement en tout le fait de leur conscience
La tierce condicion est ql y ait lieu tēps et oportunite. Soit
donc ainsi dit et conclud. quiconq̄s congnoit le pechie mortel
de son prochain et le peril de sa dāpnation: et a lieu tēps et opor
tunite de corriger: et ny a autre qui ce face par obligation ou
autremēt. et est Bray semblable que sil estoit corrigie et ainsi il se
amenderoit. Adonc et non autremēt on est tenu sur peine de
pechie mortel de le auiser doulcement et charitablement. car
autrement on trespasseroit le cōmandement de dieu et de na
ture: qui est aymer dieu le createur de tout son cueur sur tou
tes choses: et pareillement son prochain comme soymesmes
Comme il soit donchs ainsi que la plus grande misere qui

puisse estre en hõme:cest estat de pechie mortel. cõme se pour
roit il faire que aucun aimast son prochain comme soymes
mes sil ne le secouroit a sonpouoir en telle necessite. Ité sait
iehan dit en sa canonique que cellui qui nayme son prochain
ne pourroit aymerdieu loyaumēt. Amour ne se peut celer/
Car se aucun a vray amour il le monstrera par oeuure en ac
complissant les oeuures de misericorde en faisant grans cho
ses moindres ou moyēnes selon la quātite de son amour ain
si que tesmoigne monseigñr saint gregoire. Et pour tāt cel
lui qui a veritablement lamour de dieu en son cueur ne des
espere pas de legier la correction de son prochain:z sefforce de
le corriger en la vertu du saint espit: qui peut toutes choses.
La tierce maniere de misericorde spirituelle est ēseigner ceulx
qui sont ignorans.par leql enseignemēt lame est refectiõnee
du pain de saincte doctrine ainsi cõme le corps est nourry et
sustente de viande corporelle. Sil est donc ainsi que põ' don
ner aboire z a mengier aux poures pour la necessite du corps
dieu promet le royaume de paradis:par plusforte raison il dõ
nera sa gloire a ceulx qui pour lamour de luy donnent aux
ames bon z saint enseignement. Car dautant que lame est
plusdigne que le corps: dautant la viande z refection spiri
tuelle est plus noble que celle du corps. Comme il soit donc
ainsi que la pluspart de noz prochains soit en langueur de
ignorance/z que horrible famine inuade presque tout le mõ
de pour le deffault du pain spirituel. cestassauoir de saincte
doctrine:cõme se pourra sauuer cellui qui a science zcognois
sance des choses qui apartiennēt au sauuemēt de lamezvoit
mourir son prochainēlanguissant par le deffault de ceste do
ctrine.certes a grant peine pourroit estre excuse deuant dieu
du cõmandement dacomplir misericorde. Aucuns sont oblí
gez a enseigner z a deppartir la viande et saincte doctrine
pour cause de leur office comme les prelatz de saincte egli
se: et les prescheurs : qui pour telles vocations se appellent
la lumiere du monde:et le sail de la terre/ Car ilz doiuent

¶Qui nõdiligit fra
trē suū quem videt:
deū quē nõ videt q̃=
modo põt diligere.
i.io.iiii.caõ.
¶Amor dei nũqã ē
occiosus. operat ei
magna si est.si vero
fñuerit opari: amor
nõ est.hec greg.
¶Maior ē refectio
mētis q̃ vētris.aug.
¶Etnc dānationis
penā incurrit õdica
tor qui semen diuini
verbi nõ spgit. xliiii
dist.
¶Vosestis lux mū
di. vos estis sal ter=
rē.math.v.

enluminer ꝫ enseigner le peuple simple ꝫ ignorãt: ꝫ leur bon
ner bonne saueur et deuotiõ en les pseruant a leur pouoir de
la pueur ꝫ corruptionde tout pechie par bon exẽple de vie: par
bõne doctrine ꝫ exhortation Et en ce faisãt le pere de misericorde leur promet les faire grans au royaume de paradis.
Jtẽ curez / peres ꝫ meres / parrains ꝫ marraines / gens anciẽs
maistres descolle ꝫ autres se doiuẽt acqter ẽuers ceulx desquelz ilz ont charge en les enseignãt ꝫ en les repnant de leurs
deffaulx selon quil est dit par deuãt en la matiere de correctiõ
tãt fraternelle que de iurisdictiõ. La quarte maniere de misericorde spirituelle cest reconforter les desconfortez. Et est cest
oeuure moult necessaire. Car par tristesse ꝫ desolaciõ souuẽ
tesfois on chiet en desespoir: ꝫ de deses poir en eternelle dãpna
tion. Et pour tãt quiconqs charitablemẽt cõforte le descon
forte il le retire denfer en tãt quest en lui. Laqlle chose est au
tant plaisãte a dieu / cõbien est grant lamour de quoy il aime
sa creature po' laqlle sauuer ꝫ pseruer de dãpnation il a vou
lu mourir. Par quoy il sensuit q̃ cõforter les desconfortez est
oeuure de tresexcellent merite deuãt dieu. Cõseiller ꝫ cõfor
ter est loffice tressinguliere tant du benoit iesucrist: que aussi
du benoist saint esprit. parquoy appert q̃ cellui qui nacõplist
loeuure de recõforter les descõfortez quãt il a lieu ꝫ tẽps cõmet autãt grant mal cõme le faire est grant biẽ meritoire et
plaisant a dieu. La quinte maniere daumosne spirituelle est
conforter ꝫ enhardir a biẽ faire ceulx qui sont pusillanimes /
plusieurs sont qui feroiẽt grans choses vertueuses ꝫ meritoi   ¶ Ego rogabo pa-
res: mais par le vice ꝫ pechie de pusillanimite: ilz nosent en   tre ꝫ aliũ paraclitũ
treprendre de paruenir a si grãt bien. pourquoy les enhardir   dabit vobis. Jo. xiiii
ꝫ leur donner couraige de faire ꝫ entreprendre les choses qui   ¶ Paraclitus autẽ
sont a la gloire de dieu ꝫ du sauuement des ames est oeuure   idẽ est qd̃ cõsolator
de moult grant charite et moult plaisant et meritoire de-
uant dieu. Et par consequent le deffault de ce faire ꝫ acomplir est moult perilleux ꝫ desplaisant a dieu. ꝫ specialement
en ceulx a qui il appartient par leur office / estat et vocation

de animer zexcitez a bienfaire le peuple commun/comme sont
gens deglise:soient platz/curez/religieux ou autres zquant
il aduiendza q ceulx qui deuroiet animer soustenir zaidier les
autres a entrepzedze oeuures meritoizes en les eneruat zdes
courageat/soit paz leuz mauuais exeple ou autremet:presq
tous serot pdus z degastez. La sizieme maniere daumosne
spirituelle est suppozter les foiblesses de ses pchains. Laqste
chose se doit faire par vzaye copassion/par ozoison z paz bone
discretion de cozzection/en les pseruant de occasios de pechie
z en trouuat les remedes z moyes de les reduize et amender
selon ql peut estre possible par la maniere deuatdicte de cozre
ction fraternelle. Car sil est ainsi q tout le sang de iesucrist a
este done z respandu po' la pzieusete de lame qui est lymage
de la benoiste trinite le temple z habitacion du saint espit/la
mouz z les delices de iesucrist:z laquelle peult paruenir a la
beatitude eternelle de paradis/come pourra le vzay catholi
que seruiteur de iesucrist veoir et cognoistre sans grande co
passion z sans effusion de larmes si noble creatuze consacree
a dieu paz le saint cresme z espouse de iesucrist mise z aban
donee a la bouzbe des diables enlaidie/ville z deffiguree paz
pechie:les vnes plus que diables/parquop le sang zla passio
de iesucrist sont trop plus despzisez que la chose foulee zde
iettee soubz les pies de toutes manieres de bestes Helas pl'
que milfois.helas comme pensons nous estre loyaulx a iesu
crist:z veoir telle pitie z tel deluge des ames speciallement
czestiennes sans angoisse zcompassionqui est nulle se elle ne
se demonstre es oeuures de misericozde. La septiesme ma
niere daumofne spiritulle est celler/couurir z amenuiser le
mal z diffame de son pzochain nompas le publier et reueler
par enuie ou aucune autre mauuaise intencion. Car com
me il soit ainsi que bonne renomee soit vng gzant bien noble
z spirituel:come se peut il faire que aucun ayme dieu etson
pzochain sil ne lui rent z conserue sa bonne renomee en cou
urant ses pechiez/ses deffaultes et fragilitez. Certes il est

impossible. Et de tât que le pechie de nostre prochain est plus
grant: dautât auons nous plusgrande matiere dacomplir
enuers lui plusgrâde misericorde: ¿ dauoir enuers dieu humi
lite/crainte ¿ amour: en croyât certainessit que iamais crea
ture ne fist pechie si grât ou detestable que no' ne puissiôs fai
re plusgrant ou semblable se dieu ne no' gardoit: ¿ le seruice
des benois angels. Et ainsi que tel pechie te deuroie vouloir
estre cele: pareillessit ungchascun le doit faire enuers son pro
chain par vraye côpassion ¿ charite. La huytiesme maniere
daumosne spirituelle est exciter ¿ enhorter les bons a proffit
ter de bie en mieulx: en leur demonstrât q̃lz se gardent de pre
sumer follemet de leurs bones oeuures: desq̃lles lhôneur et
gloire apartiet seulemet a dieu. Ité q̃lz ayent en crainte ¿ hor
reur la faue' ¿ la loêge des mondains qui souuêtessois appre
nent ¿ magnisiet ce que dieu repreuue ¿ punist. De telles fa
ueurs fait souuêtessois lenemy sa darde ou la fleche q̃ iette
en plain midy. cest la vaine gloire q̃ prennêt les folz ¿ moins
bie aduisez des bones oeuures. Ité soient aduisez que po' q̃l
que vie ou penitêce de têps passe ilz ne soiêt du tout asseurez
destre pfectemêt arrêtez deuât dieu. Et po'tât veillent sur
leur garde en crainte ¿ en humilite: en ramenât souuêt a me
moire lestat ¿ la ferueur: dont cheut saint pierre qui si piteuse
mêt renoya son createur. Ité dauid/salomon/sanson ¿ au
tres plusieurs excelles en merite ¿ en haultesse de vie conte
platiue. desq̃lz est faicte mêcion en la vie des sains: sôt cheuz
en grans ¿ piteux incôueniens. Et cômunement la racine ¿
le fondemêt de leur têtacion a este psumer de eulx mesmes: ¿
desprisez poures pecheurs. car vne des grandes tentations a
gens de deuotion: cest comparer leur vie de penitence grande
noble ¿ excellente a la pourete ¿ a la misere foiblesse de leurs
prochains: qui sont en grans et horribles pechiez. Et par ce
moyen cheut ¿ sen orgueillist le pharisien de quoy fait men
cion le sainct texte de leuangile. Mais ceulx qui sont bien
enseignez et inspirez proussiteent grandement a loccasion

A sagitta volante
in die a negotio per
ambulante in tene=
bris. &c. psal. xc.

Non sum sicut ce
teri boim raptores
iniusti adulteri ve=
lut etiã hic publica.
nus. &c. xviii. c.

t iii

des pechiez de leurs prochaine. car de ce ilz se humiliēt enuers
dieu:en recōgnoissant que cest plusgrant don de dieu de pser
uer aucun de cheoir en pechie que de le releuer aps quil est tre
buche. Et sil est ainsi que la Bie et les merites de plusieurs re
ligieux et autres qui encores sont au iourdhuy est pou de chose
en cōparaison de la Bie et sainctete des deuāt ditz. Lesqlz tou
teffois ont si grandemēt failly. qui est cellui qui se doie fier en
soy ou en ses merites. La neufuiesme maniere daumosne
spirituelle est dōner bon conseiles choses spirituelles. et cest
oeuure est moult plaisant a dieu:et de grant merite a ceulx q
le peuent faire/en soy confozmāt au benoist iesucrist qui po
son exemple et doctrine se nōme langel du grant conseil. La

grandeur de cest oeuure et le merite peut estre consivere en hau
tesse et difficulte de la cause du iuge:et de la partie aduerse.
La cause est pour perdre ou pour gaigniez paradis Le iuge
cest dieu tout puissant et tout sauant.parquoy faulse excusa
tion/cautelle/cauillation/appellation/dilation/crainte/fa
ueurs/dons ou promesses nont point de lieu en ceste court
pour puertir iustice. Laduerse est lennemy:duql la malicieu
se cautelle et astuce sa practique et loenge/expience surmon
tent tout naturel entendemēt de humaine creature Et pour
tant quāt on Boit que lennemy decoit/amuse et paralogise la
poure creature humaine pour le damnez et pour lui faire pdre
paradis:cest moult excellent oeuure de charite de lui conseil
ler le moyen de obuier a la malice de lennemy:et de lui aidier
a paruenir gaigniez et possedez si noble heritaige/cōme est le
Royaume de paradis. Mais Bng chascun entendement doit
bien auoir en soy merueilleuse pitie et cōpassion de la plusgrā
de partie des Biuans qui cent milfois/sont plus diligens de
querir cōseil/dacquerir ou de deffendre leur droit en deux ou
en trois pies de la terre des mours:qlz ne sont de acquerir le
royaume de padis.lesql leur apartiēt parte droit de heritaige
lesql nous a plainemēt et tresloyaumēt achsté nostre pere Jesu
crist Et de ceste folie ay autrefois trouue lexpience q sensuit

car lan mil.cccc.lxiii. Ung hôme noble de ce royaume de fran
ce me recôgneut ɇ confessa sur la loyaute de sa foy q̇l auoit
plaidie par trois ans aux grãdes assises de la cite de bourges
par le droit quil creoit a auoir en trois mailles de rente par
chascun an: ɇ nestoit pas encores a fin de cause/mais demou
roit en doubte de perdre ou de gaignier: ɇ affermoit q̇ a grãs
coustz ɇ despens tãt de son meuble que de son heritaige il a
uoit prins le meilleʳ côseil qui lui auoit este possible de trou
uer ɇ selon sa relatiõ: ɇ q̇l mestoit vray semblable il enpouoit
auoir fait plus de cent lieues sur terre. Et semblable chose
sont beaucop dautres môdains qui ne seroiẽt pas vne lieue
nõpas demye poʳ querir vng bon conseil de côscience Parquoy
il côuient côclurre q̇ la cause de plusieurs se porte mal pour
eulx en court du grant ɇ infini iusticier iesucrist La diziesme
maniere daumosne spirituelle cest pacifier et accorder ceulx
qui sont en discort. Et combien est grant cest oeuure et me
ritoire deuãt dieu. appert q̇ cest deffaire ce q̇ le diable a fait: et
faire ce que iesucrist est venu faire en ce monde ɇ a monstrer
par son exẽple ɇ commande a faire. Le labour ɇ opation de len
nemy est mettre noises guerres ɇ diuisions en toʳ estas pour
laq̇lle chose viennẽt plaideries/haynes/debatz: ɇ souuentes
fois meurdres grans pertes de biẽs ɇ de corps ɇ de ames.car
q̇ hait son prochain pert dieu q̇ ne peut demourer par grace si
non en la côscience qui a paix auec son pchain. Et pourtant
quant nostreseigneur nasquit pour combatre ɇ destruire la
puissance de lennemy il fist crier a son de trompilles de pa
radis paix en terre. Et pourtant a bon droit il se nôme Roy
de hierusale ɇ prince de paix. Par quoy il appert que mettre
paix ɇ vnion entre ceulx qui sont a discort et en diuision: cest
faire moult grant seruice au roy de paix en lui preparant la
chambre ɇ habitation ou veult habiter ɇ reposer. leq̇l seruice
ɇ office ne peut estre fait sans grande retributiõ. Et par le cõ
traire mettre diuision ɇ guerre entre aucunes personnes est
pprement loffice du diable et de ses membres. Et pourtant

Gloria in altissimis deo ɇ ĩ terra pax hõibus bone volũtatis.lu.ii.cap.

dit la saincte escripture quil ya six choses que dieu hait beau-
coup/mais la septiesme il hait souuerainemēt. La premiere
des six cest orgueil. Car nostreseignr est de humilite infinie.
La seconde est menterie/car il est verite diuine. La tierce est
cruḍelite/car il est doulx benin ⁊ misericordieux. La quarte
cest enuieuse cautelle ou tricherie/car il est bōte sans faintise
La quinte cest desloyaulte cōtre iustice/car il est le iuge de ia-
stice infinie. La siziesme est faulx tesmoignage qui est cōtraire tāt a verite q a charite. mais sur toutes les choses deuant
dictes il a en horreur celluy qui seme haigne ⁊ diuision entre
ceulx qui sont ⁊ doiuēt estre amys/car il est ⁊se nōme le dieu
de paix ⁊ de dilection. Et pourtant ceulx qui sont pacifiqs a
bon droit sappellēt en leuāgille enfans de dieu. ⁊ par lopposite peut on dire que ceulx q semēt haynes guerres/diuisiōs
⁊ debatz sont enfans de lēnemy denfer. Lonziesme maniere
daumosne spirituelle est prier dieu pour ses prchains. Et ceste aumosne prouffitte au corps ⁊ a lame ⁊ en toute necessite
Car par ceste aumosne on ayde a son prochain a acqrir sapiēce ⁊ vertus merites ⁊sinablement le royaume deparadis les
quelles choses nul ne peut auoir ⁊ acquerir de soy mesmes
par quoy il cōuient que par humilite ⁊ par oroison on les re-
quiere a dieu qui de ce faire nous amōneste. Dequoy dit bien
saint augustin que nul ne peut venir a sauuemēt se dieu ne
lappelle. nul ne peut venir se dieu ne luy ayde ne ne veult
point ayder se on ne le requiert. Laquelle chose se fait par deuote oroison qui est esleuer son cueur en dieu par vraye foy
sans riens doubter quil soit plus puissant de dōner plusgrāt
chose q nul ne sauroit penser ou demāder. Ité doit on croire
fermemēt qui veult faire oroison vaillable quil est fontaine
⁊ abisme de misericorde de pitie ⁊ de doulceur infinie et celui
qui ne pourroit saillir ou mētir. Et toutesfois dit il en leuangille que se deux ou trois psonnes sont vnies en bonne cha-
rite:il leur donnera ce quilz luy requerront prouffitablemēt
pour la gloire de dieu ⁊ pour leur sauuemēt. Cest donc chose

¶ Sex sūt que odit deus e septimū detestatur aīa eius. prouer.vi.cap.

¶ Beati pacifici quoniā filii dei vocabūtur. math.v. A contrario sensū. Maledicti guerrifici qm filii diaboli vocabūtur.

¶ Nullū credimus ad salutē nisi deo inuitante venire. nullū inuitatū salutem suā nisi deo adiuuāte opari. nullum nisi orantem auxiliū p̄mereri. hec aug.li.d eccl.dogmati. Oro est eleuatio mentis in deum. scdz damascenum.

¶ Si vero ex vobis consenserint sup terram de omni re quacunq.

Digne/saincte ʒ molt plaisāte a dieu q̄ prier les ūgs pour
les autres. Car souuēteffois dieu pardonne a lun pour la requeste ʒ supplication de lautre/ainsi quil appert p̄ sa saincte
escripture:ou dieu disoit a moyse. Laysse moy ʒ ie te destrui-
ray ce peuple pour le peche de ydolatrie. cōe sil vouloit dire
se ce nestoit pour tes oroisons qui me tiennēt ʒ retardent/ie
destruizoye le peuple ydolatre soudainemēt. Itē par les oroisons de daniel le peuple de dieu fut deliure de sa captiuite
de babilonnie. Itē par loroison de dauid langel qui par le cōmandemēt de dieu mettoit le peuple a mort se cessa. Itē par
les oroisons de saincte eglise cestase de ceulx qui estoient ba-
ptisez:saint pierre fut miraculeusemēt deschaine et deliure
de prison. Car il est escript es fais des apostres que lesglise
prioit pour luy sans cesser. ʒ fut figure cōme par les deuotes
oroisons de saincte eglise poures pecheurs qui se submettēt
aux sacremens ʒ prieres dicelle sōt deliurez des prisons ʒ liēs
de lennemy denfer qui les tenoit liez par les cordes ʒ leurs
pechez. Item par les prieres des sainctes persōnes qui adonc
estoient presentes saint pol receut la veue quil auoit perdue
et fut baptise. Par la vertu doroison les ennemys sont vain-
cus/fortunes/maladies/gueres/ʒ pestilēces cessēt. Par oroison les patriaches les prophetes martyres ʒ autres sains ont
chasse les dyables/guari les malades/resuscite les mors/cō-
uerti les ydolatres. Prier pour ses enemys est chose de grande perfection ʒ ensuyuit iesucrist qui en mourant prioit dieu
le pere qui pardonnast a ceulx quil le faisoient mourir. ʒ en cecy
lensuit saint estienne. ʒ qui seroit bien enlumine il congnoistroit clerement que ung chascun bon catholique doit prier
pour ceulx qui luy font iniure comme pour ceulx qui luy dō-
nent matiere dentrer auec iesucrist ou royaume de paradis.
ou quel nul ne peut entrer sans tribulacion. ¶La douziesme
maniere daumosne spirituele cest offrir ou faire offrir a dieu
le pere le le benoist doulz iesucrist son filz outressaint sacremt
de lautel. ʒ ceste aumosne cy surmonte singulierement en

petierit fiet eis a pa-
tre meo qui est in ce-
lis.math. xviii.cap.

¶Dimitte me vt ira-
scatur furor meus cō-
tra eos et deleā.ʒc.
ʒ moyses nō dimisit
quare deus nō dele-
uit.pz exo. xxxii.ca.
¶Precibus dauid
angelus exterminator
dimisit ppl'm.ii..re.
vlt. Itez p̄cib'eccl'.
cathene ceciderunt
d manib? petri.act.
xii.cap.

¶Precib' facop ce-
ciderunt squame ab
oculis pauli.act.ix.
cap.
¶Quis em iustoru
nō arādo pugnauit.
Quis nō hoste oran-
do deuicit. Oroib'
vateliuisa pādūtur.
sopiunt flamē. fere
abcrescūt. cadūt bo-
stesiimicivicūt.hec
criso.iser.d Latare.

¶Dñe ne statuas il-
lis hoc pctm act.vii
¶Oportuit pati cri-
stum ʒ sic intrare in
gl'iam suā.lu.vlti.
Itē act.xiiii.Opor-
tet per m'tas tribu-
lationes introire in
regnū dei.

deux choses tous les autres biens qui pourroient estre ditz
ou pensez.cest en dignite ⁊ generalite. En dignite car adonc
est offert le propre filz de dieu ouquel sont tous les tresors de
la diuinite et tous biens.soient biens de nature de grace ou
de gloire.illec est le pain ⁊ le vin/char ⁊ sang. la tresaincte re=
fection des ames crestiênes. Itê ceste aumosne est tresgene=
ralle tant aux vifz q aux trespassez. car cest le pris ⁊ la redem
ption suffisans pour cent mil mondes se autant estoient qui
se voulsissent a ce submettre leur foy ⁊ leur esperance Ceste
medecine est nôpas seulement des ames: Mais auec ce des
corps ⁊ de toutes maladies. Cest cellup qui pour dôner exê
ple de toute pfection a fait ⁊ acomply toutes oeuures de mi=
sericorde tant corporelles que spirituelles. Car pmierement
il nous a donne sa tressaincte char virginalle a menger.et
son pprcieux sang a boire. Item il se est despoulle en larbre de
lacroix pour nous reuestir de vertus et de gloire. Il a voulu
que son coste fust ouuert pour nous loger. Il no° a visitez de
iour en iour noz maladies tant spirituelles que corporelles:
il nous a deliurez des dures prisons de lennemy ☐ Il nous a
voulu enseueillir par leaue du baptesme par lequel no° deuons
mourir quant aux desirs seculiers ⁊ mondains: ⁊ viura auec
luy resuscite. Par ceste oblation enfer est brise / les dpables
surmontez/les vertus acquises ⁊ donnees/le saint esperit en
uoye: ⁊ la porte de paradis ouuerte: et tout par les oeuures
de linfinie misericorde du benoit Jesucrist. Auquel soit hon
neur ⁊ gloire ou siecle des siecles. Amen. Et cecy est quant
aux oeuures de misericorde.

Ensupt la quarte partie de ce liure/en la quelle est trou
ue maniere de bien soy confesse Et contient trente chapi=
tres.lesquelz bien estudiez ⁊ mys en practique pourroit estre
le moyen de faire vrape ⁊ parfaicte confession. Et par con=
sequent auoir absolution ⁊ remission ⁊ speciallement salua=
tion auec la compaignie des lopaulx crestiens.

Oute persõne qui veult ꝗ desire sauoir bõne examit-
nation de sa conscience pour entieremẽt ꝗ parsaicte-
ment soy confesser se doit examiner par la doctrine
traictee es trois parties predentes. cestass des articles de la
foy/des commandemens de la loy/et des oeuures de miseri-
cordecar en ces trois poins est contenu le fait de la consciece:
par lequel on sera finablemẽt iuge a sauuemẽt au a dãnement
Et pourtant affin que simples gens puissent auoir matiere
et doctrine de bien ꝗ seurement examiner le fait de leur conscience seront premierement mises aucunes choses general-
les touchantes le sacrement de confession.

¶ Sensuiuẽt quatre raisons pour mostrer que
la iustification dunpecheur est pl⁹ grant chose ꝗ
creation du monde.

Elon la sentence du glorieux saint augustin reduire
ung pecheur de lestat de peche mortel a estat de grace
est plusgrãt chose selon aucune cõsideration:ꝗ ne fut la creation du ciel ꝗ de la terre. Et ce peut on demõstrer par quatre
raisons. La pmiere est car lame qui est par son peche en estat
de dãnation ꝗ pdition est plus noble ꝗ plus digne singuliere-
mẽt/pourtãt quelle est cree a lymage de la benoiste trinite/
ꝗ nest le soleil/le ciel ꝗ toute la terre. Parquoy il sensuipt que
ramener vne telle creature de lestat de maledictiõ ꝗ de dãn-
natiõ a la saluation ꝗ ou royaume de paradis est plusgrant
chose ꝗ nest la creation des choses deuantdictes La seconde
si est pourtãt ꝗ dieu ne demanda point estre ayde a la creatiõ
de lame: ne de tout le mõde. mais il ne pourroit ne vouldroit
noꝰ reduire de peche mortel a estat de grace sans layde ꝗ consentemẽt de nostre franche voulente. La tierce raison: car en
la creation du mõde dieu ne trouua point dempeschemẽt ne
de resistence/ Mais a la iustification de la cõscience le peche
repugne a la grace de dieu. Laquarte raison est. car quãt dieu
crea tout le mõde: il distꝗ le ciel ꝗ la terre fussent fais: ꝗ a son
dire et plaisir tout fut fait et forme. Mais pour reduire nos

Primum caꝑ.

Qui fecit te sine
te non saluabit te si
ne te. aug.

ames de peche a grace il sest excessiuemēt humilie:et par les
pace de trente deux ans ⁊ trois mois il a endureieunes orai
sons/peines/sueurs/labours.Et si a este lye/crache /frappe
⁊ crucifie.Et finablemēt a espandu tout son pcieux sang:⁊ a
voulu mourir encroix.⁊tout a ce fait pour deliurer noz ames
de peche:⁊ pour les ramener a saluation.

¶Sensuit vne prouffitable exhortation pour
voulentiers faire penitence.

En doit bien noter ql nest si grãt pecheur ou mõde q
ne puisse recouurer la grace de dieu sil veult faire ce q
est en soy.Car dieu est de si grande pitie ⁊ misericorde ql ne
pourroit defaillir a sa creature qui fait ce qui est en soy.pour
quoy est assauoir q par lumiere de raison naturelle:⁊ special
lemēt de celle qui est aydee de foy informee.Cestass que le pe
cheur qui est sans vraye charite peut cõsiderer son peche.le
quel est contraire ⁊ desplaisant a toute raison.Itē peut cõsi
derer la iustice diuine:laqlle ne pourroit permetre que peche
ne fust puny.Et de ceste cõsideration ⁊ cõparaison de peche
a la iustice diuine qui est infinie.Et par consequent offensee
infiniement par peche:procede ⁊ vient crainte a la creature
raisonnable coulpable ⁊ subgecte a peche.Mais touteffois
elle ne doit pas du tout demourer enceste cousideration/car
ce seroit matiere de soy desesperer/cõme firent cayn et iudas
Mais onltreplus doit considerer la bonte pitie ⁊misericorde
qui sont en dieu infiniemēt.par quoy il attent le pecheur et
differe sa mort/ /affin ql puisse vser sil veult de la cõsideratiõ
deuantdicte:et ql puisse faire penitēce.Et de ceste cõsidera
tion de misericorde vient vne espance euers dieu nostre pere
qui est fontaine de misericorde:⁊de toute cõsolation.Et par
le moyen de ces deux choses/cestass crainte dune part:et es
perance de lautre vient vng propos ⁊ desir de faire peniten
ce.lequel ppos vient principallemēt de dieu par vng remors
de cõscience q dieu dõne a la psonne/ou par vne pitie⁊ incli
nation naturelle/ou par vne pdication/ou par le cõseil dun

Marginal note beside the large initial: *Scdm capm.*

Bon confesseur/ou par autre vocation semblable . Et adonc
ceulx qui se disposent a receuoir ¶ obeir a telle inspiration: re
coiuet vraye cotrition de leurs pechez. ¶par consequet la gra
ce du saint espit : Mais ceulx qui la refusent en procrastinat
de iour en iour/de moys en moys:et de an en an/faisant la
sourde oreille:qui par tat de fois ¶ aussi continuellemet frap
pent la porte de leur coscience se rendet ingratz ¶ indignes de
lamour de dieu: ¶ de son royaume Parquoy ilz demeuret en
la tentation de lennemy iustemet reservez au feu denfer.car
cest chose certaine que iamais creature ne fut dannee sinon
par son deffault.

Sensuyuet douze fruytz q viennet de vray epenitece
En peut demostrer douze fruytz venir ¶ proceder de
vraie penitece Le pmier est illumiatio delame por trois
choses Premieremet par la confession nest pas vraye se le pe
cheur ne met peine de peser en ses pechez: ¶ de congnoistre so
deffault ¶ sa coulpe . Et pourtat dit on comunement. Qui
bien se mire bien se voit. qui bie se voit bie se cognoit qui bie se
cognoit pou se prise. qui pou se prise sage est Secondemet
pourtat q le pecheur se humilie deuat le prestre pour lamour
de dieu.aucunesfois le roy/le pape deuat vng poure chappel
lain:parquoy dieu luy done lumiere de grace . Tiercement
pour linstrutio que done le bon cofesseur au pecheur.car plu
sieurs ymaginet seulemet de pesche veniel ql soit mortel. ou
aucunesfois du mortel ql soit veniel. ou q ce ne soit poit pesche
Le secod fruit cest la misericorde de dieu De laqlle dit saint
Bernardin q dieu a deux courtz.cestass la court de misericor
de ¶ celle de iustice. Celle de misericorde est moult doulce et
gracieuse en coparaison de celle de iustice pour quatre raisos
La pmiere cest pourtat q le iuge de ceste court est doulx et a
miable euers le pecheur qui est coulpable. La seconde car en
ceste court on croit sas ries cotredire au coulpable. La tierce
car tousioure en ceste court est donee liberte ¶ deliurace.ia
mais ny est donee sentece de mort.Laquarte pourtat q celui

Manda remanda
expecta re expecta
modicu hic modicu
ibi hie. xviii. Furor
illis scdz similitudiez
serpetis sicut aspidis
surde ¶ obturatis au-
res suas.p.lvii.

Tertiu capm.
Junge collyrio
oclos tuos vt vide-
as.apo.iii.
Nota q collyriu
ex certa aqua ¶ pul-
uere oficitr purgat
oclis carnososhuo
res ¶ significat ofes
sione q p puluere p
prie cognicois cu a
qua lacrimose com
puctois itellectu il-
lum inat qr itellectu
dat puulisid est hui
libus.

qui auoit deseruy le gibet denfer est asseure du royaume de paradis. Jtẽ pourtãt que de la court de iustice on peut appeller a la court de misericorde durante ceste psente vie: ᴢ nom pas aps lexemple de dauid/de la magdalene/de saint pierre ᴢ plusieurs autres pecheurs. Et ainsi le cõseille saint augustin:ᴢ plusieurs autres sainctes escriptures ¶Le tiers fruyt cest que le pecheur resuscite de mort spirituelle a la vie de grace.Car aps quon a peche mortellemt ᴢ pdue linnocẽce de baptesme ou de vraye penitẽce: iamais on ne peut retourner a grace/si non par le moyen de cõfession. Et cõbien que celui q a vraye cõtrition ᴢ desplaisance de ses pechez soit parce en estat de grace deuãt q auoit fait actuelle cõfession:touteffois cõuient il ql ait ppos de ce faire en lieu ᴢen tẽps . autremẽt il ne pourroit auoir grace. Le quart fruyt cest deliurance de la puissance des lyens de lenemy denfer/qui tiẽt le pecheur en sa gueule qui est moult large quant a lentree . Mais trs estroitte quãt a lissue.Le quint fruyt est purgatiõ de treshorrible ᴢ detestable meselerie spirituelle /cest de peche mortel Laqlle purgation se peut faire en bie petit de temps soude les grans iours de misericorde tãt des pechez mortelz q venielz. Mais aps ceste mortelle vie moult autre sera la forme ᴢ la maniere de plaidoirie. Le siziesme fruyt cest allegement de la consciẽce. Car nulle autre chose est si pesante q celle q a fait cheoir les diables ᴢ autres dãnez ou pfont denfer. cest peche mortel q par autre moyẽ q par vraye penitẽce ne peut estre depose. Et ceste alleuiacion treuuent par certaine experiẽce grãs ᴢ horribles pecheurs aps qlz se sont loyaumet confessez ¶Le septiesme fruyt est paix ᴢ vnion auec dieu.car en desobeissant dieu le pecheur prent guerre a lencontre dela maieste diuine alaqlle pouoit resister est chose imposible par quoy le pecheur doit souuerainement querir le moyẽ depaix cest vraye penitance. Le huytiesme fruyt cest par vraye confession lennemy et tout son labour est mis a confusion.ᴢ souuentffois par le conseil des bons confesseurs son embuche

¶Saluabit te p cõfessionez dñs ex ore augusto lactissie. iob xxxvi.ca.

¶Dixi cõfitebor aduersũ me iusticiam meã dño ᴢ tu remissisti ipietatẽ pcti mei. psal.xxxi.

¶Fact° sum michi metipsi grauis.iob. vi.ca.

¶Gl'ia nfa hec est testimoniũ cõsciencie nfe.ii.cori ntb .i.

ses cautelles et deceptios sont descouuertes. Laquelle chose
luy desplaist et lempesche de sa faulse intecion tressingulie-
rement. Le neufuiesme fruyt cest q souuentffois auient que
cellui q nauoit pas pleine cotricion: mais auoit seulement at-
tricion/q est vne maniere de cotricion impfecte/et insuffisate
pour auoir la grace de dieu. Mais par la vertu de labsolutio
sacrametelle/auec icelle attricion le pecheur recoit la grace
du saint espit sil nya autre empeschemet. Le diziesme fruyt
cest relaxatio de grat partie de la peine deue pour les pechez
q on auoit comis tat pour la vertu et puissance des clefz et du
sacremet de saicte eglise/q aussi de la bonte q on a de dire son
peche. Lonziesme fruyt cest augmentation de grace/car souuet peut auenir q la grat cotricion et desplaisance que a le pecheur il se relieue de peche en plusgrat grace et amour de dieu
q iamais nauoit este par deuat: et en est plus caut au resister
et plus humble deuat dieu et deuat les homes ainsi qlest leu de
plusieurs sains qui auoient peche. Le douziesme fruyt cest q
le pecheur par sa vraye cofession donne gloire et louege a dieu
pourtat ql se recognoit et cofesse pecheur deuat dieu. et par co-
sequet recognoit la iustice diuine estre vraye et infallible en
quoy il donne gloire et louege a dieu. a q seulemt elle est deue
ou ciel et en terre.

¶ Sensuyt la difference des oeuures faictes en
peche ou en grace de dieu.

A pres vraye cofession les bones oeuures qui par auat
estoiet mortes et sas merite/sot viues et meritoires. celles q sont faictes en estat de grace sot dictes estre viues pourtat qelles seront remunerees eternellemt/se la psonne est fi-
nablemt sauuee: et se aps telles bonnes oeuures elle chiet en
peche mortel/duql puis aps elle face vraye penitece. Le merite dicelles bones oeuures qui estoiet mortifiees et effacees
pour raison dudit peche luy est rendu et restitue par la vertu
de vraye penitece. Mais ainsi nest il pas des bones oeuures
faictes en peche mortel/comme seroient ieunes/ aumosnes /

¶ Qui humil'r cofi-
tetur venia conse qt
hec glo.ii.re.xii. Do-
minus trastulit pec-
catum tuum.

¶ Confitemi domi-
no qm bonus.glo.s.
cofessione pcti et lau-
di cu non sit pia co-
fessio pctor sine lau-
de. Item iosue. vii.
in psona cofessoris
dr. Da glia deo do-
isrl et cofitere atq i-
dica michi qd fece-
ris. etc.

Quartu cap

ozdisons du autres biẽs. car nonobstãt que le pecheur fera pe
nitence ᵹ fera finablemẽt sauue: il ne fera point re munere de
merite essencial pour icelles oeuures faictes en peche moztel
Car oncᵹe ilz ne furent viues ne plaisantes a dieu, ᵹpar con
sequent ilz ne peuent estce resuscitez . pourquoy on pourroit
certainemẽt dire ᵹ mieulx vauldzoit a vne psonne dõner vng
denier en estat de grace/ ou ieuner vng iour pour lamour de
dieu: ᵹ dõner tout loz du monde en estat de peche moztel. ou
ieuner toꝰ les iours de sa vie en pain ᵹ en eaue. En quoy ap
pert meruueilleuse differẽce etre estat de peche moztel et estat
de grace. Mais ce nonobstãt que le pecheur a plus de peches
dautant se doit plus essozcer de faire bonnes oeuures. Car
par icelles il est souuent pserue de chevit en autres pechez.
Itẽ il se dispose ᵹ abilite a cõtinuez bõnes oeuures ᵹ vie ver
tueuse. Itẽ se telles lui ont este enioinctes par penitẽce il se
acquite dicelle penitẽce/ selon la plus saine opinion. Item il
occupe le tẽps fructueusemẽt: et ce fait aucunement partici
pant auec les bõnes psonnes. Item il euite peines tẽpozeles
qui souuẽt auiennẽt a cause des pechez. il desseᵹ enuers la
grande liberalite de dieu prospite ᵹ biẽs tẽpozelz. Itẽ ilz em
peschent lennemy ᵹlnayt pas si grãt puissance de nuyze au
pecheur. Itẽ ilz relachẽt les peines denfer ou de purgatoize.
cestast que on ne seroit pas tant puny cõme se au tẽps ᵹ on
fist telles bõnes oeuures on eust este opsif ou occupe en mal
Ilz prouoquẽt la misericozde diuine a dõner grace par laᵹlle
on puisse yssir de peche. Et se telle personne est finablemẽt
sauuee/ elle aura ioye accidentalle diceulx biẽs fais en estat
de peche moztel/ nõpas telle ne si grande comme se il les eust
fais en estat de grace. Car bonnes oeuures faictes pour la
mour de dieu excitent/ boutent ᵹ frappent a la pozte de la mi
sericozde diuine/ selon quil est dit en leuangille. et ceste ma
tiere declare tres au long saint Bernardin ou soixantequa
triesme sermon de la somme qui se intitule. De contracti
bus.

¶ Ensuyuet six raisons demonstrantes q̃ nul pe
cheur ne doit tarder a soy confesser.

¶ A pmiere raison pourquoy nul ne doit tarder a soy cõ   Quintũ cap̣z.
fesser est pour la cõdicion du peche . Car il est sẽblable
a feu ardant qui ne peut estre estaint si non par vraye confes
sion en laqlle doit auoir abondãce de larmes a tout le moins
spirituelles qui sont doleur ꝗdesplaisãce dauoir offense dieu
par peche. Et ainsi que cellui seroit tenu a fol qui verroit sa
maison ardre ꝗ y pourroit remedier en mettãt de leaue ꝗnen
souldroit rien faire:ainsi est il de ceulx qui sont en peche: et
ne mettent diligẽce deulx purger par vraye cõfession. La se
conde est pourtant que peche est tresperilleuse maladie: ꝗ cõ
fession est tres certaine medicine ꝗ prouffitable parquoy ap
pert que trop pou prise la sãte de son ame qui se doit malade
amort: ꝗ ne met remede a sa garison. La tierce raisõ est pour
tant que lamort est pres qui en toꝰ lieux nous poursuyt ꝗnest
psonne q̃ puisse sauoir lheure selon la loy cõmune ne lheure
ne le iour la maniere ou comment il doit mourir ꝗplussou
uent auiẽt que la mort prent le pecheur dou il ne sen donne
pas gvrde. Et certes se aucun sauoit le iour de sa mort: il de
ueroit estre plus asseure que celui q̃ nen scet ne iour ne heure
ꝗtouteffois cellui qui sauroit nauoir plus q̃ vng an de ceste
psente vie:il sapresteroit a biẽ mourir ꝗ par vraye et entiere
cõfession/en restituant/en requerãt pardon/en pardonnant/
en quoy appert clerement la grande fallace ꝗdeception tant
de ce monde que de lennemy qui endort les gens en peche.
¶ La quarte raison est pourtant que le pecheur est desia en la
gueulle du lyon denfer:qui en vne horrible rage desire a le
deuorer. duquel peril il pourroit estre deliure par vraye con
fession ꝗ non autrement. La quinte raison est pourtant que
le pecheur par son peche a perdu les biens spirituelz/les biẽs
de gloire infinis ꝗ eternelz:Et auecq̃s ce pert son temps/son
corps ꝗ son ame:ꝗce quil fait quãt a acq̃rir merite essencial ꝗ
toꝰ ces biẽs deuãtditz peut recouurer par vraye confession.

Mais lenemy deser luy cloit les yeulx en luy pmettãt faul
semẽt ⁊ en grãt trahison ql viura longuemẽt : ⁊ql samẽdera
par vraye cõfession ⁊ ce pendãt suruiẽt lamort. Et adõc plu
sieurs musars se voulsissent cõfesser ⁊ auoir vraye repẽtãce
laqlle vient principallemẽt de la grace de dieu/ De laqlle grace ilz sont indignes. Car quãt dieu les appelloit ⁊attendoit
ilz ont reffuse de venir. Parquoy a bon droit il les refuse en
leur neressite:⁊ les ẽuoie au gibet deser pour leur irreuerẽce

⁊ iniquite. Car dautãt ql les a plus lõguement attẽdus : de
tãt doiuent ilz estre dãnez plus grefuement. Et pourtãt dit
biẽ la saincte escripture q dieu tient son arc tendu ⁊entese alẽ
contre des percheurs q tardent a soycõfesser. La sixiesme Pai
son est quãt au regard de la misericorde ⁊ doulce pitie de nostre saruueur Jesuchrist / q non seulemẽt attent a la porte de
nostre cõscience : mais auec ce boute frappe ⁊ appelle de iour
en iour. cestassc par inspiratiõs de bõnes voulentez par pdica
tiõs / par dons ⁊ benefices : ⁊ aucũeffois par maladies pertes
de biẽs guerres ⁊autres flagellatiõs. Mais ainsi q lenemy
aueugle le pecheur: ainsi luy fait pdre loupe de la vocation q
luy fait nostreseigneur. Parquoy a bon droit il luy dira a la
mort Je tay appelle ⁊tu nas pas voulu venir:/maintenãt tu
mappelles ⁊ ie te recõmande au diable. Par ces six raisons
appert cleremẽt le peril q est a differer ⁊ lõguemẽt attendre a
se cõfesser. Car par ce plusieurs ne se sceuẽt cõfesser q en ge-
neral/pourtã qlz ont oublie leurs pechez. Laquelle chose ne
peut pas estre suffisante excusatiõ quãt negligẽce ⁊contẽne
mẽt de leur salut est cause de leur ignorãce:⁊doubtẽt moult
fort plusieurs docteurs q telle cõfession nest pas suffisante a
sauuemẽt. Et a ce ppos aucuns font qstiõ. cestassc se le pecheur est oblige de secõfesser incontinẽt ql a pe che mortelle
mẽt:⁊ ql a lieu ⁊tẽps:⁊ chappellain q a puissance dabsoudre
Respõse a ce. Nul nest tenu de se cõfesser regulieremẽt⁊par
le cõmandement de saincte eglise. fors vnefois en lan: cest au
tẽps de pasqs. excepte en cinq cas. Le pmier est quãt on veut

La marginalia:
¶ Nisi cõuersi fueri
tis gladiũ suũ vibra
uit/arcum suũ reten
dit ⁊ parauit illum.
psal. vii.

Questio

Responsio

receuoir si saint sacremēt de laultel que on a prestre ydonie
pour abſouldre. Car cōme dit ſng docteur nōme richard de
mil Ville tel cas pourroit auenir que aucun qui auroit cōmis
peche mortel: ⁊ auroit la pſence daucun preſtre non ydoine
pourroit receuoir ſans peche le ſaint ſacremēt de lautel auec
cōtrition ſans autre cōfeſſion en attendāt lieu ⁊ tēps ⁊ con‑
feſſeur plus cōuenable. Le ſecond cas deppend aſſez du pre‑
mier. ceſt pourtāt que ſaicte egliſe cōmande que chaſcū cre‑
ſtien qui a aage cōpetant doit receuoir ſon createur au tēps
de paſques. parquoy il ſenſupt quil doit eſtre vray confes et
repentant. Le tiers eſt quāt telle pſonne ſeroit en article de
mort ⁊ pourroit auoir lieu ⁊ oportunite de faire confeſſion.
Le quart ſeroit quāt aucū auroit tel peche de quoy il ne pour‑
roit eſtre abſoulz fors de celluy du quel il auroit la pſence de
laquelle pſence luy eſt vray ſemblable quil ne le recouurera
mais de lannee. Le quit ſeroit quant la conſciēce daucū le
ſtimuleroit ou amōneſteroit ꝗl ſeroit tenu de ſoy cōfeſſer in
continēt aps ꝗl auroit cōmis ſon peche mortel: ⁊ ꝗl a oportu
nite de ce faire. car ceſt treſbon conſeil ⁊ ſeur de ainſi le faire
cōme dit eſt parᵬeuaut es cōmandemens de ſaincte egliſe.
Item autre ꝗſtion. ceſt aſſauoir ſe le cure eſt oblige douyr la
cōfeſſion de ſes paroiſſiens touteſſois ꝗlz le ᵱequierēt. Reſ‑
ponſe. Il eſt tenu de neceſſite ouyr leur cōfeſſion quant ilz le
requierēt au tēps ꝗlz ſont tenus de ſe confeſſer par neceſſite
cōme eſt vnefois lan ſelon le cōmandemēt de ſaicte egliſe / ou
en article de mort. Mais ſe pl⁹ſouuēt ou en autres cas nō ne
ceſſaires ilne ſeroit pas tenu de neceſſite. mais ſeulemēt de
bōne cōgruite cōme celluy qui ſingulieremēt doit deſirer leur
biē ⁊ leur prouffit. Mais touteſſ qui le requerroit ⁊ il ne les
ᵬouldroit ou pourroit ouyr ou ne leur enſeigneroit autre cō
feſſeur: adonc ilz ont licēce de ſe pourueoit de cōfeſſeur pour
icelle fois ou pour pluſieurs quāt le cas le reꝗrroit: ⁊ icelluy
cōfeſſeur ſemblablemēt a puiſſance de les abſoudre de cas ꝗ
pouoit ledit cure. Item quant aucun eſt en hayne et diſſen‑

k.ii

cion auec son pcꝰain/ou ne ꝩeult pas faire digne penitēce de
ses pecꝩez:il est oblige de lamōnester en secret:ou deuant tes
moings selon que le cas le requiert Et se par telle amoniciō
ne se ꝩeult corriger il le doit denoncer a son souuerain cōme
est leuesque dyocesain/ou a son official. Jtē il doit prier pour
luy ⁊ le doit recōmander aux oroisons de ses autres parroiſ
siens:⁊ le nōmer selon bōne discretion:⁊ q̄ ce peust estre a son
proffit:⁊ a ledification de ses pcꝰains. Et quāt il a fait suffi
santemēt les choses deuātdittes.adonc il peult estre excuse
deuāt dieu de la charge ⁊ du gouuernemēt quil auoit dudit
parrossien:⁊ non autrement.ainsi quil appert par les droitz
et autres sainctes escriptures.

       ❡ Ensuyt la practique q̄ doit tenir le cōfesseur
         tant enuers soy q̄ ceulx quil confesse.

Ourtant que practique ⁊ expience sans grant science
est aucuneffois plus proffitable que nest science sans
expience.sensuyt ꝩng tresproffitable enseignemēt de la pra
ctique que doit tenir le cōfesseur tant pour le sauuemēt de
son ame que de ceulx quil confesse. Premieremēt il doit reco
gnoistre ⁊ sentir en soy que lexcusation de loffice de cōfesser
ne se peut deument faire ne acomplir quāt a leffect du sacre
ment qui est ramener le pecheur de lestat de peche a la grace
de dieu ⁊ de mort spirituelle a la ꝩie spirituelle si non par la
ꝩertu ⁊ aydē du createur/cōme il soit ainsique iustifier les
pecheurs ne soit pas moins que creer le monde/cōe il appert
par deuant. Pourquoy le cōfesseur doit bien examiner sa cō
science en requerant laydē du saint esperit. Car sil estoit lye
de peche mortel il ne pourroit pas a son sauuement destier le
pecheur quil confesse ne auoir laydē ⁊ cognoissance qui est a
ce necessaire. Et en signe de ceste chose quāt nostreseigneur
bailla a ses apostres lexecution de cōfesser il leur dist. prenez
⁊ receuez le saint esperit.ceulx que ꝩous absouldrez serōt ab
soulz:⁊ ceulx que ꝩous nabsouldrez ne serōt point absoulz.
Et pourtant dient les docteurs de theologie q̄ ceulx qui ab

ministrent sollennellemēt les sains sacremēs cōme est le bā-
ptesme confession ou autre en estat de peche mortel: pecħent
mortellemēt. Ité soit p̄muni le cōfesseur que en telle adminis-
stration il quiere principallemēt lhonneur ꞇ la gloire ꝺe ꝺieu
ꞇ le proffit ꞇ sauuemēt ꝺes ames/nōpas louenge faueur ou
gaing temporel ou q̄lque autre cħose sinistre en ne p̄posant
point le riche au poure/le sage monꝺain aux simples creatu-
res/le beau au layꝺ/le noble au nō noble. si non pour bōne et
iuste cause. cōme pourtant que ꝺe lun pourroit venir plusgrant bie en saincte eglise ou au sauuemēt ꝺes ames que ꝺe
lautre. Car sil a purte ꝺentēcion luy sera en ayꝺe ꞇ pourra
grandemēt proffiter a soy ꞇ ses p̄chains. Mais autremēt il
sembleroit la chandelle qui se brusle enmōstrant cħemin aux
autres. Item soit aduise que ladministratiō ꝺe ce sacrement
est merueilleuse entre les autres ꞇ grāꝺe difficulte. parquoy
il y ꝺoit proceꝺer meuremēt/ꝺiscretemēt:ꞇ sans p̄cipitatiō
ꝺe soy haster soit a ouyr les pechez/a enq̄rir ou a enioinꝺre sa
tisfaction ꞇ penitence. Car trop mieulx vauldroit en examiner vng ou ꝺeux a sauuement/que xxiiii. ou plusieurs mau-
uaisement. Ité est tresexpedient speciallemēt au iourꝺuy q̄
les cōfesseurs ayēt les cas q̄ a bōne cause estoiēt autresoiz reseruez aux p̄latz pour la correction ꝺes pecheurs. Car a grāt
peine peut on faire aucun fruit en cōfession pour la ꝺiuersite
ꞇ abondāce ꝺes grans ꞇ horribles pechez:ꞇ ꝺes cas q̄ suruiē-
nēt tant en vieulx q̄ en ieunes/tāt pour les sentēces ꝺes ex-
cōmuniez/ꝺe restitutiōs/ꝺe blaphemes/ꝺe yꝺolatres ꞇ ꝺau-
tres cas nouueaulx ꞇ inestimables qui iamais nauoiēt este
ouye ou trouuez par escripture/q̄ sont au iourꝺuy trouuez
et extorques ꝺes pecheurs p̄singuliere grace ꝺe ꝺieu ꞇ leme-
tite ꞇ bōne ꝺiligence ꝺes cōfesseurs ꞇ sont trouuez plusieurs
pecheurs q̄ iamais ne se cōsentiroiēt estre renuoyez aux p̄latz
ꞇ ꝺeussēt ilz ꝺemourer sans iamais sencōfesser ainsi que plusieurs ꝺiēt ꞇ affermēt. Parquoy il nest poīt a ētenꝺre q̄ ce q̄ au-
tressois a este orꝺōne pourla charite ꞇ sauuemēt ꝺes ames/cōe

sont les sacremes ⁊ ordonnãces de saincte eglise se doye gar
der ou piudice du sauuemēt des pecheurs laqͤlle chose auen
droit quãt les plͤatz qui ont a respondre du fait spirituel de
leurs subgetz ne souldroit point cõmettre leurs cas ⁊puissã
ce en telle necessite a chapelains sages ⁊discretz.cõbien que
au iourduy a grant peine soyēt trouuez chappellains suffi
sans en toutes choses a tel office. par leqͤl deffault moult de
poures pecheurs sont a dãnation ⸿Itē doit le cõfesseur sub
tillemēt auiser la qualite/loffice ⁊ autres dispositions du pe
cheur.Et adonc il le doit enqͣrir des pechez/desquelz il peut
estre coulpable:⁊ sil aparcoit q̃ la psonne soit ieune ou autre
soit honteuse/ou trop craintiue:il se doit mõstrer doulx ⁊af
fable:⁊la doit psuader du secret decõfession:⁊cõme il esliroit
plustost mourir q̃ iamais dire ou aucunemēt declarer le pe
che qui luy a este cõfesse/car il luy a este dit en tant q̃ vicaire
de dieu principallemēt:⁊ nõpas cõme a pur hõme. Item luy
doit declarer que de tant qͤl se cõfessera plus plainemēt ⁊plͧ
loyaumēt:de tant laymera il mieulx. Itē que par telle con
fession il se met hors des lyens de lennemy:⁊ euade les pei
nes denfer:⁊ retourner a Jesuchrist poͧ viure eternellemēt
Souuēteffois auiēt q̃ par telle amonition on dõne courage
aux poures pecheurs q̃ lennemy denfer tenoit en crainte de
soy cõfesser purement ⁊ entieremēt. ⁊ doit labourer le cõfes
seur specialemēt enuers ieunes gēs/ou autres simples psõn
nes ⁊ ruraulx de dire leurs pechez.pͣmierement en general ⁊
puis apͤs moyēnant layde du saint espit il doit descendre es
particularitez selon qͤl en aura la trasse ⁊ occasion par ce qui
est dit en general.Et leur peut demãder silz veulent biē qͤl
les interrogue affin q̃ leur cõfessiõ puisse estre etiere ⁊a leur
sauuemēt en leur demõstrant q̃ se par yporisie ou mēsõge ilz
ne diēt verite en leur cõfessiõ ilz mentēt a dieu q̃ tout scet ⁊cõ
gnoit:⁊ q̃ telle cõfessiõ seroit plͧ dãnable q̃ meritoire.et quãt
on treuue simples gēs q̃ pmettēt dire ⁊respõdre verite ⁊reqͤ
rent ⁊veulēt q̃ on les examine apͤs qͤlz ont dit ce qͤlz sceuent.

on ne peut pas faire plus briefue et seure expedition q̃ par les
cõmandemens de dieu/come sera dit puis apres. Et doit on
bien auertir le pecheur q̃l ne responde pas auoir fait ce q̃l na
poit fait/come sont plusieurs qui respondent ouy si te atout
ce quõ leur demãde/soit verite ou mensonge Et pour mieulx
sauoir pceder en telles interrogatiõs: le cõfesseur doit demã
der lestat de la psonne/sil ne la cognoit Cestassc se elle est en
lestat de mariage/ou en lestat deglise. Regulier ou seculier.
clerc ou lay/noble ou non noble/plat ou subget. et ainsi des
autres vocations Et adõc il peut former ses interrogatiõs
selon les pechez qui plus comunement abondẽt entelz gens
come agens deglise/de symonie/de irregularite/de sacrilege
de mal auoir despendu le patrimoine de Jesuchrist. ce sõt les
biẽs de leglise. Itẽ a gens nobles et officiers/de rapine. a gẽs
marchans de fraudes et de mensonges. a bourgois /de vsure
a ieunes gens/de tẽtacions charnelles et de atouchemẽs des
honestes et des circõstances qui agrauent monlt et des manie
res et diuerses esperes qui peuẽt estre en ung mesme peche
et du nombre. Cestassc par quãteffois on est cheu en ung mes
me peche. car le pecheur le doit dire et cõfesser sil lui est possi
ble ou au plus pres q̃l luy peut estre vray semblable. et ainsi
des autres choses selon la discretion et mondification deuãt
dicte. Parquoy appert q̃ le cõfesseur doit auoir trois choses.
Cestassauoir science/cautelle et discretion. science pour dis
cerner entre les diuerses manieres de peche. cautelle pour
enquerir et interroguer. et discretion pour bailler et enioin
dre penitence. Ou autrement il se dispose a tresgrant peril
tant de son sauuement que de ceulx quil confesse. Itẽ il doit
amonnester celluy qui se confesse de ne nommer ou accuser
autre personne que soy se le peche nestoit de telle condicion
que aultrement ne se pourroit dire ou declarer. Et ne doit
pas descendre trop en particulier es circonstances des pe
chez. et speciallemẽt du peche de luxure. Car de ce pourroit
venir empeschemẽt de conscience tant en soy que en autruy

ou trop grant honte a celluy qui se cõfesse. Touteffois on le
doit amõnester de declarer son peche si pfaictement q̃ sa cõscience ne le remorde puis aps de ne lauoir pas entierement
confesse: ꝫ auec les circonstãces qui estoient de necessite. Et
quãt vient a la fin de la cõfessionq̃ le pecheur a parfaictemẽt
dit ꝫdeclare ses pechezz par interrogatiõs ou autremẽt: adõc
le cõfesseur luy doit demõstrer lorreur et la grefuete de ses
pechez. ꝫ aussi la grace q̃ dieu luy a faicte de lauoir attendu a
penitẽce: ꝫle laisser finablemẽt cõsole sil luy est possible: ꝫes
bonne espance de la misericorde de dieu. Et pour aucun cas
ou raison il ne le peut absouldre cõe pour cas de excõmunie
ou q̃l ne voulust pas pardõner: ou restrir pardõ: ou restituer
ou autre cas: il luy doit conseiller la forme ꝫ la maniere de
trouuer son remede: ꝫde soy recõmander a la tressacree vierge marie / fontaine de pitie / de misericorde: ꝫde faire aucuns
biens. Car en ce faisant dieu luy sera plustost en ayde a trouuer ses remedes. Itẽ se le cõfesseur cognoissoit par aucuns signes ou vehemẽtes cõgertures ou par autre voye que le pecheur ne dist pas suffisantemẽt sez pechez: il le doit dõc amõnester nõpas seulemt vnefois / mais plusieurs / que sil laisse
rien a son essient sa cõfession est nulle: ꝫ peche mortellement
Et le doit amõnester daller a autre cõfesseur / ou de retourner a luy autreffois q̃l pourra auoir autre disposicion. Item
soit sage ꝫ discret le cõfesseur en ne enioingnant poit penitẽce que le pecheur ne recoiue voulentiers ꝫ laq̃lle il soit vray
semblable q̃l lacomplira en luy demõstrant q̃ se par oubli ou
autrement il ne la vouloit acõplir aps q̃l la acceptee: ꝫ q̃l la
pourroit bien faire. il peche grefuement. ꝫest tenu en tel cas
de soy recõfesser. Itẽ iamais pour peche secret ne doit bailler
penitẽce publique. Et se doiuẽt biẽ garder ceulx qui se sont
cõfessez que par mocq̃rie malice ou autre mauuaise cause ilz
ne manifestẽt le secret de cõfession. Car en ce faisant ilz pe-
cheroyẽt grefuemẽt. Et se aucune psonne se sentoit fort en
racinee en aucun peche elle se pourroit obliger selon bõ cõ-

scretion a aucune peine temporelle ou tant qille retourneroit a
son peche/come est de iurer sans cause de luxure ou daultre
peche. Car aucuneffois plusieurs se garderoyent bien de retour
ner a peche pour la crainte de perdre dix solz voire ung petit
blanc: qui ne sen garde pas pour lamour de dieu. Toutesfois
cest chose plaisante a dieu q la psonne quiert voyes et manie
res de soy corriger: et de punyr ses pechez pour plaire a Dieu
son createur. Mais plusieurs aueuglez en la cognoissace de
lamour de dieu/ de la grefuete de peche: et du peril de mauuaise coustume. De la peine denfer et de la gloire de paradis/
qui seroyet plus diliges a soy faire guerir de la doleur dune
dent. qilz ne seroyent remedier en la chose en quoy pend leur
Damnemet. Parquoy il aduient souuetteffois q telz ne peuet
trouuer remede quat bie le desirent et vouldroyent: car quat
bie se pouoiet trouuer ilz ne vouloyet. Par les choses deuat
dictes appert cleremet que lart et sciece de bien et iustement
examiner les csciences au sauuemet tant du cofesseur que
de celluy qui se cofesse est de si haulte subtilite et si destroitte
qil nest point a croire q par science humaine seulemet: ou par
estude ou clergie on sen puisse bie iustemet acquiter sans sin
guliere ayde du benoit saint espit qui ayde et enseigne ceulx
qui par ordonnance de saincte eglise en crainte et humilite / et
pour la charite des poures ames recoiuent office de confesseur. Et par le cotraire ceulx qui par psumption auarice ou
autre mauuaise cause se ingerent a tel office cheent en incouenient / de quoy dit nostreseignr que se lun aueugle mene
lautre tous deux cheent en la fosse.

¶ Ensuyt qlle science est necessaire au confesseur.
¶ Ensuyt plus en especial de la science et circospection q
doit auoir cellui qui excerce office de cofesseur. Come
il soit ainsi q le cofesseur soit iuge de la cscience du pecheur:
deuat qil puisse doner bonne sentece il couient qil ait cognois
sance et discretion en auisant ce le peche est mortel ou veniel.
¶ Et pourtant aucunemet entendre ceste difference de peche

¶ Dne si pauci sut
q saluat ipe. at dixit
ao illos cotedite in-
trare p agusta porta
qz dicovobisq mlti
queret itrare z nopo-
terut. lu. xiii.
Item greg. Iustum
est vt qui noluit pe-
nitere cu potuit: cuz
voluerit sero sit.

¶ Si cecus ceco du-
catum pstat. ambo i
foueam cadunt. mat

Septimu cap

¶ Cu aut sit ars ar-
tium regime aiaru
vt extra de eta. zql.
ordinadoz. ignomi-
niosu fore valde co-
uincif clicos adhoc
regime pmoios cau-
sas ipsr regimis p-
nitus ignorare.

 Rara z vilissim° cõ
putãd° e nisi pcedat
scia zscitate. q alii p
stãcioz est honoze.i.
q.i.Vilissim°. Scia
qdez sacerdotib°ad
modũ est necessaria
iuxta illudmalachie
ii.Labia sacerdotũ
custodiũt sciẽtia zle
gez exqrũt/ scilz sub
diti ex oze. vt extra
de hereticis. Cũ ex
iiiicta.z.xi.q.i.Sa=
cerdotib°.xliii.d. sz
rectoz.

est bien a noter que en saincte eglise a deux manieres de cõ
mandemens. La pmiere maniere no° ozdonne deumẽt tant
enuers dieu q enuers noftre pchain. Et sont nõmez les dix
cõmandemens de la loy desqlz a este traicte paz deuãt. Des
quelz est assauoir q toute psonne qui a sens aage zdiscretion
et qui paz deliberation z plain consentemt ou equiualẽt tres
passe aucun des dix cõmandemens peche moztellemẽt Caz
elle froisse chazite qui est la vie spirituelle de lame z le moyẽ
daymer dieu z noftre pzochain Et ne peut pas eftre excuse p
ignozance/car se elle doubte en aucun cas pticulier touchãt
les cõmandemẽs de dieu /elle se doit infozmer paz ceulx qui
ont la crainte de dieu z cognoissance de la loy:z nompas soy
expofer au peril de trãsgression:z de pecher moztellemt . caz
autremt dient les dozteurs de saicte escripture q telle psonne contẽne dieu zson sauuemt. Laqlle chose ne peut eftre en
creature raisonnable sans coulpe de peche moztel. Lasecõde
maniere de cõmandemẽs sont ozdonnãces zstatus humais
cõme des platz de saicte eglise ou autres seigneurs q peuẽt
auoir auctozite de faire loix z ozdonnãces q doiuẽt garder et
acomplir les subgetz selon la vzaye intention de leurs souue
rains. Mais la transgression de telles ozdonnãces ne sezoit
pas tousiours peche moztel se ce neftoit pour le contẽnemẽt
de ceulx q auropẽt fait les dictes ozdonnãces ou cõmandemt
ou pour trop gzant z notable exces en chose qui de soy ne se
roit q peche veniel se neftoit ledit exces ou contẽnemẽt. Et
pourtãt tressingulieremt est a noter q iamais on ne doit iuger q aucun peche soit moztel sil neft cõmis paz deliberation
z plain consentemt /cõme dit son equiualent. Et dy equiua
lent pourtãt q plusieurs pechẽt paz habitation de couftume
ou dun contẽnement enquoy ilz sont aueuglez paz telle ma
niere qlne leur semble point qlz deliberent ou qlz donnent
leur cõsentement en monlt de choses. Lesqlles touteffois se
lon plusieurs dozteurs sont pechez moztelz /cõme est la couftume de iurer pour neant z sans cause raisounable ou faire

indiscretemēt contre les cōmandemēs des souuerains. Et ce
cy soit pour rigle generalle tāt pour les choses deuātdittes
ħ pour celles qui sensuyuēt. Itē doit discerner ⁊auiser le cōfesseur se le pecheur est point encouru ⁊cheu en aucune sentēce dexcōmunie ou de interdit. Car en ce peuēt encourir tāt
clercz que lays. Ou sil est point suspens ou irregulier qui est
seulemēt quāt aux clercz. Car sil est excōmunie le confesseur
nese peut absouldre sacramentellemēt iusques a ce ql soit deslie
⁊ absoulz de ladicte sentēce. Et pourtāt doit auiser le confesseur sil a auctorite ou non/ou se labsolutiō apartiēt au pape
ou a leuesque ou a autre iuge ecclesiastiq/affin de cōseiller le
pecheur cōme il doit trouuer son remede. Itē doit discerner
entre les diuerses especes ⁊ manieres de peche mortel. Car
il ne souffist pas se cōfesser en general/mais cōuient dire les
circōstances qui peuēt grandemēt agrauer ou muer lepeche
en diuerses especes. Et pourtāt dit biē maistre Guillaume
Durand q̄ se le cōfesseur est si pou sauant ql ne souffist pas a
discerner es pechez ⁊ circōstances diceulx cōme dit est: le pecheur se doit recōfesser a vng autre sil nestoit tellemēt lettre
ou par aultre moyen si discret quil peult supliet linsuffisāce
de son confesseur. Itē dit oultreplus que le confesseur doit
sauoir discerner ⁊ cōgnoistre se les batailles des princes sōt
iustes ou iniustes. ¶Itē des tailles imposiciōs subsides
ou autres exactiōs se cest rapine ou non. Item des ventes
achatz ⁊autres contractz silz sont iustes ou iniustes. car aultrement il ne pourroit iustemēt enioindre restitucion qui est
de la necessite devraye absolution. Itē doit auoir cōgnoissāce de veulz de testamens de symonies de vsures ⁊autres difficultez qui souuent auiennent ou fait de confession. Et sil
nest suffisant de sauoir discerner ⁊ iuger des choses deuant
dictes ⁊ de sen informer ou renuoier le pecheur a plus sauāt
pour guerir son remede. car autremēt a grāt peril du dānement
tāt de soymesmes q̄ de ceulx ql cōfesse qur aussi de ceulx qui
luy baillent loffice/ou qui sen pourroiēt ou deueroiēt priuer

¶Discretus querē-
dus est sacerdos sci-
ens soluere ⁊ ligare
de pe.di.i.quē peni-
tet.⁊ō. vi.q̄ vult.⁊c.
placuit.⁊ de pe.⁊ re.
Dēs.⁊ c.vlt.⁊de sy-
monia ex diligēti.et
scōm augu. Caueat
spūalis iudex vt si-
cut nō ōmisit crimē
neq̄tie:ita nō careat
munere scie. oportz
enī vt sciat discerne-
re io q̄ debet iudi-
care. q̄a lucidiaria
potestas hoc expo-
stulatvt q̄ debz iu-
dicare discernat. de
pe.di.vi.ca.i. Viciū
eī magnū ē ab aliis
q̄rere seu discere q̄
ipsos i iudicādo elo
q̄ decz vt i ant.coll.
vi.diudi.vbi illi aūt
⁊.i.q.vii.Cōueiētib-
¶Cecus aūt si ceco
ducatū pstet ābo iso
uea cadūt.mat.xv.ē

z habetur.xxxvii.d.
c.vlti. z xxxviii.d.q
ipis. Ignorātia etei
e iuxta oim errorũ
xxxviii.di.c.i. Unde
z scōm aug. Dānabi
lis pfecto e ignoran
tia sacerdotũ vbi ha
bent a quo valeāt e-
rudiri.xxxvii.di.ca.
vlt. ¶Aug.de ācho
na li. de ptāte pape
dicit gratihabitio fi
baber locũ in absolu
tiōe sacramētali ad
quā requirūt tria. p
mo ptās ex ipsi° or-
dinis susceptiōe. se-
cūdo ordis executō
ex supioris iurisdi-
ctiōe. trio sacramēti
admistratio ex ipsi°
verbi cũ clemēt o a-
plicatiōe qa aplicat
verbũ ao elemētũ z
sit scrm scōm augu.
Si ergo aliqs sacer
dos aliquē absol uit
q tñ nō e rite absolu
tus qa i tali absolu-
tiōe deficit ex pte sa
cerdotj ordinis exe
cutio z si postmodũ
ex pte supioris sup-
ueniat ratihabitio d
ficiarsacrafiti appli
catio. tal ratihabitj.
nōvz qrsi papa ex so
la ratihabitatōe abs
qp sacti applicatiōe
posset aliquē absol-
uere posset effectuz
sacti absqp sacro cō
ferre qd xpus nulli
puro homi cōcessit.
hec.aug.pfatus.
Octauũ capz

sil exerce cōfessions. Pourtāt dit la saincte euāgille q se lun
aueugle maine lautre to° deux cheent en la fosse. Et est asse
que cōbien que par la cōsecration de prestrise vng chascū prestre recoiue les clefz de iurisdiction z de puissāce dabsouldre
touteffois il ne les peult exercer sil na matiere subgecte/cest
le peuple de saincte eglise Et pourtāt il cōuient ql ait aucto
rite de droit cōmun. cōe est nostre saint pere lepape/les eues
ques ou leurs diocesains les curez en leurs parroisses. ou ql
ait ladicte auctorite par priuilege ou licēce de lun des trois
deuantditz. ou q le pecheur ait licence ou priuilege desstre
cōfesseur sage z discret: autremēt se absolution se faisoit sās
iurisdictiō ce ne seroit pas vraye absolutiō. mais pecheroyēt
mortellemēt tāt lepstre q celluy qui ainsi se cōfesseroit quāt
ilz le feroyēt scientemēt. Itē est bien a noter q selon vng docteur nōme augustin de anchone ratihabition ou psumptiō
de la voulēte de cellui a q aptiēt dōner iurisdictiō de cōfesser
na point de valeur ne de lieu en tel cas. Car il sensuyueroit
que absolution des pechez dependroit de chose qui pourroit
estre ou non estre. Laqlle incertainete ne peut estre en vraye
absolution ainsi ql appert par les raisons dudit docteur icy
mises z notees en teste de liure.

¶Ensuyuent aucuns cas desquelz labsolutiō
est reseruee au pape lesquelz doiuent sauoir z
noter ceulx qui oyent les confessions.

Selon la resolutiō des docteurs toute psonne q frape
malicieusemēt aucun clerc ou religieux ou religieuse en
telle maniere que le coup ou la bature selon les droits peuēt
estre ditz cruelz z enormes: est excōmunie de sentēce papale
Itē qui brusle aucun lieu saint ou de religion chiet z encourt
sentence papale puis aps que leuesque diocesain la denonce
excōmunie. mais p auāt ladicte dēōciation leuesq le pouoit
absouldre. Qui brusle lieux ou maisōs pphanes nest pas ex
cōmunie iusques a ce que leuesque le fait denōcer pour tel. z
puis aps ne peut estre absoulz si non par lauctorite du pape.

Item sil est faulsaire des lettres du pape en y mettant ou en
ostant vne lettre vng point ou plusieurs ou quibse de telles
lettres malicieusemt est excõmunie de sentence papale. Itē
to⁹ceulx qui participēt ou crime par lequel aulcun a ēcouru
sentence papale en donnãt ayde confort ou faueur ou dit cri
me encourēt semblable sentēce· ⁊ aussi sont ceulx qui les re
coiuēt scientemēt aux sacremens de leglise ou a sepulture
ecclesiastique. Itē tous ceulx qui font pactions ou pmesses
de pecunes pour auoir iustice ou aucunes graces soit pour
soy ou pour autres/soit encauses ou eniugemēs ou pour ob
tenir lettres du saint siege apostolique/ou qui vse ou ioupst
scientemēt de lettres ou de graces ainsi impetrees est excõ
munie de sentēce papale par lextrauagãte de boniface .viii.
Itē qui recoit benefices deglise ou sainctes ordres par symo
nie:est excõmunie ⁊ est cas de pape par lextrauagante de pa
pe martin. Itē qui va au saint sepulcre par deuotion ou au⸗
trement sans la licence du pape : est excõmunie ⁊ est cas de
pape. Itē ceulx qui trencheroiēt cuproient ou fondroient le
corps daucun trespasse sans la licence du pape sont excõmu
niez de sentence papale par lextrauagãte de boniface. Item
ceulx qui parforceroiēt aucun prestre de celebrer en lieu in⸗
terdit ou qui conuoqueroiēt ceulx qui sont interditz ou excõ
muniez a ouyr la messe ou a receuoir aucun sacrement ou q̃
prohibent ⁊ defendēt que ceulx qui sont excõmuniez ou in⸗
terditz ne pssent de leglise selon le cõmandemēt qui leur est
fait: sont excõmuniez de rechief ceulx qui sont amõnestez ⁊
ne sen pssent ⁊ est cas de pape: Itē tous religieux qui admini
streroiēt aux seculiers les sacremĩs de lautel de mariage ou
de derniere vnction sans la licence de qui il apartient: sont
excõmuniez ⁊ est cas de pape. Itē linquisiteur de la foy qui
par hayne ou par amour ou par faueur ou aultremēt laisse⸗
roit a proceder selon dieu ⁊ bonne conscience contre aulcun
heretique. ou qui imposeroit mauuaisemēt le crime de here⸗
sie a aucun ou autre q̃lconque qui ēpecheroit malicieussemt

loffice de ladicte inquisition sont tous excõmuniez et est cas
de pape. Jtẽ quicõques religieulx profes en lordre des medi
ans sans dispense se met en autre religion excepte des char
treurs:est excõmunie du pape par la cõstitution de cõstance
et aussi ceulx qui scientemt le recoiuet. Jtẽ tout clerc qui de
son bon gre a son sceu cõmunique en aucun des sacremes de
saincte eglise auec ceulx qui sont excõmuniez de sentẽce de
pape. Jtẽ quicõque participe ou crime par legl aulcun est ex
cõmunie par aucunes des manieres deuãtdictes/ou es sa
cremẽs de saicte eglise en court semblable sentẽce Jtẽ quicõ
que se fait absouldre enarticle de mort daucune sentence de
excõmunie/ou dautre peine canoniq/soit de pape ou deuesq
ou dautre iuge ecclesiastiq:τ eschappe dudit peril τarticle il
est tenu de se repsenter a cellui qui le pouoit absouldre si tost
que aps ledit article ou peril il aura oportunite a ce quil sace
ou cas de ladicte sentẽre selonle iugemt τdiscretiõ de labsou
lant ou autremẽt il rechiet en icelle maniere de sentẽce dou
il auoit este absoubz oudit article de mort Mais autre chose
seroit de labsolution sacramẽtelle despechez desqlz il auroit
este absoulz oudit article. Car il ne seroit pas tenu de neces
site de sen reconfesser nonobstant que labsolution en apar
tenist pardeuãt au pape ou a leuesque. Jtẽ les heretiques et
ceulx qui leur donnẽt aide/secours τcõfort sont excõmuniez
τ est cas de pape. Jtẽ tous prestres soient reguliers ou secu
liers qui amõnestent aucune psonne de iurer de souer ou de
pmettre en bonne foyou autremẽt qlle eslira sa sepulture en
leur eglise ou q iamais ne se reuoqra se desia lya esleue:sont
excõmuniez τ ne peueut estre absoulz/fors de lauctorite du
saint pere:excepte en larticle de la mort. Monlt τ plusieurs
autres sentẽces papales sont en droit τ en coustumes desql
les icy me passe quãt a psent pour cause de brefuete. et aussi
pour la piteuse espance que iay q nostre mere saicte eglise y
mettra remede τ en bref. Car qui biẽ practiqueroit cẽt trẽte
τ qnatre cas de excõmunie qui sont en droit selon que recite

Directoriū iuris. ¶ les conſereroit auec les ſymoniacles ¶ ou=
tres excōmuniez pour les fulminatiōs q̃ ſe font au iourduy
cōmunement. ¶ auſſi cōe parmy toute la creſtiente tãt pour
perte ꝺe biẽs tēꝑorelz q̃ pour autres occaſiōs: il pourroit cō
gnoiſtre cleremẽt ce que ꝺit ꝩng poſtille ſuꝛ lapocalipſe. ceſt
aſſauoir q̃ou tēpsꝺe lantechꝛiſt preſque tout le mōde ſera ex
cōmunie. ¶ que ce qui autreſſois auoit eſte oꝛdonne pour re=
meꝺe ¶ pour la coꝛrectionꝺes pecheurs: eſt au iourduy cōuer
ty en loccaſion ꝺe la ꝺānatiōꝺes humains. Paꝛ les choſes
ꝺeuātꝺittes appeꝛt cōbien grande ꝺiſcretiō ꝺoiuent auoir
ceulx qui oyent les cōfeſſions: ¶ pouꝛ quelz cas ilz ꝺoiuēt cō=
ferer auec les iuriſtes ¶ auec les theologiens.

¶ Enſuyuẽt les cas reſeruez aux eueſques.

Es cas reſeruez aux eueſq̃s tãt ꝺe ꝺꝛoit que ꝺanciẽne
couſtume ſont neuf. ceſtaſſ quatre ꝺe ꝺꝛoit ¶ cinq ꝺan
ciẽne couſtume. Le pmier ceſt le peche paꝛ quoy aucun clerc
ſeroit irregulier q̃ peut auenir en quatre manieres. Pꝛemie=
remẽt quãt aucun recoit a ſon ſceu ſainctes oꝛdꝛes paꝛ ſymo=
nie: ¶ en tel cas le pape ¶ non autre en peut diſpenſer. Secō=
ꝺement quãt aucun clerc recoit ſainctes oꝛdꝛes furtiuemẽt
cōme celluy qui neſt pas du ꝺyoceſe: ne na congie ꝺe ſon ꝺio=
ceſain/ tel eſt irregulier. et ſe leueſque auoit ꝺefendu ſur pei=
ne ꝺexcōmunie q̃ nul ꝺautre ꝺioce ſe receuſt les oꝛdꝛes ꝺe luy
aꝺonc tel irregulier ne pourroit eſtre ꝺiſpenſe q̃ ꝺelauctoꝛite
ꝺu pape. Mais ſe leueſque ne lauoit ꝺefendu il y pourroit
aꝺonc ꝺiſpenſer. Tierce ſĩt quãt aucun clerc exerceroit loffi
ce ꝺe loꝛdꝛe q̃l nauroit poĩt encoꝛe receu. Quartemẽt quãt
aucun preſtre excōmunie ꝺe grande excōmunie ſuſpens ou
interdit celebꝛeroit meſſe en tel eſtat. Le ſecond cas ꝓeſerue
aux eueſques eſt ꝺe ceulx qui bꝛuſlent malicieuſemẽt aucu
ne egliſe ou y font fraction ꝺe huys ou ꝺe feneſtre ꝺe laꝩitre
ꝺe la paroy ou ꝺe la couuerture: leſquelz leueſq̃ peut abſoul
ꝺꝛe ſe par auant il ne les auoit ꝺenōꝛez ou fait ꝺenōꝛer excō=
muniez. Car ſe ainſi eſtoit ilz ne pouꝛoient eſtre abſoulz ſi

non de lauctorite du pape Le tiers cas est du peche du ql la pe
nitence doit estre solenelle:laqlle doit estre enioincte tãtseu
lemẽt pour aucun peche grant ¿horrible qui seroit diuulgue
cõme homicide. Et selon la coustume Daucuns dioreses le
peche des parens par le deffault desquelz leurs enfans perif
sent ou sont estaings ou lit ou autremẽt. Le quart cas reser
ue aux euesques selon le droit est le peche par leql on ẽcourt
sentẽce de excõmunie cõme frapper vng clerc malicieusemt
nõpas enormemẽt. car adonc labsolution enapartie droit au
pape cõme dit est. Autres cas ya plusieurs desquelz doit biẽ
estre auise le cõfesseur: ¿ sen informer solliciteusemt tãt par
estude que par cõseil ¿ practique des iuristes. Le pmier des
cinq cas Dãcienne coustume est homicide voluntaire. Le se
cond deceulx qui faulsent les lettres du pape : ou scientemt
vsent de telles lettres saulses. Le tiers de ceulx qui froissent
les libertez de saincte eglise /cõme ceulx q parforceroiẽt gens
Deglise a payer tailles /guetz/ subsides /ou passages contre
leur voulente:¿ sans le conge ¿ordõnãce des platz. Lequart
de ceulx qui enfroissent limmunite ¿ priuilege de leglise ou
lieu saint cõme feroiẽt ceulx qui prendroiẽt violentemt au
cune psonne en leglise ou au cimitiere /en la boutant hors de
franchise sans ordõnance de iustice /ou qui y feroiẽt aucune
fraction cõme dit est par deuant. Le quit est des sorciers et
deuins. Vng docteur nõme tehan andrieu dit que plusieurs
autres cas sont reseruez aux euesques/ comme est de blasphe
mer dieu ¿ les sains. De ceulx aussi qui font mariages clan
destins /cestadire cõtre la phibition de saincte eglise /¿sans la
sollennite qui a ce apartient. Itẽ de to² grans ¿horribles cas
aps quilz sont publiqs. Itẽ de faulx tesmoings en iugemẽt.
Du peche dinceste cõe auoir cõpaignie charnelle de sa mere
ou de sa parente ou affine Et est semblable chose de la feme
cõme de lhõme. Itẽ du peche de luxure auec vne nõnain ou
auec vne feme qui a voue aucune religion approuuee /ou a
uec bestes. Itẽ de ceulx qui froissent leurs mariages. et sem

blablement autres cas que les euesques pourroient retenir
pour aucune bonne cause Mais côme dit hostiense/reseruez
tât de cas est ou piudice des curez: ⁊ en peut auenir plusgrât
empeschemét du sauuement des ames que grant prouffit.
Et pourtât il concud que les curez peuét absoudre de tous
cas.exceptez les neuf deuantditz specialleîht puis qlz sont
secretz: ⁊que ce ne se ur est defendu en droit par aucune spe,
ciale inhibition ou coustume approuuee. Maisquant au re
gard des freres mineurs ou pscheurs qui sont iuridiqment
psentez nul ne doit doubter quilz ne puissent absoudre de
tous cas/exceptez le neuf deuantditz qui sont reseruez de
droit ou de coustume/car gloses ou opinions diuerses de do,
cteursne doiuent point estre receues:ne auoir lieu en ceste
matiere alencôtre de la voulente ⁊expsse declaration du sait
siege apostolique Car il est cler ⁊ iuridiq que le moindre ⁊pl'
bas ne peut restraidre ou diminuer le priuilege statut ⁊ ordô
nance de son souuerain. Or est il ainsi que le pape benedic
xi.⁊ eugene quart en ont côferme lopinion de raymôd q met
quatre cas de droit:⁊ cinq de coustume côme dit est ⁊ ce q en
escript ou septiesme des decretalles.cestassauoir que les re
ligieux ne peuét absoudre des cas reseruez aux euesques.ce
se doit entendre des reseruez de droit/ainsi ql appert par la
decretalle qui se cômence. Dudun. Mais se par les côcilles
synodaulx/ou par les status ⁊ ordonnâces puinciaulx aucû
peche estoit defendu sur peine dexcommunie:les freres de
uantditz nen pourroient absoudre.car absolutionde excom
munie apartient de droit aux euesques:exceptez celles q sôt
reseruees au sait pere. Ité est bié a noter q le pstre qui recoit
scientemt lapsonne excômuniee de grâde excômunie a ouir
loffice de leglise/ou a aucun des sacrems/ou a sepulture ec,
clesiastiq:peche mortellemt:⁊ est suspens de toute admistra
cion ecclesiastiq:⁊ luy est interdicte lentree de leglise:⁊ sil ce
lebre en tel estat il est irregulier.⁊ se aisi meurt il ne doit poit
estre enterre en lieu saint. Ité se aucun pticipe auec les excô Nota.

Dicit sctũs tho=mas i suo quarto q̃ si pctoz sit aliq̃ snia maiozis excõicatõif ligat° nõ pot absol=ui apctionist hus fuerit ab excõicatione absolut° p eũ q̃ eum pot absoluere qz excõicat° nõ est pticepf sacramẽtozũ eccle. Mou ic etiã opinio ni pcozdat ricardus d'mediauilla. z ulterius dicit q̃ etiã excõicat°miozi excõi=catõe nõpot absolui apctis ill a manente qz ut bẽtur extra de clerico excomuica=to miftra nte. si celebzat tali s a pceptõe est pu at°. Cũ igitur sacdos absoluit aliquẽ i fozo pnie pmo debet pponere absolutõne ab excõicatione q̃ apctis. hec ricard°. di. vii. zc. Extra de clerico excõicato miftrãte. ca. Si celebzat.

Im piũ ẽ a do di. midiã sperare veniã augu.

Versus

muniez en parlant ou en mengeant ou en buuant ou en les saluant en contenant la prohibition de saincte eglise: il pe=che mortellemẽt: z est excõmunie de moindze excõmunie: de laquelle sentence il peut bien estre absoulz de son cure se de telz cas il a contricion suffisante. Et dient les docteurs q̃ telle absolution de moindze excõmunie doit preceder labsolutiõ sacramentelle des autres pechez soubz telle forme. Ego te absoluo a sentencia minozis excõmunicationis: siue mino=rum excõmunicationum. et hoc si sint plures. Item eadem auctozitate. ego absoluo te a peccatis tuis. Innomine patz zcetera. Et la raison de tenir ceste forme cest pourtant que ceulx qui sont en telle sentẽce ne sont point participans des sacremens de saincte eglise: desquelz le sacrement est vngi tusques a ce quilz soient desliez de ladicte sentence ainsi quil appert par les dzoitz. Item est a noter que aucun pourroit bien estre absoulz des peines canoniques: comme sont excõ=munie/ suspension/ interdit ou irregularite sans quil fut absoulz sacramentellement de ses pechez z de lune des dictes peines en demeurãt lye des autres se de plusieurs estoit lye Mais ainsi nest pas de labsolution sacramẽtelle enlaquelle il conuient estre absoulz de tous les pechez/ou de nulz. Les causes z raisons pourquoy on peut cõmuniquer auec les ex=cõmuniez sans encourir sentence sont contenus en ces vers Vtile/ lex/ humile/ res/ ignozata necesse Hec anathema qui dem faciunt ne possit obesse Cest adire que pour la grande vtilite soit de lexcõmunie ou de celluy qui parle auecq luy. ou pour le lyen de mariage. ou quant aucun est subget a lex=cõmunie. ou quant on na pas cognoissance de lexcõmunie. ou quant il ya necessite cogente parler ou cõmuniquer auec les excommuniez: nest point defendu sur peine de peche ne dautre sentence.

Ensuyt la distinction de trois manieres d penitence.

Rois manieres de penitëce sont tant en droit q en coustume. Cestassauoir penitëce publique / penitëce solle-
nelle / i penitence secrete ou sacramëtelle. Penitence publique est celle qui se fait en publique pour pechez grans i eno-
mies qui ont este comis publiquemët. Mais telle penitence
ne se doit pas auiourduy enioindre se elle ne se faisoit seullement en la ville ou cite en laquelle resideroit adoc la court
romaine / ou le saint corcille selon que dit maistre guillaume
durand i le scot pourtant que de telle penitëce prut plus a-
uenir scandale q profit i edification des ames. Et pourtant
on dreueroit punir ceulx qui pour quester i truader sont par
my le monde tous nuz en soy batant deuant le peuple affermans qui leur a este enioint par penitence en quoy ilz men-
tent comunement faulsement i mauuaisemët. Penitence
sollennelle est celle que on comence le mercredi des cendres
auec grans mysteres: laquelle ne se doit point bailler si non
pour grans pechez publiques i enormes: i appartient seullement de la bailler a l'euesque: ou a celluy qui le represente. La
forme i maniere denioindre i aussi de faire telle penitëce est
escripte es droitz / Mais souuentefois la coustume deroge
aux droitz. Et pourtant en aucuns dioreses on ne vse point
de telle penitence: i es autres on en vse en plusieurs i diuerses manieres. Ceulx qui imposent penitence public ou sol-
lennele pour peche qui nest pasnotoire. cestassauoir qui nest
pas paruenu a la cognoissance de tous ceulx de la ville ou de
la pluspart: errent i faillent grandement comme autrefois
a este fait de poures nourrices qui trouuoyent leur enfant
mort empres elles ou au barceau sans quilz peussent cognoi
stre la cause ou les moyens de telle aduëture qui souuëtesf
peut auenir sans la coulpe du pere ou de la mere. Penitence
sacramentelle se fait en secret i de toutes manieres de pechez soient publics ou secretz. i se peut reiterer par autät de
fois q lepecheur demourät en ceste psente vie recbiet en peche
i cest la pricipalle itecio de ceste quarte ptie de ce psent liure

D .l.i. Si ds post
remissionë .ff.penul.
aliqua vno tempoze
congruunt que al to
tepoze sūt necessaria

Et de ceste penitéce dit monseignr saint augustin ql vault
droit mieulx a vne psonne qui seroit en pechè faire vne bōne
et entiere confession.q̃ daller par pelerinage a tous les saintz
lieux qui sont sur terre.car sans icelle nul ne peut recouurer
sauuemt/ne aussi auec icelle aller a dānement.Et pourtāt
auise solliciteusemt vngchascun poure pecheur qui est endo
mination de lennemy a la matiere et es chappitres qui sen
suyuent.

Ensuyuēt quatre choses q̃ doit faire le pecheur
pour bien cōmenter sa cōfession

A personne qui desire faire si excellent ouurage cōe est
se purifier de pechè et de reduire a dieu par vraye et en
tiere cōfession:doit faire quatre choses ainsi q̃ enseigne mai
stre pierre de aquila:et aussi font les autres theologiés cōmu
nement.La pmiere est solliciteusemēt penser en sa vie selon
que dit saincte escripture.ie me remēbreray et pēseray en ma
vie deuant la face de mon dieu en amertume et desplaisance
de lauoir offense.Et doit chacune psonne mettre aussi grāt
peine et diligēce de se remēbrer de to̅s ses pechez pour enauoir
desplaisance/cōme elle feroit pour gaigner vne grant chose
tēporelle/ou cōme elle feroit pour se garder de la perdre.car
se par peresse et negligēce de penser a ses pechez elle en laisse
vng ou plussieurs sans cōfesser:telle meurt en tel estat il ya
extreme peril de dānatiō.Autre chose seroit quāt elle auroit
fait diligēce selon la debilite et fragilite humaine de soy re
mēbrer de to̅s ses pechez:et q̃ nonobstāt telle diligence elle en
oubliroit vng ou plussieurs̅ car cest cōclusioncertaine q̃ toute
psonne q̃ fait ce qui est en soy de soy remēbrer de ses pechez
pour en auoir desplaisāce:dieu luy en dōnera cōgnoissance ou
les luy pdōnera quāt au peril de dānatiō eternelle.en quoy
appt q̃ nulle psonne nest dānee q̃ par son dffault.La secōde cho
se q̃ doit faire le pecheur deuāt sa cōfessiō cest auoir desplaisā
ce dunchūn pechè qˀa cōmis enuers dieu son createur.et doit e
stre certain q̃ lossēce de chūn pechè mortel est autāt grāde cōe

est la maieste ⁊ bonte de celluy qui est principallemēt offensé
cest dieu qui est biē infini. Latierce chose est q̃ le pecheur doit
auoir propos moyennāt laide de dieu de iamais ne cōmetre
peche mortel. Car ainsi q̃ celluy qui auroit vraye contricion
de ses pechez principallemēt pour lamour de dieu ⁊ ppos de
sen cōfesser en lieu ⁊ en tēps deuz ⁊ competēt est en estat de
grace. Ainsi par opposite se aucun auoit fait to⁹ les biens du
mōde:⁊ iamais durāt sa vie neust cōmis peche mortel autre
que dauoir seulemēt intēcion de pecher au tēps auenir: il se
roit desia par icelle mauuaise voulente en estat de peche mor
tel ⁊ en voie de dānation. La quarte chose cest que le pecheur
doit faire oroison a dieu son createur quil luy doint auoir cō
gnoissance de ses pechez ⁊ grace de en faire cōfession qui luy
soit plaisante:⁊ au salut de son ame prouffittable .

▌Ensuyt tāt de ceulx q̃ peuēt iuridiquemēt absoul
dre q̃ aussi de ceulx q̃ peuēt eslire cōfesseur

▌E pecheur qui desire faire si cexcellent ouurage cōme
est soy purifier de tout peche par vraye cōfession: ⁊ se re
duire a dieu son createur aps les quatre choses deuātdictes
faictes ⁊ acōplies doit q̃rir ⁊ eslire vng cōfesseur qui soit souf
fisant pour luy declarer les difficultez de ses cas cōme pour
roiēt estre dacquestz de veuz de testamēs de restitutions de
sentence dexcōmunie de irregularitez de suspensions ou de
interditz.et ainsi dautres diuers cas qui souuētefois se treu
uent ou fait des cōsciences.car cōme dit saint augustin le pe
cheur deueroit a tout le moins faire pour la vie ⁊ sante de sō
ame ce quil fait tresdiligentemēt pour la sente de son corps,
Or est il ainsi que ceulx qui sont malades corporellemēt et
principalle mēt ceulx que on certifie estre en danger de mort
quierent le meilleur medecin et le plus expert quilz peuent
trouuer pour recouurer leur sant ⁊ pour euader la mort. par
quoy appert que le malade ⁊ naure spirituellemēt souuente,
fois de plus de mil pechez mortelz:deueroit estre solliciteux
de trouuer vng bon medecin spirituel pour euader la mort

denfer qui est eternele. Tel medecin spirituel est vng bon co
fesseur qui ait science suffisante pour arbitrer de diuers cas
come dit est. Ite quil ait iurisdiction z puissance dabsouldre
le pecheur. car autremet sil nauoit iurisdiction z puissance il
percheroit tresgriefuemet en absoulant: z aussi feroit celluy q
a tel chappellain se cofesseroit scientemet/ z ny auroit point
de vraye absolution Ite est a noter que vagabons qui nont
point de residence marchans qui sont hors de leur cotree pe
lerins ou ceulx qui passent pays pour qrir demourace peuet
estre absoulz du cure de la parroisse en laquelle ilz auroient
deuotio de se cofesser Car en tel cas ilz sont de celle parroisse
Ite escolliers/louagiers/seruiteurs/sot dicelle parroisse ou
ilz demeuret quant a receuoir le sacremet de cofession z ab
solution de tous les cas: Desquelz les cures peuent absouldre
leurs subgetz. z par consequent les freres mineurs ou pres
cheurs qui iuridiquemet sont psentez aux euesques come il
soit ainsi quilz aient de droit comun irelle puissance dabsoul
dre que ont les cures Ite ainsi que le cure peut absouldre son
subget tant en sa parroisse que dehors. semblablemt peuent
faire les dessusditz religieux enuers ceulx du diocese /ou ilz
ont este psentez autremet leur priuilege seroit restraint. La
quelle chose le droit ne veut point pmettre. Adonc quat lepe
cheur est dispose come dit est: z il a trouue chappellain qui a
iurisdictio z puissance de labsouldre /come seroit nostre sait
pere le pape q a puissance planiere z generalle de labsouldre/
tous ceulx de la crestiete z de tous cas sans nul qlconque en ex
cepter. ou leuesque sur tous ceulx de son eueschie de tous cas
exceptez ceulx qui sont reseruez au pape. ou le cure qui peut
absouldre ses parroissiez de tous cas q ne sot reseruez par droit
ou par coustume au pape. ou a leuesq ou a aultre pstre regu
lier ou seculier q par comissiongnalle ou specialle z auctorite
ou licece de lun des trois deuatditz. Cestac du pape /de le
uesq ou du cure. ou aussi q ledit pecheur ait roge ou priuilege
gnal ou special deslire cofesseur ydoine. adoc il doit dire z ra

conter au côfesseur tous ses pechez Vngchascû en particuliez
ainsi que dieu luy en dônera la cognoissance / z aussi les circô
stâces qui peuêt muer le pechle en diuerses esperes / côme en
peche de larrecin on doit auiser sil est coulpable de Vsures / de
symonies / de faulx pois / ou mesures / de rapines ou sacrile ~
ges. Car ceulx qui scientemt z par malice saccusent tât seu
lement de larrecin: z ilz eussent commis sacrilege Rapine ou
Vsure ilz ne seroient pas bien confessez / mais pecheroiêt moz
tellemt. Semblablemêt est du peche de luxure. Car qui sac
cuseroit de simple fornication: z auroit commis adultere ou i~
ceste / Deflozatiô ou sacrilege (ainsi des autres especes: il ne
seroit point côfes z pecheroit grefuemt. Et pourtât la pson
ne qui se côfesse doit dire cleremêt son cas: z se elle est simple
le côfesseur luy doit declarer sa grefuete z aggrauâce de son
cas.

■ Ensuyuêt dix poins par lun desquelz ou plusieurs la cô
fession pourroit estre nulle / z aussi instruction pour bien exa
miner celluy qui est ou sacremêt de mariage

■ Pres les choses Deuâtdictes la psonne qui Veult faire
bonne confession au salut de son ame doit bien auiser
aux dix poins qui sensuyuêt Car par lun diceulx ou par plu
sieurs la côfession pourroit estre nulle. Le pmier est que elle
ne soit point en sentence dexcômunie. Car se ainsi estoit sai
cte eglise nauroit point puissance dabsouldre Daucun pechle
moztel / iusques a ce quelle en soit deslyee. car autremêt elle
nest point participâte des sacremês de leglise. Le secôd poit
est q̃ le pecheurdoit auiser a former consciêce la ou elle Doit
estre faicte z a ne le former poit ou elle nedoit point estre fai
cte Car par le deffault de ces deux poins la côfessiô pourroit
estre nulle. Et souuent auient a plusieursqui ne font point
de consciêce en cas dusures / de symonies / de dons / q̃ se font
autremt q̃ par liberal amour. Itêt de mauuaises Voulétez de
liberees de pecher moztellemêt quât ilz neles ont pas mises
en effet:nôpas q̃lz aiêt laisse a ce faire pour lamour ou crâte

xiii.capitulus.

l iiii

Dedieu. mais tant seulemēt pour crainte mondaine ou pour
crainte de estre dānez/ou aussi qui nont pas eu lieu temps
opoztunite. Itē cōme nauoir pas acōplies les oeuures de mi
sericozde en lieu ⁊en tēps que on y estoit oblige paz le cōman
dement de dieu:⁊ sur peine de peche moztel. Laqlle chose est
forte a entendze a simples gens/si non paz la discretion⁊bon
auisemēt des cōfesseurs selon la doctrine du traicte pcedent
des oeuures de misericozde. Itē nauoit pas enseigne ⁊cozri⸗
ge ceulx que on estoit oblige de cozriger en lieu ⁊en tēps. Itē
quāt on doit lopaumēt aucune chose ⁊ q on a bien puissance
de le payer.⁊ celluy a qui on le doit veult ⁊reqert estre payr.
⁊le debteur na point de iuste excusation ql ne deust ⁊ peust
payer. adonc tel redeuable est continuellemēt enestat de pe⸗
che moztel. ⁊ ne peut estre absoulz sil na voulente de sagter
au plustost quil pourra. Et icyappert la coulpe de plusieur
simples ⁊ignozans cōfesseurs qui de ces cas⁊autres sembla
bles ne font point fozmer cōscience a ceulx qlz absoluēt/les
quelz plusieurs ⁊ souuētefois doiuēt a poures gens qui paz
deffault de leur payemēt sont grandemēt endōmagez ou q
cas sont tenus de recōpenser. Le tiers point est q le pecheur
doit auiser q la cōfession soit entiere en ne laissant rien a son
essient/ou paz deffault de faire ce qui est en soy selon qla este
dit paz deuant/car qui ne fait son deuoir selon ql est en la fra
gilite humaine.et ainsi paz son deffault oublie vng ou plu
sieurs de ses pechez lesquelz il doit confesser tous en particu
lier:sa cōfession nest point entiere. Et en cestuy point ie fais
grant doubte de la confession de ceulx qui paz leur deffault
nētēdent point les cōmandemēsde dieu pour les acomplir:⁊
pour se gazder de peche.⁊ aussi sacruser ⁊cōfesser de la trans
gression diceulx : lesquelz il pourroit auoir aprins ⁊entēdus
en vng iour ou endeux pour bien ⁊suffisammēt les sauoir cō
fesser a iamais toute leur vie Et pour plus clerement enten
dze ce peril ⁊ce deffault/on peut cōsiderer q la psonne q a trē
te ans a eu mil cinq cens soixāte dimēches esquelz lui a este

deffendu tout oeuure terriene qui se pouoit empescher de pen
ser a dieu ꞇ a ses benefices pour le remercier. Et aussi doit a
prendre les choses qui sont necessaires au salut de son ame ꞇ
penser en sa conscience ꞇ en ses pechez pour sen confesser digne
ment. Et pourtant q̃ la plus grande partie des mondains sont
mal leur deuoir es dimenches ꞇ es autres festes de penser en
leurs consciences: ilz ne se sceuent confesser que en vne genera
lite quant ilz se deussent confesser en particulier sil ne tenoit a
leur deffault. Or est il escript tant en droit q̃ en raison q̃ nul
ne doit auoir prouffit de son crime ꞇ deffault. ꞇ pourtant il ex
cede mon entendement ꞇ raison se telles confessions sont vailla
bles deuant dieu. Laq̃lle chose ie laisse es abismes des iuge
mens diuins. Laquart point cest q̃ le pecheur doit auiser quil
die tout ce dou il aura memoire a vng confesseur ꞇ nompas a
deux ou a plusieurs. Car se a son escient il disoit vne partie
a lun ꞇ partie a lautre malicieusement il pecheroit grefuemẽt
ꞇ ne seroit point absoulz de lun ne de lautre. mais se par au
cun cas il estoit renuoye au souuerain il souffiroit dire le cas
pour lequel il auroit este renuoye: mais q̃l eust tout dit au pre
mier. Le quint point cest q̃l doit auiser pfundement se il est
prest de pardonner du bon du cueur le mal talent a ceulx q̃ lont
offense. Car come dit nostre saulueur en leuangille: se no⁹ ne
pardonnons a noz malfaicteurs la rancune q̃ no⁹ auons contre
eulx: iamais dieu ne no⁹ pardonera. Et semblablement celluy
qui a offense aucun en dit ou en fait luy doit reqrir pardõ de
fait sil est psent / ou estre en ferme ppos de ce faire en lieu et
en temps quant oportunite se trouuera. Le siziesme point est
au regart des gens qui sont en mariage quant a deux poins.
Le pmier est come ilz ont receu le sacrement de mariage. Le se
cond est de la maniere come ilz se sont gouuernez. Quant au
pmier est assauoir q̃ selon lordonnance de saincte eglise nul ne
peut prendre en mariage son parent: ou sa parente que lune
des parties ne soit a tout le moins au quint degre: desq̃lz de
grez le frere ꞇ la seur sont le pmier / les enfans qui sont ger

mains sont le secõd/les enfans des germains qui sappellẽt
remuez sont le tiers Et les enfans des remuez sont lequart
et le remue du romue fait quint. Et pourra celuy du quint
auoir en mariage celuy du second du tiers ז du quart. ainsi
cõsequẽte m̃tẽ ligne collaterale. car iamais aucun ne peut
auoir en mariage celluy ou celle qui est en droite lignee soit
en montant ou en descendant. Et se aucun se marie sciẽte
mẽt auec aucun de son lignage au dessoubz desdegrez deuẽt
ditz: il peche mortelemẽt ז oultreplus est excõmunie. Et est
a noter que par habitation charnele en fornication est causee
affinite auec tousceulx du lignage tant de lun q̃ de lautre en
icelluy mesme degre q̃lz apartiennẽt a ceulx qui cõmettent
telle fornication. Exemple. Tu cõmetz fornicatiõ auec õne
fẽme toutes ses seurs naturelles sont tes seurs par affinite
ses nieces sont tes nieces. ses germaines sont tes germaies
et ainsi des autres. et semblable chose est de la fẽme au re
gart du fornicateur. et iamais ne se peuent marier auec les
parent lun de lautre. ז silz se mariẽt scientemẽt ilz sont ex
cõmuniez et doiuẽt estre separez nonobstant q̃lcõque espace
de temps ou quelque lignee qui soit venue de tel mariage.
Autre chose seroit se apres le mariage legitime daucuns il a
uoient cõpaignie charnele la fẽme du parent de son mary ou
le mary de la parẽte de sa fẽme/car le mariage ne seroit poĩt
separe. Mais la partie coulpable chiet en tel incõueniẽt que
iamais ne peut reqrir le deuoir de mariage a sa partie sil nest
p̃mierement dispense de lauctorite du pape/q̃l ne peche mor
tellemẽt. Mais la partie qui nest poĩt coulpable le doit rẽdre
auec la desplaisance qui peult cheoir en tel cas. Et adonc la
partie coulpable ne peche pas mortellemẽt: sil nyauoit antre
desordonnãce. Et si est bonconseil que telle p̃sonne coulpa
ble quiere sa dispense du pape pour euiter les perilz qui pour
roient auenir pour cause de tel empeschemẽt. Itẽ doit auiser
au lignage spirituel qui vient entre plusieurs p̃sonnes a cau
se du sacremẽt de baptesme ou de cõfirmation Cestass̃ entre

lenfant baptise ⁊ ceulx qui le tiennēt . ⁊ entre les enfans na
turelz soient nasquis deuāt ou aps. Car iamais le filleul ou
filleule daucū ne peut estre marie ou mariee auec les enfās
naturelz de leur parrain ou marraine. Mais les cōperes ⁊ cō
meres peuēt bien marier leurs autres enfans ensemble par
lesquelz nest pas venu le cōperage. Plusieurs autres cas y
peut auoir a cause de cognation legalle ⁊ de laffinite que on
appelle iustice de hōnestete publique lesquelz ie passe acause
de brefuete. Jtē on ne doit pas espouser depuis le cōmencement de laduent iusques a loctaue de la typhaine. Jtem depuis la septuagesime iusques a loctaue de pasques. Jtem depuis les trois iours de deuant lascention iusques a loctaue
de penthecoste. Et qui feroit autremēt sans dispense pecheroit mortellemēt. Et cecy est quant au premier point du sa
crement de mariage.

Ensuyt lexamination de lapsonne mariee.

Quant au second qui est du gouuernemēt de la psonne
mariee au regart de son satremēt de mariage est assauoir que selon q̄ declarent les docteurs/loeuure de mariage
se peut acōplir en cinq manieres. aucuneffois meritoiremēt
aucunefois sans peche/aucunefois auec peche veniel/aucu
nefois auec telles circōstances q̄ les theologiēs doubtēt de
mortel ou veniel/auttrefois y a peche mortel. Premierement
loeuure de mariage se peut acōplir meritoiremēt quant lune
des parties ou tous deux ensemble sont en estat de grace et
leur principalle intencion est dauoir lignee/ou de rēdre le deuoir de mariage lun a lautre/ou de euiter le peril dadultere
en soy ou en sa partie:⁊ en gardant les circōstances qui apar
tiennēt a lhōnestete de mariage. Quāt cest peche il y a doubte de mortel ou de veniel le bon ⁊ souffisant cōfesseur lepeut
comprendre par les circōstances du fait de lintention ⁊ de cō
fession ⁊ des gens mariez. Mais en sept manieres on pourroit pecher mortelemēt auec sa partie selon que declarēt les
docteurs. Le p̄miier si est quāt lōme aussi la fēme seroiēt tāt

desordonnez qz voul droiet par deliberacion acoplir loeuure
de mariage auec partie qui ne seroit pas sienne par mariage.
Et est ce cas icy fort a iuger quat au iugemet humain. mai?
dieu qui est iuge des conscieces doit clerefnt la verite. Le second cas en quoy a dager de perche mortel est quat lune par
tie refuse lautre sas excusatio legitime Le tiers cas est quat
lhome abuse de sa partie pour acqrir plus grande plaisance
charnelle. Le quart quant la feme nest pas en disposition de
son corps quelle doie rendre le deuoir de mariage t sa partie
qui en a cognoissance est tant irraisonnable quil ne se veult
point abstenir. adonc cil perche mortellemet / selon que dient
comunement les docteurs. Mais la femme qui obeist cotre
sa voulente pour euiter les dangiers de incotinence ou autres maulx qui pourroiet auenir en mariage : ne perche pas.
Le quit est quat les gens mariez vont a leurs femes es gras
festes selon que dient aucuns docteurs. Toutess saint thomas dit que le perche nest pas mortel. Et le docteur deuot
bonaueture : t aussi le docteur subtil lescot tiennet ceste opi
nion. Car leglise ne defend pas loeuure de mariage aux festes. mais seulemet conseille que on sen abstiene affin quilz
soient mieulx disposez a prier dieu. Car de tant q on met pl?
son cueur es plaisaces charnelles / dautat est len moins dispose a dieu prier t pl?eslongne de son amour Et se doit faire
celle abstinece dun comun assentemt ainsi que enseigne mo
seigneur saint pol. Et se lune des parties ne se veult abstenir : lautre partie y doit obeir sans former consciece erronee /
come se la partie creoit que ce fust perche mortel de obeyr a sa
partie ou fait de mariage au teps de grande sollennite Et
toutess ce nonobstant luy obeiroit / adoc elle pecheroit mortellemt seulemet pourtat quelle fait cotre sa consciece q est
erronee de croire q obeir a sa partie audit teps soit perche mor
tel. Le siziesme est quat loeuure de mariage se cometroit en
lieu saint / come est leglise ou cimetiere se les mariez pouoiet
autremet couenir ensemble : t se le cas estoit notoire / leglise

ou le cimitiere deueroiẽt estre recõsiliez selon les droiz. Le se
ptiesme est quãt la femme est ensaincte ⁊ pres de son terme.et
ilz auroiẽt par aucune experience ou vray semblable q̃ lenfant
enpourroit encourir aucun peril. Et touteffoys par leur incon
tinẽce ilz se exposent a tel peril/ilz pechent mortellemẽt se
lon plussieurs docteurs. Et ace ppos ay autreffoys trouue hõ
me marie qui par douleur ⁊ remors de conscience queroit re
mede ⁊ conseil de ce que sa femme auoit eu quatre ou cinq en
fans to⁹ mors beaulx grans ⁊ bien formez/lequel ne sauoit
cause ne occasion de la mort desditz enfans:ne autre cause ne
sauoit iuger dessoubz le iugemẽt de dieu fors leur incõtinẽce.
Car ainsi il disoit ilz ne se abstenoiẽt point du fait de maria
ge pour qc̃onque disposition ou prochainete denfanter que
fust la partie. Et ainsi appert q̃ en maintes manieres lestat
⁊ hõnestete de mariage est mal garde de plusieurs gens ditz
⁊ charnelz qui souuẽtefoys y cõmettent cas deue/q̃ ⁊ monlt
enormes desquelz ilz ne forment aucune conscience/ne nen
font aucune cõfession. Et souuenteffois dieu les punist en
leur lignee par tãt q̃lz engendrẽt enfans tors bossus contre
fais/aueugles/ne seaulx ou cheans de chault mal ainsi que
disent les sains docteurs. Et pourtãt on deueroit auiser⁊en
seigner ieunes gens de lhonneur ⁊ reuerẽce de la crainte et
de lobediẽce q̃lz doiuẽt garder ou saint sacremẽt ⁊ mariage
⁊ cõme ilz se doiuẽt marier principallemẽt pour intẽcion da
uoir lignee qui puisse paruenir au saint seruice de dieu ⁊ de
saincte eglise selon lexemple du ieune thobie auq̃l langel de
dieu enseigna que tãt luy q̃ sa femme sarra se abstenissent du
fait de mariage aps leur benediction lespace de trois iours
⁊ de trois nuytz ou quel tẽps ilz se dõnassent a saincte oroisõ
et ainsi le fist parquoy il fut deliure de tout peril:⁊ de la ten
tation de lennemy qui auoit par duãt estrangle sept marys
qui auoiẽt espouse lun apres lautre ladicte sarra.nõ pas pri
cipallemẽt pour lamour de lignee ⁊ du sacremẽt/mais pour
la beaulte de la fille:⁊ pour acomplir leurs plaisances char

nelles. Et ceste doctrine ⁊ enseignement ont garde depuis
plusieurs bons crestiens ⁊ bien enseignez de quoy ilz se sont
trouuez en grande benediction de bonne lignee de ioye de con
solation ⁊ de longue vie. Le septiesme point est que la cõfes
sion nest point meritoire ne suffisante pour acqrir nouuelle
grace de dieu quãt elle est faicte principallemt par coustume
ou pour crainte mõdaine: ⁊ nõpas principallement pour la
mour de dieu ⁊ du sauuemẽt de lame. Laquelle chose se fait
plus cõmunement ainsi quil peut estre cõprins ⁊ argue par
la vie de la pluspart qui a grant peine se presentent vnefois
en lan ⁊ bien tard deuãt leur cõfesseur. Le huytiesme point
cest quãt le pecheur na pas voulente ne ferme ppos de cesser
⁊ mettre fin en son peche pour le tẽps auenir: ⁊de fuyr les oc
casions de peche mortel. Le neufuiesme est quãt le pecheur
eslit a son escient pour son cõfesseur vng simple ⁊ chappellain
qui nest pas suffisant ne ydoine pour adresser le fait de sa cõ
science selon la vocation ⁊ effet de quoy peut estre le pecheur
ou qui na pas puissance dabsouldre. Le dixiesme est quãt le
pecheur oublie par sa negligẽce sa penitẽce enioincte ou au
tremẽt ne la veult faire: soit de reqrir pardon/ ou de pardon
ner/ soit de restituer lautruy/ de ieuner ou de faire oroison.
car en tel cas sa cõfession est nulle ⁊ doit estre reitteree. ⁊ si est
bon conseil que on acõplise sa penitẽce en estat de grace. car
en ce faisant on acquiert grant merite enuers dieu. ⁊ auec ce
on sacquite de peine tẽporelle.

¶ Ensuit la practique que doit tenir cellup qui biẽ entiere
mẽt se veult cõfesser ⁊ examiner selon lordre des dix cõman
demẽs de la loy pour la plus seure maniere qui y puisse estre
trouuee.

Q Viconques veult biẽ ⁊ parfaictemẽt examiner sa consci
ence en particulier il se doit rigler selon les dix cõman
demens de sa loy. Car ainsi que tesmoigne monseignr saint
augustin on ne peut pas trouuer plus certaine practique de
bien examiner sa consciẽce. Itẽ dit saint gregoire que les dix

xiiii. capitulũ.

cõmandemens sont cõe dix miroirs/esquelz lame crestienne
peut cleremēt veoir τ cõgnoistre la soulleure du peche: τ de
la desordonnãce de la consciēce. Dit aussi le prophete royal
Dauid. Je me cõfesseray bien adroictemēt pourtant que iay
apzins les cõmandemens de dieu. Pourquoy est bien a notez
que nulle psonne nest pas oblige a soy cõfesser regulieremēt
τ de necessite/si non de peche mortel/qui nest autre chose fozs
trãsgression daucun des dix cõmandemens esquelz sont de
fendus les sept pechez moztelz. Sõt aussi cõtenues les sept
oeuures de misericozde τ la verite des articles de nostre sain
cte foy. esquelles choses cestassē es cõmandemens de la foy
es articles de la foy/τ es sept oeuures de misericozde est com
prins τ cõtenu tout le fait de la consciēre ainsi quil a este dit
par deuant. Et pourtãt qconques se veult bien examiner et
faire parfaicte τ entiere confession apzes les choses dictes: il
doit auiser cõme il a gazde τ acomply les dix cõmandemens
de dieu: tãt en la chose cõmandee cest en acquerãt les vertus
τ en acõplissant les oeuures de misericozde: q aussi en la chose
defendue/cõme sont les sept pechez moztelz. cestassē ozgueil
enuie/ire/auarice/gloutõnie/peresse τ luxure. esquelles sept
manieres de pechez on peut cheoir souuentefoiz moztellemēt
τ dãnablement: τ aucunefois veniellemēt tant seulemēt. car
il nest pas a croire que toute passion ou esmouuemēt de ire
de enuie/de vaine gloire: τ ainsi des autres pechez deuanditz
soient tousiours peche moztel. Mais quant telles passions
ou voulentez se demeurēt es termes de peche veniel ou quilz
excedēt iusques a peche moztel. cest chose tresdifficille au iu
gement humain. Et nest pas possible dy donner rigle gene
ralle suffisãce pour iuger de chascun cas en pazticulier sil est
moztel ou veniel. Mais toutessē les docteurs donnent bien
enseignemēt en gñal par quoy on peut biē cõgnoistre daucun
peche sil est moztel ou veniel selon q̃ a este dit par deuant ou
septiesme chapitre de ceste ptie. Et pourtãt quãt a pñt reste
veoir en pticulier aucũs cas selon lozdre des dix cõmãdemēs

Confitebor tibi ĩ
directione cozdis: ĩ
eo q̃ didici iudicia
iusticie tue. p̃. cxviii.

¶ Ensupt du pmier cōmandement.

x8.capitulum Oltre les choses dictes ou pmier cōmandemēt cellup
qui veult bien purger sa consciēce doit auiser aux pois
qui sensupuent. Premieremēt a la fraction de ses veuz saucū
en auoit froisse par non challance ou par contēnement z ino
bedience enuers dieu qui fust licite a tenir z a acomplir: cest
peche mortel se on cōmet telle fraction par deliberation ou
equiualent selon la rigle mise ou chappitre de la science que
doit auoir vng cofesseur qui doit biē estre notee pour to°les
cas qui sensupuēt enceste matiere de to°les dix cōmandēmē
Itē est a noter q pourtant quil a este fait mencion ou traicte
des cōmandemens de to°les sept pechez mortelz. cellup qui
par lestude de ce liure vouldra examiner sa cōscience doit cō
ferer les choses qui la ont este dictes soit engeneral ou enspe
cial auec celles qui sensupuent en ceste recapitulacion des
cōmandemens plus en particulier. Se aulcun par maladie
oubliance ou autre cause excusable froissoit son veu: ce ne se
roit pas peche /ou seroit seulement veniel. Sil a voue chose
illicite il ne le doit point acomplir: mais sans autre dispense
doit plustost faire tout loposite: z se confesser de ainsi folle
ment auoir voue chose qui nestoit pas licite ou hōneste. Sil
a tarde dacōplir ses veuz tellement quil les a oubliez /ou par
trop tarder chiet en tel inconueniēt quil ne les peut acōplir:
aucuns grans theologiens veulent dire z soustenir que cest
peche mortel. Sil a fait veu de ieuner ou de faire autre chose
licite pour aucune mauuaise fin /comme pour paruenir a cō
mettre larrecin /adultere /ou autre peche: il a peche mortelle
ment. Sil a fait veu de chastete ou de religion: z puis apres
se marie: cest peche mortel: z toutefois z quantes q̇l requiert
a sa partie le deuoir de mariage il peche mortellemēt. Mais
sil estoit requis: il peut sacqter enrendant le deuoir de maria
ge sans peche mortel: par ainsi q̇l aymast mieulx selon la vou
lente de raison se contenir z non acōplir loeuure de mariage
Laqlle chose est forte a garder tout le tēps de sa vie. Et pour

tant ceulx qui sont en tel inconuenient se deueroient faire dispenser de leur veu et absouldre du peche. Et est a noter q̄ vng cure peut absouldre son subget de la fraction de
ses veuz/mais il ny peut dispenser ou les cōmuer sans spe-
ciale licence du pape ou de leuesque selon q̄ le cas le requiert
La dispense ou cōmutation du veu de chastete/de religion
ou pelerinage de hierusalem/de rome/de saint iaques/sōt
reserues au pape. Mais ladispense ou cōmutation dautres
veuz appartient aux prelatz. Item est a noter q̄ ieunes gens
cest assauoir la fille au dessoubz de douze ans acōplis: et le
filz au dessoubz de xiiii. ne peuent vouer ou entrer en religion de leur propre auctorite nonobstant quelcōque discretion quilz puissent auoir. Item veu nest point obligatoire sil
nest fait par deliberation t plain cōsentement. Item femme
mariee ne peult vouer ou obseruer. le veu quelle auoit fait
par auant le mariage se son mary ne si consent/ et se elle a-
uoit voue apres ou deuant le mariage:le mary luy peut faire laisser sans autre dispense et sans le peche de lung ou de
lautre se le mary ne si estoit autreffois consētu. Lōme peut
bien vouer sans congie de sa partie choses qui ne sont pas
aupreiudice de mariage. Item ceulx qui vouent de iamai'ne
se pygnez au mescredy ou ne filer au samedy ou autres semblables superstitions doiuēt laisser telz veuz et en faire a lor
bonnāce de leur sage t discret confesseur. ¶Secondement
le pecheur doit aduiser sil est point coulpable de sorceries/de
charmes/de inuocations de lenemy ou de adoration ou de
paction auec luy. Item sil a point vse de mauuais art ou
sil en a garde ou retenu liures. Item sil a iuge de la mort et
dela vie et des auentures de aucune personne par les constellations des planetes ou par philosophie. Item sil a vse de
sort pour scauoir aucune chose. Sil a creu trop fermement
aux auentures daucuns songes. Sil a regarde ou fait regarder es signes des mains po' scauoir les auentures de soy ou
dautre. Se pour aucune maladie il a vse de breuetz ou de

charmes. Sil a mis distinction en certains iours comme le
mardy ⁊ le mercredy ou autres iours pour cõmencer aucun
ouuraige/pour faire chemin/en croyant que par vng iour il
prosperera mieulx q̃ par lautre. Sil a aiourte soy pour au
cunes aduẽtures en chãt ou encrys daurũs oyseaulx ou alẽ
contre daucunes bestes ou dautres choses/en tous ces cas
deuãtditz souuẽt a peche mortel ⁊biẽ a tard peche veniel.

¶ Sensuyt du second cõmandement

xvi. capitulu̹ Oltre les choses deuãtdictes au second cõmandemẽt
le pecheur doit auiser aux poins qui sensuiuẽt. Sil a
iure pour certain la chose qui luy estoit en doubte cest peche
mortel specialement eniugement. Sil a iure faire chose q̃ de
soy est mauuaise/comme seroit faire peche il a peche mortel
lement/ne ne doit tel serment estre garde ne acõply. Sil a
reuele sciẽtement le secret ou le conseil q̃l auoit iure tenir se
cret cest peche mortel tant en celuy qui iure q̃ en cellui q̃ fait
faire scientement telle reuelation scauant bien quil estoit
baille pour secret. Sil a iure detestablemẽt cõme par le sãg
par la mort ou par le ventre dieu cest peche mortel/et est re
putee telle maniere de iurer aussi comme blapheme: et sem
blablement maulgreer par ire dieu et les sains. Sil a pro
mis et iure faire aucune chose licite ⁊ il la trespasse sans ex
cusation raisonnable et a son escient: cest peche mortel/mais
la chose iuree pourroit estre telle cõme iurer de batre son en
fant ou autre chose semblable que nelacomplir point ne se
roit que peche veniel. Sil a contraint a iurer celui quil croit
quil se pariurera: cest peche mortel/excepte le iuge qui par or
dre de droit fait iure aucun en iustice. Se en chansons des
honnestes et truffes et baueries delangaige il iure dieu ou
les sains cest peche mortel ¶ Item iurer verite sans cause et
pour neant et aussi comme a chascun mot se peut a grande
paine faire sans le contennemẽt de laloy de dieu ⁊ p cõsequent
ya peche mortel.

¶ Sensuit du tiers cõmandement.

Oultre les choses dictes au tiers commandement: xvii.capitulus
le pecheur doit auiser es poins qui sensuiuent. Sil
occupe soy/ses seruãs ou ses enfans en oeuures ter
riennes et mauuaises au iour du dimeuche ou a autres fe
stes baillees p commandement/p couuoitise ⁊ sans contrain
te de necessite cest peche mortel tant en cellui qui comande q̃
en cellui qui obeyst et consent. Sil est alle a foires ou a mar
ches p sõ auarice aux dictes festes il y peut auoir peche mor
tel/ Aultre chose seroit quant apres messe ouye sil la pouoit
bonnemẽt ouyr il aloit aux foires ou aux marches que les
prelatz de saincte eglise seuffrent sans en faire specialle pro
hibition ou sans en faire punition. Sil est occupe tout le
iour a esbatemẽs/a conuiz/a chasser ⁊ gibber sans ouyr mes
se et aucuneffois ya occupe les autres cest peche mortel com
muneemẽt. Icy doiuent auiser ⁊ querir bon conseil tauer
niers/pasticiers/pennetiers/appoticaires/aduocatz/tabelli
ons/et semblablement sergens et autres officiers. Itẽ tail
landiers/cordouenniers/⁊ generalemẽt toutes manieres de
gens de labour et de noblesse en quelque degre quilz soient
car chascun se doit examiner sellon la vocation et lestat en
quoy il vit/et auiser pour quelle occasion ⁊ auec q̃lles circũ
stances il sest occupe au iour de feste en oeuures terriennes
Car se ce a este principalement par son auarice rest commu
neement peche mortel. Item fraudes/mensonges/cauilati
ons/pariuremẽs et autres tromperies qui souuenteffois se
commetent en toutes manieres de marchãdises soit en pois
en mesure/en pris/en substance/ ou en qualite est plus grief
peche au iour de la feste que ne seroit a autre iour pourtant
que en ce faisant il ya transgression de deux commandemens
cest du tiers qui est sainctifier les festes enquoy est principa
lement defẽdu oeuure de peche/⁊aussi du septiesme q̃ defent
tout larrecin cõe sera dit puis apres.

Sensuyt du quart commandement.

Oltre les choses dictes a ii quart commandement
le pecheur doit auiser aux poins qui sensuiuēt. pre
mierement sil a dit paroles iniurieuses a pere ou a
mere/sil les a mauldis/sil cest mocque deulx/sil les aboutes
ou frapes/sil les a prouoquez ou courroucez a sontort cest pe
che mortel. Sil ne leur a point Voullu obeyr en chose qui e
stoit bonne et licite cest peche mortel quānt en ce a contenne
ment/car autre chose seroit se par inaduertance ou enaucūe
negligēce ou en chose de petite reputation. Sil ne leur a po-
ueu de leurs necessites selon quil pouoit et deuoit faire.
Sil ne leur a porte honneur et reuerence en lieu et entemps
cest communement peche mortel. Sil ne les a acquitez aps
leur mort et acomply leurs derrenieres Voullentez et testamens selon quil pouoit et deuoit bien faire cest peche mortel
Sil a este irreuerēt a ses autres parēs/a ses souuerains rōe
a gens deglise/a officiers a ses seigneurs. Sil na enseigne
ses enfans et autres de sa famille en leur faisant garder les
cōmandemens de dieu/receuoir les sacremens en lieu et en
temps en leur pourueāt de boire a de mēger/deVestir chaus
ser honnestement selon sa puissance et son estat. Si leur a
laisse mener orgueil et Bombans a Vanites. Si leur a pmis
se trouuer en dances a en cōpaignies petilleuses et deshon-
nestes. Sil a fait besongner ses seruans ou seruantes aux
festes en toutes ces choses y peut auoir peche mortel selon
les circonstances et modification de peche mortel qui a este
dicte par cy deuant.

Sensuit du quint cōmandement.

Oltre les choses deuantdictes au quit commande
ment le pecheur doit auiser aux poins qui sensuyuent. Premieremēt sil a fait homicide daucune pe
sonne soit de fait a pensee ou par inaduertēce en exercāt cho

ses illicites/cōme seroit getter pierres sās discretion ou au
cun trait ou en faisant chose licite et nauisant pas ceulx qui
pouoient estre en dāger ou par necessite euitable ou non en

laquelle necessite il seroit cheu par sacoulpe comme se ensoy
defendant il tuoit le mary dune feme auec laquelle il seroit
trouue deshonnestement /en tous ces cas il ya peche mortel
Ite se aucun iuge donnoit sentence de mort par enuie/par ire
ou pour son auarice sur cellui qui auoit gaigne a mourir ou
non cest peche mortel. Se feme enchainte prent aucune cho
se pour procurer lamort de son fruit /et ceulx qui se conseil
lent ou y consentent pechent mortelemet sensuiue le fait de
mort de lenfant ou non/ et se le fruit auoit ame ce seroit ho
micide et ras deuesque entous ceulx qui donnent cõseil /con
sentement ou ayde. Se pere ou mere ou nourrice estaignet
ung petit enfat par inaduertece ou autremt il y peut auoir
peche mortel par leur negligence et default de bonne garde
se femme enchainte pour trop labourer par sonauarice pour
se tenir cointe /pour dancer ou pour autres desordonnances
pert sonfruit elle peche mortelement. se aucun frape ou bou
te feme enchainte par telle indiscretion quelle pert sonfruit
cest peche mortel . se homme ou femme sefforce de trouuer
voies ou manieres parquoy il puisse empescher que la fem
me ne concoiue enfant cest peche mortel . se aucun frape ou
blesse autruy en le priuant de aucun de ses membres ou de
lusage diceulx sans lordre de iustice cest peche mortel . Sil
donne conseil/cõmandement ou ratifie et a acceptable que
aucun soit tue ou batu cõtre lodre de iustice et de charite cest
peche mortel nonobstant que le fait ne sensuiueroit pas .
Sil desire mort dautruy auec deliberationsoit pour haigne
pour enuie ou pour aucune autre mauuaise cause cest peche
mortel. Autre chose seroit de desirer la mort daucuns mal
faicteurs pourtant quilz empeschent les bons daucun bien
selon le iugemet humain. Sil frape et playe enormement
aucun en eglise ou au cimitiere cest sacrilege et le lieu saint
viole. Sil fait ou fait faire ioustes esquelles peult auoir pe
ril de mort cest peche. Moult dautres cas particuliers peu
ent aduenir touchãt la matiere du quint cõmandement des

quelz ceulx a qui ilz aduiennēt se doiuēt aduiser ꝛ purger.
¶ Sensuit du diziesme cōmandement.

xx.capitulum

Oltre les choses deuantdictes au siziesme cōman／demēt auquel assez suffisāment a este dit de diuer／ses manieres de luxure le pecheur doit aduiser aux poins qui sensuiuent. Premieremēt sil a touche deshonneste／ment ou baise pour atirer lapersonne au peche deluxure cest peche moꝛtel nonobstant que autre chose ne sensuiue／ Sil a escript／poꝛte ou enuoye lettres a son esciēt pour ꝓuoquer au peche de luxure cest peche moꝛtel. Sil fait chansons／dit ou escoute qui de ce seroient viles ꝛ ꝓuocātes a luxure ꝓin／cipalement pour induire luy ou autre a peche ¶Cest peche moꝛtel. Sil a acōpaigne aucun ou lui a dōne faueur dassem／blees ou sil lui a fait messages ou ꝓsens pour atirer au pe／che de luxure cest peche moꝛtel／et semblablement de ceulx qui a telle intention recoiuent dons ou promesses. ¶Sil a ꝓins delectationa pēser au fait de luxure ꝗ est peche moꝛtel il peche moꝛtelemēt quant il ya deliberation. Sil a mauuai／se voulente et consentement au fait de luxure ꝛ de telle vou／lente ꝓcedent regars／paroles／atouchemēs en soy ou ꝛ au／tres: cest peche moꝛtel ainsi quelʼla voulente dont telles cho／ses ꝓcedent／non pas que telle voullente et le fait qui sen／suiuent soient deux pechez mais vng seulemēt. Icydoit biē aduiser toute bonne personne ꝗ par sonparer／par ses regars ou par ses abillemēs elle ne donne occasion a autrui de folle pensee ou de mauuaise voulēte／car loccasion pourroit estre telle quil y auroit peche moꝛtel. Item est a noter que du pe／che de luxure ꝓcedent plussieurs passiōs par le moyen des／quelles on chiet souuēteffois en peche et en grās inconueni／ens／cestassauoir offuscation de vraye congnoissance ꝛ den／tendemēt／ꝓecipitation／incōsideration／incōstance／amout desoꝛdonne de sa ꝓpꝛe sensualite／amoꝛ de ceste presentevie haine de la iustice ꝛoꝛdonnance de dieu. Et pourtant le pe／cheur se doit examiner se pour son peche de luxure il cest tel／

lement occupe quil en a delaisse penser a dieu et a son sauue
ment. Sil a este precipitât ⁊ sãs deliberation en ses oeuures
⁊ affaires. sil a este sans deue examinatiõ de ce quil a fait ou
a faire. Sil a mue son bon propos et la delaisse du tout a fai
re. Sil a excessiuemst quis les plaisãces ⁊aises de son corps
¶ Sil a trop ayme ceste presente vie pour les delices de sa
chair. Sil a eu en desplaisance la loy de dieu pourtant quel
le defend les concupiscences du mõde ⁊ de la chair. Et en cha
cune de ses choses peut auoir si grant exces q̃ cest peche mor
tel selon que declaire mõseigneur saint gregoire.

¶ Sensuit du septiesme cõmandement.   xxi. capitulum.

¶ Oltre les choses dictes au septiesme cõmandemẽt
au peche dauarice le pecheur doit aduiser aux poie
qui sensuiuent. Le premier est de symonie. Le secõd
est de vsure. Le tiers est de fraudes ⁊ de deceptions. Le quart
de iniquite cõtre iustice. Le quit des euesques. Le vi. de cha
noines / de cures ⁊ autres bñfices. Le vii. de iniqte ou default
de iustice en seigneurie seculiere. Le viii. des iuges soient de
glise ou de secularite. Le ix. de aduocatz ⁊ procureurs ⁊ de
notaires soit en court deglise ou de secularite. Le x. de mede
cins. Le xi. de restitution necessaire a sauuement.

¶ Sensuyt premierement de symonie.

¶ Vant au premier qui est de symonie doit aduiser le pe
cheur sil a donne pecune ou autre chose par paction et
oultre son bon gre pour auoir ou receuoir aucun des sacre
mens de saincte eglise ou autre benediction en intention de
les acheter ou obtenir pour cause de telle chose baillee / cest
symonie ⁊ peche mortel / autre chose seroit se de son bon gre
pour aumosne ou po' lareuerence du sacremẽt ou de la bene
diction ou pour aucune coustume a laq̃lle garder il ne seroit
point pourforce. Et se cõmet le peche de symonie tãt de ce
lui qui vẽt choses spirituelles que aussi de celui qui les ache
te ⁊ qui sont cause et moyen de ce faire Sil dõne aucune cho
se tẽporelle po' obtenir chapelle / cure / prebende ou autre be

nefice deglise ou pour estre presente a aulcun office deglise:
cest symonie ⁊ peche mortel. Pour payer la taxe de court de
cõme pour obtenir bulles de benefices ou autres lettres apo
stoliques: nest point repute symonie. Sil a vendu ou achete
la sepulture de saincte eglise cest symonie. Sil a achete ou
vendu a sonesciẽt le droit dung patronage de cure ou de cha
pelle ou dautre benefice ecclesiastique cest symonie. Sil a
fait prieres et supplications aux prelatz de leglise po' beneficier aucũ qui de ce estoit indigne/cõme celui q̃ nauroit pas
science suffisante po' lexecution de loffice ou qui seroit devie
deshonneste ou qui nauroit pas aage cõpetent cest symonie
Se aucun fondateur deglise ou patron a receu dons ou pro
messes pour presenter aucun a benefice a cause desqtz dõs il
a este presente cest symonie et peche mortel. Sil a receu dõs
ou promesses pour estre moyen de procurer a aucun clerc ordre ou benefice deglise cest symonie en to' deux. Sil a fait
paction de recevoir de aucũ chose tẽporelle po' prescher lapa
role de dieu: cest symonie et en lung ⁊ en lautre. Sil fait pac
tion de certaine sõme pour soy ou pour autre pour estre receu
en religion qui est de grãde ⁊ suffisante fõdacion po' sonstenir
le nombre des religieux ou religieuses: cest symonie es deux
parties. Autre chose seroit selon les docteurs quãt la fonda
tion du monastere ne seroit pas suffisante/car adõc on pour
roit bien pactiõner de la quantite du don non pas par intention dacheter aucune chose spirituelle. Sil a procure p̃ ses p
res prieres ⁊ supplications de obtenir benefice ouquel a cu
re dames: aucuns docteur' veulẽt dire q̃l est symoniacle po'
tant quil se demõstre indigne ⁊ ambicieux. Oroison faicte
pour bõne intention ⁊ avec ce en intẽtion davoir argẽt pour
faire de tel argent autre bon oeuure nest pas telle intention
mauuaise ne corrũpue. Car deux bõnes fins ne sont pas cõ
traires. Notes q̃ argent ne peut estre licitemẽt seule fin ou
principale de faire oroison ou predication. Oroison faicte en
intẽtion principalemẽt pour avoir argẽt a mettre en folz &

Tho.l quarto

¶ Nota q̃ magis pri
cipale est finis mi
nus principalis:

Magi .io.ger .

sages est pecße mortel/symonie et sacrilege pareil au pecße
de iudas/quãt au regard dela messe de laq̃lle aucũs prennẽt
six blans qui valent xxx. deniers po' les mettres en folz vsa
ges cõe pourroit estre thesauriser p auarice ou en autres ma
nieres indeues. Et se ladicte oroison se fait p perßeurs enau
tres choses tant pis vault Notez cõtre ceulx q̃ font celebrer
telz prestres sciẽtement. Sil a renonce a aucun benefice par
telle paction quil seroit donne a son parẽt ou a aucun autre
qui pour se taire lui auroit promis aurune chose temporelle
cest symonie et en lautre. Moult et plussieurs autres cas d̃
symonie se pourroiẽt trouuer tant enprelatz q̃ en seigneurie
tẽporelle q̃ en tous degrez de psonnes desquelz ie me passe
po' le present a cause de breuete. Touteffois soit bien aduise
le clerc quien receuant ordres ou benefice est cheu en symonie quil est irregulier ⁊ pecße mortelesut en excutãt office d̃
sainctes ordres deuant quil soit dispense.

¶ Sensuyt d̃ vsure q̃ se cõmet tãt en fait q̃ en voulẽte.

Dant au secõd qui est des vsures doit auiser le pecße
sil a preste pecune ou autre chose de quoy lusage est la
consumption dicelle comme seroit ble ou vin par paction ou
intention principalle den receuoir plus q̃l nen baille cest vsu
re ⁊ pecße mortel. Sil a preste sur gaige de chose mobile ou
ßeritage p telle condicion ou principale intẽcion quil aura lu
sage ou les fruitz ⁊ leuees dudit gaige sans deduire ⁊ raba
tre de la sõme psteré est vsure excepte le gẽdre qui prendroit
gaige en attẽdant la pmesse q̃ lui a este faicte a cause du ma
riage d̃ sa fẽme p ainsi q̃l la maintiẽt cõme mary doit main
tenir son espouse. Et est bien a noter en ceste matiere quily a
deux manieres de vsure. Lune est clere et manifeste cõe cel
le deuãtdicte. Lautre est paillee ⁊ se cõmet en plussieurs manieres. Sil a acßete terres ⁊ possessions po' petit et diminue
pris pourtãt q̃ le vẽdant met en son marcße q̃l po'ra racßeter
son ßeritage dedẽs certain tẽps il cõmet vsure en ne rabatãt
re q̃l a receu oultre les coustz ⁊ mises. Item sil vent plusfort

pourtant quil preste en attendant son payement iusques a
certain teps:touteffois il peut aucunemet vendre plus: spe
cialement quant il aymast mieulx auoir sur heure moindre
pris que dattendre. Ite quat il achete certaines desrees com
me ble ou vin qui sont encore a cueillir ⁊ pourtat quil auan
ce le payement il en donne moins q la chose ne vault po'leu
re ou au teps quil la doit receuoir cest vsure. Ite quant il pre
ste principalemt po'intetion dauoir presens deniers aybe ou
iournees ou autre chose teporelle cest vsure. Sil a baille be
stial a moittie p telle condition q sil aduient mortalite ou au
tre adueture de perte de laqlle celui qui prent ne seroit point
en cause/touteffois son chastel sera tousiours sauf et entier
cest vsure. Et pour reigle generale/touteffois q en telz con
tratz soit de brebis/daumaille/de louage de beufz ou dau
tres bestes que lune des parties fait son marche et partion
en telle maniere qlest asseure de gaigner ou de rien ne per
dre quelq aduenture quil suruiene ⁊ lautre partie demeure
en doubte ⁊ subiettes aux auentures de fortune/tel cotrat
est contre raison ⁊ cotre iustice. Mais quant lexcez de lune p
tie ou de lautre est tel q a grant peine peut estre en perte ou
en gaing et quilz nentendent point frauder lung lautre po
se q chascun tend a son prouffit icy na point de vsure. Se le
procureur ou tuteur daucuns pupilles bailloit leur finance
avsure affin que ladicte finance leur prouffitast et que parce
moyen fussent nourris ou leurs mariages augmentez ⁊ auf
si que poures marchans par tel moyen se peussent aduenta
ger/ce nonobstat il y auroit perhe mortel et seroit ledit pro
cureur ou tuteur tenu de restituer ladicte vsure au cas que
ceulx qui auroient eu le prouffit ne vouldroient restituer ai
si quilz y sont pricipalemet tenus. Ite est bien a noter q plu
sieurs vetes ⁊ achaptz sont plaine de vsure deuant dieu ⁊ se
lon bone consciece tat po'cause de lintetion du vedat q auf
si de lachetat lesqlles touteffois seblet estre loyales vetes se
to la forme du cotract ⁊ des poles ⁊ br po'exeple. Martin a ne

cessite de trouuer cēt escus a prester mais luy Boiant ꝗ congnoissant que nul ne luy Beult faire ce plaisir : Il sen Bient
a pierre lui signifiant sa necessite parquoy il est delibere De
lui Bēdre dix francs de rēte sur ces heritages par telle condi
tion que iusques au terme de sept ans touteffois ꝗ quantes
quil rendra la somme baillee ce sont cēt cescu pierre est obli
ge de lui franchir son heritage. En tel cas ꝗ semblables lintention et les conditions duBendāt ꝗ de lachetant doiuēt e-
stre poisees et cōsidrees / car se le Bendant nauoit point intē
tion que ses dix frans demourassent a tousiours alachetant
laquelle intētion lachetant congnoissoit ou luy estoit Bray
semblable par aucun moyen: item de sa part il Bouloit et de
siroit que le cōtract se fist soubz la forme de Bente ꝗ non pas
Bēgaigemēt a ce ꝗ sans note de Bsure ses cēt escus lui peussent acquerir sourcrois / De tel contract ꝗ semblable peut on
Dire que cest Bng loup couuert de la peau Dune Baille / cest
assauoir de Bsure qui Bient dengaigemēt pallie / specialemēt
quant le Bendāt estoit indigent ꝗ psonne digne de misericor
de. Car en tel cas la somme prinse et leuee a cause de ladicte
Bente telle quelle se deueroit Pabatre touteffois ꝗ quantes
que le Bendant rendroit les deniers. En ceste matiere descē
dre a tous les cas cōditions ꝗ circunstances enpticulier pour
certainement iuger quil y ait Bsure / et peche mortel ou Beniel est chose tresdifficile sans grace specialle De dieu / car la
malicieuse auarice des humains a tant trouue de rauillati
ons ꝗ a grant peine y peuēt obuier tous les plus grās ꝗ plus
enluminez docteurs pour laquelle cause ie me passe de plusieurs autres cas particuliers. Itē soit tenu pour reigle generalle ꝗ prester pecune se peut faire en cinq manieres. Premierement liberalement sans intention daucune retributi
on corporelle ou temporelle oultre la somme baillee. Et ce
ste maniere est bonne ꝗ charitable. Secōdemt auec telle cōdi
tion que celluy qui recoit ce prest De pecune en marchande-
ra loyallement a moytie De perte ou De gaing. Et Bng tel

contract se peut bien faire et pourra bien Receuoir celui qui
a preste plus grande somme qͥl na baille/ Mais pour la con
dition des personnes ou poˈ la diuersite des intētions daua
rice ou autres il y pourroit auoir tare. Tiercemͤt en mettāt
le chastel cest la somme baillee en certainete et le gaing enˈ
certain/ cestassauoir q̃ perte ou gaigne celui qui recoit soubz
telle forme il rende tousiours ladicte somme/ et se il gaigne
le bailleur prent auantage icy aƀsure manifeste ¶Quarte
ment a reuers de ce derrenier ras cest assauoir en mettant le
gaing en certain ꝷle chastel soubz incertaincōme pour exem
ple/ie te preste cent escus desquelz tu marchāderas a mes pe
rilz de toute la somme par ainsi q̃ apres ѣng an ou autre ter
me tu me rendras six escus ou dix ou plus ou moins ꝷse tu
pers par fortune les dis cent escus cest sur moy le tout/se elˈ
le est sauue elle se rendra auec la somme dicte/tel contract
est desloyal et plain de ƀsure selon les droi s/ La cause siest
pour lesperance que tel presteur a plus de gaingnerq̃ de per
dre. ¶Quintement en mettant gaing et chastel en certain.
Cōme pour exēple: Je te preste cent escus par ainsi que apˈ
lan passe tu men rendras cent et dix icy est ƀsure manifeste.
Aces cinq manieres de prester peuent estre ramenees toutes
les autres. Mais oultreplus les docteurs font question sil
est point licite en aucuns cas de receuoir aucune chose a cau
se de prest. ¶Response Il est licite en cinq manieres. premie
rement on peut bien receuoir chose spirituelle comme est la
mour et bonne grace de celui a qui on a preste. Item se de sa
franche voulente donnoit aucune chose on la pourroit rece
uoir mais que le prest neust este fait a telle intention. secon
dement par raison de desdōmage comme se le prest auoit es
ste fait soubz certaine peine de rendre a certain temps ꝷque
par le default de ce faire le prestāt fust endōmage sans frau
de et fiction/ en ce cas y pourroit pour cause de desdōmaige
prēdre ladicte peine auec son principal se ladicte peine nestoit
excessiue et desraisōnable. ¶Tiercemēt par raison ꝷ cause

de la doubte a laquelle cest submis le presteur ainsi quil ap∫
pert par le second cas du notable deuant dit enprestãt a moi
tie de perte ou de gaing. Quartemẽt pour raison du dõmai∫
ge que encourt celui qui preste a cause dudit prest. Comme
pour exẽple. A Vostre grande requeste ie vous preste cẽt escꝰ
iusques a vng an en quoy selon dieu et bõnne consciẽce ie se
ray endõmage en la somme de dix ou xx. escus. Adõncse ce
lui qui emprũte voit que ce soit mieulx son prouffit de pren∫
dre ladicte somme et de restituer le dõmage du prestant il le
peut faire et lautre le receuoir oultre le principal poꝰ soy gaz
der et recõpenser du dõmage. Quintement pour raison du
louage de chose qui se peut louer cõme beufz/cheuaulx ⁊ au∫
tres choses que len peult receuoir aucuneffois mieulx bail∫
lantes quilz nestoient ou tẽps du louage et auecq̃s ce le lou
age ¶ Mais receuoir plus que on na preste en autre maniere
que ycy par deuãt a este dit on fait contre le cõmandemẽt et
vent on la chose imprectable et qui propremẽt ne se peut vẽ
dre/cest assauoir le plaisir et la charite que vng chascun doit
a son prochain tãt par la loy de nature que p la loy de sain
cte escripture lesquelles loys et toutes autres soyent cano∫
niques ou ciuiles defendent le peche de vsure Se aucun bail
le ble viel ou autre chose semblable poꝰ renouueler en inten∫
tion principale que le nouueau vauldra mieulx ⁊ q̃ autremẽt
nen bailleroit point il cõmet vsure. Mais sil faisoit ce princi
pallement affin que sa chose ne perist ou pour faire plaisir a
son prochain ou en vraye semblable doubte se la chose vaul∫
dra plus ou moins ou temps quelle sera vendue en tel cas
ce ne seroit point de vsure. ¶ La peine des vsuriers publiqs
est telle quilz sont excõmuniez de droit/pourquoy saincte e
glise defend q̃ a telz ne soit point baille le precieux corps de
iesuchrist. Itẽ que leur oblationne soit point receue en saincte
eglise. Itẽ que apres la mort leurs corps soient gettes en ter
te pphane ⁊ nõ point receuz en lieu saint ⁊ benoist /car on ne
doit doubt q̃ les ames de ceulx q̃ meurẽt en tel estat ne soient

damneez auec les diables en enfer / pourquoy les corps ne
doiuent point estre mis a reposer auec les loyaulx catholiques. Et se en leurs derrenieres iours ilz requierent peniten
ce ilz ne peuent estre absoulz / si non en faisant leur possible:
de restituer toutes les usures quilz ont receues en toute se-
vie et ne suffist pas pour estre receuz aux sacremens de saincte eglise ⁊ absoulz ordonner par leur testamet que apres leur
mors les usures soiet restituees / mais couuient exposer meuble et heritage iusques a la somme que se peuet monter lesdictes usures /⁊ se ceulx a qui se doit faire restitution sont
presens il conuient leur satiffaire plainement en rendant le
tout soit par finance manuelle / par gaige ou par assignation
Et se ilz sont absens le iuge du pays ou son lieutenant ou
leuesque / doyen ou cure doiuent representer les personnes
en receuant ladicte satisfaction / et ou cas que meubles ⁊ heritages ny suffiroiet pas comme souuent aduient apres quilz
ont tout mis meubles ⁊ heritages comme dit est: ilz doiuet requerir misericorde a dieu / a saincte eglise et a ceulx a qui ilz
sont redeuables / et adonc on les peut absouldre ⁊ non autrement. Car testament quilz facent en autre maniere na valeur ne effect selon les droitz. A ce peril se obliget femes / enfans / nepueuz / niepces ou autres heritiers qui scientement
retiennet les biens meubles ou heritages des usuriers qui
nont fait en leur vie suffisante restitution / et se doit restituer sil est possible non seullemet la somme qui a este receue
par usure / mais auec ce le dommaige q̃ peuent auoir eu a cause de ce reulx qui ont paye lesdictes usures / par quoy appert
clerement q̃ bien pou de usuriers eschappent a lenemy. Ite
aussi appert le peril de reulx qui receluent en leurs eglises
ou cimitieres a sepulture le corps de l'usurier tel q̃ dit est / car
les prestres qui ce font scientement sont excommuniez ipso
facto selon le droit nouueau. Ite est a noter que celui q̃ prent
a usure po' sa grande necessite de cestui q̃ est usurier vendome
⁊ prest a ce faire ne peche pas en prnant a usure mais prendre a

Vsure pour auarice ou pour despendre follement / ou pour
induire aucun a bailler a vsure q ne la pas de coustume : ceft
peche monlt gref. Et cecy eft en bref quant au secod point.

¶ Sensuyt de fraude et de deception.

Quant au tiers point qui eft de fraudes et deceptios
qui se commettent de plusieurs manieres de gens
et en diuerses manieres doit auiser le pecheur pmie
rement en fait de marchadise oultre les choses dictes de vsu
res sil a fait fraude par faulx poins ou mesure ou vendu cho
se corrompue ou meslee en affermant bonne et pure soyent
metaulx / apoticairerie / vin / huylle / ou autres desrees / par
quoy lachetant eft notablement fraude ceft peche mortel / se
en pou de chose ceft peche veniel. Touteffois eft il bien a no
ter que se aucun fraude et decoit son prochain en pou de cho
se quil le souldroit bien deceptuoir en plus grande sil pouoit
tel peche mortellement / Car dieu qui voit tout poise plus
la voulente que loeuure du dehors. Sil a fraude et retenu
tailles gabelles passages ou autres impositions faictes par
ordonnance de iustice ceft peche mortel. ¶ Se gens de sei
gneurie et de iustice ont fait les soultes / tailles et impositi
ons par auarice ou tyrannie (non pas pour le bien comun ceft
peche mortel. Sil a faulse liures de recepte ou aultres let
tres au notable domaige dautruy ceft peche mortel. Item se
le marchant marchade principalemet pour auarice ou pour
acroistre son chastel / nonpas pour viure honnestemt selon sa
vocation / ou pour ayder aux poures ou pour le bie de la com
munite ceft peche mortel quant en tel gaing met sa pricipa
le fin. Se aucun achete terres en intencion de les reuendre
plus chier sans les transmuer en faisant dicelles aucun ar
tifice come eft ble ou vin / nonpas come seroit pchemin pour
escrire ou boys pour en faire aucun artifice pour le vedre ou
sans le trasporter dune regio en autre pour le bie comu mais
principalemt quiert p telle maniere acroistre so chastel telle
marchandise eft illicite (y peut auoir peche mortel selo q dit

maiftre francois De marones . Silz ont fait paction entre
eulx De Bendze leurs dfrees roidemēt et a pris non compe-
tant / par quoy le rōmun eft abftraint Dacheter a leur pris/
ceft pecße moztel. Sil eft paye Dune defree po' lautre / Par
quoy ce Boyant il a fourfait la fienne et minue et Bilipende
lautre notablemēt ceft pecße moztel. Sil apaye fimples gēs
en faulfe monnoye ceft fraude ⁊ deception et pecße moztel.
Sil a Bfe de menfonges / De iuremens / Bendu indifferente
ment a iour de fefte commandee ou enlieu faint fouuent ya
pecße moztel. Sil a achate De pillars / de larrons ou ql croit
eftre telz la chofe qui ne leur appartenoit pas iuftemēt ceft
pecße moztel. Sil a efte moyen Daucun cōtract quil croit e-
ftre tiufte / cōme de Bfure en achapt de heritage ou tozquail
le De cheuaulx / ou en traicte De mariage Boyāt et cōgnoif-
fant legrief dōmaige De lunes des parties ceft pecße moztel
¶ Par les chofes deuātdictes de la Bocation ⁊ eftat de mar
chandife on pourroit appliquer aux aultres laboureurs / et
mecßaniques / foient dzapiers / taillandiers / cozdōniers / teff
ers / tauerniers / panetiers / paftiriers / marefcßaux / charpen
tiers / maiffons / ozfeures / laboureurs De terre / gens de bzas
Car en toute Bocation y peult auoir fraude / tricherie ⁊ malice en leur ouuraige / foit enpois oū mefure / en Balleur / en
lintencion / ou es autres circonftāces fe dieu et purete de cō-
fcience ne les abzeffe. Et pourtāt ilz doiuēt cōfiderer leur e-
ftat et occupation tāt par eulx ꝗ par layde de leur confeffeur
et Declarer les fraudes quilz fcauent bienfaire ⁊ pallier pl⁹
fubtillemēt que nul clerc ne les peut par efcriptures Declarer / et doiuent eftre deliberes filz Beulēt laiffer telles manie
res de fraudes ou non ⁊ le dire et confeffer plainemēt. Car filz
auoiēt intention de retourner en continuāt leur deceuable
maniere de faire ilz ne doiuent point eftre abfoulz. Ité fe au
cun fe meffe De office ou artifice ꝗ ne fe peult faire fans pecße moztel / comme tenir le bozdeau / feruir aux Bfuriers / me
ner guerre qui neft pas iufte / faire fes miffions De quoy fe-

mes se fardent. Et ainsi des autres vocations telz ne doiuent point estre absoulz silz nont voulente de iamais ne re
tourner audit office. Item gens qui gaingnent par leurs iournees z se faingnet z espargnet besoingner/ou qui mal apoit
font leur ouurage et ce non obstant veulet estre bien payes
sont larrons z tenus a restituer. Come pour exeple Ilz ont
promesse de douze deniers pour iournee z pose len q cest suf-
fisante/touteffois selon dieu et bonne coscience ilz ne gain-
gnet que six pourtant quilz ne fot pas leur iournee loyalement ilz sont larrons de deux deniers sur iournee qui se mo-
teroit au bout de lan que on auroit fait deux cens telles iour
nees la some de xvi. solz viii. deniers. de laquelle somme ilz
doiuet faire restitution. Et souuet aduiet par le iugement
de dieu que a telz gens leurs biens ne accroissent ne ne prouf-
fitent/mais aucuns les despendet en tauernes ou leur sour
uiennent pertes z domaiges/parquoy ilz cheent en necessite
de pourete et de ne pouoir restituer ce qui seroit bien de raison. Et par tel moyen en decoit lennemy sans nombre/et a ce
faire se ayde par confesseurs ignorans qui absoulet telz gens
sans leur enioindre restitution ou sans le coseil qui sur ce de
ueroit estre donne.

¶ Sensuit de iniqte ou default de iustice

Quant au quart point qui est de iniquite ou iniustice
cest deffault de faire et de rendre iustice z raison a son
prochain. Le pecheur doit auiser Et pourtat q rendre/garder
et defendre iustice appartient principalemet aux prelatz de
leglise et aux seigneurs terriens selon que la iurisdition de
vng chascun sestend et consequetement es iuges/aduocatz
procureurs/notaires/sergens/tabellions et tesmoings de
chascun de ces estatz et manieres de personnes aucune cho
se en doit icy estre inseree pour bien tout examiner et premie
rement de la prelation z seigneurie ecclesiastique. Sil estoit
irregulier/suspens/excomunie/bigame/illegitime/ou cocu
binaire publique z notoire/z per consequent suspens au teps

et heure qui pecoit la dignite/la cure ou prelation Il peche
moztelemēt et est continuellemēt en peche moztel et en exe
cutant son office cōmet tousiours nouueau peche moztel de
uant dispense et absoult. Sil na este esleu canoniquement
du college ou patron a qui il appartient ou a este receu ꝛ con
fer me de cellui qui de ce faire nauoit pouoir ou a ce est par/
uenu p̃ moyens prohibez tel sappelle selon les dzoitz iuteur
et larron et sil na quelconque puissance ou iurisdictionde dif
poser ou officier daucune chose tempozelle ou spirituelle ap
partenance a loffice ou benefice et peche moztellement tou/
teffois quil se ingere a executer ce qui appartient audit offi/
ce ou benefice. ¶Sil a fait prieres paz soy ou paz autre pour
estre esleu et receu audit office il est symoniacle/et sil ya eu
paction la dispense appartiēt au pape et deuāt ladicte dispē
se il tient furtiuement loffice ou dignite. Sil permet ꝛdissi/
mule aucuns grans maulx en ses subgetz quil pourroit se/
lon dzoit purger et cozriger cest peche moztel. Sil a fauozise
a aucun contre iustice ꝛ au dommaige dautruy sil a perduꝛ
degaste les biens de leglise en folz vsages. Sil a rebelle con
tre raison a ses souuerains. Sil a este negligent de quezir bō
et suffisant conseil pour rēdze iustice paz lequel default a e/
ste partie endōmagee/en toutes ces choses ya peche moztel.
Sil a mis officiers indignes specialement en cures dames
ou len congnoist pour telz ꝛ les pourroit interdire iuridique
ment et repeller et est de ce faire negligent/cest peche moztel
Item sil permet confesseurs ignozans au grāt peril ꝛ dōmai
ge des ames lesquelz il pourroit suspendze cest peche moztel
Cōme aucun est indigne ou trop ignozant appert au chapi/
tre de la sciēce necessaire au confesseur. Sil ꝛ este curieux et
pompeux en edifices/en monteure/harnois/abillemens/en
grandes et precieuses despēses au grant dōmaige tant de le
glise que des poures cest peche moztel. Sil a este plus curi
eux de la tempozalite que de la spiritualite selon lexcez plus
ou moins cest peche moztel ou veniel. Sil a laisse perdze les

droie et priuileges de la prelation ou du benefice selon quilz
appartendiēt de droit la negligēce peut estre mortelle. Sil
a dispence indiscretemēt parquoy soiēt venus relachāces ꝛ
insollences/ou par le cōtraire a este trop dur et inhumain a
dispenser et pouruoir aux enfermetes de ses subgetz selon
lextres de plus ou de moins cest perhe mortel ou veniel. Itē
il doit estre lumiere et exēple a ses subgetz en toutes choses
en pou parler ꝛ de choses prouffitables en estaignāt discorz
en reprenāt detractions/murmures/faulx raporz/moque
ries et folz lāgaiges. Itē doit estre circunspet en toutes cho
ses et specialement en tenant secretz lescas qui souruienēt
selon quil est de droit et de charite ¶ Item soit en crainte de
lonneur ꝛ reuerence qui lui sont fais a cause de sa prelation
car de ce auec les autres choses deuantdictes lui cōuient rē
dre cōpte Item de la correction qui lui appartient a cause de
loffice oultre la cōmune qui se doit faire de tous selon la loy
de charite de laquelle a este faicte mention par deuant Item
il est oblige de pasturer ses ouailles cōme bon pasteur p bon
ne doctrine et par exemple:et de les defendre a son pouoir
des loups rauissans cōme sont prescheurs qui preschent prī
cipalement pour sen aler auec leur argent ou autres biens.
Item de tyrans et pillarz qui souuēteffois les deuorēt ꝛ mē
guent au sceu et congneu des prelatz. Et icy peut auoir telz
excces de negligence auec les autres circunstācesq cest peche
mortel. Car le prelat spirituel doit estre pere ꝛ defenseur des
poures/des orphelins et aussi des vefues et doit auoir spe
ciale cure de leurs causes.

¶ Sensuit plus en particulier des euesques

Quant au quint point qui est des euesques est a noter
oultre les choses deuantdictes en general touchant
lestat des euesques quil doit aduiser premierement la for
me et maniere de son entree./Car sil nest entre reguliere
ment comme par deuant este dit/il est larron ainsi que dit
nostre seigneur en leuangille. Sil a donne sairetes ordres p

symonie secrete il est suspens seullement quant a luy et est en peche mortel et semblablement ceulx qui ainsi sont ordon/nez sont suspens et leur conuient querir dispense deuant que executer leurs offices. Sil a donne sainctes ordres scientem̄t a ceulx qui nauoientpas aage determine en droit: cest peche mortel car il ne peut dispenser audit temps. Sil a donne or/dres scientemēt a aucun qui nauoit pas iceulx qui deuoient preceder/ou a donne ordres en autre tēps que de droit sanz di/spense du pape cest peche mortel/et celluy qui ainsi a este or/donne est suspens. Sil a laisse aucune chose a faire ou dire qui est de lessence du sacrement des sainctes ordres il conuiē droit tout reiterer pourtant que en tel sacrement est cree de dieu et donne vng signe spirituel nōme caractere. Autre cho/se seroit sil laissoit chose qui ne seroit pas essencial/toutes/fois on deueroit supplier es autres ordres cela qui seroit ob mis/et ce pendant leclerc ainsi ordōne ne deueroit point offi cier ne ne peut pas ignorance vicieuse excuser telz defaulx Sil na fait faire examen de laage/de la saicte vie/de la sci/ence et des autres choses qui sont requises de droit enceulx qui doiuent estre ordonnees cest peche mortel/car par tel de/fault plusieurs indignes sont peceuz et ordonnez au grant preiudice des ames et de toute saincte eglise. Sil a este ne/gligent de donner le sacrement de confirmation par quoy plusieurs sont morz sans tel sacrement ꝛ le grant bien spiri tuel et caractere qui en tel sacremēt est receu/ou se en le dō/nant il na garde la forme/la matiere et le lieu. ¶ Cest assa/uoir au front ou scientement la donne par deux fois a vne mesme personne. Se le propre iour de la cene il na consacre le saint cresme et autres choses en y gardāt la forme ꝛordon nance de saincte eglise: il y peut auoir peche mortel. Sil na consacre en lieu et en temps eglises cimitieres et ornemens Itē abbez et abbesses. Itē reconsilie eglises ꝛ cimitieres/en toutes ces choses y pourroit auoir si grant default ꝛ dōma ge spirituel que ce seroit peche mortel. Sil a pourueu de be nefices soit de cures dames ou sans cure ceulx qui estoient notablement indignes et le sauoit ou deuoit sauoir cest peche mortel/ et semblablement en receuant indignes q̃ aucūs presentent par auctorite de patronage. Sil a dōne prebēdes ou autres benefices a ses parēs prīcipallemēt pour cause du lignage et en le preferant aux autres qui valoiēt mieulx: cest peche mortel. Sil na pourueu aux eglises de recteur au temps et en la maniere quil est de droit et a lui bonnemēt possible/ou sil a receu a sainctes ordres sans tiltre suffisant ou na pas visite son diocese cōme droit et raison le requiert en pourueant de cōfesseurs et autres ministres en corrigant les defaultz qui se font enuers les sacremens et loffice diuin et les vices et scandales de son clergie et de ses subgetz. Sil na fait punitions et corrections selon la discretion et charite ordōnee aux drois: le dōmage des ames/le scandale et les autres maulx qui aduiennent a loccasion du default des choses deuant dictes lui seront imputees et moult aggrauātes le fait de sa cōscience ainsi quil est bien demōstre par figure de lancien testament au xxv. chapitre des nombres. Car voyāt nostre seigneur q̃ nul ne faisoit correctiō aīsi ql̄ apptenoit es maulx et pechez qui regnoient au peuple de dieu cōmanda a moyse que tous les prīces du peuple fussent pendus en haultz gibetz/et pour le default de correction moururent en vng iour xxiiii. mille hōmes du peuple de dieu. Itē sil a trouue nouuelles exactions pour extorquer dons/pmesses ou pecunes ses subgetz/ou fait punitions pecuniaires prīcipalemēt par son auarice cest peche mortel. Sil a fait visitatiōs plus pour le gaing temporel q̃ spirituel ou sil a aliene les biens de son euesche sans la licēce du pape ou en abuse: cest peche mortel Sil a permis scientement questeurs courre parmy son diocese en preschant faulces indulgēces ou abusions de peuple cest peche mortel. Sil a moleste les mendians en leurs exēptions et priuileges en ne les voulāt receuoir iuridiq̃ment p̄sentes selon la forme de droit/ou en les traictant a sa court

en autre cas que du crime de heresie il peche grefuemēt Sil
na visite les monasteres qui lui sont subgetz enleur faisant
garder ce qui est essencial / et necessaire a garder a cause du
lieu et de la reigle. Sil a pmis relaxacions / familiarites su
spectes es abbayes specialemēt des femes. Sil na pourueu
cloistre et closture et des confesseurs sages ꝛdiscretz. Sil ne
sest dōne garde en defendant ꝛprohibāt la symonie q̃ souuēt
se cōmet en la reception des religieux ꝛ religieuses. Sil na
procure dauoir vicaire sage / discret et suffisantemēt lettre
es drois / status et coustumes pour biē gouuerner le diocese
et specialemēt quāt de soy nest pas suffisantemēt clerc pǒ
ce faire. Sil na garde lordre de iustice en acceptāt aucunes
personnes ou autremēt. Sil a este discret a faire ou aussi a
departir mariages En toutes ces choses peut auoir telle ne
gligence que cest peche mortel. Sil a dōne licēce au iuge ou
a autre psonne laye de batre / demprisonner / de punir de sē
tence de mort ou autrement aucun de son clergie leq̃l il pou
oit bien iuger ꝛ corriger: il est excōmunie ꝛ semblablemēt ce
luy qui a batu ou iuge. Jtē il se doit bien garder de dire / fai
re / conseiller ou cōmander chose parquoy il aduiēgne sentē
ce de mort en tant que peut estre en luy. Sil na fait inquisi
tion deue des heretiques. Sil na fait payer les testamens.
Sil a absoulz ou dispense indiscretement es cas ou en ma
niere quil ne pouoit pas de droit. En toutes ces choses peut
auoir peche mortel. Sil na frequente leglise specialement
aux festes ꝛ solennites en amōnestant q̃ loffice diuin soit bi
en et religieusement dit. Sil na presche ou procure de faire
prescher et sil ne cest demonstre pere de poures gēs / de orphe
lins / de vesues ꝛ de oppresses. Sil na tenu seruiteurs et fa
mille de honneste vie. Sil na obey a ses souuerains selō q̃l
appartient de droit / en toutes ces choses y peut auoir exces
de peche mortel.

¶ Sensuit de chanoines cures ꝛ autres bn̄fices.
Q̃uant au vi. point qui est de chanoines / cures ꝛ autres

Benefice est a noter oultre les choses deuantdictes de symonie τ de lestat de prelation que to° ceulx qui recoiuét office ou benefice ausquelz executer τ gouuerner ilz nont pas science cópetente ilz pechent mortelemét selõ qdit sait thomas
en la xviii. di. du quart. Ité chanoines/cures τ autres prebé-
bes doiuent aduiser silz ont mal traicte le benefice/cõme en
laissant aler a ruine les edifices/ou en despendant mal τ en
folz vsages les fruitz/rentes τ reuenues Diceulx soit euers
leurs riches parens ou autremét/car cest sacrilege selõ maistre alexandre des halles en son tiers τ sont tenus de restitu-
er/mais de quoy τ en qlle maniere cest forte chose a plusie°s
Silz ont procure dispenses de obtenir plusieur°benefice°pri-
cipalemét pour ambition τpar auarice. Ité silz ont receu les
biés de benefice sans y faire le seruice qui apptient ou y ont
cõmis psonne indigne et insuffisante par quoy aduiét q loffice de dieu est mal dit/ou les sacremés traictez et admini-
stres indeuement/cõme est de cõfessiõs impfaictes par le default de braye examination τ dέioindre restitutiõs. Ité cõme est le default de visiter τ aduiser les malades/de cõseiller τ conforter ceulx q sont en necessite soit corporelle ou spi-
rituelle/de mettre a concorde ceulx qui sont encourroux τ en
diuisions. De tous telz maulx τ autres q sont au peuple sãs
nombre respondront to° ceulx q tiénét cures τ benefices. Ité
se aucun a possede benefice deglise qui nauoit pas intention
destre finablemét homme deglise cest peche mortel moult
gref τ doit restituer. Sil a receu les distributiõs quotidien-
nes du college sans y assister nõobstant q lordõnance est telle que qui nest present rien ny prent/ ou quil est alle a loffice
pricipalemét pour les distributiõs téporelles cest peche mortel. Sil desire dauoir cures ou benefices plus pricipalemét
pour le bien téporel q spirituel cest peche mortel et symonie
spirituelle. Sil a laisse par crainte/par faueur ou par amour
pardons ou p pmesses a reueler a ses souuerais les maulx
τ pechez publics quil nefrut ou peut corriger en ses subgetz

ñiiii

¶ Nullusquoqz cle-
ricus precio vel fa-
uore debet celare e-
piscopo peccatú pu-
blicus procbiani sui
vel etiam minus bi-
gne penitenté recõ-
ciliare et ei testimo-
niũ de hoc ferre vel
digne penitentez re-
pellere. alias symo-
niã committit extra
de symonia. ca. Me-
mo prci biterotum.

Scelinq noiumus incorrectū qʒ quidā clerici ecclesias sic exponūt superlictilibus propriis ⁊ etiā alienis vt potius domus laice quam dei basilice videātur nō cōsiderantes qʒ dñs non sinebat vt vas transferetur p tēplū. Sunt et aliq qui nō solū ecclesias dimittunt īcultas verum etiaʒ vasa ministerii ⁊ vestimēta ministrorum ac pallas altaris necnō et ipa corporalia tā imūda reliquūt qʒ interdū aliquibus sunt horrori. qʒ vero zelus nos comedit domus dei firmiter phibemus ne bmōi suplectilia ī ecclesiis admittantur nisi ppter hostiles ikursus aut incēdia repētia seu aliaʒ necessitates vʒgētes At eas debet habere refugiū sic vt necessitate cessāte res in loca pristia reportētur. Precipimus ꝗqʒ vt oratoria/ vasa/corporalia ⁊ vesti menta predicta munda et nitida cōseruētur. nimis enī absurdum videtur in sacris sordes negligere ꝗ dedecerent etiā in pphanis patent. Hec extra de custodia euca. extra de cohabitatōe cleri. ⁊ muli. Ite extra de sen. exco. Si ōcubineʒ ð cohabitatōe cleri. ⁊ muli. ca. Quesitum.

il cōmet symonie selon les droits. Sil a laisse les biēs meubles ou imeubles de leglise soient chose ʒsainctes ou autres pour cause ou en maniere qlʒ ne sont concedees de droit/ou aussi que des biens deglise achete heritage pour dōner ⁊ delaisser a ses parens ou a autre lieu ꝗ a leglise il peche greuement et doit faire restitution. Sil a pmis ꝗ vtencilles comme linge/lange/chair/bleʒ et vins ou aultres choses pphanes aient este mises en leglise sans necessite cogēte ⁊ suffisāte selon les drois cōme seroit pour crainte eminēte de pilars ou dembrasemēt de feu qui seroit es maisons/ou autres euidentes necessiteʒ les ꝗlles passees lesdictes choses doiuent estre ostees de leglise et lieu saint il peche greuement en trespassant le cōmandemēt de pape innocent tiers/⁊ semblablement tous ceulx qui sont cōsentans ou en cause de tel deshōneur. Item cōmande par expres iceluy mesme pape/eglises chapelles/calices/corporeaulx/touailles benoistes/autelʒ chasubles/et autres vestemens ⁊ vaisseaulx ordōneʒ au seruice de lautel/soiēt tenus purs et netʒ. Et est bien a noter en ceste matiere ꝗ faire scientement ce que le pape defend ou desprise a faire ce quil cōmande cest peche mortel. Sil pmet que aucuns ieux prouocās de soy avanites ou noises/turbations/tumultes/ou aussi beuueries ou mengeries se facent en leglise ou autre lieu saint il peche greuement. Sil a trouue ou baille noualites de reliques et les a denūcees au peuple pour son auarice principalemēt/ou sil a extorque par cautelle ou par beau langaige/aumosne/ou oblatiōs cest peche mortel. Sil a receu a sepulture ecclesiastique aucun excommunie par sentence de droit cōme vsuriers publiques ou autres ou ceulx qui estoiēt denunceʒ interditʒ en autre maniere quil nest prins de droit oultre le peche mortel il est excommunie ainsi quil appert par la clementine. Ite sil a peccu a sepulture ceulx qui sentretuoient a tournoiemēt defendu il pechemortelement. Sil est cōcubinaire publique ⁊ notoire cōme seroit se de ce estoit iuridiquemēt cōuaincu ou quil a

re confesse en iugement ou que son peche est si publique ⁊ si
euident que to⁹ ceulx de la parroisse ou la plus grande partie diceulx le scauent ou quil ya aultre si grãde apparoissãce
que nul ne doit doubter il est suspens quãt a soy ⁊ quãt aux
autres/et sil dit messe ou administre aultres sacremens en
tel estat il est irregulier selon q̃ dit hostiense/et oultre plus
aucuns iuristes tiennent que en telcas ne peut estre dispẽse
si non par lauctorite du saint siege apostolique. Et ceste op-
pinion tiennent richard de my ville/lescot/iehan andrieu/a-
stence et panorme allegans le chapitre. Cum eteni. extra de
sentẽria et re iudicata. Item apres quil est excõmunie nom
meement tous ceulx qui le congnoissent tel pechẽt mortelement en oyant sa messe. Mais autre chose seroit dautre pecheur qui seroit secret/car durant q̃ nostre mere saincte eglise se tolere on ne peche pas mortelemẽt en oyant messe non
obstant que en la disant peche mortelement. Item est a noter que la concubine du prestre suspens quant a soy ⁊ quant
aux autres est excõmunie comme dit est encourt la sentence
de grande excõmunie par quoy il sensuit oultre plus que iamais telle personne ne peut estre absoulte sacramẽtellemẽt
fors en larticle de mort selle nest premieremẽt desspẽe de la
dicte sentẽce et se doit entedre se la cõcubine que perseuere
auec son ribault excõmunie par icelle cause de fornication.
Sil na porte tonsure honneste ▪ Sil a prins office laye ou a
marchande en achetant pour reuẽdre publiquement ⁊ plus
chier pour y gãgner cõme pourroit faire homme lay. Sil a
frequente tauernes/ieux de sort/dances auec fẽmes en toutes ces choses peut auoir si grant et si excessif scãdale q̃ cest
peche mortel. Item sil a celebre messe en laissant scientemẽt
aucus des vestemes ace reqs cõme est lamyt/laube/le ma-
nipule/lestole/le chasuble/ou sans messel sans lumiere/ou
sans clerc pour re spõdre cest peche mortel car de ce ne peut e-
stre excuse par ignorance. ¶ Sil a laisse les heures canonia
les tout ou partie a son escient sans iuste cause competẽte ⁊

¶ Hoc ꝓbaꞇ ꝑ decre
tũ basiliensẽ extra d
sen. excõ. Si cocubi
ne public e clericoꝛ
eccꞁastice cẽsure di
strictione artanꞇ eos
dẽ cõcubinarios nõ
ẽ dubiũ snĩa maioꝛ
excõis iuolui q̃ post
latã sentenciã cõicãꞇ
in eode crimine cri-
miñosis. hec ibi.

raisonnable comme seroit pour maladie ou autre necessite
cest peche mortel apres quil est soubdiacre et semblablemēt
des heures de nostre dame quāt ilz sont de lordinaire ou de
coustume approuuee. Mais sil les auoit laissees par oubli
ance il seroit tenu de supplier quāt il lui en souuiēdroit. Itē
sil cest occupe scientement en choses exteriores p quoy il ait
este grandemēt distrait dentēdre a ces heures ou cest mis a
penser a aultre chose a son escient il y peut auoir peche mor
tel/ autre chose seroit de pensees souruenātes cōtre la boul
te. Sil a receu sainctes ordres deuāt aage cōpetent cest asse
uoir soubzdiacre deuant xviii. ans. diacre deuāt xx. ans pre
stre deuant xxv. et suffist q le xxv. soit cōmēce autremēt cest
peche mortel et ne doit executer loffice apptenant a lordre
iusques au tēps determine de droit. Sil a laisse aucune cho
se notable appartenance a la forme ou a la matiere des sacre
mens cest peche mortel se scientemēt ou par negligence il a
cōmis telle obmission. Itē selon saint thomas celui qui exer
ce loffice de sainctes ordres en peche mortel peche mortellemt
autāt de fois cōme il a touche les choses sainctes. Sil a ami
nistre aucun des sains sacremens a pecheurs notoires z pu
bliques deuāt satisfaction z amēdement cōpetēs cest peche
mortel. Sil a celebre messe en peche mortel sans se confesser
et repentir deuement sil auoit lieu et opportunite cest peche
mortel. sil a cōmis notable irreuerence enuers les sacremēs
en ne mettant de leaue au calice ou q lostie estoit corrumpue
ou le vin aygre ou la saincte hostie mal gardee/ ou a laisse au
cune chose notable par trop se haster/ ou a celebrer pour au
tre intention q saicte eglise nentend/ ou na porte reuerente
ment auec lumiere corpus dñi aux malades. En toutes ces
choses z plusieurs autres qui pruent aduenir p negligence
peut auoir tel exces que cest peche mortel. Sil a pmis dire
certaines messes et de ce a receu les aumosnes en apāt intē
tion de ne dire pas ce qil pmettoit cest peche mortel. Itē sil
a este negligēt de se disposer po celebrer a tout le moins aux

gðs festes ⁊ solennites/mais a laisse de ce faire nôpas principalement pour la crainte ⁊ reuerêce ðu sacremêt il y peut
auoir pecße moztel. Sil a absoulz de sentêce ðexcommunie-
ment/ou es cas et personnes sur quop il nauoit pas puissance ne auctozite/ou a fait ðispense de ðeux/ou a rcuele le pecße de la personne quil auoit oupe en côfession/ou a eniopnt
penitence ðaumosnes qui par son iðustrie ðenoient a son
prouffit têpozel/ou a este notablemêt indiscret en absoluât
ceulx qui estoiêt indignes pourtât quilz ne ðouloiêt pazdo-
ner ou requerir parðon/ Restituer selon quil estoit ðe raison
ou ne ðouloiêt pas delaisser aucuη pecße/ou cest enquis malicieusement ðu nom ðes personnes auec qui auoient pecße
ceulx qui se côfessoient a lui/ou na pas fait son deuoir de interroguer le fait de la côsciêce ðes poures ⁊ simples pecße-e
ou na pas este soliciteux ðe se enðrir aux clercs ⁊ plus expe
quil nestoit ðes difficultez ⁊ pplexites qui souuent se treuuent au fait ðes consciences/ou a absoulz en pecße moztel ⁊
sans ðzape conttriction/en tous ces cas ðeuâtditz y a cômunement pecße moztel. Sil a froisse le ðeu de chastete lequel
il a fait solênellemt oultre la principale promesse saicte au
sacremêt ðe baptesme/cestassauoir quât il receut le sainct
ozdze de soubðiacre. Itê quant il receut le saint ozdze de ðia
cre/et puis apres en receuant le tressaint ⁊ sacre ozdze de pze-
stre ⁊ pourtât la trâsgression ðe tel ðeu est hozzible/ sacrilege
ðigne de la mort eternelle. Itê sil a congneu chaznellement
sa pazoissienne alaqlle il auoit autreffois administre les sacremês de saicte eglise/sa fillole ou celle ql a tenue a confir-
mation/ou aussi sa commere/sa pazête ou son affine: oultre
le gzant ⁊ detestable pecße moztel sôt ozðônees ðiuerses peines selô les dzois pouz telz cas. Itê sil a ðône benedictiô nup
tiale a ceulx q autreffois lauoiêt receue il est suspes ðoffice
et de benefice de laqlle ne peut estre releue fozs ðu sait pere
⁊ se pauât ql y soit remeðie il administre aucû ðes sacremês
oultre la peine ðeuantdicte il est irregulier/ ⁊ eη se ingerant

xxx.q.i.ca. ðêðzca.
si ðs. ¶ Si ðs sacer
cerdos cuz filia sua
pniali foznicat⁹ fue-
rit sciat se graue adł
tertiû ꝓmisisse:locirc-
co femina si layca ê
oia reliquat ⁊res su
as pau pibus tribu-
at/et côuersa in mo-
nasterio ðeo seruiat
vsqz ad moztê.

Sacerdos aūt q̄ malū exēpluz dedit hoib°ab oī officio deponat ʒperegrinā do xii. ānis peniteat postea vero ad monasteriū vadat ibiᵹ oīb° diebusvite sue deo seruiat .hec ibi. Stro ē epʒ fornicatio eius notoria debʒ deponi. xv. annis penitere. ibidez.

aux sacremens en tel estat:il perde tousiours mortelement
Nombrer en particulier tous les cas et la diuersite des pe
chez qui peuent aduenir a euesqs/doyens/chanoines/curez
chapellains ʒ autres gens de religion a cause de leursdigni
tez ʒ offices mal gardees cest chose moult difficile a tous les
plus iuristes ʒtheologiens. Mais le saint esperit q̄ enseigne
toute verite qui est necessaire a sauluement suffist bien a la
cōgnoissance dung chascun hōme deglise qui sefforce de fai
re ce quest en luy pour plaire a dieu et pour bien ʒ iustement
garder le degre / et executer loffice que dieu et saincte eglise
luy ont commis.

¶ Sensuit du default deiustice en dnation seculie
re ou temporelle.

Dant au vii. point qui est de la seigneurie seculiere est
assauoir que roys/ducz/cōtes et tous autres degrez de
seigneurie doiuēt premieremēt aduiser cōment ilz sont par
uenus a la dicte seigneurie. Cest assauoir se par droit deli
gne ou par autre voye de iustice/car adōc ilz y peuēt acque
rir sauluement. Mais silz la tiennēt par vsurpation ou ty
rannie cōtre droit et iustice ilz se damnēt ʒnont puissancede
y cōmettre officiers en quelconque degre ou auctorite/mais
en ce faisāt pechēt mortellement et les officiers semblable
ment en executāt leurs offices ʒspecialemēt quāt ilz scauēt
et doiuent et peuēt scauoir q̄ le seigneur na droit ou puissan
ce de les instituer. Et pour mieulx veoir la vocation et estat
des nobles et en quoy ilz peuēt estre defaillans ʒcoulpables
sensuit en generales choses quilz doiuēt garder ʒ tenir sou
uerainemēt le roy ʒ cōsequēmment vng chascun selon son de
gre. Premieremēt doit en eulx regner ʒ dominer iustice / car
cōme dit saint augustin sans iustice ne se peut sonstenir et
garder aucun royaulme ou police. Il doit craindre dieu ʒa
uoir enlui toute sa fiance. Il doit estre loyal catholiq Il doit
garder et defendre les drois/franchises ʒ libertes de saincte
eglise et doit porter honneur et reuerence aux vrays bōs et

loyaulx ministres dicelle/il doit aymer ceulx de son sang
en les honnozant charitablemēt/il ne doit tenir ne posseder
aucune chose par tyrannie/il doit punir ι reprimer les mau
uais et exausser et conseruer les bōs ι doit chasser ι debouter
detracteurs/gengleurs ι flateurs. Il doit iustemēt vser de
sa puissance et non pas en abuser. Il doit puissantement de=
fendre le pays et le royaulme. Il doit faire et rendre iustice
sans acceptation de personnes. Il doit defēdre ι garder de
oppression les poures/les vefues ι les orphelins. Il doit pu
nir tresiustemēt adulteres ι larrecins en extirpāt a son pou
oir toute maniere de iniquite. Il doit faire administrer aux
poures qui sont en necessite. Il doit auoir a son cōseil hōmes
anciēs/expers/prompts/clercs/sages ι vaillās. Il doit pu=
nir et debouter sourciers/deuins/iuocateurs de diable ι to[us]
ceulx ᕋ aucunement vsent de mauuais art. Il doit mettre
et constituer officiers iustes ι loyaulx qui ayēt la crainte de
dieu et le zele du bien cōmun. Il ne se doit orgueillir de quel
conque prosperite. Il doit auoir pacience en aduersite Il doit
faire instruire ses enfans en bonnes meurs en la loy et en la
crainte du createur et aussi les induire a frequenter oroison
et a auoir hōneur et reuerence a saincte eglise catholique et
leur doit faire garder attrēpance en boire ι en menger. Par
ces choses bien gardees peut puenir le roy de la terre ala glo
rieuse royaulte du ciel/et par faisant le cōtraire: il ya es tres
grās et infinis tozmēs dēfer/car qui plus aura eu de puis=
sance par deca et plus fait de bien ou de mal:dautāt aura il
plus par dela de beatitude ou de eternelle dānation se de=
uant la mort il na eu vraye repentence ι absolution/ι po[ur] tāt
vng chascun qui a dānation doit auiser a ce qui sensuyt. Sil
a meu guerres ι batailles sans iuste tiltre cōtre lozdre de rai
son ι de bonne charite:cest peche mortel tāt en lui ᕋ en ceulx
qui sciētemēt y ont dōne cōseil/cōfort/ayde ι cōsētemēt ι en
sōt to[ur]en cause ι en coulpe des meurdres des rapines ι de to[us]
autres maulx sās nōbre ᕋ sēsuiuēt de guerre iuste ι sōt ten[us]

Quasi hec oīa ha
bent a hiero.i canō
regū. Itē ex .xx titu
lo decretis.

de restituer et reparer a leur pouoir. Item sil na defendu ses
subgetz des pillars rautres oppressions par forces darmes
ou autrement ainsi quil estoit possible cest peche mortel/car
pour celle cause et seruice faire a la comune ilz tiennent les
seigneuries/les rentes/les tribuz rles tailles. Sil a iuste
tiltre de faire guerre mais en ce faisant son affection est des
ordonnee par auarice ou autremet il y peut auoir peche mor
tel tant en lui q en ceulx qui executent ladicte guerre. Pour
quoy est bien a noter que a ce faire q aulcune guerre se puis
se faire iustemet il conuient quil y ait six conditios/cest assa
uoir bonne voulente et desir de faire iustice auec auctorite de
ce faire/et cecy est de la partie du prince. Item en ceulx qui
executent le fait de ladicte guerre doiuent estre intention et
condition. Intention non point principalemet pour auarice
ou pour sa propre vengence. Condition rest assauoir q la per
sonne qui fait telle guerre soit laye on seculiere non pas clerc
en sainctes ordres. Item en ceulx contre lesquelz on fait guer
re doit auoir aulcune coulpe ou default par quoy ilz ayent
desserui a estre punis/car sans ces six causes guerre ne peult
estre iuste. Item est a noter que les subgetz des princes qui
sont gens darmes ne sont pas tenus dauoir toute clere con
gnoissance se la guerre est iuste ou iniuste/ mais leur suffist
nestre pas certains que la guerre quilz font par commande
ment soit contraire a raison et a iustice. Sil a parmis scien
tement capitaines ou autres officiers quil sauoit estre pil
lars et oppresseurs de peuple il peche mortellement et est te
nu de tous les dommages et oppressions qui par default de
correction sont ensuiuis. Sil a parmis rcommande homici
des/mutilations/flagellations ou prisons contre droit et iu
stice ou non obstant q la cause estoit iuste il a fait faire prin
cipalement par hayne ou par vengence/cest peche mortel et
moult gref. Sil a fait ou pmis tournoiemens/duellations
Ieux ou representations qui de leur condition et souuente
foys sont chose nuysantes / et dommageables au corps

Nota.

Aug. ad boni faci
uz comitem. habetur
xxiii.q.i. Noli existi
mare nemine do pla
cere posse/q armis
bellicis mi strat. In
his etei sctusdauid
cui deo ta magnu te
stimoniu ghibuit.

In his etia centurio
q dno dixit: no sum
dne dignus vt intres
sub tectu meum bec
ibt.

Reu pot facere
tege iidtas impandi
innocente do milite
ordo serue di. patet
xxiii. q. i.

et a lame lesquelles il pouoit defendre et faire cesser cest pe∫
che mortel. Sil a cõmis enuers leglise cas pqruoy on le peut
iuridiqment denuncer suspẽs interdit ou excõmunie. ҫce nõ
obstant il a fait celebrer messe en sa presence en cõptennant
les cẽsures de saincte eglise:cest peche mortel ҫ moult gref.
Sil a prins ou cõmande ou approuue que clerc ou personne
religieuse fust prins batu ou emprisonne de fait et nõ pas de
droit et sans le congie et iuste permissionde leglise oultre le
peche mortel il est excommunie. Sil a pmis lois ou statuz ẽ
sa seigneurie qui estoiẽt contraires aux libertez et imunitez
de saincte eglise oultre le peche mortel il est excõmunie. Itẽ
seblablement sãs le cõgie du pape ҫ cõcession iuridiqment il
a cõmis ҫ permis estre mises ҫ iposes sur gens de eglise en
autres manieres quil nest parmis de droit:tailles subsides
guetz gabelles ou autres exactions apres ammonicyõ de ces
ser contemnẽt de cesaireoultre le peche mortel il ẽcourt sen
tẽce de excõmuniẽnt sil ne se corrige dedẽs lespace du tẽps
ordonne en droit poᵘ ce faire Itẽ se par soncrisme la cite laVil
le ou le pays cheent en interdit il est coulpable de la cessatiõ
de toᵘ les biens qui se peuẽt faire ҫ eussẽt este faissil neust
este ĩterdit Itẽ se poᵘ les cẽsures ecclesiastiqs faictes a lui ou
aux siẽs selon lordre de droit il endõmage ou dõne vexacion
aux iuges ou ministres de leglise oultre le peche mortel / il
est excõmunie. Itẽ sil a receu et pmis publiqs Vsuriers dau
tre region demourer et habiter ensa seigneurie pour exercer
leurs Vsures et na mis diligence deles expelles dedẽs letẽpᵘ
ace faire ordonne il est excõmunie. Et en permettant ceulx
de sa seigneurie excercer lesdictes Vsures endonnant a ce per
mission ou consentement cest peche mortel. Itẽ sil pille ou
destrousse ou dõne ayde ou consetemẽt de ce faire sur mar∫
chans ou pelerins sur mer il est excommunie ҫ labsolution
reseruee au pape. Item sil prent et retient les biens de ceulx
qui ont eu empeschement en tormente / Perdition de leurs
biens et fraction et Pompue devesseaux et nauires sur la

mer il pecße moztelement . Et dit aftence que nulle couftume ne le peut excufer. Jtem ſil fait embzaſer egliſes /mona-
ſteres ou autres ſaincts lieux /Ou y a fait ou fait faire enoz-
mes fractions ſans ozdze de dzoit ⁊de iuſtice oultre le pecße
moztel il eſt excõmunie/ /et ſil eſt denonce pour tel par le dio
ceſe labſolution eſt reſeruee au pape. Sil a empeſcße electi
on daucun a pzelation eccleſiaſtique malicieuſement cõme
par crainte /par ßiolence ou par autres mauuais moyẽs ou
auſſi pzocure que aucun fuſt eſleu contre la liberte ⁊ ordõnance des dzois ou a donne gref et ßexation au college ou a
aucun diceulx pourtant que on ne lui a pas obey en eſliſant
ſelon ſon ßouloir oultre le pecße moztel il eſt excommunie .
Sil a froiſſe ⁊ ßiole les pziuileges de legliſe en faiſant pzen-
dze par ßiolẽce aucune pſonne en legliſe ou aultre lieu pze-
uileg ie ſans permiſſion de dzoit /il cõmet ſacrilege moztel
et le peut on denoncer excõmunie apzes quil a eſte admõne
ſte deument de repazer le forfait. Sil a pille gens degliſe ou
rauy choſesqui apartiennent a legliſe ou pzent pour marcße
ſur gens degliſe: il pecße moztelemẽt. Sil a pzeſente comme
patron degliſe ou a pzocure par autre que celui qui eſtoit indigne ſelon dzoit fuſt receu a beneſice eccleſiaſtique ceſt pecße moztel. Sil a pzins pecunes /dõs ou pzomeſſes pour pze-
ſenter aucun a beneſice degliſe ou a l'eſcript et ſupplie au
pape ou a autre pzelat de beneficier aucun qui de ce eſtoit indigne il eſt ſymoniacle et en pecße moztel. Sil a donne ayde
faueur ou defenſe ⁊ ßeretiques ou ſciſmatiques entant que
telz il eſt excõmunie. Sil ſeſt appzopzie choſes qui appazte-
noient a autrui ou a empeſcße ſcientemẽt les pziuileges ⁊
libertes daucuns ceſt pecße moztel. Sil a empeſcße par luy
ou par ſes officiers ⁊ aucune cauſe ne fuſt traictee enlacouzt
de legliſe ainſi quil appaztenoit de dzoit il eſt excõmunie
Sil a fait ou impoſe noualite de lois qui ſoient contraires a
dzoit et a iuſtice ceſt pecße moztel. Sil eſt ßaſſal dautre ſei
gneurie et il na gazde ⁊ rendu feaulte et le ſeruice qui eſt de

libzo.vi.de imunita
te eccle.ca.Quoniã

droit ⁊ de bonne coustume cest peche mortel. Sil a pmis sci
entemēt en sa seigneurie pois/mesures/ou pris ou desrees q
estoient contre raison ⁊ iustice cest peche mortel ⁊ est tenu de
restituer. Sil a pmis amendes pecuniaires par son auarice
ou par hayne ou a excede notablement en punition non pas
principalemēt po' correction ⁊ pour iustice mais po' son aua
rice cõme dit est cest peche mortel. Sil a prins dõs ⁊ presens
pour faire ⁊ rendre iustice laquelle il estoit tenu de faire ⁊ au
tremēt ne leust faicte cest peche mortel. Sil a froisse la foy
ou les treues q̄l auoit auec son aduersaire ou autre p auant
que semblable chose luy eust este faicte / par preulx esquelz
il froisse la foy cest peche mortel. Sil a laisse encourir en dom
mage ses plaiges lesquelz il pouoit deliurer cest peche mor/
tel. Sil na defēdu vefues/orphelis ⁊ autres des oppressiõs
qui leur estoient faictes cõtre droit cest peche mortel. Sil a e
ste excessiuement põpeux en abillemēs/en viādes/en serui/
teurs/en cheuaulx/en chiēs/en oyseaux/en edifices curieux
ou autres choses parquoy souuenteffois ⁊ en diuerses mani
eres son peuple estoit pille ou par telles occasiõs chiet en po
urete parquoy il nest pas puissant de defendre son peuple en
reprimāt ses aduersaires cest peche mortel. Sil a fait che/
uaucher ou besoigner es festes sans necessite suffisante ou
a occupe soy ou les autres a chasser ⁊ gibber/ou a endomage
grandement les blez ou les vignes ou les bestes de ses sub/
getz ou autres cest peche mortel sil ne repare et restore le dõ/
maige. Sil a despendu les biens de sa seigneurie en folz vsa
ges ou au grant dõmage de ses heritiers ou de son peuple cõ
me sont ioueurs de dez ⁊ plusieurs autres prodigues cest pe
che mortel. Sil a eu cõgnoissance des pechez charnelz ou au
tres grās pechez en ceulx de sa maison et famille sans y met
tre la correction qui appartenoit a sa iurisdiction : cest peche
mortel. Sil a permis que dames ⁊ damoiselles de sa maison
aiēt este dissolues en abilemēs ou en exces de robes/de ato[rs]
iopaulx ou de autres choses il y peut auoir peche mortel et

o i

Principes tui infi
deles socii furū oēs
diligunt munera e=
quūtur retributiões
pupillo nõ iudicant
causa vidue non in=
gredit ad eos, ysa.i.
capitulo.

Exemple

damnable. Côme il appert par vng exemple recite de plusieurs qui aduint ainsi quilz dient au royaulme de frâce dune contesse qui moult auoit prins de vaine gloire en la diuersite dabillemens mondains qui couroiêt en son temps laqlle
le par pmission diuine tâtost apres leure de son trespassemêt
apparut treshorrible et douloureuse a vne anciêne dame q
par long temps auoit este de sa court. Mais pour pêser de sa
propre conscience et aussi pour les môdanites quelle veoit de
iour en iour et de mal en pis abonder en ladicte court elle sen
estoit iapieca departie / et lui dist ladicte côtesse qui ainsi luy
apparut quelle estoit dânee non pas pour autre peche prin-
cipalemêt si non pour la folle plaisance quelle auoit prinse/
es abillemens môdains de laqlle chose laisser elle auoit este
par plusieurs fois amônestee et stimulee. Et de ceste vision
fut la dame ancienne moult fort esmerueillee/ et tantost et
hastiuement enuoya pour sauoir côme se portoit sa dame et
maistresse ladicte contesse et fut trouue que a celle heure qlle lui apparut elle estoit morte piteusement. Et ceste vision
recita ladicte dame a plusieurs en son viuât / en quoy appt
que cest vray dit / que fol ne croit tât quil recoit. Et a ce pro
pos dit eusebius en lespitre du decez de saint hierome q tou
te personne qui excede en robes / en tissus ou en autres abillemens môdains soit ledit exces quât au pris il peut estre si
grant et laffection tant desordônee que cest peche mortel de
terminer quant et côment ledit exces est mortel ou veniel au
regart de chascune personne en particulier est chose moult
difficile quant au iugement humain ¶ Mais côme dit vng
iuriste nôme monaldus le benoist saint esperit enseigne plusieurs fois ceulx qui disposent: ce que ne pourroit pas faire
la subtilite dentêdemêt humain pourtât que cest celui qui
enseigne toute verite necessaire a sauuement. Itê dit nostre
seigneur en leuâgile au propos de la dânation de celui qui
excede en abillemens / que celui qui a deux robes est oblige p
la loy de charite den donner vne a celui qui nen a point / et se

¶ Quicûqz excedit i indumêtis vl' aliis mûdi hui' ornamêtis suplflue et notabiliter peccat ctra caritatê primi dânabilit et deum offêdit etiâ mortaliter: et nisi penitêdo se correxerit et talia suplflua resecauerit cû diabolo et angelis ei' i sempitnuz iteritû vadit. hec eusebi' i epl'a de obitu hiero. li. vi. de imunitate eccl'e. ca. Qm.

ɗoit ainsi entendre que celui qui oultre suffisance a abunda[n]-
ce ɗoit ayder charitablement a ceulx qui sont indigens. Ite[m]
dames damoiselles ou autres femmes qui se parent pour plaire aux ho[m]mes charnelz et mondains / et affin quilz les couuoi-
tent desordonneement peche[n]t mortelleme[n]t / et semblableme[n]t
peut on dire des ho[m]mes. Par les choses deua[n]t dictes app[ar]-
rest peril de ceulx a qui il appartie[n]t rendre / garder et defendre
iustice et des gra[n]s maulx qui peuent aduenir par leur default ta[n]t en eulx que en leurs subgetz. Et pourta[n]t dit bien
saint augustin que gra[n]des seigneuries ne sont aultre chose sinon gra[n]des larrecins et pilleries se iustice ny regne et gouuerne. Et pour co[n]clusion mettre en ceste matiere vient a
propos la question que fait saint thomas: cest assauoir / se cellui qui fait aucune chose co[n]traire a iustice peche mortelleme[n]t
Responce. Pourta[n]t que iustice ordo[n]ne les creatures lune enuers lautre selon quil est de raison en renda[n]t a ung chascun
ce qui lui appartie[n]t faire: loppofite scienteme[n]t est contre la
charite de son prochain et p[ar] co[n]sequent peche mortel / et pour
tant que paradis est promis aux iustes les desloyaux et iniustes demoureront en enfer.

Qui habet duas tunicas det vni no[n] habe[n]ti lu. iii. Qui ha buerit substa[n]tia[m] mu[n] di hui[us] et viderit fra trem suu[m] necessitate[m] habere et clauserit vi[s] cera sua ab eo q[uo]n[o]do caritas dei manet i[n] eo .i. io. iii. ca. Si v[er] aut mulier se orna nerit et vult spectaciu[m] ad se prouocauerit et si nullu[m] inde ve niat da[m]nu[m]: iuditiu[m] t[ame]n patietur i[n] eternu[m] q[uia] venenu[m] obtulit et si no[n] fuerit qui biberit hec crisostomus. Justicia remota q[uid] sunt magna regna ni[si] si magna latrocinia Aug[ustinus] li. de ciuitate dei.

Ensuit des iuges soit deglise ou de secularite.

Uant au huitiesme point qui est de ceulx qui ont office
et iurisdiction de donner sente[n]ces et de faire iugemens
est a noter quilz doiuent auiser soie[n]t deglise ou de secularite
aux poins qui sensuiuent. Sil est estre oudit office par symonie / par fraude ou par usurpation / car adonc il na nulle auctorite de iuger / mais en ce faisant il peche mortellement.
Sil a excede scienteme[n]t les termes de son ma[n]deme[n]t ou de
sa iurisdiction il peche mortelement. et ne le peut excuser ignorance vicieuse. Se par crainte / par auarice / p[ar] amour desordonne / par faueur ou autre mauuaise cause il donne sentence contre droit et iustice scienteme[n]t cest peche mortel / et
est tenu restituer a partie endo[m]maigee au cas que celui pour
qui a este iuge ne souldroit restituer. Se par son ignorance

Prouide viros ti mentes deu[m] et in quibus sit veritas et oderunt auaricia[m] qui tu dicent populu[m]. exo xviii. ca.

ticieuse il a donne faulse sentence il doit resdômaiger par
tie et a pecbe moztelement. Sil a este negliget destudier ⁊ de
enquerir Verite pour rendze ⁊ doner loyale sentence/par laql
le negligence il a iuge faulx cest pecbe moztel et est tenu a p
tie comme par deuant a este dit. Autre chose seroit du iuge
delegue qui auroit fait son deuoir dauoir le conseil des iuri
stes et cleres ⁊ ce non obstant auroit dône faulse sentêce par
simplesse et non pas a son escient ne par malice/car obedie
ce enuers celui qui a ce sauoit delegue ⁊ la diligêce il auoit
faicte denquerir Verite se peuêt excuser deuant dieu Et cecy
qui est dit du iugemêt côtérieur et exteriore pourroit ondi
re du iugement de la consciêce q̃ se fait en côfession/car chas
cun confesseur est iuge ecclesiastique et spirituel pose q̃ aul
cuns Veulent dire q̃ tant celui qui enioint office de côfesseur
que celui qui la recoit ⁊ nest suffisant a ce faire pechent moz
telemêt. Mais ce deueroit estre entendu de ceulx q̃ auarice
et presumption induit a ce faire ⁊ non pas de ceulx que cha
rite incliue a sauuement des ames pose que apres bonne et
saincte intention en receuât ou en enioingnant loffice pour
roit auoir si grande negligêce destudier ou denquerir Verite
que en donnant faulse sentence de absolution il y auroit pe
cbe moztel. Se lassesseur ou conseiller du iuge le quel iuge
est simple et de bonne Voulente côseille mal parignozâce di
cieuse ou p autre malice le iuge pourroit estre excuse en don
nant faulse sentence laquelle il croit estre bonne/mais le cô
seiller pecbe moztelement en affermât faulsete pour Verite
et si est tenu de restituer ou procurer Restitution estre faicte
a partie. Mais sil est Vray semblable au iuge que sonconseil
ler nest pas expert en lois ou en coustumes ou na pas renô
mee de gzant zele de iustice : ¶Ilz ne sont excusez lung ne
lautre de pecbe moztel en donnât faulse sentêce non obstât
quilz croient quelle soit bonne et est chascun deulx tenu a re
stitution/non pas que double restitution doye estre faicte a
partie/mais se lung ne Restitue lautre est tenu de restituer

Se iuge ordinaire prent pecune ou autre chose pour faire et rendre iugemet: cest peche mortel/ et peut aduenir en quatre manieres. Premierement prendre pecune pour iuger faulsement/et pour reparer tel peche la chose qui pour telle occasion a este donee appartiet selon les droitz a la partie qui est blecee. Secondement en prenant pecune pour iuger iustemt et plus tost. Tiercemet pour iuger non obstat que de ce faire il nait aucune iurisdiction ou puissance. Quartemet affin quil ne iuge faulx. Et en toutes ces trois manieres restitution se doit faire a cellui qui a baille/ou es poures selon bon conseil et au fait de consciece. Sil na voulu sentecier non obstat quil le pouoit et deuoit faire cest peche mortel et est tenu de restituer a partie. Sil estoit iuge ordinaire et il a prins des parties autre chose que vitaille qui estoit offerte et donnee liberalemet et modereemet il y peut auoir auarice mauuais exemple et peche mortel. Mais le iuge delegue qui na pas aucuneffois grade richesse et lui conuient cheuaucher et yssir hors pour soy informer ou autrement par quoy il peut plus despendre quil ne feroit se ce nestoit ladicte charge : tel peut prendre salaire modere selon les labeurs et autres considerations de la matiere subiette. Se le iuge deglise donne sentece dexcomunie/de suspetion ou de interdit trop legierement ou sans ordre de droit/ou pricipalemet par hayne/p vengeace/par faueur ou par aultre mauuaise occasion contre iustice et au domaige dautrui: oultre le peche mortel il est suspens de lexecution de son office et doit estre condane selon lestimation du domaige fait a partie/et se en telestat il se ingere aux sacremes il encourt irregularite de laquelle il ne peut estre releue fors par lauctorite de nostre sainct pere le pape. Sil a pmis scientemet aduocatier deuat lui aduocatz qui estoient heretiques/excomunies ou payens. Sil a pmis et tereu dilations contre lordre de iustice. Sil na garde les termes de droit. Sil a fauorise a lune partie au gref et domage de lautre. Sil a fait questions au coulpable les

quelles estoient impertinentes selon lordre de droit : Sil a
refuse a receuoir appellations legitimes . se malicieusemt
il a donne opportunite dappeller. se apres legitime appella
tion il a procede en cause. sil na quis conseil seur et certain se
lon quil le pouoit et deuoit faire ¶ Sil a receu allegations
friuoles et impertinentes. Se a poures gés côme vefues oz
phelins et autres miserables psonnes il na donne confort ↄ
prouision de conseil. En toutes ces choses et autres sembla
bles il y peust auoir peche mortel . sil na puny les malfaic
teurs selon que le droit ↄ le cas le requeroit. En ce peut a
uoir coulpe ↄ peche en trois manieres. Premierement pour
tant q de ce faire nauoit pas puissance ou cômission du prin
ce mais seulement auoit puissance de iuger selon les lois et
coustumes. Secondement se en ce faisant il a fait tort a par
tie. Ou tiercemêt sil a pdonne le cas qui deuoit estre puny
¶ Car non obstant que de ce faire auroit pouoir ↄque partie si
consentiroit si pourroit il pecher mortelemêt en pardonnât
le cas sans punition ainsi que dit saint thomas en ses quo
libetz/ car en pardonnant le cas qui est au grant scãdale du
peuple sensuit default de iustice ↄ de reparation au bien cô
mun . sil a augmente et diminue malicieusement la peine
ou punition qui estoit de droit:il y peut auoir peche mortel.
Item est a noter que cas pourroit auenir qui iugeroit cellui
qui congnoistroit estre innocent et ence faisant ne pecheroit
pas mortelement. Côme pour exemple/on preuue ↄ tesmoi
gne len faulx contre aucun en iugemêt / de laquelle faulse
te le iuge est trescertain ↄ si ne peut par dilation de sentence
ne par autre moyen persuader aux tesmoings de pourueoir
a leur conscience/ne peut aussi iustifier linnocent qui faul
sement est accuse sans faire manifeste iniure aux tesmoige
Item ne peut constituer lieutenât ne rêuoyer au souuerain
quant toutes ces conditions seroiêt ensemble ↄcôcurrentes
il seroit contraint de dôner sentêce selon les choses allegue
es et prouuees faulsemêt contre celui qui est innocêt:ↄ ce

faisant par son office il ne pecheroit pas/mais y pourroit a-
uoir merite/et de ceste opinion tiennent maistre francois de
mardnes sait thomas ¿ Pichard demyuille. Aucus aultres
tiennent loppousite affermans que le iuge deueroit plus tost
souffrir la mort que donner telle sentece. Mais ie me consens
a la premiere opinion en cause pecuniaire/et a la seconde en
cause de mort ou de mutilation. Car perdre les biens de fortune est souuent au grat prouffit de lame/mais la saincte escripture qui ne peut mentir prohibe simplement la mort de
celui qui est innocent ainsi quil appert en exode. Par les choses deuatdictes des prelatz/des princes ¿ des iuges appert
la verite de lescripture qui dit que iugement tresmerueil-
leux sera fait a ceulx qui president/cest assauoir silz ne gardent lasigne et purte de iustice et de equite. Et pourtant ilz
doiuet craindre ¿ se humilier deuat dieu iuge des iuges et
roy des roys et ung chascun dautant plus quil a plus grat
charite de seigneurie ¿ de iustice selon q diet les escriptures
et sainctes doctrines. Et de ce faire a done exeple le benoist
filz de dieu le pere iesus nazarenus ordinaire iuge des mors
et des vifz/et pourtat quant on le voulut predre po[ur] le faire
et constituer roy il senfuyt en vne motaigne pour prier dieu
le pere/mais quant on le quist pour iuger ¿ mettre a mort il
se pendit et presenta a la ville et au lieu ou il scauoit bien q
on le feroit mourir/ainsi que sil vouloit dire par son exemple que trop plus ioyeusemet deueroiet plusieurs receuoir
la mort que prelation/office/benefice ou seigneurie. Par occasion de seigneurie et de prelation aduiet souuenteffois a
ceulx de tel estat quatre maulx ainsi q appert par les escriptures. Le premier cest orgueil et elation/par quoy lorgueil-
leux est a bon droit copare aux bestes/car de la chose ou il se
deueroit humilier il sellieue et enorguillist. Le second mal
cest occasion de plus grande danation/car come dit est par
deuant: le iugemet de ceulx q auront eu prelation sera tres
estroit. Le tiers est que en receuant prelation il soblige a pe-

Horrede cito ap-
pebit vob q[ua]m iudici-
um durissimu[m] i[n] his q[ui]
p[rae]sut fiet sapi. vi. ca.
Quato magn[us] es
huilia te i[n] omnibus.
eccle. iiii. ca. zgre. in
ome. Tato ee[m] huilt-
or atq[ue] ad seruiendu[m]
deo promptior q[ui]sq[ue]
ee[m] os et munere ¿-
ro obligatioze se ee:
Scripti reddeda ro[n]e
gre Jesus aut cu[m] co-
gnouiss[et] q[uod] veturi es-
sent q caperet eu[m] et
faceret rege; fugit i[n]
mote ipe sol[us] orare.
io. vi. ca. Si ecotra-
rio mat. xxvi. Surgi-
te eam[us] ecce appro-
pinqbit q me tradet
No[n] cu[m] i[n] hore eet
no[n] intellexit ppat[us] e
lumetis insipietib[us] z
silla fctus e illis Ite
i. tbi. iii. No neophi-
tu[m] eligas suple i ep[iscopu]z
ne i supbiaz elatus i[n]
iudiciu[m] diaboli inci-
dat. Si dicete me ad
ipsu[m] morte morieris
zno[n] anunciaueri[s] etc.
sanguine ei[us] d manu
tua reqra ezechi. iii.

Noli querere fie
ri inder nisi valeas
virtute irrupere iuqta
te ne forte extiescat
facie potetis eccle.
vii.gre..boc si boies
atteberet platoes no
ambiret. Irat° dns
dirit ab moyse:tolle
cuctos pncipes po
pulitsulpede eos co
tra sole i patibut.zc
rocciii sut xxiiii.mi
lia boiz nueri.xxv.c

sponde et a rende compte de pechez De ses subgetz. Le quart
rest le scandale des subgetz qui aduiet quat le iuge ou le pre
lat ne donne la correction et doctrine qui apptiet aloffice ou
seigneurie. Et pourtant dist bien sainct gregoire que se les
hommes raisonnables cognoissoiet lacharge qui est en prela
tion ilz crdaindroient z iamais nappeteroiet a la receuoir/car
come il appert par la figure qui est au xxb.chapitre du liure
des nobres xxiiii.mille homes des principaulx du peuple de
dieu moururent en bng iour pour le default de bien presider
z bien corriger. Laquelle chose fut figure De tous ceulx qui
apres lexemple z doctrine de iesuchrist president enorgueil z
en abusant de leur bocation esquelz est reseruee moult cru
ele danation. Mais aussi par loppossite ceulx qui en crainte
et humilite y sont ce gl leur est possible selo dieu z bo ordre de
iustice seront tresexcellentemet remunerez. Et cecy suffise
quat a present du saint estat de prelation.

Sesuit de aduocatz pcureurs z notaires soiet
en court deglise ou de secularite.

Dant au ix.point qui est des aduocatz/tabellions z no
taires est assauoir quilz doiuet premieremet aduiser et
specialement les aduocatz. Silz sont de telle codition g offi
ce De aduocatier leur soit defendu par droit ou par coustu
me come seroient excomuniez/heretiques ou religieux si no
pour leur monastere z du comandement z licece de leur pre
lat/car telz gens qui se ingerent a aduocacier pechent grabr
ment et aussi font ceulx qui a ce les recoiuent scientement.
Sil est en sainctes ordres ou en moidres auec benefice il lui
est interdit De aduocatier en court laye:excepte ensa propre
cause ou pour son eglise/ou en cas De pitie enla cause despo
ures. Ite le iuge ou lassesseur ne peut aduocatier en la cau
se quil doit iuger. Ite aduocat bnficie en aulcune eglise ne
peut selon le droit aduocatier contre son eglise sinon po au
cun qui seroit De ladicte eglise/z se autrement faisoit a son
escient ce pourroit estre peche mortel par raison de contemne

ment. Se aduocat ou procureur sonstient scientement cau
se iniuste:cest peche mortel/est tenu de restituer a partie to?
les domaiges qui lui sourviennent a cause de ce/ou de indui
re la partie qil sonstenoit a restituer de fait reallement. Sil
entreprent a sonstenir cause quil croit aucunemet estre bon
ne z iuste/mais en procedat il la cognoist estre faulse: il doit
incontinet resser non pas en reuelat la verite a partie aduer
se mais a celui pour qui il plaide en le induisant Dapointer
auec partie/car se par son conseil ou ayde partie est endomma
gee ou pert sa cause qui estoit bonne et iuste:il est tenu de re
stituer ou de iduire cellui du quel il sonstenoit la cause a ce
faire/mais durant que la cause estoit doubteuse on la pou
oit sonstenir et plaider sans peche. Se en plaidat il a comis
faulsete/come en produisant faulx tesmoings/ou a consen
tu a ce faire ou a conseille sa partie de mentir ou de alleguer
chose qui estoit faulse/ou sest ayde faulsement de lois qne
stoient pas a propos ou aussi de probations soit en voye de
droit ou de fait. Sil a quis dilations/trauaillatios cotre droit
ou po'doner coustz/vexations a partie en la cause q nestoit
pas iuste. Sil a appelle de iuste setece scientement/en to?
ces cas peut auoir peche mortel. Sil a este parecceux destu
dier de sonstenir z de garder la bonne cause par son default
z paresce partie a este endomagee:il y peut auoir peche mor
tel et obligation de restitution. Sil a reuele malicieusemt
le secret de sa partie a ptie aduerse par quoy il aduiet coustz
et domages cest peche mortel et doit restituer. Sil a perdu
la bonne cause par negligence/par desloyaute ou par sa vi
cieuse ignorance il est tenu a restituer tous les domaiges q
a cause de ce aduiennent a partie. Sil doit/cognoist poures
gens qui ne peuent poursuiuir z defendre leur bonne cause
pourtant quilz sont poures et voit que nul ne leur donne se
cours laquelle il peut bienfaire adont il peche mortelement
se il ne leur fait come il souldroit que on lui feist en cas sem
blable selon la loy de charite¶Item sil a des parties prins

excessif salaire il y peut auoir pech̃e mortel. Le salaire peust
estre iuge excessif ou competent selon la cause / le labeur / la
faconde de laduocat et aussi selon la coustume du pays et
peut pactiõner du pris auecq̃s celui qui lui baille la cause p̃
auant que la cause soit commencee ou apres quelle est finee
non pas apres quelle est cõmencee et pendante endroit ainsi
que dient les drois / τ nest point licite de pactiõner q̃ laduocat ait le diziesme ou le cẽtieme ou autre partie determinee
mais seulemẽt de pris nõme τ certain. Se aucun iuriste dõne conseil cõment aucune cause laq̃lle il cognoist iuste poũ-
ra estre gangnee il pech̃e mortelement. Et se ainsi auiẽt il est
tenu de restituer a partie cõme dit est de laduocat. Item sil
sest presente cõme saige et expert es drois et es coustumes
laquelle sciẽce il nauoit pas par quoy il a dõne cõseil qui a
porte dõmaige a partie ou sil a demãde pris excessif poũ dõ-
uer son conseil ou na pas conseille les poures quil droit en
necessite / soit dit cõme de laduocat. Itẽ quãt aux procureũs
est assauoir que sil a procure scientement en la fausse cause
ou par sa negligence a laisse perdre la bonne. Sil na dõne aide τ cõfort aux poures. Sil a este epressif en salaire soit dit
cõme de laduocat. Itẽ quãt aux tabellions et notaires. Sil
a fait traison en son office cõme en faussant la bonne lettre
ou en ne voulant pas monstrer certaines lettre' ou registre'
ou na pas voulu signer ainsi quil deuoit ou a este ignorant
de enregistrer ou de dicter par quoy aduiennẽt souuẽt proces
et debatz par quoy les parties encourãt grans dõmaiges ou
a este negligent ou paresceux de expedier et de rendre les ac-
tes. En toutes ces choses y peut auoir pech̃e mortel τ est tenu a restituer les dõmaiges qui sont ven' par son default.
Sil a passe testamens de ceulx qui nestoiẽt pas en disposition de pouoir testamẽter cõme sont ceulx qui nauoiẽt pas
vsance de raison ou autre empeschemẽt legitime cest pech̃e
mortel τ est tenu a de dõmaiger partie. Sil na garde la sole-
nite req̃se cõe de tesmoig' τ auts choses q̃ sõt de droit il froisse

son serment et pecℏe moztelement:et oultre plus eſt teun a
reſtituer les dõmaiges qui ſenſuiuẽt. Sil paſſe teſtament
aßſurier ou ſymoniacle il eſt pariure et pecℏe moztelement
Sil eſt ſuffiſantemẽt ſtipendie eŋ court ou eŋ cõmunite ꝗ ce
non obſtant il pzent ſalaire ꝺe paztie / ou ſil neſt ſtipendie ſil
eſt exceſſif eŋ ſalaire ꝺe paztie /ou eſcript aux feſtes p aua⸗
rice ꝺe gaingner ꝗ ſansneceſſite ſuffiſante: il y peult auoir
pecℏe moztel. Sil a ꝺicte ou eſcript ſtatutz cõtre les libertes
ꝺe legliſe:oultre le pecℏe moztel il eſt excommunie. Sileſt
notaire ꝺe leueſque ꝗ ſtipẽꝺie ſuffiſantemẽt ꝗ ce nõ obſtãt
il pzent ſalaire pour leslettres ꝺes ozbzes /il eſt ſymoniaque
et ſemblablemẽt eŋ perte et gaing eŋ la pecune que pzent le
ueſque par ſymonie. Se aucuŋ ꝺocteur eŋ lois ou eŋ meꝺe
cine a receu eŋ ſes eſcoles et lectures ſciẽtemẽt religieux ou
pzeſtres ſeculiers ou autres clercs eŋ office ꝺe ꝺignite ꝺegli
ſe tant lui que leſꝺis eſcoliers ſont excõmuniez. Itẽ quelcõ⸗
que ꝺocteur qui recoit ſcientemẽt aucuŋ religieux qui na li⸗
cence ꝺe ſon pzelat:eſt excõmunie. Item ſil fait paction ꝺe
lyre par ainſi que on lui ꝺonnera bne cℏanoinerie il eſt ſy⸗
moniaque:touteſſois on pourroit ozdonner ꝗ lacℏanoinerie
qui aꝺõc ſeroit bacante auroit ꝺozeſenauãt telle charge ꝗ ce
lui qui lauroit ſeroit tenu ꝺe lyre. Item ſe on exige ou ſe on
pzomet aucun pzis pour licence ꝺe lyre ceſt pecℏe moztel ety
cℏiet pziuatiõ ꝺoffice et ꝺe benefice combieŋ que ce ne ſoit
pas pzopzement ſymonie ſeloŋ que ꝺit hoſtienſe. Item pzen
ꝺze ou ꝺonner pecurie pour licence pour laiſſer la lecture eŋ
aucun iour ꝺe feſte qui eſt ꝺu cõmanꝺemẽt ꝺe legliſe ceſt ſy
monie. Sil a gaiges ou benefice ſuffiſant pour lyre ꝗce non
obſtant il pzent ſalaire ceſt ſymonie et eſt tenu a reſtitutioŋ
mais ſil na ſalaire ſuffiſant il peut pzenꝺze ſalaire ꝺe ſes eſ⸗
coliers par ainſi qilſoit ſuffiſãt eŋ la faculte quil entrepzẽt
ſil a Pzceu maiſtriſe et office ꝺe lyre /et ilneſtoit pas ſuffi⸗
ſant.Are ily peuſt auoir ſi grande inſuffiſance ouꝺit ꝺoc⸗
cteur que ceſt pecℏe moztel.Et ſpecialement eŋ la ſcience ꝗ

faculte de theologie pour le peril des ames / car on adiouste
foy au docteur pour raison du degre et de loffice / et oultre
plus ceulx qui le recoiuent ou instituēt entel degre ou office
sont cause des maulx qui en peuent aduenir τ par cōsequēt
y peut auoir peche mortel. Sil appete le degre et loffice de
lyre par ambition / ou pour auarice ou pour autre mauuai/
se cause il ypeut auoir peche mortel. Sil a enseigne sciences
defendues / cōme nigromance ou autre mauuais art / cest pe
che mortel. Sil a este negligent dinstruire en sciēce τ bōnes
meurs ses subgetz / ou leur a pmis mener vie de shōneste et
de peche il y peut auoir peche mortel. Sil na garde les ser/
mens de luniuersite. Sil a este brigueur en disputations ou
a sonstenu conclusions plus par ābition q pour enquerir ve
rite. Sil a este pōpeux en abillemens. Sil a estr enfle τ vain
glorieux pour sa science. Se paresceux destudier. Se prodi/
gue en temps et biens. En toutes ces choses τ plusieurs au
tres tant le docteur que les escoliers peuent exceder morte/
lement / et pourtant chascundoit estudier a se cōgnoistre po̓
se corriger et amender. Suffise a present de la matiere des
escoliers.

Ensuit des medcis τ plusie͛s autres vocatiōs.

Dant au dixiesme point qui est des medecines estassa/
uoir que le medecin peut pecher en plusieurs manieres
qui sensuiuent. Sil cest mis a excercer loffice du quel il na/
uoit pas la science / car cest au grant peril de la sante ou de la
vie de son prochain. Item enestant negligēt audit office. Itē
en donnāt cōseil pour la sante du corps qui est contraire au
salut de lame. Itē en ne gardant pas le cōmandement de le
glise qui est tel / quil doit amōnester le malade selon la dis/
position en quoy ilest de querir principalemēt et premiere/
ment le medecin spirituel. Item en ne aydant pas aux po/
ures selon la necessite en quoy illes doit et quil le pouoit et
deuoit faire selon la loy de charite. Item en baillant et
ordonnant medecine indiscrete a la grāde aduēture de mort

en toutes ces choses et plusieurs autres / côme seroit soy sâ
tant en desprisant les autres de sa vocation y peut auoir tel
excez que cest peche mortel / ou si petit que ce ne seroit que pe
che veniel. Et semblable iugemét doit estre fait des apoti
caires et aussi de ceulx qui vendét a pois ou a autres mesu
re et qui sophistiquét et meslent leurs dcrees en y faisant
deception et mauuaistie z souuét y eschiet restitution. Se
le tauernier ou hostelier a fait fraude et deception en bail
lant vne maniere de vin pour autre ou a mis eaue dedãs et
sõnant entêdre loppositie / ou ya mesle chose qui pouoit estre
nuysante a la sante de ceulx quile buuoiét ou a fait faul
se mesure / ou a mesconte a son esciét / ou a receu scientemét
ribaulz et ribauldes / roueurs de dez ou dautre sort / ou bail
le son vin a ceulx quil doit bien quil sen pureroient / ou aus
si a larrons ou prodigues ou blaphemateurs de dieu lesqlz
il pouoit bien mettre hors de sa maison. En toutes ces cho
ses ppeut auoir peche mortel / et generalement en tous me
stiers et toutes marchandises / en tous estatz z degre de quel
cõque vocation de secularite ou deglise se peut ébatre maul
dicte auarice ainsi que dit saincte escripture qui nest aultre
chose sinon aymer sans ordre les choses mondaines z tépo
relles. Et pourtât quil est impossible a nature humaine de
viure en ce monde sans amour tous ceulx qui naymét dieu
souuerainement côme dit est au premier cômandement che
ent necessairement en lamour desordône des choses terrien
nes et téporelles. du quel amo' aussi côme de la viue fontai
ne procedent tous les ruysseaulx de symonie / de vsure / de ra
pine / de larrecie / de fraudes z de deceptiõs en diuerses mar
chandises / faulses plaideries / exactions / pilleries et autres
diuerses inuentions q mieulx semblent estre diaboliqs q
humaines et sans nombre et sans mesure. desquelz incõue
niens et pechez lame ne peut estre desliyee et reparee enuers
son createur se elle ne se destourne de tel amo' p vraye repê
tance z en faisant restitution / de laquelle sensuit cy apres

¶ Sensuit de la restitution necessaire a sauueme(n)t de ceulx q(ui) detiennent lautruy.

XXii.capitulu;

[P]ourtant que restituer lautruy est necessaire a sauue-ment des ames. Laquelle chose ie quier/tentes prin-cipalement en tout le proces de ce present liure: il en conui-ent dire aucune chose. Et premiereme(n)t est a noter que oster/prendre/rauir ou detenir aucune chose co(n)tre la bo(n)ne et iuste voulente de celui a qui telle chose appartie(n)t: cest faire chose contre charite z par co(n)seque(n)t peche mortel. Car selon la loy diuine et aussi de nature nul ne doit faire a son prochain ce que ne vouldroit point ou ne deueroit vouloir luy estre fait

Oultre plus il est a noter q(u)il est trois manieres de biens es-quelz aucun pourroit estre endo(m)mage: Cestassauoir/les bi-ens de lame co(m)me sont les graces z vertus spirituelles z bo(n)-ne reno(m)mee: Les autres biens sont ceulx de nature comme sante et beaute de corps. Et les tiers biens se nomment les biens de fortune co(m)me sont bie(n)s te(m)porelz soit or/arge(n)t ou au-tres biens meubles ou heritages. Et enchascune de ces troi(s) manieres de biens aduie(n)t par le default de raison z de chari-te que souuenteffois lung endomaige lautre par quoy il co(n)-uient faire restitution deue ou estre iniuste deua(n)t dieu et p(ar) consequent coulpable de mort eternelle:pour laquelle mort z damnation escheuer oultre les choses deua(n)tdictes ta(n)t au huitiesme co(m)mandement q(ue) en la matiere de vsure/de symo-nie et de diuers estatz z vocatio(n)s pcy deuant mis:sensuiue(n)t aucuns cas de ladicte restitution plus en particulier.

¶ Sensuit de la restitution des bie(n)s de lame.

[Q]uant a la restitution des biens de lame est premie-rement a noter que telz bie(n)s ne se peuent aliener ne per-dre si non en donnant consentement a peche. Et pourtant cellui qui introduit et induit aucune personne a faire peche en luy donnant conseil/commandement/ayde et exemple ou occasion de pecher/Par quoy il pert les biens de lame il est dautant plus tenu a restituer et satisfaire qua(n)t a ceste

maniere de dõmaige de combien les biens de lame valent
mieulx que ceulx du corps ou du monde. La maniere de resti
tuer doit auoir côformite a la maniere de dõmager / car sil a
mal conseille il se doit reuoquer & dõner bon côseil. Sil a dõne mauuais exeple il le doit dõner bon. Itê il doit prier pour
la côuersion de la psonne quil a fait pecher en la recomman
dant a dieu & aux sainctes psonnes / car en tel cas on a plus
tost abatu q releue. Et dit saint augustin que celui qui nen
fait son deuoir de restituer au cas & en la maniere deuãtdicte ne peut auoir remission. Sil diffame son prochain en lui
imposant crime qui nestoit pas vray: il se doit reuoquer deuant les personnes a qui il a impose le crime & aussi que il le
peut faire couenablement / car en diffamãt son prochain par
telle maniere il est trop plus greuement endõmage qsil auoit
pdu ung milion dor ou dargent. Sil a dit dautrui le crime
qui estoit veritable / mais ce, non obstant il estoit secret : il se
doit reuoquer non pas en disant quil ait menty & dit faulx
car adonc il mentiroit a son escient: laquelle chose il ne deueroit pas faire pour sauuer la vie de tous les viuans / mais il
doit dire quil a mal dit & quil sen repent Et doit iduire ceulx
a qui il auoit dit le diffame de son pchain a ne le croire pas
par quoy il appt assez que ce cas icy nest pas moins difficil-
le a bien reparer / non obstãt q le diffame impose nestoit pas
verite Sil a desdit ou desmenty aucun de ce ql lui imposoit
aucun crime en publiq q estoit vray / Mais touteffois estoit
secret. Adonc il est notãt limposant du crime de calünie qest
moult grant mal & infamie / tel cas est tresfort a reparer: car
tous deux sont cheuz en incõuenient / lung en imposant pu
bliquement leut cas qui estoit secret et quil ne pouoit prouuer / lautre en le contredisant notãt limposant quil est mens
songier. Et dit saint gregoire qnõ obstant q celui qui est accuse en publique de la chose qui est secrete le puisse nyer selon la maniere que tel cas luy est impose / Touteffois si sen
doit il confesser et en faire satiffaction / et si doit publiqment

¶Melius ê nome bo
nû q diuitie multe.
puer.xii.ca.

reparer lonneur de limposant a son pouoir nõ pas en auou
ant quil ait dit vray/car on peut bien aucuneffois taire ve=
rite mais non pas dire mẽsonge. Mais il peut ꞇ doit dire au
cunes paroles sobres ꞇ couuertes cõme en suppliant les op=
nãs quilz ne soient maledisiez ou mal contẽs de limposant
car il ymaginoit de pouoir prouuer le crime quil imposoit.
Et pour abreger ceste matiere suffise pour le present/car les
grans et subtilz docteurs a grant peine ꞇ difficulte deter mi=
nent la matiere du miserable peche de faulx ꞇ enuieux lan=
gage/mais plusieurs cõfesseurs en tiennent trop pou de gar
de et pourtant ny mettẽt il pas le remede ꞇ la restitution q̃
est necessaire et re procede de leur ignorance et du peche de de
traction qui est auiourduy trop cõmun. Et pourtant dit biẽ
saincte escripture q̃ par le peche de faulx langage pres que
tout le mõde perist/car a grãt peine ꞇ aussi cõme de la moin=
dre part de ce est faicte vraye restitution. Les choses deuant
dictes doiuent estre entendues du crime qui est grãt peche
mortel/car se aulcun auoit vitupere son prochain par quoy
il pourroit estre moins prise: il le doit louer ꞇhonnorer discre
tement tant enuers lui q̃ les autres. Et recy pourroit suffi=
re pour reparer le vitupere quil luy auoit fait par deuãt.

    ¶ Sensuit de la restitutiõ des biẽs quãt au corps

Q uant a la restitution des biẽs de nature est a noter q̃
aucun peut estre endõmage en son corps en trois mani=
eres. La premiere est quant on lui osteroit la vie. La seconde
quant on lui osteroit aucun ou plusieurs de ses mẽbres. La
tierce est en le frapant ꞇ blessant sans le tuer ou sans le pri
uer de lusage de ses mẽbres ꞇ restitution pour lamort dau rue
personne ne peut pas estre trouuee plus seure q̃ celle qui est
ordonnee et tauree de dieu es sainctes escriptures tant de lã
cien testament que du nouueau/cestassauoir que celluy qui
a fait homicide le coiue en gre et en pacience la mort qui lui
sera baillee par iustice. Mais se telle penitẽce ne lui est bail=
lee ou pourtant que le fait est secret/ou pourtant quil impe

tre la grace du prince le quel luy peut faire ⁊ donner. La pl[us]
certaine penitance apres celle deuantdicte seroit quil expo-
sast sa vie en desirant mourir pour la foy cõme a lencontre
des infideles /p telle discretion touteffois quil ne se tue ou
face tuer a son escient / car se ainsi se faisoit il seroit homicide
de luy mesmes / et au cas quil ne prent telle penitãce cõme
dit est / cest en donnant vie pour vie iamais ne se peut totalement acquiter en ce mõde quant a la peine deue / mais bien enuers dieu quant au regart de la coulpe ⁊ pour nestre pas fi-
nalement damne. Et se la personne tuee estoit de telle cõdition quelle soustenoit ⁊ nourrissoit pere ou mere ou enfans
ou autre famille. Le meurdrier est tenu se il luy est possible
de les sustenter ⁊ marier les filles ⁊ supplier quant a ce toutes autres charges q soustenoit la psonne tuee selon quil est
bonnement possible en tel cas. En ceste difficulte de restitution appert lindiscretion de plusieurs cõfesseurs qui souue[n]-
teffois absoluent plus legierement po[ur] lamort dũg homme
quilz ne deueroient faire pour la mort dung chien ou autre
beste ainsi q declaire lescot en la xv. distiction de son quart.
Et donc pourtant que a grant peine pourroit iamai[s] porter
si grant charge: il luy est expedient a sauuement de predre la
mort en gre selon lordonnance de iustice. Restitution pour la
mutilation daucune psonne doit estre faicte selon lexces ⁊
ladicte mutilation qui est ainsi nõmee pourtant q la personne mutilee pert totalement lusage daucun ou de plusieurs
de ses mẽbres. Item en telle restitution on doit considerer le
stat de la personne endõmagee / car le poure laboureur qui
par ce auroit perdu la main deueroit auoir plus grãt desdõ-
magement que nauroit vng hõme grandement riche. Item
sil gist au lit le frapant doit payer les iournees des medecis
auec les autres interestz ainsi que dient les drois ou autrement la restitution nest pas suffisante.

¶ Sensuit de la restitution pour les choses tẽpo-
relles.

extra de iniur[iis] ⁊ dã-
no dato. ca. i.

Nõ furtũ facies. exo.xx.

Richardº de mediauilla d.xxxvii.fecit inqt q̃ planũ e q̃ ĩ diuinis pceptis hõ nõ pŏt dispẽsare nec etiam deº ii.thi. ii.ca. Fidel̉ est deº seipm negare nõ pŏt. Itez in decretis.di.x.ca. Mãdata moralia ad tus naturale ptinẽt ideo nullã mutabili tatẽ recepisse mon̄stratur.

Nota.

Versus.

Jussio cõsiliũ cõ sẽsup palpo recursus. Participãs mutus nõ obstãs nõ mani festans.

Quant a la Restitution pour les choses temporelles est a noter que ainsi que prendre lautrui mallicieu semẽt est peche mortel et trãsgression du commandement de dieu/semblablemẽt retenir lautrui côtre la bonne et ordõnee Voulẽte de celui a qui appartient la chose cest peche mortel. Par quoy il sensuit que durãt la voulẽte de tellement retenir lautruy il nest puissance en riel ne en terre qui le peust absouldre/car les cõmãademẽs de dieu ne peuent estre muez ou variez par dispẽsation ou autremẽt par quoy oultre plus appert que vray est dit et a bon droit/tendre ou pendre ou la mort denfer attẽdre. En ceste matiere de restitution qui est moult necessaire sont aveoir ra noter quatre choses pordre. La pmiere est q̃ est celui qui doit restituer. La secõde est q̃lle chose se doit restituer. La tierce est a q̃nse doit restituer. La quarte quãt on doit restituer.

¶ Se suit de celui qui doit restituer.

Quant au premier est assauoir que non seulemẽt celuy qui a prins lautruy côtre raison et iustice est tenu de restituer/mais auecques ce plussieurs aultres manieres de personnes côme celui qui donneroit cõmandemẽt de ce faire et sans lequel cõmandement la prinse neust poinct este faicte. Item sil a donne conseil/cõfort/aybe/defẽse/ou sil a recele la chose prinse/emblee ou rauie ou les malfaicteurs/Ou quil a prins e gaing ou partie audit larrecin Il est tenu a restituer. Item sil deuoit prohiber et pouoit defendre par auctorite de son office côme les seigneurs et prelatz au regart de leurs subgetz ou leurs officiers ou celui qui seroit iuridiquement requis de dire verite du larrecin et ne le vouldroit côfesser. Toutes ces conditiõs de psonnes se nõment faultes et conscentans et est chascun tenu de faire totale restitutiõ par ainsi q̃ silz estoient plusieurs et vng restitue totallemẽt ilz sont tous acquitez euers celui a qui auoit este fait le dommaige quant au regart de faire restitution/mais vng chascun est oblige a celui qui les a acquitez de la portion qui luy peut appartenir.

¶ Sensuit quelle chose doit estre restituee.

Quant au second qui est quelle chose doit estre restituee est assauoir que se la chose emblee est de telle condition quelle puisse porter fruictz / comme est terre ou bestes elle se doit restituer auec les fruitz oultre les dommages et interestz que peut auoir encouru celuy a qui appartenoit ladicte chose. Autre chose seroit dauoir acquis heritages ou possessions dargent emble / car il suffiroit de restituer la somme dargent auec les dommaiges iustement estimez que peut auoir encouru lendommaige.

¶ Sensuit a qui se doit faire restitution

Quant au tiers cest a qui doit estre faicte restitution est assauoir que selon droit & raison elle doit estre faicte a celui qui a este endommage ou a ses prochains heritiers sil estoit decede / ou se telle restitution se deuoit faire si loing que les despens se monterent plus ou autant que la chose embllee a qui il souldroit aller pour enquerir les lieux et les persones ou que on ne sauroit a qui restituer / adoncques on doit donner aux poures la chose ou la value qui doit estre restituee pour le bien spirituel tant des vifz que des trespassez esquelz pouroit appartenir ladicte restitution. Aucuns ont voulu dire que la restitution de telles choses a partie incertaine se doit faire par ordonnance des prelatz ou autres iusticiers. Mais saint thomas et lescot dient quil nest pas de necessite mais se peut faire par la bonne discretion de celui qui est oblige a restituer soit par soy ou par autre. Item est a noter que se aucun embloit a vng larron la chose quil auroit emblee on la deueroit restituer a celuy a qui elle appartient de droit ou qui le detenoit soubz forme de prest ou de gaige.

¶ Sensuit quant on doit faire restitution

Quant au quart qui est sauoir quant on est tenu de restituer est assauoir ql nest point licite de retenir lautrui heure ne moment quant celui a qui se doit faire restitution

p.ii

Si videas furem currebas cu eo & cu adulteris portionez tuã ponebas hec fecisti & tacui. & cete. ps. xlix

Scotus tho. i suo quarto dicitur qn est icertus dns rerum ablatap: tuc paupes sut heredes. Ite scotus Ubi lex diuina vel ecclesiastica non ligat persona sequedae naturalis ratio. Ratio aute dictat q persona q tenet: facia p se no excludendo consiliu boni viri. Hec ille.

Beult iustement que ladicte restitution lui soit faicte et aus/
si que le detenant a lieu/temps/espace et puissance de ce fai
re/car il seroit bien licite pour aucunes circonstances de diffe
rer a faire restitution comme quant celui a qui elle doit estre
faicte Beult ou doit Bouloir selon bonne rayson qlle soit dif/
feree ou pourtant quelle seroit au grant preiudice du bien cõ
mun. Comme pour exemple. Celui qui seroit a la guerre et
au seruice du roy qui auroit destrousse aucun loyal marchant
De la somme de cent escuz laquelle somme ne peut restituer
sans Bendre cheuaulx et harnoys darmes par quoy il sera
inutile au bien publique et icelle restitution pourroit estre oc
casion de tresgrant mal en tout le Royaume/ Car par le de/
fault dung clou on pert Bng fer/par Bng fer Bng cheual/par
Bng cheual Bng homme/par Bng homme Bne bataille/par
Bne bataille Bng royaume. Par quoy appert que le marchãt
deueroit trop mieulx aimer que restitution fust differee pour
le grant bien commun que sa propre Boulente fust acomplie
pour son petit bien particulier. Et pourtant en telz cas z au
tres semblable se peut bien differer restitution auec propos de
Restituer en lieu et en temps. Item Restitution pourroit au/
cuneffoys estre au grant peril et dommage de celui a qui elle
se feroit comme le glaiue a Bng hõme a leure que par fureur
il Beult tuer Bng autre. Item aucun peut estre de telle condi
tion que sil Restituoit sur heure il encourroit grant bonte ou
grant dommage et celui a qui se feroit Restitution nul ou pe
tit de prouffit. Par quoy il appert que selon charite et Raison
il doit attendre lieu/temps/ et opportunite a ce que Restitu
tion luy soit faicte selon bonne charite z Rayson ainsi quil ap
partient. Par les choses deuantdictes appert assez que se la
chose detenue a estre prinse secretement elle se doit Rendre
secretement et que a celui qui na pas puissance de Restituer
il lui suffist a sauuement auoir desplaisance du cas auec pro/
pos de rendre touteffoys z quantes quil aura opportunite cõ
me dit est et peut Retenir sa necessite corporelle cõme de boi

te et de menger et destre vestu / Mais nonpas viure delici
eusement ou tenir estat grant et abundāce de biēs dautrui
Se aulcun estoit en extreme necessite par quop il prendroit
aucune chose furtiuement pour soy ayder en telle necessite
il ne seroit point tenu de la rendre non obstant que puis aps
il eust bien la puissance / mais sil auoit prinse deuāt telle ne
cessite en laquelle il charroit puis apres / Durāt le tēps dicel
le necessite il ne seroit pas tenu de restituer mais puis aps
sil auoit puissance adonc il seroit oblige de restituer Se fem
me mariee conroit dautre que de son mary le cas est fozt a re
medier et de ce peut aduenir grant mal et dōmaige tant au
mary que aux propres heritiers / parquoy il sensuit q̄ la fem
me ne peut recouurer sauuement selle ne restitue. Mais de
la maniere plusieurs grans theologiēs et iuristes en deter
minent diuersemēt. Escot est dopinion que telle fēme nest
pas tenue de soy declarer ou cas ne au mary ne a lenfant
mais le doit amonnester discretemēt soit filz ou fille de soy
mettre en estat deglise et de laisser leritage a autres / ou se
elle ne peut ad ce paruenir et quelle soit riche de meubles et
de heritages elle doit sans soy declarer par testamēt ou au
trement recōpenser tant le mary q̄ a eu la charge de lauoul
tre que aussi les heritiers selon quelle pourroit bonnement
Raymond dit que sil estoit vray semblable que tel enfant
craignist ⁊ aymast dieu et fust persuasible la mere pourroit
mener tel proces / cestassauoir que deuant son confesseur la
mere ⁊ lenfant desia ayant aage et discretion se presentas
sent ⁊ adont que le confesseur fist iurer lenfant quil tiēdroit
secret la chose quil lui veult declarer au prouffit de son a
me. Item fist iurer la mere quelle dira sans quelcōque ma
lice verite. Et adonc ces choses faictes la mere pourra bien
iurer selle est bien certaine que lenfant nest pas de son ma
ry / laquelle touteffois nest pas tenu ledit enfant de croyre
en telle maniere q̄ par ce il soit tenu de ceder a leritage mais
sil le croit et il le cede il fait bien ⁊ meritoiremēt. Autres ont

Vouldu dire que se la feme et le mary estoient de telles con
ditions qlle fust aussi cõme gonuerneresse et ql lui fust vray
semblable quelle se pacifiroit adonc pour la seurte de cõscie
ce elle se pourroit declarer/et oultre plus remedier au cas
pour le mieulx quil seroit possible. Par les choses deuant
dictes appert que donner vray et seur remede en ce cas est
chose tresdifficile considerees les variatiõs des circũstances
et les diuerses conditions des personnes. Appert aussi corri
glete du peche de fraction de mariage et le grant larrecin et
damnation de plusieurs ribaulx et ribauldes. Se aucũ em
pesche et retire autrui dentrer en bonne religion approuuee
sans iuste cause ɔ raisonnable:il peche mortelement. Et sil
faisoit aucune violence a la personne desia entree en la reli
gion.oultre le peche mortel il seroit excõmunie et si seroit o
blige de induire icelle personne quil auroit retiree ɔ descon
seille ou autre dentrer en ladicte religion/et ou cas quil ne
pourroit faire telle induction il pdeueroit ëtrer luymesmes
sil ny auoit empeschement legitime/car autrement il ne se
roit pas restitution suffisante a religion. Sil a empesche au
cun de paruenir a benefice deglise/a mariage/a acquest de
heritage ou dautre marche:et il ya fait pricipallemët pour
lui nupre ou principallemt pour son singulier prouffit/et a
uec ce en entendãt nupre a autruy par telle condition que il
neust point fait ledit empeschement si nõ poʳ nupre a au
truy:il est oblige de restituer selon larbitration des gens de
raison et de bonne consciëce. Mais sil a empesche autruynõ
pas par intention ɔ voulente de luy nupre/mais poʳ le prou
fit de soy ou des siens:il nest en rien tenu de restituer. Car
vng chascun peut procurer son prouffit par voyes ɔ moyens
licites ɔ hõnestes/non obstant que par occasion de ce aduiet
aucun empeschement ou dõmage a son prochain. Sil a em
ble vng petit pourceau daucune petite valeur pour lheure
quil le prent et puis apres la nourry iusqs a la valeur dau
cune grande somme il nest point tenu en fait de cõscience de

reftituer fi non a la valeur de la befte au téps quil la print .
Et femblable chofe feroit dung poulain ou autre befte ou
dauoir gary ou nourry ou autrement meliore la chofe emblee ou rauie.Et par loppofite fe la chofe emblee eft empi-
ree il doit reparer ↄ fi eft tenu des dommaiges qui peuét eftre
fouruenus a celui a qui appartenoit la chofe emblee po⁰cau
fe dudit larrecin . Item fe telle chofe emblee perift par for
tune ou autrement fi demeure toufiours celuy qui a emble
oblige fil na fait fon deuoir de offrir reftitution deuant que
la chofe perift laquelle reftitution lendommage nauoit pas
voulu receuoir. Sil a achete fcientemét la chofe emblee ou
rauie qui aultrement nappartenoit pas au vendeur et en in
tention dacquerir et retenir pour foy outre le peche mortel
il eft tenu de reftituer a celui a qui appartient la chofe ainfi achetee ou aux heritiers ou aux poures cóme a efte dit par
deuant fans pouoir repeter le pris quil en auoit baille finon
a celui qui lui en auoit fait icelle vente. Item oultre plu⁹ eft
tenu de defdommager celui a qui appartenoit la chofe éblee
quoy quelle deuienne/mais fil lachetoit en bonne intentió
ceft affauoir pour la vendre et a ce quelle ne fuft du tout per
due il la pourroit iuftement repeter la fóme baillee/ou ven
dre feulement le fourplus quelle peut valoir/et qui ne pou
roit trouuer celui a qui telle chofe appartiendroit icelle fom
me de furplus doit eftre donnee aux poures. Mais fil ache-
toit chofe qui euft efte emblee laquelle il croit eftre de loyaulte il neft point tenu de reftituer iufques a ce quil foit
certifie de la verite/mais apres quil eft deuement certifie a
donc il eft tenu de reftituer. Et ce durant letemps quil croit
que lachofe eftoit de loyaulte elle periffoit ou fuft cófumee
en tout ou en partie il ne feroit tenu de reftituer fors feulement la partie ou les fruitz quil au téps quil congnoift ɋ la
chofe neftoit pas venue de loyaulte. Ité ceulx qui boyuent
et menguent fcientement de la rapine du larrecin font ten⁹
de reftituer a leftimation ɋlz en peuent auoir pris exceptez

p iiii

¶Si qd inuenisti z
no reddidisti:rapui-
sti.hec aug°z betur.
ix.q.v.

ceulx qui seroient en grande necessite / et esquelz il pourroit
estre vray semblable quil playroit bien a ceulx a qui appartient la chose. Pauie ou emblee cõme seroient prescheurs ou
autres qui entenderoient a induire les larrõs a amendemēt
et a restitution. Item la fēme/les enfans z seruans de ceulx
qui ont tous leurs biens de larrecin cõme seroit de vsure de
symonie ou de rapine.sont tenus de restituer selon la valeur
qlz ont peu auoir dudit larrecin/soit en boire/mēger/chauf
ser/vestir ou autrement si non en tant quilz autroiēt laboure et mis peine par amonition ou autremēt que restitution
fust faicte a partie. Item se auec les biẽs qui sont venus de
mal acquest y auoit aucuns biens qui fussent de soy aultez
ilz pourroient adresser leur intention de viure diceulx biens
et non pas du larrecin/ou pourroiēt viure de leur propre la
bour ou deueroient demander prouision de iustice/et silz ne
pouoient viure par aucune des voyes dessusdictes; ilz deue
roient plus tost demander laumosne que de viure de larreci
si non en cas dextreme necessite. Item ignorance peut excuser tant les personnes deuantdictes que aussi les poures q
receiuent et demandent aumosnes. Item sil a trouue aucune
chose qui appartenoit a autrui:il cõmet larrecin en la rete-

¶Simile e regnũ celo
rũ thesauro abscon-
dito i agro quē q in
uenit hõ abscõdit et
pgaudio illi° vadit z
vēdit vniuersa q hz:
z emit agrũ illũ ma.
xiii.

nant furtiuemēt contre raison et contre la voulente bien oz
dõnee de celui a qui telle chose peut appartenir / z pourtant
sil ne scait a qui elle appartient il la doit faire bãnir/enlieux
publicques et se partie nestoit trouuee apresbattētē suffisan
te elle se doit departir aux poures par bonne discretion/et
pourroit le trouueur attendre par long temps auec bonne z
prompte conscience de restituer toutesfois z quātes que par
tie se trouueroit. Autre chose seroit des choses trouuee qui
nauroient pas aultreffois este en la possession z domination
daurun. Car adõc celui qui trouue peut retenir/ou cõme se
roient vielz z anciens tresorz trouuez en leritage dautruy/
car selon la loy ciuile la moitie en appartient au seigneur de
leritage z lautre part a celui qui a trouue. Et a ce propos si

ble estre dit en la parabole de leuāgile que se aucun trouue
vng tresor en vng champs il va ꝛ achete le fons de lheritage au quel est le tresor muce et adont il est seigneur du tresor tant pour raison quil la trouue que par raison de la possession de leritage. Item le trouueur pourroit estre si poure
quil pourroit selon le bon conseil de son prelat ou confesseur
retenir la chose trouuee speciallemēt quāt il ne scauroit a q
restituer. Item la chose trouuee peut estre de si petite valeur
que on ne doit la former cōsciēce de la restituer. Mais quant
la voulente seroit telle que on prendroit voullentiers plus
grant chose ou que en telle petite chose on croit faire iniure
et desplaisir a celui a qui elle apartient/ adonc il y pourroit
auoir perte mortel: fust pour vne espingue/pour vne acuil-
le ou pour autre petite chose/car la voulente est plus poisee
deuant dieu que nest loeuure de dehors. Sil a prins furtiuement des biens de celui qui lui deuoit aucune somme iusqs
au pris de la debte ou moins selon bonne cōscience/considere
oultreplus quil ne se pouoit bonnement payer sans plet ou
autre empeschement la maniere de ce faire est mal et peche/
car par crainte de dieu ꝛ paciēce en son dōmage il peult acq-
tit grant merite/ Mais touteffois en tel cas il nest pas tenu
ꝛ oblige de restituer. Et oultreplus diēt aucuns que se pour
telle maniere dauoir prins furtiuemēt sentērede e ꝛcōmu-
nie estoit gettee celui qui auroit prins cōme dit est ne seroit
point excōmunie car saincte eglise nentēd point y̌per par tel
le sentence fors ceulx qui detienent lautruy contre raison ꝛ
malicieusement laqlle chose ne fait pas celluy qui sest paye
cōme dit est/non obstāt q̄ selon la loy ciuile il seroit coulpable et puny/ touteffois il ne sensuit pas quil cheust en la dicte sentence ꝛ deueroit aduiser celui a qui tel cas aduiedroit
quil ne dnonast ence faisant scandale ou mal exēple a ses p-
chains. Sil est officier ꝛ il prēt dōs ou seruices po̊ faire plai
sir a aucun au piudice de iustice ꝛ au dōmaige dautruy: cest
perte mortel. Item se par menaces ou autremēt il extorque

Nō qo furto su-
blatū est mēs fura-
ris attēdit ix.q.vi.c
vlt. Item deꝰ nō iu-
dicat ex opibꝰ s5 ex
cogitatōibꝰ. xxii.q
iii.ix.q.v. Nō sane.
Itē tho.i ii.li. extra
de sen.excō.li.vi.ca
caueāt. Nō sane qd
qd ab iusto sumit:i-
furiose aufertur nā
plerioꝫ nec mēdico
volūt reddere bono
rē suā nec opatorio
mercedē nec tñ bep
q̄ ab iusto accipiāt
p iiuriam.

dons/promesses/iournees ou autre chose notable il doit re
stituer touteffois pour sa peine ou aucun plaisir fait raison
nablemēt il pourroit receuoir ce quil lui seroit donne libera
lement. Les seigneurs deglise ou de secularite peuent rece=
uoir les amendes selon que ilz sont tautees en leurs cours
soit par droit ou bonne coustume mais que ce ne soit fait p
hayne ou par auarice ou autre mauuaise occasion et est bon
conseil de departir telles amendes aux poures speciallessit
quant lamēde sourmōte le dōmage . Sil a vse scientement
de chose prestee oultre les termes et voulēte du prestant il
pesche ¬ est tenu de satisfaire se la chose prestee empire ou est
du tout perdue il est tenu de restituer. Sil a preste sciente=
ment aucune mauuaise chose cōme vng tōneau infait pour
mettre vin ou vng cheual dangereux ou autre chose p quoy
aduient dōmaige a celui qui emprunte: le prestant est tenu
de desdommager. Item celui qui se loue pour gaingner iour
nee a faire aucun ouurage cōme celui qui entreprent a cha=
rier tonneaux de vin ou a faire autre chose il est tenu de re=
stituer le dōmaige qui aduient audit ouurage par son de=
fault et non autrement. ¶Sil a prins en garde aucune cho=
se il la doit rendre exceptez aucuns cas. Le premier quāt rē
dre seroit au grant mal ou dōmage de celui a qui on rendroit
cōme seroit rendre le glayue a vng hōme furieux Le second
quant vng larron auroit baille en garde son larrecin:on le de
ueroit plus tost rendre au propre seigneur. Le tiers quant le
baillant se seroit forfeit par quoy ses biens seroient sembla
blement forfais. En autre maniere celui qui prent en garde
doit restituer cōbien q̄ la chose perist ou fust perdue par son
default ou pour cas de fortune sil prenoit salaire po' la gar=
de/ou sil estoit a ce oblige ou pourtant quil ne rēdist pas au
terme quil deuoit rendre. Et po' reigle generale en ceste ma
tiere est assauoir que la chose prestee mise en garde ou louee
de mesure au peril de celuy qui baille se ce nestoit p marche
fait entre le baillant ¬ le receuāt ou po' la coulpe ¬ le default

De celui qui reçoit/ou po‘ sa longue demourée. Item vng chas
cun est tenu de restituer ce quil a receu par donaison ou po‘
aucun ieu de ceulx qui ont perdu leurs sens naturelz / ou q̃
sont prodigues pupilles et ieunes au dessoubz de xxv .ans/
ou qui estoient en frenasie ou sours/muctz/aueugles/ou en
maladie perpetuelle/Car tous les deuantditz ne sont pas
proprement seigneurs de leurs biens par maniere quilz les
puissent alienez sans lordonnance de ceulx a qui il appartiẽt
ordinairement/et semblablement le seruiteur/lenfant q̃ est
en la famille et tutelle de son pere/la femme mariee/le moy‑
ne et celui qui a ladministration des biens de leglise/comme
ceulx qui ont les rentes et les benefices de leglise. Toutes
ces manieres de gens ne peuent iustemẽt aliener lesbiẽs en
quoy ilz sont subgetz a leurs souuerains contre la voulente
iuste et raisonnable diceulx soit du maistre/du pere de la fa
me/du mary/de labbe ou du pape. Et ceulx qui scientemẽt
reçoiuent indeuement de telles manieres de psones sont te
nus de restituer. Item ceulx qui gaingnent en ieux come de
dez/de cartes ou dautre sort ou en autres manieres de ieux
sont tenus de restituer quant par mauuaise auarice/p frau
des/par force ou par importunite ilz ont induit leur partie a
iouer ou quilz ont fait deception en la maniere du ieu . Au
tre chose seroit de iouer pour deduit ou po‘ recreation en ieux
honnestes et non defendus pour aucunes petites choses se‑
lon la condition des psonnes/come pour le disner ou pour le
souper entre seigneurs et riches gens qui attẽdent plus a les
bat et pour recreation quilz ne font le gaing ou la perte / car
en tel cas ne chairroit pas restitution pose quil y pourroit a‑
uoir peche veniel. Item est a noter que pillars ou rauisseurs
de biens lesqlz pillars sont notoires et publiqs et qui ont este
amonestez deuent de restituer et ne lont voulu faire quãt ilz
deuoiẽt et pouoiẽt et en tel estat viẽnẽt a la mort et voulsissẽt
bien adoncques restituer/Mais ilz ne peuent ¶ Ilz ne doi‑
uent point estre enseueliz ne enterrez en terre saincte / non

obstant quilz ayent este absoulz ⁊ receu corpus Domini. Ite
ceulx qui recoiuent dons et scauent bienquilz ce sont plus p
crainte que par amour/ou que les donnas sot deceuz en cui
dant donner a lung et ilz donnet a lautre/côme se aucun p
mensonge ou fiction disoit parent daurun / ou affermeroit
estre poure ⁊indigent ⁊ne seroit pas tel côme sont plusieurs
truans et yurongnes questeurs qui souuenteffois demandent laumosne et la recoiuent de plusieurs qui sont pl' indi
gens quilz ne sont/toutes telles manieres de gens sont tenus de restituer. Car les donnas sont contrains pour crain
te de plus perdre/ou deceuz par ignorance/parquoy il sesuit
que ce quilz baillent nest pas proprement don/car tout don
doit proceder principalement de la fontaine damour. Item
ceulx qui font et edifient de nouueau garennes ou coulom
biers au grant dômaige ⁊ preiudice du voisine et ne veulet
reparer le dômaige qui sensuit pechent mortelemt. Des ga
rennes et coulombiers anciens dient aucuns que quat il est
vray semblable que ceulx qui tiennet les heritages prchais
⁊ voisins se sont assubgetiz a ce pourtant quilz tiennent les
heritages a moindre pris ou pour autre bône cause/adôt les
seigneurs des coulombiers ⁊ garênes ne sont pas tenus de
restituer. Item ceulx qui tiennet et nourrissent bestes nuysantes côme seroit ung loup/ung ours ou ung chien q mor-
droit les gens ou estrangleroit bestes domestiques / ou ung
beuf qui fraperoit des cornes sont tenus de reparer les dom
mages que font lesdictes bestes. Item ceulx qui par chasses
endômagent grandemt blez/vignes ou autres labourages
en rompant hayes ou clostures contre la voulente des laboureurs sont tenus de reparer/et ceulx qui sans necessite
cogente ou suffisante laissent loffice de saincte eglise/aux
festes et iours cômandez a sanctifier:pechêt mortelemêt et
aussi ceulx q leur obeyssent de leur bon gre a ce faire. Item
ceulx qui ont le patrimoine de iesuchrist cest assauoir les bi
ens q̄ tienent daucun bñfice deglise lesqlz oultre la sustêta

Biero. Quicqd bñt
clerici:pauper ē/ id
aut qd expendit ex-
tra paupes qd alio
q̄ rapina. Ité idez.
Ecclesiaz fraudare
sacrilegiū ē aliqd ei
subtrahere de erogā
dis paupib':ꝓdonū
supat. Ité ber Quid
qd ꝓpt neccessariū
victū⁊vestitū de al-
tari retines: tuuz nõ
est rapina ē sacrile-
gium est.xii.q.ii.

tion raisonnable des ministres de leglise appartiennent aux
poures donnent et departent les dis biens indeuement com
me en pompes/en excez de uestemens/de uins ou de uian/
des/ou les baillent ou distribuet a leurs riches parens pour
les augmenter ou ennoblir ou en autres folz usages contre
la uoulente et ordonnance de saincte eglise commettent sacri/
lege/et sont tenus de restituer/car les dis biens ne sont pas
a eulx autrement que dit est et pour les administrer en oeu/
ures de charite et de pitie. Et est bien a noter que la restitu/
tion qui se doit faire de telz biens mal despendus ne se peut
pas faire dudit matrimoine car elle seroit de lautruy. Mais
se ceulx qui sont cheuz en tel incouenient ont patrimoine en
secularite ou industrie de gaigner par autre maniere ilz se
pourroient acquiter des biens qui leur uiendroient dautre
part que de leglise ou se doyuent restraindre iusques a la ua
lue de ce qui doit estre restitue de la chose/qui leur estoit
bien licite de prendre pour eulx en pitance et en uestemens/
silz ne fussent cheuz audit inconuenient. Dient oultre plus
les drois que ceulx qui ont patrimoine en secularite peuent
bien auoir patrimoine en saincte eglise/non pas pour en fai
re a leur propre uoulente. Mais seullement pour les depar/
tir aux poures. ¶Item folles femmes riches/ioueurs de ba
steaux qui auroient receu indeuement comme dit est les bi
ens de saincte eglise sont tenus de les restituer/non pas a
la personne de leglise qui leur a bailles. Mais au prouffit di
celle eglise qui par ce estoit endommagee autrement ilz sont
sacrileges. Item ceulx qui recoiuent les biens de saincte egli
se sans y faire le seruice qui appartient sont tenus a restitu/
er. Car les biens temporelz sont donnez et ordonnez pour
ceulx qui font le seruice diuin en saincte eglise ¶Et pour/
tant dit la saincte escripture que celluy qui ne laboure ne
doit point menger. Et aussi dit que bieneurez sont ceulx
qui gaignent leur uie en labourant de leurs mains. Par
les choses deuant dictes appert assez la malediction et larrecin

¶ Aurii bntes suffi
cies patrimoniii ha
bere pnt bona eccle
non vt ea sibi reser=
uet sz vt pauperib[us]
det:alias mortaliter
peccat secudii aster.
li.vi.t.xriii.articulo
iiii.ff.fi.

¶ Qui non laborat
no maducet. Labo=
res manuu tuaru qz
maducabis beat[us] es
et bene tibi erit.ps.
crrvii.

De ceulx qui ont les biens de leglise sans y faire le seruice. De nobles qui ont rentes ⁊ reuenues/tailles ⁊ subsides sãs defendre/garder ⁊ conseruer leur peuple. De mendians qui ont labit et non pas lobseruance de saincte religion. De truans/coquins/ ⁊ diuerses manieres de questeurs qui par mensonges ⁊ fictions abusent le peuple par leur cauteleuse auarice/car toutes telles manieres de gens sont tenus a restitution selon la bonne ordonnãce ⁊ discretion des confesseurs esquelz ie submetz tant les choses deuãt dictes en lexposition des cõmandemens que en ceste presente matiere de restitation. Item oultre plus est a noter pour le tẽps qui est a present que ainsi cõme au tẽps de noe regna et abõda luxure laquelle fut par la iustice diuine punie. Et au temps de abraham ⁊ de loth regna lorrible ⁊ puãt pecbe cõtre nature. Et au tẽps de moyse ⁊ de aaron murmuration a lencontre de dieu ⁊ aussi ydolatrie Item au temps des souuerains euesques scribes et pharisees oultre les maulx deuant ditz abonda cruele enuie et mauldicte auarice/lesquelles choses furẽt occasion de la piteuse mort de nostre benoist sauueur iesuchrist. Ainsi pareillemẽt en correspondãce de reale verite a la figure ãciennete voyons tous les maulx deuant ditz regner assembleemẽt et vng chascun plus greuement q iames nestoit aduenu en autre temps par quoy il ne sault point ramener en doubte que la chrestiẽte deffiguree ne soit paruenue es toute que saincte escripture enseigne lesquelz sont souuerainemẽt a redoubter pourtãt quil est certain que dieu en fera telle punition et de bref que iames ne fut chose semblable. Car il appartient a iustice infinie donner la peine du pecbe correspondante a la coulpe de ingratitude ⁊ iniquite. Jesucrist le maistre et seigneur de verite auoit enseigne aux chrestiens souueraine humilite ⁊ le monde a lopposite a prins orgueil bonbans ⁊ vanite. Ité auoit demõstre souueraine pourete ⁊ les mõdains ont prins auarice de laquelle procedẽt vsure/symonie/rapines/fraudes/tricheries/ ⁊ larrecis sãs nõbres ⁊ sãs fi.

Marginal notes (left column):

Radix oim malorum cupiditas.i.thi. vi.ca ¶ Conuersi sũt ad irritãdũ me ergo et ego faciã i furore meo ⁊ nõ pcet ocul° me° neq misereboz. et cũ clamauerit ad aures meas voce magna nõ exaudiã eos eze.octauo.

Fac cõclusionẽ qr repleta est tra iudicio sanguinũ ⁊ ciuitas plena ẽ iniqtate eze.vii.c. Erit tribulatio magnã qlis nõ fuit ab ĩitio mundi. mat.xxiiii. Item da. xii. Erit tẽpus quale nõ fuit ab eo ex q gẽtes esse ceperunt. Huiliauit semetipm phil.ii. Itez mat.xi. Discite a me qr mitis sũ ⁊ huilis corde ⁊c. Vulpes foueas hñt et volucres celi nidos/ fili° autẽ hois nõ hz vbi caput suũ reclinet.mat. viii.ca

Item nous a monstre souueraine obedience et austerite et le monde par lopposite a pains toute rebelion contre ses sains comandemens en luxure et en charnalite sans soy recognoistre et sans soy retourner au fruit de vraye penitance τ de pitie τ de compacience selon la forme τ maniere que iadis fut clerement demonstre a saint iehan leuangeliste/ par quoy a bon droit il intitula et noma le vi. estat de leglise quat a la congregation des mauluais la grande babiloine mere des fornications et des abhominations de la terre. Babiloine se iterprete confusion laqlle ne fut iamais si grade en la transgression publicque τ manifeste des sains diuins comandemens et par consequent ne la damnation des ames τ specialemt par mauldicte auarice et de default de correction et de parfaicte restitution/ car come on dit comuneement il conuient rendre ou pendre ou la mort denfer attendre.

¶ Sensuit du huitiesme comandement.

¶ Oultre ces choses deuantdictes au huitiesme comandement le pecheur doit aduiser aux poins qui sensuiuet. Le premier est du peche de mentir. Le second est de detraction. Le tiers est du peche de adulation. Le quart de pariurement. ¶ Quant au premier est assauoir quil sont trois manieres de mensonge a parler generalemet. La premiere est celle qui porte nuysance a aucun et est tousiours perhe mortel quant on la fait scientement pour telle fin et se comet en trois manieres/ desquelles la premiere est mauuaise. La seconde est pire. Et la tierce est tresmauuaise. La premiere cest la mensonge par quoy on nuyst a lung et proffite len a lautre. La seconde cest celle par quoy on nuyst a autrui sans proffiter a nully. ¶ La tierce maniere cest celle qui est contraire a la saincte foy catholique comme sont heretiques qui sement erreurs et faulses doctrines/ aucunesfois pour paruenir a leurs luxures comme ceulx qui afferment que simple fornication nest pas peche mortel ou que le peche de luxure nest pas si grant ne si gref ainsi que dient les escriptures et ses

¶ Sciebas qr homo austerus sum τc. lu. xix. ca. Item phil. ii. Humiliauit τc. factus obediens vsqz ad mortem morte autem crucis. ¶ Et in fronte nomen eius scriptum mysteriu. Babilon magna mater fornicationu τ abbolationu terre spo. xxvii. c.

X Xiii. capitulu

¶ Mendaciu triplex perniciosum/ iocosu officiosum.

Fuerūt pseude pphete in ppl'israeli-
tico suple/sic 7 ivo-
bis erūt magistri men-
daces q̃ introducēt
sectas pditōis ii.pe:
i.ca:

prescheurs qui se condamnent /aucuneffois aussi se commet
telle mensōge par auarice comme sont ceulx qui preschent
aux simples que pour donner aucune sōme dargent ou autre chose tempozelle en pzenant leurs indulgēces ilz acquie-
rent absolution de peine 7de coulpe en leur enuelopant la verite et dōnnāt entēdze que par la vertu de indulgēce est par
donnee la coulpe auec la peine laquelle chose est faulse Car
la vertu des indulgences ne se peut estandze sinon a la paine tēpozelle de ceulx qui sont en estat de gzace 7p cōsequent
sans coulpe de peche moztel et de telz prescheurs ya aujour
duy sans nōbze pazmy la chzestiete selon q̃ tapleza auoit pze-
nonce le glozieux saint pierre ❡La secōde maniere de mensonge cest celle qui se fait paz esbatement 7 se cōmet en deux
manieres. La pzemiere par vne desozdonnee plaisance q̃ on
pzent en recitant truffles et baueries. La seconde par vng desir desozdōne et de plaire aux escoutans en recitāt fables ou
esbatemens Et en ces deux manieres peut auoir peche moztel ou veniel selon les circunstances de la desozdonnāce 7 de
la matiere de quoy on pazle ou des personnes paz qui on pze
ou a qui telles mensonges sont dictes ❡La tierce maniere
de mensonges cest celle par qui on pzouffite a aucun en luy
sauuant son bien tēpozel/cōme oz/argent ou autre chose ou
la chastete de son cozps ou sa vie cozpozele Et est a noter q̃
pourtant que mētir est dire aucune chose et czoire ou enten
dze quelle nest pas ainsi que on ladit 7 afferme: il est impossible de mentir sciētement en quelque maniere q̃ se ne soit peche moztel ou veniel/laquelle chose ne se deuroit pas faire
pour sauuer tous les viuans. On peut bien aucuneffois celer verite mais non pas mētir sans gzant peche. Dire fault
par esbatement ou pouz pzouffiter a aucun sans nuyre a au
truy peut estre peche veniel en gens laiz 7 seculiers /mais a
gzant peine est mensonge en gens de perfection sans peche
moztel selon q̃ dient bonauenture 7 fzarois de mardres sur
le tiers de sentences desquelz la raison est tel pouz le scādale

de leurs prochains que pour la perfection de lestat de religion par quoy bien soliciteusement se doit garder tout religieulx de dire mensonge se il lui est vray semblable q en ce faisant il donne mauluais exeple et matiere de scadale specialement a gens foibles et seculiers qui de legier sont de petite
occasion leur mal profit. Autre chose seroit de reciter aucune fable laquelle tant en lintention du disant que en sa maniere et au propos de dire semble bien estre recitee po? fable.
Car en telle maniere de mensonge nest pas propremet mentir car mentir est dire contre sa coscience en entendat doner
faulx a entedre aux oyans zen sa recitation de telles fables
que le parlant veult pour telles estre entendues na pas peche mortel selon saint thomas maistre alexandre et lescot.
Item en autre lieu dit saint thomas q on peut mentir mortellemet ou veniclemet aussi bien par escripture par abillemens par signes et par operation come on fait en parolles
car ung muet pourroit bien pecher mortelement en sa maniere de mentir. Item ainsi mesonge est principalemet en parler semblablement simulation et fiction sont en operation
ypocrisie est une maniere de simulation mais toute simulation nest pas ypocrisie. Soy agenoiller ioindre les mains
fraper sa coulpe en signe de devotion laqlle nest pas en la
personne mais le fait pour aucune maufuaise fin come por
estre soue z prise pour puenir a offire ou a benefice du quel
il nest pas digne cest peche mortel selon lescot z sainct thomas. Parler en paraboles ou par similitudes come dire v-
ne chose pour donner entendre une autre nest pas de soy mesonge ou peche car nostre seigneur qui ne pouoit mentir ne
pecher faignit devant ses disciples quil vou?oit aller moult
loing en figurant z voulat doner entendre que encore estoit
il moult loing de leur entendement par vraye cognoissance
de vraye foy. Item celer verite en paroles couuertes se peut
faire sans peche specialement mortel car lescripture saincte
recite du saint patriarche abraham qui conseila a sa femme

quelle dist aux egypciens quelle estoit sa seur / et en ce faisant y auoit verite celee et verite enuelopee pourtant quelle estoit sa fe̅me realement ꝙ sa seur en nature humaine / ou
aussi pourtant q̃ anciennement ceulx dune mesme lignee
co̅me estoient abraham ꝙ sa fe̅me se entreappelloient freres
et seurs / et semblable maniere de dire est trouuee en plusieurs autres lieux des sainctes escriptures. Item on trouue
autre maniere de mensonge qui se peut apeller iactance / et
se co̅met en dire ou en ymaginer de soymesmes plus grans
choses quil nya de bien / de noblesse / de prouesse ou dessert?
et selon la grauete des circunstances rest souue̅t eʃtoie peche
mortel. Item dire de soymesmes aucunes de ses foiblesses
ou de ses pechez / ou prendre vestemens de abiection affin q̃
on soit repute humble / abiect et grant chose en merites deuant dieu. Laquelle chose ny est pas telle que on la demonstre: ce peut estre peche mortel / et se nomme tel peche pronie
non pas celle qui est figuree de gra̅maire plaquelle on dit
lung et donne len entendre loppasite pour la manier ꝙ pour
le propos on quoy on dit les paroles / co̅me dire helas que tu
es bon ho̅me / ou chose semblable: qui est autant a dire comme quil ne vault neant: et y peust auoir peche se telle chose
est dicte malicieusement ꝙ pour diffamer. Autre chose seroit
se pour reprendre ou pour enseigner on vsoit de telle maniere de parler. On pourroit oultre plus doubter du prestre ou
dautre personne qui est en lestat de grace et dit son co̅fiteor
en aduouant quil est pecheur en fait / en dit et en pe̅sees ꝙ en
toutes manieres de pechez: assauoir sil dit vray ou mensonge et sil le doit ainsi sentir ou autreme̅t. Response. Le prestre
parle en la personne de tous les chrestie̅s esquelz soit en lu̅g
ou en lautre sont en toutes manieres de pechez Ite̅ dit saint
augustin que en vng seul peche on peut veritableme̅t consi
derer plusieurs pechez / car celui qui peche mortellement est
homicide pourtant quil met son ame qui est fille de dieu de
toute la benoiste trinite par creation a mort spirituelle. Ite̅

il commet larrecin ou sacrilege pourtant quil oste tãt a dieu
que a saincte eglise la chose qui leur appartient cõtre la voul
lente du souuerain seigneur/cestassauoir soymesmes et lhon
neur et lobediece quil doit a dieu. Item il commet luxurerie
et adultere pourtant quil baille ¬ submet lame laquelle p la
vertu de la passion et du saint baptesme estoit espouse de
iesucrist au ribault et adultere des ames/cestassauoir de len
nemy de humain lignage. Item il ment et rompt la foy pro
mise au baptesme et se apostate de la saincte foy catholique
et ainsi des autres pechez par telle maniere a spirituellemēt
entendre que qui commet vng peche mortel il se peut cõgnoi
stre en tous sans mentir. Apres les choses deuãtdictes est a
noter que tout loyal catholique doit estre veritable tant de
uant dieu que deuãt les hommes/et aussi en sa propre cõscie
ce en faiz/en ditz/et en abillemens et en ses cõtenances ainsi
cõme en toutes ces choses se peut cõmettre mensonge fictiõ
et duplicite desquelles choses silz sont aduenues on sen doit
repentir purger et confesser. Item sil a este appelle pour por
ter tesmoignage deuãt iustice et il na pas voulu recongnoi
stre la verite qui lui estoit iuridiquement proposee et deman
dee/ou a menty a son esciẽt au dõmaige dautrui et en faisãt
irreuerence a iustice/oultre le peche mortel et la peine de in
famie il est tenu de desdommager partie. Sil a menty en cõ
fession de ce qui estoit necessite de confession cest peche mor
tel et nest point absoubz de ceulx quil auoit confessez ¶ Sil a
accuse aucun faulsemẽt et contre lordre de charite enuers la
iustice ou enuers les prelatz cest peche mortel ¶ Se en pres
chant il a dit faulx scientement cest peche mortel/autre cho
se seroit se par surrection et soudainemẽt il disoit chose faul
se. Et cecy est quant au peche de mensonge.

¶ Quant au second point qui est de detraction est assauoir
que detraction est reciter le mal daucun en son absence
et affin et intention de diminuer sa bonne renommee ou a ce
quil soit moins prise. Et pourtant que bonne renommee est

Qui offẽderit ĩ vno
fact° est oĩm reus. la
secondo.

Detractiõ ē quotiẽs
qs aliqd ea ĩtentiõe
de alio dicit vt ipse
min° amaritr el min°
apõciari possit. Hec
anselmus.

Noluit xps iudã
proditorê publicare
vt nos doceretq̃ pec
cata occulta alioruz
publicare nõ debe-
m°qz sicut est morta
le pctm inocenti fal
sû crimê iponere:sic
verû crimê occultû
aliis reuelare. Hec
criso.

Qui talia agût di
gni sût morte nõ so-
lû qui faciût ea : sed
etiã q̃ psentiût facie
tib°.ro.i.ca.Qui ta/
cet psentire videt.ex
tra d e re.iu.

le plus grant bien que personne puisse auoir es choses tempo
relles/il sensuit que oster bonne Renommee a aucun est con
tre lordre de charite comme quant ce seroit par orgueil par en
uie ou par Vengence ou autre mauuaise cause cest peche mor
tel et seroit on tenu De Restituer la bonne Renommee ainsi
quil pourroit estre possible et quil a este dit par deuant. Et por
tant doit bien aduiser celup qui bien se Veult confesser sil a
point impose a aucun chose qui pouoit estre peche mortel/la
quelle chose nestoit pas Vraye/ou sil estoit Vray cestoit secret
car adoncques sil la publie cest peche mortel. Et nonobstant
que le peche fust publique touteffoys il le Recite par hayne/
ou par enuie/cest peche mortel/touteffoys il nest pas tenu a
Restituer. Sil a Recite le mal ou le peche de son prochain par
maniere de commun langage non pas en intention de le dif
famer ou pour lui nuyre/cest communeement peche Veniel.
Sil a Recite la fragilite et imperfection qui est de soy Veniel
se ce ne faisoit côtre charite/comme pour diffamer ou empes
cher son prochain Daucun bien. Sil a Voulentiers escoute le
Detracteur ou la induit scientement ace faire ou lui a mon
stre par aucun signe que tel lâgage luy plaisoit/ou ne la pas
Repzins quant cestoit personne quil le pouoit et deuoit faire
est peche mortel. Autre chose seroit sil laissoit a le Repzendre
par Vne maniere de crainte humaine ou que a lui napartien
droit pas. Sil a fait escriptures diffamatiues pour estre trou
uees en lieux publiques/ou fait ou Dit chancons/Rimes ou
mocqueries po' diffamer ou Democquer aucue personne cest
peche mortel. Sil a dit que les bonnes oeuures que aucun
faisoit que cestoit par faintise ou par ppocrisie ou na pas Vou
lu Dire ou confesser le bien qui estoit en autruy pour lexcu
ser ou Deliurer Daucun opprobre quant il estoit lieu (temps
cest default de charite:et par consequet cest peche mortel. Di
re et Reciter le mal Dautrui par compassion aux prelatz ou
a autres qui en ce pourroient Remedier nest pas Detraction/
mais charite:et souuenteffois necessaire a sauuement. Car

qui ayme son prochain il doit remet dieu a ses inconueniens

Dat au tiers qui est du peche de adulation est a noter que aucunesfois cest peche veniel / aucunesfois peche mortel et est defendu en ce present commandemet / z se peut commettre en trops manieres. Premierement quant on loueroit aucun pour luy complaire en ce qui est peche mortel / car ce seroit contre lonneur de dieu et le bien et charite de son prochai. Secondement pour rayson de lintention du flateur / cest assauoir quant par son adulation il entend a deceuoir son prochain et a lui nuyre corporellement et spirituellement. Tiercement quant le flateur donne matiere ou occasion par son adulation de pecher mortellement / z combien quil nentedist pas par telle matiere de flaterie faire cheoir son prochain en peche mortel / touteffoys la chose en quoy il flate pourroit estre de telle condition que ce nonobstant il pecheroit mortellement. En autres manieres adulation est communeemet peche veniel

Dant au quart point qui est de pariurement est assauoir que pariurer nest autre chose si non iurer faulcement / laquelle chose se peut faire en trops manieres. Premieremet quant la chose que on iure nest pas vraye ou len croit que la chose nest pas ainsi que on lafferme par serment et ainsi cest mensonge affermee par serment. Et pourtant que iurer nest autre chose fors apeller la verite de dieu a tesmoingner que la chose que on afferme ou que on denye est telle come on dit. Soy pariurer est autant adire cde dieu est tesmoig de faulsete / laquelle chose dire ou sentir est moult horrible blaspheme et irreuerence faire a dieu qui est verite infinie / et pourtant cest peche mortel quant il se fait auec deliberation. Secondemet quant la chose que on iure est cotraire a raison et a iustice comme seroit iurer de faire peche ou chose illicite en ce faisant: cest irreuerence faire a dieu qui ne veult point approuuer le mal et ainsi cest peche mortel comme en la maniere precedente. Tiercement quat sans cause z raison bo

De q dicit malu bo/ nu ysa. v. Ite hiero. Nihil e qd tam facile corrupat metes boinu sicut adulatio. Ite abro. i ser De laudaueris hoiem i vita sua. Ite puer. xxvii. Meliora sunt vulnera diligetis q oscula frauduleta o dictis. Qui occasione dani dat danu qui disse videt extra de iniur. z dano dato.

ne et suffisante ou nacomplist pas ce que on duoit iustemēt
promis par serment z pourtant cest peche moztel quāt il est
fait par deliberation/ Car se par precipitation ou surception
en parole sans consentement de voulente on iuroit faulx ou
chose illicite ce ne seroit pas peche moztel lequel nest iamai
commis si non par deliberation et consentement de voulēte
Mais icy est bien a noter que ainsi que vng harpeur frappe
les cordes de sa harpe par deliberation et lune apres lautre
en diuerse alteracion z melodie aussi comme sans arrester ou
penser a ce quil fait et se fait telle soubdaine deliberation p
son habituation et maiesle de quoy il est a louer. Semblas
blement est il de la deliberation que on a a bien faire ou a mal
faire/ car en pou de temps et aussi cōme iperceptible on peult
auoir deliberation suffisante a commettre peche moztel en
mauuaises euures comme est iurer en vain et se pariurer ou
aussi pour acquerir merites en bonne euures comme est louer dieu. Parquoy plusieurs grans et solennelz docteurs
en saincte theologie afferment et demonstent que iurer sans
prousfit et necessite en commun langage nonobstant que la
chose que on iure soit vraye et que on ne delibere point autrement que dit est soit par acoustumance a laquelle on ne
met pas peine de resister comme on deueroit/ cest trangressi
on du commandemēt de dieu et par consequēt peche moztel
car il nest point licite de iurer/ cestassauoir de appeller la deite de dieu en tesmoing sil nya trois conditions. Le premier
cest que la chose que on iure soit veritable. La seconde quert
soit chose iuste et loyalle/ car toute chose vray nest pas iuste
ne bonne a parler moralement. La tierce cest que non obstāt
que aucune soit vraye et iuste/cōme il est vray et iuste que se
iour qui fut hier est passe/et que le iour de demain est encore aduenir/toutesfoys il ne suffist pas de telle verite pour iurer bien seurement/mais auec ce conuient que iurement se
face en iugement/cestassauoir auecque discretion en aduisant
sil ya necessite ou prousfit pour soy ou pour son prochain/tel

Sicut habes pru-
dentiā magnā quasi
tpe iperfectibili de-
liberat: sic pōt visio-
sus ex hitu opposito
quasi i tpe iperfecti-
bili deliberare itaq
talio deliberatio e-
rit sufficiēs ad rōne
pcti sicut alis ad rō-
ne meriti. hec sco
xxvii. di. tercii.

Alexāder de bal.
Guillermº duran-
di. Frāciscº de maro
nis. Nicolaº de lira.
Radulphº ardētis.
Iurabis i veritate i
iusticia z iudicio. hie
iiii. c. vbi glo. interli
Dos tres comites
dcbz brē iuramentū
Nota
Dū vsū iurēdi fa-
ci.rº periurii crimē i
currimº ysa. z habet
xxii. q. i. Itē. q. ii.
Aiaduertendū est q
iusiurādū tres hēat
comitates / veritatē
iuditiū z iusticiā. Si
aūt ista defuerit ne-
quaq̄ iusiurādū est:
sed periuriū

que la verite infinie doit estre appellee en tesmoing par serment quel quil soit/car qui iure par les saintz ou autres creatures il iure tousiours principalement dieu qui a fait et main-
tient telles creatures. Et pourtant dient tant les docteurs
de theologie que des drois que quant une des trois conditions
deuant dictes ou plusieurs/ Cestassauoir verite/iustice/iu-
gement ou discretion defaillant cest iurer en vain et contre le
commandement de dieu et abusement de iurer Mais quant
iurer se fait auec les trois coditions on ne peut bien iurer seurement et y peut auoir merite ainsi comme par le default de
lune ou de plusieurs cest grande irreuerence faire a dieu et
transgression de sa loy. Par quoy appert clerement grat peril
de damnation a ceulx qui ne scauent parler si non en iurant/
aussi comme a chacun mot et pour chose de neant / mais ilz
dient que ce nest que coustume et quilz ne le font pas par de-
liberation/ qui nest autre chose adire fors excuser et accroistre
leur peche. Touteffoys bien pourroit aduenir que celuy qui
auroit vraye desplaisance de telle mauuaise coustume et propos de sen abstenir au temps aduenir que sil iuroit par inaduertance et par labituation de sa mauuaise coustume de la
quelle chose il seroit desplaisant quant il congnoisteroit a-
uoir iure/adonc il nest pas adire que ainsi auoir iure en vain
fust peche ou a tout le plus ne seroit que peche veniel. Mais
il nest point a doubter que ceulx qui auroient tel propos et desplaisance seroient en brief temps comme de demy an ou
moins moyennant layde de dieu de se desacoustumer a laquelle desacoustumance ne sont pas paruenus plusieurs en
lespace de xx. ou xxx. ans. Mais par le cotraire tat plus viel-
lissent vont de mal en pis nonobstant predications et inspirations que dieu leur enuoye de an en an et de moys en moys
par quoy ie ne puis ymaginer que telz crestiens soient en voye de sauuement ne quilz puissent parfaictement resister
a lennemy ne resister a leur mauuaise coustume silz ne labourent premierement a parfaictement se mettre en estat

q iiii

Tanto sut grauiora pcta qto diuti[us] felice detinet aiaz alligata extra de psuetudine.ff.fi. ze gre.

Excusationes i pctis p.cxl.

Ex irreuerentia di nascit iurandi cosuetudo q pctm est lges a mortale et no solu vnu sed multiplex peccat eni q nomen dei inuanu assuis qt q iurat eo fine quo vz iurare hec radulph[us] ardetis.xiii.li.speculi vniuersalis.ca.xi.

Virtute pma esse puta copescere linguam. Proxim[us] ille deo e[st] scit rone tacere.

Lingua nra ignis e[st].zc. Inflamata a gehena.zc. Lingua aute null[us] hoim domare potest.ia.iii.c.

De grace sans laquelle on ne peut commencer a bien faire.
Et pourtant dit bien le sage caton que celui est grant amy
de dieu qui scait bien gouuerner sa langue et si est le comme/
cement de toute sainctete de vie: et a ce nous demonstre le
saint esperit apparut en semblance de langues sur les apo/
stres qui sont et estoient les pilliers et fondemens de saincte
eglise apres Jesuchrist et sa doulce vierge mere en demon/
strant semblablement que se le saint esperit ne gouuerne la
langue: a peine peut estre que ce ne soit linstrument de sen/
nemy embrase du feu denfer selon que tesmoingne saint ia/
que en sa canonique. Qui na le commencement de bonne vie
cest bien et sainctement vse de sa langue ne peult auoir bon
moyen/ cestassauoir grace de dieu pour paruenir a la sainc/
te fin qui est la gloire de paradis. Pourquoy dit bien sainc/
te escripture que celui qui iure souuent sera rempli de iniqui
te et que finablement la punition de dieu viedra sur lui. Au
cuns docteurs de nostre temps voyas la multitude de ceulx
qui iurent souuet en leurs communs langages sans profita
necessite/ et oultre plus considerans leurs estatz /leurs scien
ces et leurs degrez comme sont plusieurs gens deglise tant
reguliers que seculiers/ et aucuns docteurs en diuinite/ en
loix ciuiles et en decretz. Item nobles gens aduocatz ¿autres
en diuers estatz entre lesquelz ya plusieurs qui ont grans si
gnes de craindre et aymer dieu/ ont fait grande admirati/
on en ceste matiere et ont craint a sentencier que telz gens
soyent tous en voye de perdition pour leur abus de iurer en
vain et sans discretion/ mais loneur sauf des cueurs piteux
moindre admiration en ce doit estre faicte que en la sentence
du benoist iesuchrist irreuocable qui est telle. Multi sunt
vocati pauci vero electi. math.xx.c. Et vault autant adire
moult de gens sont a sauuement appellez et bien pou y en
aura de sauuez/ ou en autre maniere et a nostre ppos Moult
en ya de baptisez et qui iamais ne deueroient en vain iurer
et bien pou y en a qui sen veulent garder. Item est commune

ſentēce et concluſion certaine que touteffoiſ ꝗ quanteſ que
en la matiere de la foy ou de bōneſ meurſ leſ docteurſ tien
nēt diuerſeſ opinionſ deſꝗlleſ lune eſt certaine ꝗ ſeure a te
nir pour ſoy garder de peche: et que lautre opinion contient
en ſoy doubte vehemente que ce ſoit peche: on eſt tenu en tel
caſ ſur paine de peche mortel de tenir la partie certaine et
laiſſer la doubteuſe/car autrement ſeroit ſe expoſer au peril
de peche mortel/ꝗ par conſequent contemner ſon ſauuemēt
Or eſt il ainſi que aucūſ ont voulu dire ꝗ iurer en vain
comme eſt iurer en cōmun langage la choſe qui neſt poit ne
ceſſaire ne proufitable ce neſt que peche veniel. Leſ autreſ
docteurſ ꝗ grant nōbre dienl loppoſite ceſt aſſauoir ꝗ iurer
ſanſ diſcretion et pour choſe de nul proufit ceſt tranſgreſſion
du commandemēt de dieu ꝗ par conſequēt peche mortel ſe
lon ſa forme qui a eſte deuant miſe et declaree. Deſquelleſ
opinionſ lune eſt treſſeure ꝗ treſcertaine ceſt euiter telle ma
niere de iurer en tenant la doctrine de noſtre ſauueur ieſu
chriſt miſe en leuangile la ou il dit que noſtre maniere de
parler ſoit ouy ou nenny ſanſ autrement iurer ſil ny auoit
neceſſite. Lautre opinion qui dit que telle maniere de iurer
en commun langage ce qui eſt vray poſe quil ne fuſt profita
ble ou neceſſaire neſt que peche veniel eſt vehementement
doubteuſe/ſpecialement apreſ que ieſuchriſt nouſ a decla
re en ceſte matiere ſa ſaincte voulēte cōme dit eſt/ par quoy
faire loppoſite indifferentemēt encloſt en ſoy contēnement
de dieu et de ſa conſcience. Et pourtant ſelon la ſentēce
deſ docteurſ tenir telle opinion et en vſer eſt pecher mortel
lement/et encore pour plus certainemēt demonſtrer que tel
le maniere de iurer en cōmun langage par couſtume et ſanſ
neceſſite ceſt choſe treſperilleuſe ꝗ reprouuee:ſenſuiuent cer
taineſ concluſionſ en latin extraicteſ deſ docteurſ ꝗ eſcrip
tureſ deſ granſ ꝗ ſolēnelz docteurſ en ſaincte theologie.
Secundum preceptum nos ordinat ad reuerentiam veritat
tiſ ſumme ideo non debemuſ ſine cauſa iurare.

tit hec ille: Querit
doctor ſubtiliſ in plo
go vtrū cognitio ſu
pnaturaliſ ſit ſufficiē
ter i ſacra ſcriptura
tradita. ꝗ arguit ꝙ ñ
multa ſūt de ꝗbꝰ nō
cognoſcit certitudi
naliter ex ſacra ſcri
ptura vtrū ſint pctā
vel nō quoꝝ tñ cog
nitio ē neceſſaria ad
ſalutē. Reſpōſio. di
cit orig. ꝙ nulla ſcia
oīa explicauit. ſʒ il
la ex ꝗ pñt ſufficien
ter elici ad quoꝝ ex
pōeʒ vtiliſ fuit labor
doctoꝝ: Et ſi obicia
tur ꝗ etiā ſupponit
doctoꝝ doctrina ad
huc multa ſūt dubia
vtruʒ ſint mortalia.
Reſpōſio. nō eſt du
bia via ſalutſ qꝛ a ta
libꝰ tāꝗ a piculoſia
dʒ bō cauere ne ſi ex
ponat piculo: icidat
in pctm: ꝙ ſi nolue
rit ꝗrere ſalutē: ſʒ ñ
curādo exponat ſe il
li piculo vbi forte de
gñe actꝰ ē pctm mor
tale tñ peccabit mor
talit ſeſe illi piculo
exponendo. hec ſco.

Alexāder de bal.
in tertio.

Bonauětura i suo tertio.

Jdē ubi supra. Jdem.

Nicolaº de lyra. math. v. ca. Jdem ibidem.

Frāciscº de maronis in tractatu de pceptis.

Sctūs thomas i tractatu de pceptis.

Sec guillermus durādi. xxxiii di.iii.

Radulfus ardēt. xiiii.li.c.xi.

Ricardus de media villa. di.xxiiii. tertii.

Jdē ricardus.

Dis ei natura beitiarū τ volucrū serpentū τ ceteroz domant a natura/buaná linguā aut nullus boim domare pōt: ia.iii.cap.

Jurare si fiat reuerenter est ad cultum dei/si irreuerenter est ad oppositum.

Jurare sine causa et utilitate est positio irreuerentie ueritatis diuine.

Juratio nominis Dei ubi nulla est necessitas uel utilitas ualde est irreprehensibilis.

Juramentum incautum quod fit sine causa uel necessitate importat irreuerentiam diuini nominis.

Non solum iuramětum mendax sed etiam quod fit sine necessitate τ utilitate est in secundo precepto inhibitum.

Jurare sine causa est nomē Dei in uanum assumere τ dispo nit hominē ad comtemptum dei.

Non est iurandum de falso nec de inutili et non etiam nisi de iusticia τ ueritate.

In iuramentis debet esse discreta deliberatio ut non iuretur etiā uerum nisi pro necessitate uel utilitate.

Ex irreuerentia nascitur iurandi consuetudo q peccatū est ingens τ mortale τ non solum unū sed multiplex.

Consensus interpretatiuus est quando quis negligit reprimere aliquod inductum est mortale.

Contemptus dei sine peccato mortali esse non potest.

¶ Par les choses signifiees es conclusions τ auctorites tāt de saincte escripture q des docteurs deuant alleguees appt clerement que tous ceulx qui ont telle mauldicte coustume de iurer pour neant τ sans necessite τ ne ueulent labourer a se corriger cōtemnēt dieu τ leur sauuemēt par cōsequēt pe chēt mortellemēt. Et mest aussi cōme impossible de croire que la psōne qui est en pechē mortel puisse laisser la mauuai se coustume de iurer sans cause τ necessite/car lenemy defer qui tormēte spirituellemēt telles manieres de gens se apdt plº aiseemēt de leurs lāgues q de nul autre de leurs mēbres. Car tout ainsi q on met ung mors de bride en la gueule τ su la lāgue dung grāt τ trible cheual p le moyen duql ung page le tourne τ tiēt ferme/ainsi fait le diable mettāt mauldicte cou

stume de iurer et de faulx langaige en la langue de ceulx
quil possede/par quoy il les maine et ramaine de peche en pe
che tout a sa voulente par telle maniere quil nest Doctrine
asture ne puissance humaine qui peust ou sceust dompter et
refrener telles langues ainsi inflammees et gouuernees par
lesperit diabolique quilz ne sarent loperation de celuy q les
gouuerne comme est mentir/pariurer/detracter/dire moque-
ries et toutes autres manieres de folz et abhominables lan-
gaiges desquelz procedent autres maulx innombrables ain
si quil appert par le tiers chapitre de la canonique saint ia-
que. Et cecy est quant a present quant au peche de iurer et de
pariurer follement laquelle chose poisee et aduisee on se pour
ra bien confesser.

¶ Sensuit du ix. commandement.

Oltre les choses dictes au ix. comandement le pecheur
doit aduiser aux poins qui sensuiuet. Cest assauoir sil
a deseire par consentement et deliberation dacomplic le peche
de luxure ou sil sest delitte en pensees charnelles. Et pour
entendre et bien iuger de telles voulentes quant cest peche
mortel ou tant seulement veniel/laquelle chose est tresdif-
ficile/il conuient premierement entedre trois choses fore les
cinq sens de nature auec leurs operations/comme est veoir/
gouster/ou pr.odorer et attoucher/et en ces cinq choses nous
et les bestes sommes commune. La seconde chose qui est en
nous cest la basse portion de raison qui est vne lumiere de
congnoissance de noz operations et discretion naturelle des
choses sensibles en quoy nous sourmontons les bestes. La ti
erce chose cest la souueraine portion de raison qui est vne lu
miere par quoy nous auons disposition dentendre les choses
spirituelles/ceste raison doit dominer la plaisance de chose
deffendue/car se raison inferiore se demeure et delite en ladicte
desordonnance/combien que lacomplissement du fait luy des-
plairoit et y contredit/si esse peche mortel selon la cõe sentence
des docteurs car la portiõ de raisõ est en coulpe po'tãt qlle na

¶ Si equis frena in
ore mittim'ad cõsen
tiendũ uobis: omẽs
corp'illoꝝ circũferi
mus.ia.iii.ca. Item
aug'.sup illud pi.i=
missiões p angelos
malos/ dicit i malis
põt diabol' sicut bo
in suo pecore nisi ꝓ
hibeaꞇ a superiore.

xxiiii.cꝑm

pas assez diligemmẽt ẽt reprime et reboute la peritteuse plaisance qui estoit paruenue en la raison inferiore/ et telle negligence se peut nommer consentemẽt par interpretation.
Bonauenture dit en ceste matiere que plusieurs iugent telles pensees estre seulemẽt peche veniel: lesquelles a bien iuger sont pechez mortelz. Pourtant en telle doubte on se doit
diligemment examiner et sen confesser côme de peche mor-
tel/ car en tous cas de conscience qui sont doubteux on est o-
blige deslire la plus seure partie. Item est bien a noter que
seule voulente plaine et deliberee dacomplir aucun peche
mortel: est peche mortel et dicelle espece que eust este le peche sil eust este acompli par oeure. Comme pour exemple.
Se aucun auoit voulente dauoir côpaignie charnelle dune
vierge il commet le peche de defloration. Se daucune de sa
parente: cest inceste/ se dune religieuse: cest sacrilege/ et ainsi au peche de larrecin et des autres cômandemens. Mais en
ce a telle difference que le peche qui demeure seulemẽt en la
voulente nest pas puny de paine canonique ou ciuile côme
seroit la voulente auec le fait. Exemple. Seule voulête de
batre ung clerc ou de se tuer contre lordre de charite ne suffist pas pour encourre sentêce de excômunie ou pour estre reserue au pape ou a leuesque. Et pourtant ung simple cure
en peut absouldre et ainsi des autres cas. Item est a noter q
se aucune personne a voulente dacomplir peche mortel telle voulête se peut interrompre et deuiser en plusieurs manieres. Premieremẽt par voulente opposite côme seroit vraye
contrition et desplaisance dauoir eu telle voulête/ et apres telle contrition de rechief retournez a icelle mauuaise voulente de peche: et adonc se font deux pechez mortelz ou plusieurs
autant q telle voulête se reiterexoit en la maniere dicte. Secondement elle se peut interrompre par diuerses pensees
et occupations mondaines/ ou pour dormir/ boire ou mêger
ou pour parler auec autres personnes par ainsi que touteffois et quantes la temptation retourne a la memoire la

¶ Deus cõr nõ iudicat ex operib° sz ex cogita
tiõib°.xxii.q.iii.

ßoulente est deliberee dacomplir le peche/ꝗ adonc selon au
cuns docteurs se sont autant de pechez mortelz côme ladicte ßoulente a este interrompue de fois. Autres veulent dire
que ce nest que ßng peche mortel dautant plus gref/côme il
a este par long temps côtinue ꝗ pourtât la longue demeure
et frequêtation de telle temptation doit estre confessee ꝗ ex-
primee selon quil est possible a la fragilite de memoire dn-
tendement humain par telle maniere que le confesseur discret puisse entendre la multitude ou la grauete de tel peche/
car autremêt la confession ne seroit pas suffisante pour ce ꝗ
on est oblige de dire tous les pechez quât au nombre. Item
se telle mauuaise ßoulente estoit applicquee enuers plusieurs personnes a lune et puis a lautre:ce seroient autant de
pechez mortelz côme il y auroit de personnes/ mais se telle
ßoulente se applicquoit a plusieurs personnes par ßne seule operation ce ne seroit que ßng peche quant a loperation de
ßoulête/mais ce seroit plusieurs quant a lobligation de pai
ne ꝗ a la deformite de peche côme pour exêple Aucun ribault
seroit six femes desquelles lune seroit en veufuage/ lautre
en mariage/lautre vierge/ꝗ ainsi en autres diuers degrez/et
quil eust ßne ßoulête ꝗ consentemêt de desir auoir leur com
paignie charnelle/au regart de lune ce seroit adultere ꝗ a lau
tre defloration/ꝗ ainsi des autres diuers degrez. Et doit on
entendre les choses dictes de mauuaise ßoulête tant de la cô-
cupiscence charnelle defedue au ix.cômâdemêt ꝗ de la concu
piscence dauarice defendue au x.

¶Sensuit du dixiesme cômandemêt.

xxß.capitulã.

Oultre les choses dictes au x.cômandemêt est a noter ꝗ
seule ßoulente dembler est larrecin et peche mortel ꝗ di
celle espece et maniere ꝗ se le fait auoit este acôpli ainsi quil
a este dit de la ßoulente de concupiscence charnelle au ix.cô-
mandemêt. Ite oultre pl' est a noter ꝗ celui ꝗ endômage sô
prochain en pou de chose soit envêdant ou achetât ou autremêt ledômageroit ßolêtiers de pl' grant chose sil pouoit il pe

che mortellemēt/car dieu regarde plus principalement a la
volente que a loeuure par le dehors/et en ce doiuēt bien aduiser marchans qui souruēdent leur marchandise en petit
pris pourtant quilz ne peuent pas souruendre en plus grant
pris de la quelle chose faire ilz ont bien la volente qui est
dānable (et) peche mortel. Par les choses deuāt dictes appert
que cest moult forte chose de bien iuger des volentes humaines et a moult grant peine sufist le plus grant clerc du
monde a bien iuger/discerner et poiser ses propres volentes
en quoy oultre plus peut on congnoistre la presumption de
ceulx qui iugent legieremēt de la cōscience de leurs prochais
lesquelz ne suffisent pas a bien iuger eulx mesmes. Et po(ur)
tant est il necessaire a toute creature humaine qui encore est
detenue es tenebres de ceste vie de soy disposer par humilite et oraison enuers la lumiere infinie qui enlumine (et) adresse toute creature cree ainsi quil appartient (et) que onle dessert
cest le benoist iesus au quel soit honneur et la gloire de ce labour et de ceste matierre. Amen.

¶ Sensuit cōment ieune doit estre faicte et quant
et de qui.

Pourtant que souuēteffois on enioint en penitāce au
mosnes/ieunes (et) oroisons et q de aumosne a este traicte en la tierce partie de ce liure/reste maintenant a veoir aucune chose et en bref de ieune et de oroison. Quant au p(re)mier
est a noter q aucun peut estre oblige a ieuner ou par le commandemēt general de saincte eglise ou par penitance enioin-
te ou pourtāt q'il a voue de ieuner. Quāt aux ieunes de eglise est assauoir q la quarantaine/les quatre temps/cest assauoir le mercredi/le vendredi (et) le samedi prochains apres le iour
de pentecouste et ceulx dapres lexaltation saincte croix ou
moys de septembre et ceulx dapres la saincte luce en decem-
bre (et) ceulx dapres le mercredi des cendres. Ite le lundi le mar-
di/le mercredi deuāt lascētion/les vigiles des apostres/excep-
tez ft iaq/ft philippe (et) ft iehan leuāgeliste. Ite les vigiles

---

Marginal notes:

¶Prauū est cor ho-
minis (et) inscrutabile
(quis) cognoscz illū (et)c.
Ego dūs scrutans
corda (et) probās renes
q do vnicuiq(ue) iuxta
viā suam. hie. xvii. c

¶Erat lux vera q
illuminat oēm hoiem
venientē in hūc mū-
dum. io. i. ca.

xxvi.q.pm.

¶Bona est orō cū
ieunio (et) elemosina
magis q thesauros
agri cōdere qm ele-
mosina a morte libe-
rat (et) ipa est que pur-
gat pctā (et) faciet iue-
nire vitā eternā tbe.
xii. capitulo.

¶De cōse.di.v.qua
dragesima di.xxvi.
Statuimus.

¶Extra de obser-
uatōe ieuniox.cōst/
llū.(et).c.applicari.

de noel/de penthecouste/de lassumption nostre dame de
saint iehan baptiste/de saint laurens et de toussains sont
ieunes du comandement de leglise/touteffois la ieune des
trois iours des rognsions nest pas proprement comandemét
se ce nestoit pour la generale coustume de la region/ mais
cest conseil et admonition de bonne deuotion. La coustume
generalle de ieuner en chascune region ou euesche obligent
ceulx qui adonc habitent en icelle silz nont excusation legi-
time/Car la loy de droit positif nentend point obliger aucune personne qui a excusation raisonnable a ieuner tout
le quaresme/ou autres ieunes: come sont femmes ensain-
tes ou nourrices/laboureurs qui trauaillét fort /poures gés
qui nont pas de quoy prendre suffisantement leur refection
gens anciens et gens desgouttes/ieunes gens au dessoubz
de xxi. an gens malades τ pelerins qui ont necessite de expedier leur chemin/touteffois ieunes gens de dix de xii. ou de
x8. ans selon leur complexion doiuét de bonne cógruite ieuner plus ou moins selon quilz trouuét par le cóseil de leurs
confesseurs et de leurs bonnes inspirations. Item plusieurs
poures gens τ laboureurs sefforcent de ieuner et ence faisát
peuent acquerir grant merite non obstant quilz ny estoient
pas obligez selon la rigueur du comandement. Toute aultre personne qui sans excusation raisónable trespasse a son
escient et par contennement les ieunes qui sont du comandement de leglise ou de bonne coustume approuuee peche
mortelement ne ne pourroit estre excuse dung seul iour en
donnát cent mille esc̃ pour racheter ledit ieune. Autre cho
se seroit de ieune impose en penitance ou que on auroit par
veu. Car celui a qui il appartiendroit y pourroit cómuer ou
dispenser. Item pose que vne femme mariee puisse laisser
par le commandement de son mary les ieunes quelle auoit
par veu deuant quelle fust sa féme/touteffois elle ne pourroit pas p tel cómádemét sás autre excusatió froisser les ieunes de leglise q̃lle ne peschast. Ité est a noter q̃ quant le io͂ de

noel vient au vendredi on peut menger de la chair exceptez
ceulx qui auroient le vendredi par veu ou par penitance/les
autres q̃ sen voulzroiet abstenir sans iuger leurs prochains
qui mengeroient chair ne feroient pas mal. Item mẽger es
pices ou confitures/boire vin ou certoise ou autre bruuage
Druant disner ou apres nest pas fraction de ieune sil nestoit
fait en fraudant la ieune/cest assauoir que on prendroit tel
les choses non pas poz necessite de soif ou debilite destomac
mais pour soy gazder dauoir fain/ou en prenãt les dictes cho
ses en quãtite excessiue. Ite mẽger chair au samedi se peult
faire sans peche se cestoit la coustume du pays. Ite leuesq̃
dyocesain peut et doit dispẽser auec les malades de menger
en quaresme au vendredi et es autres ieunes/et semblable
ment auec le puuple en temps de necessite et de grande fami
ne/car necessite nest point subgette es lois. Se abstenir au
mercredy de mẽger chair est bon conseil /chose a louer/mais
non pas cõmandemẽt. De ieuner laduet ou non la coustu
me du pays doit estre obseruee. Leure de disner selon les
droiz cest trois heures apres midy: mais la coustume obtiet
a midy. Seruiteurs peuent selon leurs offices taster les vi
andes/en apres quilz ont de ieune pozter aurus mes q̃ puis
apres acheuer leur disner sas fraction de leur ieune. Tenir
longue table excessiuement pour passer le tẽps affin q̃ la ieu
ne ne soit trop coustable a pozter/cest fraude lintention du
statut de saincte eglise/ t icy peut auoir tel exces q̃ cest frac
tion de ieune. Item vng puroigne au iour de ieune peche au
cuneffois plus grefuemẽt quil neust fait en froissant sa ieu
ne simplement sans soy en puter. Mẽger plusieurs fois au
iour de ieune froisse est aggrauance du peche plus ou moins
dautant que on mengue plus de fois.

¶ Sensuit le second point qui est de ozoison.

¶ Quant au second point qui est de ozoisõ est assauoir que
toute creature raisõnable q̃ a aage t discretion cõpetẽte
est oblige par le droit de nature a faire ozoison a dieu soncze

teur /car orayson quant a ce propos cest esleuer son cueur en
dieu en le recongnoissant createur/ maistre et seigneur / en
lui requerant prouision des choses necessaires a ceste prese
te vie et ayde a lencontre de tous noz aduersaires (de diuer
ses temptations qui suruiennent de toutes pars affin que
par le moyen de son ayde ⁊ de sa benoiste grace nous puissos
paruenir a son benoist royaume ¶ Nature nous dit q̃ nous
deuons querir et demander la chose sans laquelle nous ne
pouos estre sauuez comme est layde de dieu lequel ayde ne no'
est pas de par. Seigneur de iustice ne nauons dequoy le pou
oir suffisantement achater par quoy nous demouros en cel
le necessite de demander icelle ayde humblemet ⁊ deuotemt
par prieres et oraisons /et pourtant en tout lieux a toute heu
re layde de dieu nous est necessaire /car autrement nous ne
pouuons estre /durer ou a noz aduersaires resister: si no' est
necessite tousiours de prier ainsi que dit iesucrist en leuangi
le /cestassauoir que apres orayson vocale ou mentale faicte
en lieu et en temps selon bonne congruite nous nous tendos
tousiours en lamour et crainte de dieu et sainctement occu
pez/ et en ce faisant nous prions dieu sans cesser /car le bo de
sir du cueur est deuant dieu vne haulte clameur. Item saint
augustin declare que nous ne pouons ne ne deuons venir a
dieu sil ne nous appelle et ne pouons venir sil ne nous ay ⁊
de et ne desserutons point estre aydez si non par deuotes o⸗
raisons. Et pourtant au comencement des sept heures ca⸗
noniales nous requerons layde de dieu quant nous disons
deus inadiutorium.

¶ Auoir patience en souffrant grandes aduersitez
auoir victoire des tribulations et temptations.
rebouter les mauuaises pensees et affections.
tenir ton esperit en saincte et profitable meditation
cognoistre les falaces ⁊ teptatios de lenemy ¶ Frequete
porter la labour to peusemet auquel dieu tapelle ¶ orayson
te conforter et reposoer a faire la voulente du createur

Se tu veulx.

¶ Oportet semp̃ o⸗
rare ⁊ nunq̃ deficere
lu.xviii. D̃ñe ante te
õe desideriũ meũ.ps.
xxxvii.vbi gl. Nũq̃
desšit orare q̃ nunq̃
desiuit amare.

laisser lestat de peche ⁊ acquerir les vertus.
paruenir a sainte cōtemplacion ⁊ te vnir auec dieu.
auoir ioye ⁊ doulceur spirituelle en dieu.
estre familier aux anges ⁊ espouentable aux dyables:
finablemēt auoir le ropaulme de paradis.
¶Item oultre plus est anoter que aucun peult estre tenu ⁊
oblige a oraison vocale ou pour cause de son office cōme sōt
gens deglise ou pour penitāce enioincte / ou pour tant quil a
voue telle oraison / ou pour telle ozdōnāce generale de saincte eglise / par quoy le peuple est oblige de ouyr le diuin seruice aux dimēches ⁊ grādes solēnitez silz nont excusation legitime: et ne leur suffist pas pour acquiter ⁊ pour acquerir merite deuāt dieu estre en leglise / et ouyr seullemēt des oreilles
corporelles loffice de leglise / mais doiuent esleuer leur cueur
en dieu ainsi que le prestre qui leur rep̄sente iesucrist leur
cōmande en disāt. Sursum corda. Cest adire / ayez les cueurs
amont / cest assauoir lentendement et la voulente enuers dieu. Et pour tant respond le clergie tant pour eulx que pour
le peuple. Habemus ad dūm. Cest adire / nous auons nostre
cueur auec dieu / et telle chose cest assauoir auoir sō cueur entendement et sa voulēte enuers dieu est reale et veritable o-
roison selon que dit vng docteur nomme dame irene. Et a ce
propos dit Bonauenture q̄ celuy oyt veritablement la messe
⁊ non autre qui auec ce q̄ oyt les parolles il se cōuertist par
deuotion ⁊ par entendemēt a cōsiderer le mistere de la benoiste passion Pour quoy est anoter que celuy qui est oblige a faire oraison vocale par veu / par penitance ou autrement et fai-
entement Durante icelle orapson se occupe en aultres oeuures ou pensee empeschantes ou contraires a ladicte oraisō
peche moult griefuement et nest poit acquite. Autre chose seroit quant telles pēsees ou occupatiōs viēdroiēt cōtre la voulente et que on mettroit paine de les rebouter selon sa fragilite humaine. Et a cest article doiuent soliciteusemēt aduiser
ceulx qui sont obligez aux heures canoniales / Car saincte

¶De cōse. di. i. Mis-
sas die dñica sc̄lari-
b⁹ totas audire spe
ciali ordine p̄cipim⁹
tra vt añ bñdictionē
sacerdotꝫ egredi po
pul⁹ nō p̄sumat. qd̄
si fecerit ab epō pu-
blice ꝓfūdant. id est
excōmunicētur.

¶Oro est ascēsⁱ̄ mē
tis in deū. hec damas.
[illegible]

¶Extra de cele. mis-
sarum. Dolentes. hic.
habet de cōse. di. v.
Nō verbis tm̄ sz cor-
de orādus est deus.

eglise ordonne en la vertu de saincte obedience quilz soient
dictes deuotement et attentiuemet. Car dieu prent plus de
plaisir et damour en la deuotion du cueur quil ne fait en la
voix et modulation de la bouche. Item orayson faicte auec
troys conditions cestassauoir proffitablement / loyalement
et auec perseuerance est tousiours finablement exaucee De
nostre seigneur. Proffitablement cest demander chose qui soit
a la gloire de dieu et au sauuemet de lame. Loyalement cest
quant celui qui fait lorayson a vraye foy / esperance et charite enuers dieu. Auec perseuerance quat lorayson / laffection
et bonne vie ou bonne operation perseueret: et cest ce que dit
nostre seigneur en leuangile demandez / querez et boutez Demandez par orayson / querez par affection et boutez par bonne operation / car tous ceulx qui ainsi feront receuerot ce qlz
Souhaitont. Plusieurs font oraisons oblations / pelerinages
processions / lesquelz dieu ne exauce point soit pour soymesmes ou pour autres / car ilz nont pas les conditions deuant
dictes. Quant au regart des bies et prosperites temporelles
que pluss demadent et requieret en leurs oroisons aduient
souuetessfois que dieu les ottroye aux grans et horribles pecheurs et en escodit ses amys qui sont en estat de grace ainsi
quil appert du mauuais riche a qui abraham respondit apres
la mort. Remembre toy que dieu ta remunere des biens que
tu as fait par dela. Et pourtant dit iob que souuentessfois
larrons et gens de mauuaise vie ont abondace de biens de ce
monde / car dieu ottroye souuentessfois les biens mondains
a ceulx contre lesquelz il est courouce / et donne aduersite et tribulations a ceulx quil tient en son amour ainsi quil dit p sait
iehan en son apocalipse. Les sainctes escriptures nous declarent en plusieurs pas tresplainement qlles codicios et qlles
circonstaces doit auoir vraye oroison / entre lesquelles il y en
a treize speciales desquelles contre la forme de ce traicte sensuiuent les auctorites inserees selon leur ordre auec le francois. ¶ La premiere condicion de orayson cest quelle doit

Et ego dico vobis
petite et dabit vobis
querite et iuenietis
pulsate et aperietvo-
bis.

¶ Petitis et no acci
pitis eo q male pe-
tatis. Ia. iiii.

De peni. di. iiii. capl.
Cauedu dicit si di-
ues ille aliquod bo-
nu no egisset vn i pn
ti sclo remuneratio-
ne recepisset: nequa-
q abraha ei diceret
recepistis bona i vi-
ta tua Abudat taber
nacula pdonuz. iob.
xii. Ite. ps: Ecce im
pii pctores et abuda-
tes i sclo obtinuerut
diuitias p. lxxii De-
oratib negat ppiti
q cocedit aliis qbus
merito e iratus. xvi. q
i. Reuertimi. Tpa-
lia pmittuf bis q de-
cimas soluut licz su
i pcto.

estre faicte en vraye foy. ps. Miserere mei deus quoniam in
te confidit anima mea.
Secondement auec grande esperance sans doubte. Ja pao.
Postulet in fide nil hesitans. de hoc. xxiiii. q. ii. ss. ii
Tiercement oraison doit estre faicte auec humilite. eccle. xxxv
Oratio humiliantis se nubes penetrabit.
Quartement auec discretion sans laquelle elle nest point a
dieu plaisante. math. xx. Nescitis quid petatis. et ia. iiii. Petitis et non accipitis eo qp male petatis.
Quintement plus de cueur que de bouche en multipliant paroles. i. re. i. Anna loquebatur in corde suo. Vox penit? non au-
diebatur. Sextemet auec reuerece en humilite et en craic-
te. lu. xviii. Publican? non audebat leuare oculos suos ad celum
Septiesmement elle doit estre secrete et en lieu priue. math.
vi. Tu autem cum oraueris intra cubiculum tuum et clauso
ostio ora patrem
Huitiesmement en purte de cueur et de conscience. ps. Iniq-
tatem si aspexi in corde meo non exaudiet dominus
Neufuiesmement auec larmes a tout lemois spirituelles et
cordiales. psa. xxxvii. Audiui orationem tuam vidi lachrimas
tuas. Et idem tho. iiii. ra.
Dixiesmement auec attention a qui on parle et que on demande. ps. Intende voci orationis mee: et Rex meus deus
meus etc. ergo et tu attende
Onziesmement auec grant ferueur desperit. hie. xlviii. Ma-
ledictus qui facit opus dei negligenter.
Douziesmement elle doit estre acompaignee de bonnes et
sainctes euures. tho. xii. Bona est oratio cum ieiunio. et math
v. Beati misericordes.
Treziesmement auec perseuerance comme de iour en iour/
de bien en mieulx. act. i. Apostoli erant perseuerantes cum
mulieribus et maria matre eius.
Par les choses deuantdictes appert la necessite/ la noblesse
et le profit de vraye orayson/ car comme dit saint iehan criso-

stome nous parlons ⁊ pouons parler auec Dieu par saincte
oroison touteffois que nous voulons en marchandāt et en i
petrant toutes les choses qui nous sont necessaires ⁊ proffi
tables. Et en ceste foy ie requiers la misericorde du benoist
doulx iesus tant pour moy que la necessite De toute nostre
mere saincte eglise quil lui plaise nous pdonner et nous reformer et ramener en la vraye observance de ses benoitz cōmandemēs et De sa saincte grace ⁊ bēdiction par les merites de nostre Dame sa tresglorieuse mere et De tous autres
benoistz sains noz poures ames enluminer / affin que finablement nous puissons puenir a sa benoiste fruition. amen.

Sensuit Vne tresprofitable application de lart de
medecine ala practiq qui se doit tenir a la medecie
spirituelle auec les interrogatiōs q on Doit faire
a celui qui est en article De la mort.

E pour arquerir ⁊conseruer la vie et sancte corporelle
plusie's estudiēt tressoliciteusemēt tāt la theorique que
la praticque de lart de medecine / par plus forte raison Dautant que lame est plus noble q le corps et la vie de gloire pl9
digne q la tēporelle / deueroit chascun vray catholiq estudier en la science parquoy il peust acqrir ⁊conseruer en son ame
la vie De grace sans laqlle on ne peut paruenir a la vie eternelle. Et pourtant affin q no' puissons cōgnoistre et euiter
peche qui est la maladie De lame et cause de mort eternelle
sensuit vne bresue recollection De lart de medecine spirituelle fondee en douze reigles de la sciēce de medecine corporel
le. Car ainsi cōme nous enseigne le tresglorieux apostre mō
seigneur saint paul par le moyen ⁊ manuduction Des choses corporelles et sensibles on peut paruenir a la cōtempla-
tion Des spirituelles. Et pourtāt nous a baille le doulx iesuchrist vray samaritain ⁊ medecin De noz ames la medeci
ne De ses sains sacremens soubz la forme des choses corporelles en certaine correspōdance tant de la maladie q du medecin et aussi que Du malade / car pourtant q loccasion Du

xxViii. capm.

Inuisibilia ei vei
a creatura mundi p
ea q fctā sūt: itellec
ta cōspiciūt. ro.i.ca.

premier pecbe fust le menger de la pomme / qui estoit chose
corporelle le fucbrist no' a donne son precieux corps z son tref
saint sang soubz forme et semblance. De pain et de vin z ain
si du baptesme et des autres sacremens pareillemēt tant a
lencontre du pecbe originel que de to' autres. Jtē au regard
du medecin cest iesucbrist qui est dieu z bōme assembleemēt
et le malade cest bōme et femme en corps materiel z ame spi
rituelle pour quoy a bon droit appert que par le medecin cor
porel on peut tractier et dōner entēdre la spirituelle.

La premiere reigle du medeci cest quil doit rognoistre q
cest sante z que cest maladie / autrement il ne pourroit
induire lung et debouter lautre. Semblablemēt doit le me
decin spirituel cestassauoir le confesseur scauoir quest pecbe
qui est la maladie de lame et que cest estre en estat de grace
de dieu qui est la sante dicelle ame. Pour quoy est a noter
que sante corporelle est vne bonne disposition qui viēt dune
armonie et confederation des quatre bumeurs / cest assauoir
du sang / de la colere / du fleume z de la melācolie / car quant
tous ces quatre gardēt chascun son degre sās exceder ou do
miner selon la cōplexion du supost il ya sante corporelle. Et

par le contraire excez ou default ou turbation en lung ou en
plusieurs desditz bumeurs cause maladie. Application
Semblablemēt quāt les quatre pricipales passiōs de lame
cest assauoir ire / cōcupiscence / crainte z tristesse sont deuemēt
ordonnees et amoderees / adōc lame est bien disposee et en sā
te spirituelle / mais p le cōtraire quāt ilz sont desordonnees

et troublees il ya maladie. Et pour plus plainemēt enten
dre ceste matiere cest assauoir que quant la passion de ire est
au regard des choses qui nous pourroiēt separer de lamo'
du createur quāt nostre cōcupiscēce et desir pricipale est au
regard des biens de gloire. Crainte est au regart de la dāna
tion eternelle. Et tristesse est au regard des pecbez que nou'
auons cōmis / adonc lame est biē disposer et en sante spiritu
elle Et par le contraire quāt ces quatre passiōs sont desordō

nées et au regard des choses extérieunes lame chet en lan-
queur et en excessiue maladie.

La seronde reigle du medecin est quil doit enqrir les causes de sante et de maladies/car vne chacune chose produit et nourrist son effet. Pourquoy est a noter que quãt les quatre qualitez cest chaleur/froideur seicheur z moiteur sont en certaine et bonne proportion au regard du supost ds donrques ilz causent armonie et sante:ainsi lexces ou dimi-nution ou perturbation lune vers lautre causent maladie. Application. Semblablement est il en lame. Par chaleur nous est signifie amour qui peut estre bien ordonne enuers dieu/ou desordonne enuers les choses terriennes/et adonc il cause en lame sante ou maladie plus ou moins selon lordo nance ou desordonnance. Par froidur est signifie crainte qui peut estre moindaine/humaine seruile et vicieuse/et adonc celle cause maladie spirituelle/ou peut estre saincte et filia-le et commencemmet de vraye sapience/z adonc elle cause sã te. Par seicheur est signifiee tristesse qui peut estre desordon-nee en trop z en pou comme trop se trister des aduersites mo daines et pou de loffence et deshonneur de dieu. Moiteur sig nifie desirees et plaisance sans lesquelles ame raisonnable ne peut viure/silz sont mondaines z charneles ilz causet ma ladie/silz sont en dieu et es choses spirituelles ilz causent sã te naturelle.

La tierce reigle du medecin cest quant par lug contraire il doit chasser lautre ainsi côe se la maladie est chaude il doit donner medecine refrigerante/selle est causee p froi dure il doit donner medicine eschausante/z ainsi des autres causes. Application. Semblablement en la medicine spiritu elle/car ainsi que enseigne iesucrist z que fait gregoire declare. Côtre luxure on doit adionster abstinence en boire z en men gier/en siruiellez/en regarder. Contre auarice aumosne. cô tre ire chaleur patience adoulceur. Côtre orgueil humilite. Luquelle maniere de permedier se doit entendre quãt il nya

riiii

Quatuor qualita tes calor/ frigiditas siccitas humiditas.

Supcecidit ignis z nõ viderũt solē. ps lvii.

Trepidauerũt ti more: vbi nõ erat ti mor. p̃.lii

Iniciũ sapientie z mor dñi. p̃. cx.

Greg. sicut i arte me-dicie calida frigidis frigida calidis curatur ita dns noster cotraria opposuit me=dicamenta pctis. vt lubricis cotinetia tenacibz largitate iracudis masuetudiem elatis pciperet huilitatem

Non in solo pane viuit ho sz in oi verbo quod pcedit de ore dei. deu. viii. et math iiii:

Qui pseuerauerit in finez hic saluus erit math. x. Ouidius. Pncipiis obsta sero medicina gatur. Cuz mala p logas conualuere moras. si mutare potest ethiops pell etuar pdº varietates suas z vos poteritis bnfa=cere cu oidisceritis malu. hie. xiii. c

Fudametu aliud neo pot ponere pter illud qd positu e ies cristus. i. corin. iii

Nota quatuor signa ifirmitatis.

cause suffisante pour quoy Raysonnablement on Doye aultrement faire.

La quarte Peigle du medecin cest coseruer la sante Recouuree laquelle chose se fait en quatre manieres. La premiere en vsant de bones viandes. Secondesmt en prenat de bon bruuage Tiercemet en euitat boire excessif ou nuysat Quartement en soy tenat en bon aer. Semblablemet est il au fait spirituel. Premierement en oyat bones Doctrines et predications. Secondesmt desirer tousiours a mieulx faire z mieulx valoir. Tiercement en soy occupant en sainctes operations/car aultrement au long aller. ne peut on euiter les mauuaises. Quartement en pseuerat en bonnes euure/car sans perseuerance en bone vie iamais on ne paruiet a louier

La cinquisme Peigle du medecin cest diligence de Remedier au comenremet des maladies/car a plus grat peine est arraschee lespine De tant quelle met plus en parfons sa racine. Application. Seblable chose est de perche q se veult planter en lame/soit ire/enuie/orgueil/luxure ou aultre peche/car qui veut resister au commencement il y peut aduenir aypeement/mais qui differe p long teps a grat peine y puient Et pourtat bien dit saincte escripture que celui a la benedition De Dieu qui gette sa petite et ieune nourriture a les chace contre la pierre. Par les petis ieunes et nouueaux mo sont signifiees les mauuaises pensee et esmouuemes de peche qui se gettent cotre la pierre quant on requiert laide de il sucrist qui se nomme vraye pierre pourtant quil est le fondement De sa saincte foy catholique et De toute saincte eglise.

La .vi. Peigle du medecin cest qui doit congnoistre les signes De maladie qui sont quatre. La premiere quant la personne a perdu tout apetit. Le secons quant elle mengeut/mais tantost elle regrette par ou elle auoit prins Le tiere quant elle nappete que choses qui lui sont cotraires. Application. Semblable chose est au fait de lame quant elle ne sesiouyst a receuoir bonne doctrine cest le premier signe de sa

maladie/ou quāt elle escoute assez voulētiers mais rien ne
retiēt cest quāt au serōd ou quāt elle recoit et retiēt. mais el
se ne met rien en oeuure par bōne digestion/ cest quant au ti
ers mauuais signe:ou quant elle ne desire q̄ choses mondai
nes z terriennes z sans mesure cōme par symonie ou p̄ vsu
res z a faire sa propre voulente non pas la voulēte de dieu z
cest quant au quart mauuais signe.

¶ vii. reigle du medecin cest cōgnoistre les signes de sā
te q̄ sont quatre z opposites aux quatre signes de mala
die deuāt ditz. Application. Quāt lame appete oyr bōne do
ctrine et met peine de retenir et de mettre en oeuure par bon
ne vie z euiter mauuais langage z foles cōpaignies adōc el
se se nourrist en ruinant p̄ saincte meditation les choses q̄ luy
pruet p̄fiter z p̄ ce elle engraisse z fortifie toute benediction

¶ viii. reigle du medeci cest infliger peine z doule' au pa
ciēt en lui baillāt bōne medecine. Exēple. Grāde absti
nēce z diete pour garir des fieures ou potion de herbes ame
res perer z creuer en diuerses manieres voces z fleures z apo
stumes/bailler pillules ou triacle faictes de venin z de pois
sōs z dameztumes po' euacuer les mauuaises humeurz po'
froisser os/nerfz z veines en mēbres mal mis z desboites po'
les ramener z remettre en leur droit post/ z ainsi de plusieurs
autres mederies. Application. Ainsi est il en medecine spiri
tuelle/car qui seuffre ardeur de mauuaise concupiscēce char
nelle:il doit faire diete. Qui a voce z enfleure dorgueil doit
considerer humilite du roy de gloire/sa vie z sa passion z soy
humilier. Qui est en ire ou en enuie le triacle de amere cōpas
sion lui est necessaire z lui conuiet faire fraction de la durte
de son cueur aussi cōme a vng mēbre desboite z desordonne
de son lieu en requerāt p̄dō z en soy humiliāt euers ceulx
quil peut auoir offense et par ainsi il se redressera z viuera a
uec son prochain.

¶ ix. rigle cest pou a pou z p̄ successiō de tēps il doit dōner
medecies purgaties car nate ne peut ouurer soudainemēt

¶ Erit tēpus cū sa
na doctriuā nō susti
nebūt.i.tbi.iiii.

¶ Ad tēpus credūt
z in tpe tēptatiōisre
cedunt.lu.viii.

¶ Dicūt z nō faciūt
math.xxiii.c.

¶ Ie q̄ dicit bonuz
malū.zc. ponētes a
marū i dulcezdulce
in amarū.ysa.v. ca.

¶ Quattuor signa
sanitatis.

¶ Qui ex dco ē ver
ba dei audit.io.octa
uo capitulo.

¶ Pene in mōrib9
sunt medicinales se
cundū aristo.

Et pourtant bailler medecine sans disposition est aduentu/
re a tout pdre. Application. Ceste forme doit garder le mede
cin spirituel/ car au commencement de la reduction du malade
cest assauoir du pecheur il ne doit pas enioindre choses de
haulte pfection ou fortes z difficiles restitutions ou soudai/
nes/ mais doit induire de petit en plus grant pour puenir a cor
rection z a amendement/ et telle doctrine tenoit z enseignoit
saint paul vray medecin spirituel comme il appt p ses escriptz

La dixieme reigle est de bien sauoir purger le corps de ses
mauuaises humeurs/ car de tant qlz abonderont ilz con
uertiront les bones viandes en elles mesmes. Pourquoy est
assauoir que en quatre manieres se peut faire purgation de
mauuaises humeurs/ car aucunesfois se fait par embas/ au
tresfois p la bouche/ autrefois p saignee ou par boicture z par
force de feu. Application. Semblable chose est au fait de lame
car sa purgation se fait p embas quant le pecheur considere les
grandes z horribles paines denfer q sont appareillees aux pe
cheurs/ aucunesfois se fait p en hault p dne consideration qil
pert le benoist royaume de paradis parquoy le pecheur est
esmeu a faire entiere et pfaicte confession/ autresfois se fait
par aumosnes en mettant hors de soy/ de ses biens z de sa sub
stance/ autrefois par la boicture z p le feu de tribulation patie
se z endurer en bonne pacience.

La xi reigle du medecin est congnoistre les signes de
mort affin qil puisse denoncer tant au pacient q a ses amis
quilz pourroient au sourplus. Car adonc le medecin est au
bout de son sceu z ny peut iamais ramener sante. Pourquoy
est a noter que en ung malade peut auoir quatre signes de
mort corporelle. Le premier est quant il ne sent plus la ma
ladie/ car adonc nature est trop au bas. Le secod quant il na
plus honte que on voye tous ses membres/ car honte est signe
de bonne disposition en sang de psonne raisonnable/ laqlle
disposition est adonc destruite. Le tiers signe quant il ne con
gnoist plus les personnes/ car cest signe que le cerueau

les principales organes sont desia mortes ou excessiuement
troublees. Le quart cest quant il est en frenaisie / Car adonc
non seulemēt le cerueau mais auec ce le cueur est en tormēt
Application. Semblablement on peut auoir quatre signes
de la mort spirituelle de lame et de la cōscience du pecheur
Le premier quant le pecheur ne congnoist sa coulpe ꝛ son pe
che cest signe euident q̄ de telle maladie il ne peut eschapper
quil ne voise a la mort eternelle. Le second quāt il na pointe
de honte de pecher publiquemēt. Le tiers quant son affectiō
est tellement desordōnee ꝛ appliquee a mal quil na cōgnois
sance de son fait ne du peril de sa dānation. Le quart quant
la sensualite domine tellement en luy quil na raison ne vi=
gueur pour resister aux passiōs de ire/deuie et de luxure ou
autres qui lui souruiennent. Par ces quatre signes on peut
congnoistre que le malade spirituellement est disposé a la
mort eternelle denfer.

A douzieme reigle du medecin cest congnoistre les si=
gnes de vie et de sante pour le denōcer au patient affin
quil se puisse esiouyr ꝛ reconforter en son esperit/laqlle cho
se apde beacoup a la sante corporelle. Pour quoy est a noter
que les signes de pouoir sante recouurer sont quattre. Le p̄
mier quant la maladie se diminue et que nature sefforce: se
sont deux signes de sante. Le tiers quāt la matiere de la ma=
ladie cōmence a se digerer. Le quart quāt par aucune mati=
ere de euacuation on met hors les humeurs ꝛ matieres qui
causent la maladie. Application. Les quatre signes de re=
couurer sante spirituelle se demōstrēt spirituellement. Pre=
mierement quant la personne restraint et reprime ses pas=
sions. Le second quant elle sefforce dacqrir vertus et bōnes
habituations pour resister. Le tiers quant raison argue ꝛ cō
prent les inconueniēs qui se peuēt ensuiuir dobeyr a ses pas
sions sensuelles par quoy elle requiert layde de dieu et des
benoistz saitz pour resister a lenrōtre. Le quart quāt elle fuit
a son pouoir les occasiōs de peche cōe du lieu du tēps des psō

¶ Ampli⁹ laua me
dñe ab iniq̄tate mea:
a pctō mō mūda me
ꝛc. quō iniq̄tatē meaʒ
ego cognosco ps. l :
Initiū salutꝭ ē agni
tio ꝓprie iniq̄tatꝭ. et̄.

nes/et ainsi des aultres choses qui peuent induire a peche.
Par les choses deuātdictes appt en bref lapplication & me
decine spirituelle a la medecine corporelle et la correspōdan
ce de lung a lautre qui bien en fera son prouffit sante puisse
auoir eternelle. Amen .

¶ Sensuiuēt aucunes brefues interrogatiōs que on peust
faire a chascun bon chrestien que on doit labourer en article
de mort ou que lui sil scait ⁊ peut si doit faire. ⁊premierefīt.

¶ Hrestien ou chrestiēne croyez vous fermemēt to⁹ les ar
ticles de la foy cest assauoir dieu le pere qui est createur
du ciel et de la terre et de toutes autres choses visibles ⁊ in
uisibles. ¶ Aussi en Jesuchrist son filz qui pour nous a es
te conceu et ne de la vierge marie qui po⁷ no⁹ enseigner⁊ra
cheter a tant souffert de paine/et finablement la mort tres⁓
cruelle/et le tiers iour ressuscita/et qui est mōte es cieulx⁊et
viēdra iuger les vifz et les mors pour rendre a chascun ce q̄l
aura desserui. Croyez vous q̄ par la grace du saint esperit/
saincte eglise soit sonstenue ⁊ nourrie ⁊ les sains sacremēs
ordonnez ⁊ que apres nostre trespas deuons tous resusciter
Responde oy. Nestes vous pas bien ioyeux de mourir en la
foy chrestienne ⁊ en lunite ⁊ obediēce de nostre mere saincte
eglise. Responde ouy. Confessez vous auoir si pourefīt ves
cu q̄vou⁹nauez pas desserui aucun merite de biē ⁊ q̄ mieulx
deussez auoir vescu q̄ nauez fait. respōde ouy. Congnoissez
vous q̄ vous auez offense vostre dieu vostre createur tres⁓
souuēt et tresgrefuement. Respōde ouy. Nauezvo⁹pas dou
leur ⁊desplaisance de tous les pechez que vo⁹ auez fais⁊des
biens que vous auez laisse a faire des dons ⁊ des graces de
dieu de quoy nauez pasbien vse. Responde ouy. Nauezvo⁹
pas bon propos ⁊ voulente de vous amēder se dieuvo⁹ dō⁓
ne reuenir a sante. responde ouy. Ne pardonnezvo⁹ pas de
bon cueur pour lamour de dieu a tous ceulx qui vous ont
offense. Responde ouy. Ne requerez vous pas aussi et de
mandes treshumblement pardon et mercy generalement a

tous ceulx que vous auez offesez. Respode ouy. Creez vous
bien q pour vostre seigneur voulut mourir et que autremēt
que par sa benoiste passion ne pouez estre sauue. Responde
ouy. De cecy et des autres innombrables graces quil vous
a faictes et a tout le mondi ne luy rēdez vous pas graces et
mercis de cueur tant q vous pouez. Se la personne peut di
re en vraye foy ꝗ bōne cōsciēce de cuez seulemēt ou de cueur
et de la bouche assemblee mēt les choses deuant dictes ꝗ re
spondre ainsi que dit est:et en tel estat elle trespasse cest tres
grant signe de sauuemēt. Adōc la personne q ainsi est dispo
see totalemēt se doit recōmander et cōmettre a sa benoiste
passion de nostre seigneur en y mettant souuerainemēt son
esperance et non point en autre merite ou bien fait/ꝗ y doit
penser continuellemēt en tant que la maladie se peut endu
rer et portez/car par ce sont surmōtees ꝗ abatues les diuer
ses tēptations de lēnemy. Et doit on adōc entre dieu le pe
re et la grieuete de la coulpe des pechez mettre et opposez la
mort de son doulx enfant sans autrement plaidoier ou alle
guer. Et aussi pour les merites qlle deust auoir et qlle na
pas elle doit offrir les merites de nostre sauueur iesuchrist/
qui sont infinies communes a tous ceulx qui deuement les
veulent querir et reclamer et luy souuenir. Ou on luy doit
ramener a memoire listoire du bon latron cōme il congneut
sa coulpe ꝗ son peche et la doulceur et pitie de ntrēseignr ꝗ re
queroit dieu le pere pour le peche de ceulx qui lauoiēt mis et
le tenoient es tormens et en langoisse de mort par laquel
le consideration il fut inspire de requerir layde de iesuchrist
disant. Memento mei dōe. Cest adire. Monseigneur vueil
lez auoir pitie et memoire de moy. Laquelle chose doit dire
a son pouoir celluy qui laboure es traitz de la mort et aussi
doit dire son confiteor/et puis faire protestation quil veult
mourir en la verite de la saincte foy catholique quelconque
illusion ou frenaisie luy aduienne en larticle de la mort/et
puis die. In manus tuas dōe commendo spiritū meum. ꝛc.

¶ Sensuiuēt six auisemens tresprofitables pour[r]
duire les viuans a bien mourir. xxix. chapitre.

Pourtant que au consistoire de la benoiste trinite est de
terminé irreuocablemēt q̄ il nꝰ conuient tous mourir
et deuant dieu a leure de sa mort nous representer tous et
vng chascun en particulier pour receuoir iugement et fina
le sentence de saluation ou de damnation selon que vng
chascun aura deserui / est souueraine sapience de soy estu
dier a bien pouoir mourir. Donc pour auoir aucune cognoss
sance des perilleuses choses qui aduiennent a vng chascun
a leure de la mort et pour auoir matiere ꞇ excitation de nous
preparer de iour en iour ainsi que continuellement nous ap
prochons dicelle heure tresdoubteuse / sensuiuent six auise
mes pour receuoir crainte par laquelle nꝰ puissons despriser
ce present monde et pour nꝰ preparer a partir seurement de
ceste presente vie.

Le premier auisemēt cest que leure de la mort dug cha
cun est la fin du monde ꞇ le grant iugement quant au
regard de la sentence et des choses q̄ y aduiennēt et sont fai
tes au cas particulier de la creature raisonnable / car en ce
lui estat auquel on est trouue / en icelluy estat ꞇ heure on est
iuge ꞇ sentēcie irreuocablement / a laqlle sentēce ne peut re
sister / lēpescher ou y differer par sciēce / ppuissāce / pamour
ou par faueur. Helas papes / empereurs / roys / ducz / cōtes
et tous autres de qconque peminēce ou cōdition soit hōme
ou fēme / viel ou ieune toꝰ par condition egale sōmes desia ci
tes a cōparoistre a tel ꞇ si merueilleux iugement / ꞇ bien pou
en a a qui en souuienne deuement / laquelle chose les mon
dains demōstrēt cleremēt p la vie qlz tiennēt ꞇ demenēt la
qlle est dānable / car la plus part diceulx sōt illusez p la tēp
tation de lēnemy q leur fait ymaginer qlz aurōt voaye repē
tāre deuant qlz soiēt presentez au iugemēt de dieu et a leu
re de la mort cōe dit est. Po quoy ilz ne redoubtēt de cōtinuer
leur vie vaine / seculiere et mondaine. Et quant vient a la

fin ilz cheẽt par iustice secrete et insinie en desesperãce ⁊ par
consequẽt auec iudas en eternelle dãnation Par quoy est bi
en vray dit / de bonne vie bõne fin ⁊ de mauuaise ne vint onc
ques bien. Et a ce propos font les theologiens telle qstion /
cest assauoir se la personne q a mene mauuaise vie iusques
a sa maladie ou au temps de la mort peut paruenir a bonne
fin ⁊ auoir sauuemẽt. Respõse. Selon saint augustin il nest
pas impossible que celui qui a este de mauuaise vie ne puis
se auoir bonne fin / mais il est tresdifficile. Car cõme dit eu
sebius en vne de ses epistres. De cẽt mil persõnes q ont con
tinue de mauuaise vie a grant peine en vient vng a bõne fin.
Et a ce propos dit richard de my ville q la penitãce est suf
fisante a sauue mẽt quãt le pecheur a desplaisance de son pe
che et propos de iamais ne se consentir a mortel peche / ⁊ du
temps passe fait confession vraye ⁊ entiere ou a ppos de ce fai
te en lieu et en temps et que a toutes ces choses deuant dic
tes est meu ⁊ induit principalemẽt pour lamour de dieu et nõ
pas principalemẽt pour craite destre damne ou pour autre oc
casion seruile ou teporelle / autremẽt la penitãce que on fait
en article de mort ne suffist pas pour acquerir sauuement.
Et pourtant que tresperit de ceulx qui ont este de mauuai
se vie ont les conditions deuãt dictes a leure de la mort il sẽ
suit q de ceulx qui differẽt ⁊ attendẽt a faire vraye penitan
ce iusques au lit ⁊ au tẽps de la mort bien pou y en aura de
sauuez / car sil est ainsi quilz naiẽt point voulu aymer dieu
loyalemẽt durant le tẽps quil leur donnoit tant de ses biẽs
et de ses graces cõme peut estre le corps et lame / sante / pro
sperite de sens / de memoire / de biens terriens / ⁊ autres cho
ses : cõment se pourroient ilz aymer ⁊ reclamer de cueur pi
teur ⁊ loyal quãt il les tiendra en grant destresse en la char
tre de griesue maladie en leur ostant sante / ieux / esbatemens
ioyes ⁊ liesses ⁊ toutes plaisãces mõdaines esqlles ilz auoi
ent mis leurs cueurs et leur estude. ¶Ceste chose est trop
forte a ymaginer cest assauoir que adonc ilz ayment dieu

¶Hac aiaduersiõe
pcutit pctõr vt mõ
riẽs obliuiscat sui : q
duz viueret oblitus
est dei. an.

Questio

Responsio.

¶De centuz millib⁹
hoibus quoruz vita
extiterit mala vix me
tet saluari vn⁹. qr si
vix iust⁹ saluabit tm
pius ⁊ peccator vbi
parebunt.

par vraye charite laquelle prouuent les Docteurs par plusieurs raisons. La premiere cest pour la grande et horrible
passion de maladie et dune crainte seruile et espouentable
en quoy chet adonc lesperit humain qui na pas Dieu auec
soy par grace quant vient telle necessite come se aurun auoit
le pie en feu ou en eaue bouillante il ne pourroit tourner son
entendemet adonc pour recongnoistre ses pechez suffisantement pour la grat douleur quil souffriroit/ et par consequent
ne pourroit auoir la desplaisance qui est necessaire deuant
que dieu pardone le peche et quil donne sa grace. Et pourtat
dit bien saincte escripture que a telz ges ne souuiet de Dieu
suffisantement pour trouuer grace quant vient leure de la
mort/car iustice et raison requieret q cestui quina point voulu retourner a Dieu par promesses et par dons/ par menaces
et par increpations que dieu a cotinue entiers aucuns ptre-
te ou par cinquante ans ou plus ou moins come sont predi-
cations/remors de conscience/prosperites mondaines/exem-
ples et iugemens de Dieu qui sont aduenus en leurs temps
come de la mort de ceulx quilz congnoissoiet et par aduenture
leur resembloient en estat et en maniere de vie et en autres
manieres sans nombre les a Dieu appellez et ne sont point
voulu retourner durat quil en estoit le temps et leure par
quoy dieu les laisse iustemet cheoir en damnation eternelle.
Car il voit et congnoist en sa science diuine et infinie q se par
milions de iours et de ans il les attendoit tousiours demou-
reroient en leur obstination. Et pourtant non obstant que
quant vient la fin et leur necessite ilz se voulsissent confessez et amender cest trop tard/attendu aussi come en tousces
comuneemet telle penitance procede de crainte seruile comme est la crainte principale destre damne. Et pourtat dit et
croit monseigneur saint hierome que de telz peu abien peu de
sauuez. Par quoy il appert assez clerement q cell uy q differe
vraye et parfaicte penitance iusches au temps de la mort
se expose a damnation et fait contre ladmonition du saint

dne si pauci sunt q saluanf ipe aut dixit ad illos. Conten-
dite itrare p agusta
porta.dico vobis q
multi qrent itrare et
no potuerut. lu.xiii.
c. Ite p. vi. No est in
morte q meor sit tui

Qui fecit te sine
te non iustificabit te
sine te.aug. Ite gre.
Iustu vt q noluit pe-
nitere cu potuit: cu3
voluerit sero sit.

Paucos ex his
credo saluari q vsq
in fine expectant iu-
stificari.

fin ilz cheēt par iustice secrete et infinie en desesperāce ꝗ pdr
consequēt auec iudas en eternelle dānation Par quoy est bi
en vray dit / ꝗ de bonne vie bõne fin ꞇ de mauuaise ne vint onc
ques bien. Et a ce propos sont les theologiens telle ꝗstion /
cest assauoir se la personne ꝗ a mene mauuaise vie iusques
afa maladie ou au temps de la mort peut paruenir a bonne
fin ꞇ auoir sauuemēt. Respõse. Selon saint augustin il nest
pas impossible que celui qui a este de mauuaise vie ne puis
se auoir bonne fin / mais il est tresdifficile. Car cõme dit eu
sebius en vne de ses epistres. De cēt mil persõnes ꝗ ont con
tinue de mauuaise vie a grant peine en vient vng a bõne fin.
Et a ce propos dit richard de myuille ꝗ la penitāce est suf
fisante a sauue mēt quāt le pecheur a desplaisance de son pe
che et propos de iamais ne se consentir a mortel pecche / ꞇ du
tēps passe fait confession vraye ꞇ entiere ou a ppos de ce fai
te en lieu et en temps et que a toutes ces choses deuant dic
tes est meu ꞇ induit pricipalemēt pour lamour de dieu et nõ
pas pricipalemēt pour crainte destre damne ou pour autre oc
casion seruile ou tēporelle / autremēt la penitāce que on fait
en article de mort ne suffist pas pour acquerir sauuement.
Et pourtant que trespetit de ceulx qui ont este de mauuai
se vie ont les conditions deuāt dictes a leure de la mort il sē
suit ꝗ de ceulx qui differēt ꞇ attendēt a faire vraye penitan
ce iusques au lit ꞇ au tēps de la mort bien pou y en aura de
sauuez / car sil est ainsi quilz naiēt point voulu aymer dieu
loyalemēt durant le tēps quil leur donnoit tant de ses biēs
et de ses graces cõme peut estre le corps et lame / sante / pro
sperite de sens / de memoire / de biens terriens / ꞇ autres cho
ses : cõment le pourroient ilz aymer ꞇ reclamer de cueur pi
teux ꞇ loyal quāt il les tiendra en grant destresse en la char
tre de griefue maladie en leur ostant sante / ieux / esbatemens
ioyes ꞇ liesses ꞇ toutes plaisāces mõdaines esꝗlles ilz auoi
ent mis leurs cueurs et leur estude. ¶Ceste chose est trop
forte a ymaginer cest assauoir que adonc ilz ayment dieu

¶Hac aduersiõe
pcutit pctõr vt mõ
ries obliuiscat sui:ꝗ
duz viueret oblitus
est dei. an.

¶Questio

Responsio.

¶De centuz milib⁹
hoibus quoruz vite
extiterit malauix me
tet saluari vnⁿ. qz si
vix iustⁿ saluabit im
pius ꞇ peccator vbi
parebunt.

par vraye charite laquelle prouuent les Docteurs par plusieurs raisons. La premiere cest pour la grande et horrible
passion de maladie et dune crainte seruile et espouentable
en quoy chet adonc lesperit humain qui na pas dieu auec
soy par grace quant vient telle necessite côme se autruy auoit
le pie en feu ou en eaue bouillante il ne pourroit tourner son
entendemêt adonc pour recongnoistre ses pechez suffisantement pour la grât douleur quil souffriroit/ et par consequent
ne pourroit auoir la desplaisance qui est necessaire deuant
que dieu pardône le peche et quil donne sa grace. Et pourtât
dit bien saincte escripture que a telz gês ne souuiêt de dieu
suffisantement pour trouuer grace quant vient leure de la
mort/car iustice et raison requierêt q̃ celui qui na point voulu retourner a dieu par promesses et par dons/ par menaces
et par increpations que dieu a côtinue enuers aucuns p̃tre-
te ou par cinquante ans ou plus ou moins côme sont predi-
cations/remors de conscience/prosperitez monðaines/exem-
ples et iugemens de dieu qui sont aduenus en leurs temps
côme de la mort de ceulx quilz congnoissoiêt et par aduêture
leur resembloient en estat et en maniere de vie et en autres
manieres sâns nombre les a dieu appellez et ne sont point
voulu retourner durât quil en estoit le temps et leure par
quoy dieu les laisse iustemêt cheoir en dânation eternelle.
Car il voit et congnoist en sa science diuine et infinie q̃ se par
milions de iours et de ans il les attendoit tousiours demou-
reroient en leur obstination. Et pourtant non obstant que
quant vient la fin et leur necessite ilz se voulsissent confessez et amender cest trop tard/attendu aussi côme en tous cas
cômuneemêt telle penitance procede de crainte seruile comme est la crainte principale destre damne. Et pourtât dit et
croit mônseigneur saint hierome que de telz peu abien peu de
sauuez. Par quoy il appert assez clerement q̃ celuy qui differe vraye et parfaicte penitance iusqes au temps de la mort
se expose a damnation et fait contre ladmonition du saint

¶ Dñe si pauci sunt
q saluanf ipe a ût di-
xit ad illos. Conten-
dite itrare p̃ âgustã
portã. dico vobis qz
multi qrent itrare et
nõ potuerût. lu.xiii.
c. Ite p̃.vi. Nõ est in
morte q meôr sir tui

¶ Qui fecit te sine
te non iustificabit te
sine te.aug. Ite gre.
Iustû vt q̃ noluit pe-
nitere cũ potuit: cuz
voluerit sero sit.

¶ Paucos ex his
credo saluari q̃ vsq̃
in fine expectant iu-
stificari.

esperit. Le second empeschement de faire vraye penitance
quant vient la fin cest vne habituation de peche qui est en lame de ceulx qui ont longuemêt continue mauuaise vie laql
le habituation leur est aussi côme naturelle par quoy seroit
tresdifficile chose de la rompre z oster quât vièt a la fin que
on a si pou de têps et tant dempeschemês de ce faire. Le tiers empeschemêt cest la têptation de lênemy qui tente la p
sonne au têps de sa mort plus quil nauoit iames fait en to²
de vie/et se la personne ne fut a resiste au temps passe/ et au
temps de sa grande côgnoissance de sa sante et qui na desser
ui tant enuers dieu q les benois fais de paradis de trouuer
ayde en icelle derreniere necessite q pourra elle faire en telle brefuete de temps/en telle oppresse de peines z de têptati
ons qui souruiêdront de toutes pars. Le quart empeschemt
cest defaillance de sens humain/car pourtât q le pecheur a-
uoit mis soncueur et sont entendemêt es choses terriênes z
trâsitoires qui faillent au besoing soiêt femes/ensâs riches
ses delices/plaisances et autres biens de ceste vie ilz cheent
en vne confusion dentendemêt et est en vne desplaisâce des
iugemens de dieu par quoy il leur fait perdre z laisser la cho
se en quoy ilz auoient mis leur amour z leur plaisâce/et par
telles passions tant en lentendement que en la voulente ilz
oublient dieu z leur sauuemêt/par quoy dieu parmet tres-
iustemêt quilz cheent et demeurêt entre les mains de leurs
ennemis. Plusieurs autres grâs et aussi comme innombra
bles empeschemens aduiennent aux pecheurs a leure de la
mort quant ilz ont este de mauuaise vie ¶Et ainsi appert
la verite de la question cestassauoir se le pecheur qui a mene mauuaise vie iusques au temps de sa maladie mortelle peut paruenir a sauuement. Et cecy est quant au premier auisement.

¶E second auisement est du mistere des deux anges de
la creature qui doit mourir/cest assauoir du bon et du
mauuais.car toute personne qui a bon z raisônable entête

si

¶Ne tardes ouerti
ad dñm nec differas
de die in diem eccle
sia.x.
¶Si mutare pôt e-
thiops pelle suâ z g
us varietates suas
vos poteritz bñfa-
cere cü dicerit ïsma
lã ble.xiii.Hac âiad
uersiôe pcutit pctôr
vt mortes obliuisca
tur sui:q dû viueret
oblitus est dei.aug.

ment doit estre aduisee quelle a vng bon ange lequel a office z comandement de dieu de purger / enluminer z induire
a paruenir a pfection / et aussi de la deffedre de lenemy denfer et de la garder des leure de la creation de lame iusqs a lis-
sue du corps qui est leure de la mort. Et semblablement elle
a vng mauuais esperit pour la tepter et induire a tout mal
et finablement a danation sil peut. Et doit on sauoir q̃ tant
le bon ange que le mauuais ont plus grande congnoissance
naturelle q̃ iamais ne peut auoir philosophe / astrologien ou
medecin parquoy il sensuit quilz peuēt congnoistre naturellement la complexion / les causes et la grefuete de la maladie
de la personne de la qlle ilz ont la charge z la cure / cest assauoir le bon de linduire a saluation / et le mauuais a desespoir
et a eternelle danation. Et pourtāt quāt le bon ange doit z
congnoist la fin z leure de la mort de telle psone estre venue
et ne scait pas quelle sera la sentence du iugement de dieu:
il reuele et confere ceste matiere auec le benoist z glorieux archange saint michel au quel dieu a donne office de receuoir le
ames qui auroient obey aux bones iuspirations des benois
anges. Et adonc ledit archange baille z assigne certain nōbre de la cheualerie de paradis audit ange pour descedre et
venir au iugement du petit monde / cest assauoir de hōme z
de seme qui a bon droit est nomme et appelle petit mōde / car
cest la conclusion z consummation de tout le grant monde Et
adonc lange ainsi noblement acōpaignie plus ou moins selon la dignite / loffice ou la prelation de la personne qui doit
estre iugee descend z se presente a la partie dextre. Et pareillement le mauuais ennemy qui a eu office de tepter icelle p-
sonne fait tresgrant diligēce de signifier a lucifer la fin et le
iugement de la personne quil a teptee estre venus z na poit
adonc certaine congnoissace selle sera sauuee ou danee pour-
quel conque mal ou peche quil y ait fait faire / et adonc lucifer lui baille compaignie de diables plus ou moins selon
la vocation et le degre de la personne pareillement comme

Dit est du bon ange. Et adonc lennemy ainsi acompaigne
sient et se presente a la partie seneestre du chãpion soit homme ou femme qui est bataille. Et adõc vient tãt au corps que
a lame de telle psonne si tresgrãde & si incõprenable bataille dangoisse/de douleur/&de paour quil nest langue ne escripture qui se peust declarer &dire car oncques ne fut tãt saincte personne qui par vope de nature &de cõmun cours puisse estre asseuree de son cas et qlle sera la fin de son iugement
Et pourtant ceulx qui sont presens a tel trespassemẽt doiuent prier auec la cõpaignie des sainctes creature s qui sont
presentes pour la poure creature qui est en la plus grãde necessite et destresse que iamais lui pourroit aduenir en ce mõde et la doiuet recõforter et induire a esperance en lui demõstrant le signe de la trespiteuse passion de nostre benoist sau
ueur et redẽpteur iesuchrist qui est la confusion des diables
denfer en lui nõmãt ou faire dire le nom de Jesus /car adõc
nest pas temps de leur ramener a memoire debtes/restitu
tions ou les grans haynes & pechez/mais ce doit auoir este
fait par deuant quilz fussent paruenus a telle extremite de
peines & dagoisse qui adonc les tiẽt de toutes pars. Item est
a noter que par priuilege singulier dieu reuele aucuneffois
a aucunes sainctes personnes leur bon &saint trespassemẽt
deuant leure de leur mort par quoy ilz ne sont plus espoue-
tez comme dit est/mais sont en vne paix et liesse spirituelle
qui leur est desia vng cõmẽcemẽt de gloire. O vray pere ot
potent que nauons nous ceste heure & ceste bataille deuant
les peulx de nostre entendement pour nous armer de merites et de vertus et pour nous disposer &de desseruir enuers
les sains de paradis/et singulierement enuers la vierge ma
rie de pouoir auoir secours et ayde/car adonc ne profiteront
rien or argent/villes ne chasteaulx/offices/dignitez ne pree-
minences/mais de toutes telleschoses cõuiẽdra rẽdre cõpte
ttestroit cõe sera dit icy puis apres.

E tiers auisemẽt cest q tous soiẽt bõs ou mauuai'serront a leure de la mort le benoist Doulx iesuchrist qui est iuge general des vifz et des mors/et le verront en la forme et maniere quil estoit le vendredi benoist quāt il pendoit en la croix en disant a dieu le pere. Pater in manus tuas commē=do spiritū meū. Pour quoy est bien a noter que la personne ainsi approchante de la mort paruient a tel passage ꝗlle pert lusage de ses cinq sens de nature totalemēt/car se toutes les cloches z bōbardes du monde sonnoient a son oreille elle ne les orroit pas/et ainsi de la veue et des autres sens au re=gart de veoir de sentir de odorer et de gouster. Et adōc en icelui moment que les portes du corps cest assauoir les cinq sens sont closes:les portes de lame ēcore estant en son corps sont ouuertes/car adonc lame voit tout cleremēt le benoist iesuchrist en la forme z estat que dit est par deuant. Itē elle voit son saint ange auec grande cōpaignie de glorieux espe=ritz/et aussi voit le diable z sa cōpaignie qui tous attendent la sentēce diuine soit de sauuemēt ou de dānement/et adōc les liures sont ouuers/car lame soit bonne ou mauuaise en voyant le benoist iesuchrist qui se nōme veritablemēt le liure de vie escript dedēs et dehors/voit adonc cleremēt tout le proces de sa vie. Car iamais neust pense en sa vie dequoy elle nait adonc clere congnoissance de toutes ensemble et de chascune en particulier sussent bonnes ou mauuaises/z pa=reillement des desirs et voulentez des parolles/et par plus forte raison de toutes ses oeuures soient bonnes ou mauuai=ses z des biēs desquelz on a eu oportunite de faire et ꝗ on na pas fait et aussi semblablement des maulx. Et toutes ces choses seront poisees et examinees par la iuste ballance de la iustice diuine. Et adonc plusieurs choses qui sembloiēt estre or/argent ou pierres precieuses selon le iugement hu=main ne seront que fiens/terre z ordure. cest adire ꝗ plusieurs semblans au mōde estre de grāde deuotion z de grāde pfecti=on seront adonc cōgneuz estre plains de ypocrisie et de abho=mination.¶ Icy acourront a secoure la tresglorieuse vierge

marie et les sains et sainctes de paradis esquelz la person ‑
ne aura fait honneur ⁊ seruice en sa vie ⁊ aussi les bônes eu ‑
ures et merites que on aura acquises durant q̃ on a eu têps
et espace / et ceulx qui nauroient point desserui destre aydez
ne suffirôt pas a respôdre ou a soy excuser. O vray dieu qui
encherches et examines les cueurs / les nerfz / les veines et
les mouelles des os des humains / cest adire les causes / les
raisons ⁊ les intentions ⁊ les aultres circûstâces des fais hu
mains qui sera celui qui pourra adonc respondre deuant ta
tressaincte face / deuant les sains anges et deuât les diables
Item sera demâde raison et côpte de tout le temps de noftre
vie iusques au cil de loeil et de tous les biens qui nous au ‑
ront este donnez en noftre vie soient dons de grace de nature
ou de fortune côme nous en aurôs vse soit en prosperite / ou
diuersite. Helas helas plus de mille fois helas q̃ pourront
adonc respondre ceulx qui si folement et si vainemêt passêt
et perdent le temps de misericorde. Et pourtât a leure de la
mort lame foit bonne ou mauuaise verra ⁊ congnoistra par
la puissance diuine tout le proces de sa vie / car le liure de sa
consciêce lui sera demonstr̃e si clerement que par la bonte pi
tie et misericorde de dieu elle est du nombre des sauuez ou q̃
par la iustice diuine elle doit estre iustemêt côdamnee et li ‑
ure aux diables pour son default et tresmauldicte vie. Et
cecy est quant au tiers auisement.

Et quart auisement est de la sentêce du iuge / car adôt
noftre s̃ apparoistra si terrible a ceulx qui nauront des
serui sauuement que nul entendement ne suffiroit a lyma ‑
giner. Et pourtant dit bien saint augustin quil nest tormêt
au monde qui soit si fort a endurer côme est destre presentê de
uant la face de iesuchrist et auoir desserui son ire ⁊ sa male ‑
diction / car il reprochera aux maleureux leurs pechez grans
et horribles en leur donnât clere côgnoissance de leur ingra
titude et côment ilz sont crucifie de rechief / côme font tous
ceulx qui apres le baptesme apres le sacrement de côfession

f iii

et apres sa perception de son tresprecieux sacrement duquel il donne sa chair z son sang ilz sont retournez a leurs pechez dan en an et sans y mettre fin et leur mōstrera cleremēt le mistere de sa benoiste incarnation et de sa passion et le tēps et cōbien il les a attendus a misericorde/toutes lesqlles choses ilz ont desprisees en tant quilz nen ont pas vse a leur sauuement. Et pourtāt en icelle dereniere heure tresiustement il les desprise en donnāt sur eulx sa sentēce si terrible que le ciel z la terre tremblent/cestassauoir nature angelique z nature humaine en disant a lame dānee. Depars toy maintenant dauec ton corps mauldicte creature/et ten va au feu denfer et es tormens eternelz qui te sont appareillez lesqlz tu as iustement desseruis auec les esperis damnez aux tēptations desquelz tu as voulu obeyr. Adonc lame mauldicte est contrainte de soy departir du corps et voyāt quelle est en lire et malediction de dieu/et oultre plus voit la cruelle beste enragee cest lenne my denfer qui est prest et en attente pour la receuoir: adonc finablement elle se tourne z couertit enuers son sainct ange qui tousiours iusques a icelle heure lauoit defendue dicelui ennemy en desirāt naturelemēt encore auoir secours et defense. Mais lange en approuuant la tresiuste sentence de dieu lui dit. Va ten auec le diable mauldicte par la sentēce de toute la benoiste trinite et de toute la cōpaignie celeste. Car tu na pas le temps passe voulu recongnoistre ton createur et le seruice que tay fait par son cōmandemēt en toy defendant de tous tes aduersaires z en te procurant remors de conscience et inspiratiōs de biē faire z de delaisser peche/mais tu mas refuse/et pourtāt maintenant a bon droit dieu et toute saincte creature te doiuēt biē refuser et du tout te delaisser a ceulx a qui tu as obey. Et adonc la poure ame voyant quelle na secours ne ayde enciel ne en terre z quelle ne peut fuyr ne euader la main et puissance des diables qui sont presens cōme les bourreaux denfer pour executer la sentence diuine: fait vng si grāt cry spi

rituel et demaine ſi grant douleur et ſi grande complainte
cõme dit le liure des anges quil neſt tormēt en ce monde q̄
hõme ou femme ne portaſt plus ayſeement que de veoir la pi-
teuſe departie de lame et de ſon ſaint ange. O piteux creatures humains que nauez vous regart en ceſte matiere durant q̄
pouez remedier a tel incõueniēt car ſe vne pſonne auoit fait
tous les pechez qui furent onques faitz il pourroit elle durant
le temps de miſericorde faire penitance et amendemēt p quoy
pourroit euader la ſentence et malection de dieu et paruenir
a miſericorde et a ſauuement. Senſuit lexecution q̄ font les
diables denfer en prenât la poſſeſſion et ſaiſine de lame con-
damnee qui eſt choſe piteuſe/ et ſi a eſmerueiller que par eſcripture n eſcauroit eſtre deuement dicte ne racõptee/ car a-
donc elle prent et recoit pour heritage eternelles peines dē-
fer declarees ou traicte enſuiuant a qui il plaira ſi le voye
Helas bien pourra mauldire leure de ſa creation quant par
ſon default pert le royaulme de paradis et chiet en la fureur
de dieu et de ſes ennemis.

Le quint auiſemēt eſt au regart de lame qui aura deſ-
ſerui ſauuemēt/ car elle eſtâte en la bataille de ſa mort
cõme a eſte dit par deuant, incõtinent quelle verra le benoiſt
doulx ieſuchriſt en la forme et maniere que a eſte dit/ ceſt aſſauoir en leſtat quil eſtoit a leure que ſa treſſaincte ame fut
ſeparee de ſon corps: elle cõgnoiſtra cleremēt que par la bõ-
te et miſericorde de dieu et le merite de ſa paſſion elle eſt du
nombre des ſauuez et verra manifeſtement les maulx q̄lle
aura euadez et tous les moyens / par quoy elle ſera paruenue a telle fin/ cõme ſera auoir creu aux bõnes inſpirations
de ſon ſaint ange et auoir craint et aymé dieu en gardant
et en acompliſſant ſes ſains cõmandemens/ car autrement
il euſt eſte impoſſible deſtre paruenue o bonne fin. Et adõc
le benoiſt doulx ieſuchriſt ſon dieu ſon amy ſon eſpoux la
confortera des peines/des douleurs de la craite et de la doub
te et du peril dont elle vient: et ſi laſſeurera de lennemy qui

¶ Qui hoi morienti apparuit ieſº xp̄s in cruce pendēs q̄ bonos puocat ad ſupplicabu̅ p̄ mīa t malis dpātet ad magnū terrorē.

¶ Hec lothariº qpoſtea fuit papa inocētius tciº i li. de miſeria ꝯditõis bũane. Itē mgr̄ nicholaus dlira. lu. xii. be. apoſ iq. t xii. in fine.

adonc sera tout confus voyant et congnoissant que il a per=
du sa propre ⁊ que la saincte personne soit homme ou femme
la vaincu en desseruant auoir le royaulme ⁊ la gloire de pa=
radis lequel il a perdu par son orgueil et default. Nullee
dement ne pourroit comprendre ne nul clerc dignemet exprii
mer la ioye ⁊ lexultation qui adont aduient a lame qui aura
desserui a estre du nombre et de la compaignie des esleuz ⁊ car el
le se voit et congnoist espouse de iesuchrist ⁊ par consequent
royne de paradis. Et pourtant iesuchrist en lappellant luy
dit tresgracieusement Venez vous en auec moy mon espou
se. Item elle se voit tāt aymer de iesuchrist qui a voulu souf
frir mort et passion pour elle en larbre de la croix ⁊ en la ma=
niere en quoy il apparoist adonc come sil voulott dire a la=
me. Recognoissez treschiete creature par ceste passion combien
ie vous desire ⁊ ayme/ car nul ne peut plus fort aymer que
vouloir mourir tresvolentier pour lamour de son amy. Ite
elle voit lumanite vnie auec la deite en la personne de son
amy et de son espoux par quoy elle scait estre seur/ fille et a
mye du roy de gloire et honnoree plus que nature angelica
quant ad ce. Et pourtant iesuchrist en lappellant de rechief
lui dit. Venez a moy ma seur et ma coulõbe. Et adõc lame
bieneuree se depart a la voix de son amy qui lappelle si doul
cement elle se depart ⁊ laisse son corps et se presente a luy a
son benoist plaisir ⁊ comandemet. Et adonc tous les angez
et sains et sainctes de paradis recoiuent nouuelle iubilati
on endonnant loueges et graces au createur qui par sa mise
ricorde a donne tel ayde ⁊ confort a sa createure qlle est escha
pee victorieusement a lenemy denfer au monde et a la chair
Et adonc les anges glorieux tresreuerentement prennet la
fille de dieu le pere espouse et amye de dieu le filz /temple et
habitacle du benoist saint esperit et la conduisent ioyeusemet
en la possession eternelle du Royaulme de paradis q des le
comencement du monde lui a este prepare promis et donne
O cueur loyal et piteux et de la vertu de soy enlumine/

magine contemple (esmerueille la grande et incomprenable
difference qui est a leure de la mort entre la bonne ame et la
mauuaise/car ainsi comme lamort est la porte de paradis a
la bonne ame:aussi esse la porte defer a la mauuaise/car a
donc iesuchrist dit a la bonne ame / Bien a moy benoiste de
dieu mon pere. Et par lopposite dit a la mauuaise. Va tenau
diable mauldicte et separee de toute la benoiste trinite. Et
tout ainsi come les sains anges prennent acompaignent (con
solent de ioye inestimable la bonne ame / semblablemet p
lopposite les diables prennet et deuorent lame damnee en
lui donnant paour angoisse (tormens sans fin et sans rela
chance/et ceste difference appert plus a plain a qui veult li
re et considerer le traitte des paines denfer et des ioyes de
paradis qui senfuit icy apres.

CE di aussemet est de lestat de purgatoire du quel chas
cun doit sauoir que cest vne partie denfer (lieu de tres
merueilleuse paine/car premierement les ames qui sont en
icelui torment sont priuees (tet ardees de veoir lessence di
uine laquelle chose leur est vng enuy incomprenable. Item
ilz sont en affliction de feu et de tormens moult aspres /ou
dautres peines selon le iugement diuin. De quoy dit saint
bernard en ses escriptz que la peine de purgatoire dung iour
sourmonte la peine/ que ont soufferte en ce monde tous les
martirs et autres sains de paradis:car la iustice diuine pu
nist autremen tpar dela. Et pourtant dit saint augustin q
on pourroit plus acquiter de la peine deue a peche par plo
rer vne larme en ceste presente vie que on ne feroit en dix as
par la peine de purgatoire pourtant que on est par dela en la
court de iustice et par deca on est en la court de misericorde
De ce lieu et de cest estat a bien petit de conguoissance la co
munite des chresties q viuet au iourduy q ne veulet ieuner
ou faire autre peitace q trop petit po[ur] qlz com[m]et pechez qlz aiet
q mi toutessil quiet faire digne peitace ence mode ou en lau
tre. (pourtat diet bie st gre. (st ambroise q on trouue en pa

bie plus de sauuez qui ont garde linnocēce de baptesme que
de ceulx qui ont longuement Vescu et fait telle penitance de
leurs pechez que apres la mort ilz ne doiuent point estre de
tenus en purgatoire et nonobstant leur grāde peine / toutef
fois sont ilz certains quilz seront sauuez et sont Visitez par
les anges de paradis et aydez moult grandement tant par
les benoistz sains ausquelz ilz ont eu deuotion et fait seruice
par deca que par les suffrages t oroisons de saincte eglise
pourtant que ceulx de paradis et de purgatoire t ceulx qui
encore sont en ceste presente bie en estat de grace sont bng
corps mistique en iesuchrist par lunion de charite / car tous
les deuantditz ont le benoist saint esperit p grace / car se bng
mēbre sert a lautre naturellement par plus forte raison les
sains de paradis peuēt ayder tāt a nous qui sommes en ce
monde pour les louer t reclamer que aceulx de purgatoire
qui ont desserui par deca destre aydez / car comuneemēt selō
que aucun fait son deuoir de prier et de sacquiter enuers les
trespasses ainsi sera il fait pour luy apres sontrespassement
Item dient les docteurs que ceulx de purgatoire prient po
nous qui sōmes en ce monde et que moult de bien corporelz
et spirituelz nous biennent par les merites et oroisons des
loyaulx trespassez / specialement quāt nous faisons nostre
deuoir enuers eulx. Et par loppsite ceulx qui les desrau
dent cōme font les possesseurs qui possedent / terres / rentes
et maisons soit en petit ou en grant qui leur sont benus de
leurs amps et predecesseurs trespassez / et comme sōt ceulx
qui sont chargez de lexecution de testamens et de faire au/
mosnes ordonnees par la derreniere boulēte des fruitz / et
aussi comme sont gens deglise qui possedent rentes terres
et reuenues qui ont este ordonnees cōmuneement pour ay/
der aux trespassez. Item cōme sont mendians soient religi/
eux ou autres qui biuent daumosnes quotidiēnes / de tou/
tes ces manieres de gēs se plaignēt ceulx de purgatoire tre
gerēt la bēgāce de dieu / car ceulx q̄ le deussēt ayder tāt par

lobligation du droit de nature que lordonnance de saincte
eglise les laissent tormenter cruellement/nonobstant quilz
crÿent en demandant ayde continuellement et en disant. mi
seremini mei miseremini mei saltem vos amici mei ¶ Cest
adire ayez pitie ayez misericorde ayez mercy de moy a tout
le moins vous mes filz et filles/niepces et nepueux /Cou-
sins et cousines et vos autres a qui iay laisse mes biens. Et
pour entendre la crudelite de plusieurs enuers les trespasses
ymaginons que quant le filz ou fille ou aultres amÿs ver-
roient leur pere ou mere ou seur ou autre parent en aulcun
cruel torment comme de feu ou de eaue bouillante ꝛ les po-
roient ayder/touteffois ilz nen seroie conte ne diligence de
les secourir: ne demonstreroiet ilz pas cleremet estre cruelz
et dignes de la vengance de dieu. Et certainemet noz pou
ons dire par plus forte raison que ceulx sont trescruelz (en
lire de dieu qui ne sacquittent enuers les trespassez selo qlz
y sont tenus plus ou moins/ Car a la fin de leur vie nostre
seigneur leur dira iay este en dure prison ꝛ vous ne mauez
visite conforte ne mis peine de me deliurer. Et adonc ilz res
pondront quât te veismes nous emprisonne ne en telle ne-
cessite- Et adonc il leur dira. Ce que nauez pas voulu faire a mes membres a mes enfans et a mes amis qui estoient
en dure prison fust au monde ou au purgatoire: de ce plaisir la vous mauez refuse /et maintenant ie vous refuse/ et
desauoue et vous rodamne en la dure prison des diables au
feu denfer. O vray dieu en quelz vsages sen vont au iourduy les biens parquoy on deueroit ayder aux trespassez bi-
en se diroye se nestoye contraint de garder la demye heure
de silence quil conuient endurer enses preses iours. Ceulx
qui font bien leur deuoir pour les trespassez acquieret grât
ayde et grant merite tant pour ceste vie que poz lautre/ Car
qui par aumosnes/ieunes/oroisons /et par oblations ou en
disant ou en faisant dire messes/Vigilles /sept pseaulmes
ou autres suffrages abzeget lepzgatoire dug trespasse ou de

¶ Infirmº ꝛ i carce
re erã ꝛ nõ visitast
me.ꝛc.
¶ Amen dico vobis
q̃diu nõ fecistis vni
de minorib° his:nec
michi fecistis:ꝛ ibût
hin isuppliciû etnuz
math.xxiiii.capło

¶ Et cû aperuisset
septimû sigilluz fa-
ctû est silentiû i celo
quasi media hora.
apo.viii.

plusieurs par quoy ilz puiennent plus tost autrefois dung
an ou plus ou moins a la Bision de dieu et de sa Bierge marie et a posseder la gloire et le royaulme de paradis/iamais
ne sera que les benoistz sains ou sainctes qui ainsi auront e-
ste apdez et abregez ne se tiennent pedeuables / et obligez a
celui ou a ceulx qui ainsi leur auront secouru en leur necessite et ayde a plus tost puenir a la gloire deuantditte. Car
ainsi que on dit est escript autrefois aucus qui maintenant
sont en la gloire de paradis / Seoir la Bierge marie par lespace dung iour tant seulement en la gloire de sa maieste est
si grant bien que on deuetoit ioyeusement endurer tous les
martires que ont souffert en ce present monde tous les mar
tirs et autres sains de paradis pour paruenir a tel bien com
me seroit de Beoir la Bierge marie en si petit de temps. A la
quelle Bision nous Bueille mener pour eternite son chier enfant le doulx iesus au quel soit honneur et gloire in secula
seculorum. Amen bone iesu.

<table>
<tr><td>xxx.capitulus</td><td>¶Sensuit Bne brefue epilogation des sept peches
moztelz tresprofitable pour Beoir les branches en
bref et la matiere dun chascun diceulx.</td></tr>
</table>

	Enuie du bien de son prochain
	Impugner scientemēt Berite
ix.pechez sõt ditz	Obstination desperit
estre cõtre le sait	Presumption
esperit.	Desesperance
	Despriser finablemēt penitance

¶Orgueil a sept branches. Desloyaulte ingratitude /cõ-
me ne daigner pas mercier dieu des biens de nature/deny-
er ses graces ou oublier ses biens de grace/mal pour bien remunerer des biens de fortune ¶Forsenetie cest ne faire
compte de bien employer les biens et graces de dieu / et
point ne penser comment ne quant il en conuiendra pendre
compte deuant dieu. Regnoirie est ne croire pas ce que on

Doit cõme bougres et apostatz trespasser la foy que oncroit
cõme ceulx q̃ pluret ⁊faulsent leur foy croire pl⁹ q̃ on ne doit
comme deuins/sorciers et charmeurs. Despzisemẽt est ne
priser pas son prochain cõme on doit cõme a dieu/ne honno
rer pas ceulx que on doit cõme a ses parens/ne obeyr pas a
ceulx que ondoit cõme a ses przelatz et autres. ¶Arrogance
Cuider plus valoir que on nevault/cuider plus pouoir que
on ne peut/cuider plus scauoir q̃ on ne scait/cuider plus sca
uoir valoir et pouoir que nul autre. Singularite comme ne
daigner mye faire cõme les autres. Fole entreprise ou pro⸗
digalite du sien ou de lautruy pour la folle louẽge des mon
dains. Oultrecuidãce cõme entreprẽdre noise plait ⁊ cõtẽs
vantance par soy ou par autre. Derision de ses przchains po⁷
tant quilz nont pas ce q̃ cuide auoir tel arrogant. Rebellion
en defendãt son vice et peche en ne se voulãt amẽder ne cor
riger/en ne voulãt croire a bon cõseil ¶Ambition veult aux
aucuns plaire par losengerie affin quil soit tenu courtois et
large. Par simulation affin quil soit tenu courtois et large
Par follemẽt donner affin quil soit tenu courtois ⁊ large /p
follemẽt despendre affin quil soit tenu courtois ⁊large /aux
autres nuyre par mesdire de ceulx quil veult refuser pour
soy exaulser par leur esleuer blasme/par desirer la mort po⁷
paruenir a ce a quoy il tend. Par desloyaute ⁊ par traisons
par mauuaises inductions ⁊ conseilz/par cõspiratiõs iniq̃s
par contens et colligations. Vaine gloire es biẽs de nature
du corps/cõme sante beaulte force prouesse noblesse bonne
langue bonne voix. De lame cõme clergie/bel engin memoi
re largesse pitie attrãpance. Es biẽs de grace/cõme sont ver
tus et bonnes oeuures de quoy procede aucune vaine gloi⸗
re es biens de fortune cõme sont prosperite richesses delices
grant compaignie edifices abillemens vaisselle ⁊ autres v⸗
tencilles grans presens grande renõmee mondaine.

¶De orgueil ¶Ipocrisie orde comme estre grant pecheur
mauuais et desloyal ⁊monstrer sainctete par dehors. Sote

comme faire grande penitance pour la louenge mondiane /
sottine / comme faire plussieurs biens pour acquerir digni-
tes et offices. Fole crainte mondaine côme fut celle dphar2
on / de herode et des iuifz qui craingnoiêt trop perdre les cho
ses tempozelles. Humaine côme fut celle du premier pere
qui craingnoit trop a contrister eue par quoy il obeyst et pe-
cha. Seruile côme fut celle dplusieurs qui ont plus craint
le feu denfer q de perdre la vision de dieu z la benoiste gloire du ropaulme de paradis.

¶ Enuie. En cueur par faulx iugemês de ses prochains.
Par mauuaise liesse du mal de ses prochains. Par mauuai
se douleur du bien de ses prochains. En la bouche par male
dictions z coniurations enuers son prochain. Par paroles ru
des z ameres enuers son prochain. Par traison euers son pre
chain. En oeuures contre les cômencans / côtre ses profitâs
et contre les parfais.

¶ Jre. A soymesmes en perdant le boire et le menger le dor
mir la vie et tout autre bien. Côtre dieu en despitât en blas
phemât en maulgreant en maudissant en diablyant. A ses
subgetz de quoy viênêt contêtions râcunes haynes. A ses
voisins dequoy viênêt meslees desir de vêgance homicide.

¶ Luxure de voulête en folles pêsers et ymaginations de
ce vil z desshonneste peche / en mauuaises delectations qui
sensuiuent du souuenir z de la pensee. En côsentemêt de
voulente auec deliberation en soy determinant a aucune p
sonne ou a plusieurs ¶ De fait en folz regars en folles parolles en folz atouchemens en folz baisiers en personne frâ-
che sans lyen de mariage lung seullement ou tous deux
ensemble. En personne en lien de mariage lung seullemêt
ou tous deux ensemble ¶ En personne vierge lung seullement ou tous deux ensemble. En personne en estat de veuf
uage lung seulement ou tous deux ensemble. En personne de religion lung seullement ou tous deux ensemble.
En personne qui est en estat de prelation lung seulemêt ou

tous deux ensemble en sa propre partie contre sonnestete de
mariage sung seulement ou tous deux ensemble/en son co̅
pere ou co̅mere ou filleul ou filleule/ou auec les enfans du
parrain ou marraine/en son parent ou parente par consan
guinite ou affinite/en personne en sainctes ordres/en autre
creature que personne humaine ou auec personne dun mes
me sexe lequel peche se nomme le peche de sodomie Lequel
doit estre puny par feu selon les lois pour liniure qui par ce
est fait a la tressaincte humanite de iesuchrist et a toute na
ture humaine. Du peche de luxure viennent maulx inno
brables desq̅lz ie me passe pour le present a cause de brefuete
⸿Gloutonnie se co̅met en buuant ⁊en menga̅t a heure no̅
deue/en buuant et en mengant sans mesure/en buuant et
en mengant trop arda̅ment/en buuant et enme̅gant trop a
bondantement/en buuant et en me̅gant trop delicieuseme̅t:
De ce peche viennent moult de maulx tant au corps que a
lame desquelz o este dit tant en general/et au sixiesme com
mandement que aussi au traicte de confession. Et pourta̅t
suffise quant a present.
⸿Auarice. En acquera̅t trop arda̅ment par vsure co̅me en
prestant argent par soy ou par autre par condition ⁊espera̅
ce principale de plus receuoir. Par larrecin ⁊ rapine soit p la
rons appetz/couuers/priuez/ou co̅paignons executeurs sei
gneurs iuges/hosteliers/marchans/ouuriers de bras ou au
tres quiconques qui font faulsete en leur vocation. Par fau
sement imposer crime a autrui co̅me feroie̅t faulx plaintifz
saintifz/aduocatz/tesmoings/notaires/iuges/assesseurs et
autres. Par sacrilege en traictant mal le corps nostre s̅ ou
autres sains sacreme̅s en brisant/mal traicta̅t croix/calices
ou autres choses benoistes:en faisant fraction a leglise/ou
en y frapant aucun/en le tirant violentement de lieu saint
ou priuilege/en mettant main en clerc/ou en personne reli
gieuse contre droit/en emblant en lieu saint et benoist Ou
mal prenant et retenant les biens de leglise/en brisant les

sainctes festes et solemnites commandees en achetãt sainc
ctes ordres ou autres sacremens. Par symonie en achetãt la
parole de dieu ou en la vendant/en prenãt dons/promesses/
ou faueurs mondaines pour dõner ou pour acquerir bene
fices deglise. Par malignite ꝛ par marchãdise qui se fait en
lieu/en temps/en maniere par personnes ou choses indeu
es/cõme en lieu saint ou a feste en iurant/en mentãt ou par
gens deglise pour negotier ou aussi pour la faulsete et de
ception des desrees. Par mauuais mestier cõme sont ceulx
qui ne se peuent exercer sans peche. Par mauuais ieux de
fendus cõme ieux de sort et de hasart. En retenãt trop estroi
tement cõme en ne reuestãt pas les poures qui sont mẽbres
de iesuchrist. En ne donnant pas a boire et a mãger a ceulx
qui sont en necessite. Enne aydant pas a poures personnes
En ne excersant pas hospitalite quant il est lieu ꝛ tẽps En
ne visitant pas ne reconfortant poures malades. En ne en
seuelissant les mors ainsi que a este dit par deuant. En des
pendant escharsement cõme ceulx qui tiennent ouuriers en
iournee lesquelz ne fournissent pas bien raisonnablement
de despense ou leurs propres seruans ou autre famille: pour
le quel default se cõmett ẽt souuẽteffois murmurations et
occasions de prendre furtiuement/et de plusieurs aultres
empeschemens.

¶ Peresce. Mauuais cõmencemẽt par tenuesse en trop pe
tit aymant dieu/par tendresse en obeissant a sa sensualite/
par oysiuete en perdant son temps folement/par pesanteur
en gesir et dormir trop longuement/par mauuaistie en de
mourant en peche sans crier a dieu mercy. En pusillanimi
te en defaillant sans riens parfaire. Mauuais amendemẽt
par desloyaulte en refusant bõnes inspirations/par negli
gence en delaissant a bien faire tant enuers dieu que ẽuers
ses prochains/par oubliance en la congnoissance tant de soy
que de ses pechez que de la voulẽte de dieu le createur/par
peresce en perdant bon vouloir/ferueur et deuotion desperit

par sachete en defaillât fans defir de bien faire. Mauuais
finement par inobedience en defprisant penitâce et autres
chofes obligatoire par impacience encontre ceulx qui veu/
lent fon bien. Par murmure en refufant Doctrine z correcti
on. Par triftefte en toutes chofes chiet en langueur z ennuy
De fa vie/par defefperâce par quoy l'ennuy le recoit et le met
a mort.

¶Pourtant que ceulx qui ont perdu la lumiere de vraye
charite ont trouue z trouuêt de iour en iour fraudes caute
les et malices de mal en pis felon q lefperit diabolicque leur
fuggere en la matiere des vfures fenfuyt vne epilogation
de ladicte matiere moult vtile z profitable bien fainement
entendue.

¶Accipere vltra fortem intelligitur quadrupliciter. Quia
aut ratôe pene conuentionalis/ aut ratione liberalisdonati
onis/ et fic de fe licitum eft. Aut ratôe interefte/ et fic fit fex
modis. Primo quando fideiuffor foluit capitale z vfurâ. Se
cundo quando mutuâs incurrit dânû propter defectû foluti
onis. Tercio quando impignoratio fit genero pro dote vxo/
ris. Quarto quando ipignoratio fit ecclefie a fuo vaffallo. q
têpore impignorarôis non foluit feruitiû zc. Quito etiâ quâ
do fit vsto têporali modo fimili ficut dictum eft de ecclefia
Sexto/ quando ... fuat quis alicui qui iniufte rem fuâ deti
net/ aut ratione exartionis z hoc fit tripliciter. ¶Primo fine
pacto et infinuatione aliquid plus habendi quauis hoc inte
dat z fic peccat fed nô tenetur ad reftitutione. Secûdo fine
parte z infinuatione tamen z fic reftituere tenetur. Tercio
cû pacto/ et hoc quadrupliciter. Primo ponêdo capitale z lu
crum fub certo. Secundo ponêdo capitale fub certo z lucrû
fub incerto. Tercio ecôuerfo/ lucruz fub certo z capitale fub
incerto. Quarto ponêdo vtrûqz fub incerto z fic aliquando
licet. Quia aut de locatione/ aut de vêditione aut de empti
one. Et fic bene licet obferuatia obferuandis

ff. de regulis iuris.

Extra de fideiuffori
bus. Côftitur° ibidê
ca. Peruenit

Extra de vfuriis fa
lubris ibidê qq ueft°

ibidê p arma fili.e.i.

Extra c.iiii.quenit.

fequêtia patêt extra
iiii.ca.

ff. cômodati.

Cy ensuit la quinte et finale partie de ce liure en la
quelle est faicte mention des peines denfer z des ioyes
de paradis. Et premierement des peines denfer p[re]
mier chapitre

Pourtant que toute bõne personne humaine se doit
conformer selon quil est de raison a la voulente diui
ne qui est telle/cest assauoir que no9 euitõs tout mal
et que nous nous efforcons de profiter en vertus et en bon
nes euures. A laquelle chose faire nous sommes induitz na
turellement par crainte au regart dacquerir merites z ver
tus. ¶ Sensuit le traicte des peines denfer et des ioyes d
paradis qui est la quinte et derreniere partie de ce liure/par
la consideration desquelles nous auõs la souueraine mati
ere z occasion qui puisse estre trouuee ou ymaginee po9 crain
dre et pour aymer:cest assauoir pour craindre les peines den
fer/ et pour aymer et desirer la gloire de paradis. A laquelle
chose faire nous amõneste la saincte escripture qui dit q se
nous considerions bien les choses derraines ou extremes ia
mais ne ferions peche. Pour quoy est a noter que enfer z pa
radis se nõment extremites ou les choses derraines q nous
deuons penser et considerer/et bien extreme: sont ilz en cõ
paraison de ce present mõde quant a la situation du lieu z
quant a leurs qualitez. Quant au lieu z situation/car ce pre
sent monde est entre enfer et paradis/et pourtant que toute
chose moyenne a cõparaison z participation auec ses extre
mites nous voyons sensiblemẽt que en ce mõde a moult de
maulx et moult de biẽs/car il ya maulx tant de coulpe que
de peine/cestassauoir froit et chault/vent/pluyes/ gresles
fuldres/esclers z tonnoirres et autres tempestes/tant sur
mer que sur terre ¶ Item faim/soif et maladies de diuerses
conditions cõme sont fieures/bout[z]/goutes/boces et pouri
tures de membres/enfleure/venins z apostumes. Item guer
res/batailes/diuisiõs/mortalitez/famines z autres maulx
innombrables qui sont nuysans/et aduersaires du corps.

Primũ capm̃.

In oĩb9 opĩb9 tu-
is memorare nouissia
z i etnũ nõ peccabis
eccle.vii

Item de la partie de lame ya maulx de peche et de coulpe
greate et innombrables et temptations qui souruiennent a
aucuns a cause de leurs diuerses occupations mondaines
les autres de la cautele et malice de lennemy / les autres a
cause de noz propes inclinations et de la corruption z fragi
lite humaine parquoy lesperit humain chiet en tristesse / en
soucy / et en esmoy / en ire / en enuy / et en melancolie / et aussi
en pechez detestables et plus horribles que nul entendemēt
ne pourroit entendre ou ymaginer. Et toutes ses choses sōt
aucunement figure ou repzesentation et reale repzesētatiō
de lextremite des peines et des tourmens qui sont en enfer
sans fin. Item dautre part soyons en aucunes persōes de
ce monde ioye / liesse / sante / beaute / honneurs / richesses / plai
sances / deduitz / esbatemens / et delices selon les desirs de
cueur humain et fruition de la plaisance des creatures / cōme
delectable odeur de la saueur de diuers fruitz / vins / viādes
et de la delectation qui est en plaisant atouchement. Item en
la resonance et melodie de diuers sons tant de instrumens
musique que en la ioyeuse modulation de voix humaine et
autres choses plaisantes et delectables tant aux cinq sens
de nature que a toutes les puissances de lame lesquelles cho
ses sont similitude et repzesentation de la gloire et beatitu
de de paradis. Parquoy appert cleremēt que en ce mōde tout
est mesle / cestassauoir bien et mal / comme mort z vie / sante z
maladie / pourete z richesse / douleur z lyesse. Et ainsi de tou
tes autres choses contraires et opposites par telle condition
toutesfoie que en ce monde na nul bien parfait / mais seule
ment est trouue z espere en paradis. ¶ Semblablement les
maulx et tribulations de ce monde ne sont point maulx sou
uerains et extemes mais sont seulement trouuez des dam
nez en enfer. Et pourtant le dieu de nature qui met ozdze et
raison en toute creature et reduit z ramaine vne chacune cho
se a la fin et consummation / en ce monde les bons et les met
et ozdonne auec les bons ou royaume de paradis z les mau

t ii.

Circūdederūt me
mala quozū nō est nu
mer'. p. xxxix

[illegible]

[illegible]

Cōtra malū bonum
z ꝓ trauitā mozs sic
z ꝓtraviꝫ iustū pec
cator z sic itucre, ī ō
nia opa altissi . duo
ꝓtra duo z vnū ꝓtra
vnū. eccl. xxxiii.

¶ Oderu[n]t peccare mali formidie pene oderu[n]t peccare boni virtut[is] amore. orati[us] I epl[i]s suis.

Discedite a me maledicti i igne[m] eternu[m] q[ui] p[re]parat[us] e[st] a diabolo [et] agelis ei[us]. math xxv. ca.

¶ Ecce ip[s]i p[e]c[cato]res [et] abu[n]da[n]tes i s[e]c[u]l[o] obtinueru[n]t diuitias. p[s]. lxxii.

¶ Mala iferni dicere vel cogitare p[ro]ut su[n]t nemo po[t] priora q[ue] p[er]ppe su[n]t q[uam] cogitet. bec au. li. de triplici h[ab]itacul. circa princ[ipium]

tais auec les mauuais en la chartre ces tourmens extreme[s] denfer. Et pourtant de ces deux extremitez conuient autre chose toucher et reciter pour exciter en nous crainte et amou[r] qui sont les deux racines pour fuyr et delaisser tout mal et mettre peine a bien faire. Et premierement des peines den[fer]/ et secondement des ioyes de paradis. Quant au premier est assauoir que nul catholique ne doit doubter que en enfer ne soit prepare peine eternelle a ceulx qui refusent et diffe[rent] a faire leur sauuement en la breuete de ceste vie/ car cest la verite annoncee par les sainctes escriptures et preschee p[ar] la bouche de iesucrist et chose confermee en la lumiere de raison. Les sainctes escriptures qui tesmoingnent que enfer et les eternelles peines dicelup sont reseruees aux mauuais sont assez manifestes. La raison a ce peut estre telle/ comme il soit ainsi que dieu soit de iustice infinie il est impossible que telle iustice ordonnee permette que tout peche ne soit tresiustement puny/ laquelle chose ne se fait pas tousiours en ce monde. Car de plus commun cours les plus grans pecheur[s] ont le plus de la felicite mondaine parquoy il conuient conclure quilz seront puniz en lautre/ de laquelle punition conuient veoir premier en general et puis apres plus en especial Quant a la generalite des peines denfer vient a propos le dit de saint augustin au liure nomme des trois habitacles au quel est declare que nul entendement cree nest suffisant pour dire/ penser ou ymaginer les tourmens denfer et de eternelle damnation telz quilz sont/ car ilz sont trop plus grans et excessifz que ne peut dire ou penser/ Et touteffois vng hault et bel entendement peut penser peines et tourmens moult a esmeruueiller/ comme seroit la cerbite et horriblete de veoir en feu ou en metal fondu sans pouoir gouster la mort qui est adonc en enfer autant ou plus desiree des damnez quelle nest en ce monde redoubtee/ et a bon droit leur est denyee pourtant que en ce monde ilz ont la vie eternelle/ desprisee et refusee. Ite on pourroit considerer la generalite/ la diuersite et leterni[te]

te desdictes peines que seuffrent les damnez tant au corps
que a toutes les puissances de lame en telle page et varia
tion maintenant de froideur et apres de chaleur que tout en
tendement y fauldroit. Item les pleurs et les hullemes et la
confussion qui sont continuellement en enfer et autres peines innumerables sans iamais y auoir relaschance et sans q
les damnez se puissent p longueur de eternite endurcir ou acou
stumer pour moins greuement les endurer et porter. Ite on
pourroit considerer les remors et les desplaisances que ont
les damnez quat ilz congnoissent certainemet quilz susset sau
uez silz eussent volu / et pour ung moment de la plaisance de
ce present monde ilz se sont donnez a tel inconuenient que ia
mais en leur cas ne esperance ne attente de reparaton et
moult dautres telles contemplations peuet estre ymaginees
par entente humaine. Et touteffois come dit saint august
au liure deuantdit cest come rien en comparaison du fait et
de la realite de ce que seuffrent et endurent les damnez. Et ce
nonobstant si no deuons no efforcer selon nostre petite et ob
scure capacite dentendre et mediter ce que p les salctes escri
ptures nous a este baille et reuele / car crainte que nous que
rons par ceste consideration vient et procede quat onapprehe
de par entendement aucune chose terrible / et de tant que on
considere et que on ented telle chose horrible plus en special
et particulier dautat concoit on plus forte crainte. Et pour
tant que au second point qui est consideration desdictes pei
nes en particulier moyennat layde du saint esperit ie recite-
ray dix peines prncipales de la partie du corps et dix autres de
la partie de lame / et chacune des .xx. peines se deuisera en
quatre / et ainsi se seront quatre vigts peines particulieres par
ses des peines infinies et innombrables q seuffrent et souf-
freront a iamais sans fin les maleureux damnez par consideration desquelles le cueur humain qui les vouldra lire ou escouter sera trop endurcy et atache des liens de lennemy denfer qui ne conceuera crainte et freeur de paruenir apres la

t iii

Illi desiderabu[n]t mo-
ri et mors fugiet ab
eis.
Ab aq[ui]s niuiu[m] tra[n]-
sibu[n]t ad calore[m] nimi-
um.
Nichil ardet i[n] in-
ferno nisi p[ro]pria vo-
luntas. au[gustinus]

breuete de ceste presente vie a tel et si horrible tourment.
¶ Sensuiuent les dix peines de la partie du corps que
seuffrent les damnez en enfer et chacune diuisee en
quatre ce sont. xl. peines.

¶ A premiere est feu trescruellement ardant.
La seconde est froit autant froit et refroidissent.
La tierce grans crys de douleur sans cesser.
La quarte fumee qui ne peut enfer laisser.
La quinte odeur puant et moult horrible.
La. vi. vision des diables terrible
La. vii. fain tourmentant cruellemēt
La. viii. soif qui tourmente pareillement.
La. ix. grant honte et confusion.
La. x. en tous les membres affliction.

Estuauerūt estu
magno apo. xvi. c

¶ A premiere peine est du feu ardant duql estassauoir q
nonobstant que le feu denfer soit chose corporelle et di
celle mesme nature que est celui de ce mōde / touteffoi' ilz dif
ferent en quatre choses. La premiere cest en asprete de chale'
car il est plus chault que le nostre dautāt que le nostre est pl'
chault que celui qui est paint en vne paroy selon que dit saīt
augustin qui nest autre chose a donner entēdre si nō que no'
ne sommes pas suffisans pour ymaginer lexces du feu denfer au regard et en comparaison du nostre duquel touteffois nous auons si tresmerueillable experience quil nest metal ne autre chose quil ne fonde, brusle ou altere / ¶ pourtant
esmerueille le torment du feu denfer qui pourra. La seconde
difference du feu denfer et du nostre cest quant a la duree
car le nostre estaint apetice ¶ consomme sa matiere / mais ce
lui denfer est eternel et iamais napetice / car pour iamais sa
matiere / cestassauoir le corps ¶ lame des damnez pecheurs se
tient tousiours en vne maniere. Tiercemēt ilz differēt en lu
miere car cōbien que celui denfer soit grant et ardant touteffois il ne rend point de lumiere qui soit aucunement plaisāte / mais toute la veue et lumiere qui est en enfer / ¶ Cest pour

greuement tormenter les damnez. Quartement ilz disse
rent/car il conserue en estre la chose quil art ⁊ brouist la mu
e en cendre ou en autre nature. Par ces quatre choses appt
que nul entendement nest suffisant a comprendre lorriblete
de tel torment.

A seconde peine est deaue froide et differe de celle de ce
present mode en quatre choses. La premiere cest aspres
se de froideur car ainsi que lardeur du feu denfer sourmote
lardeur du nostre aussi le froit ⁊ par dela sourmote le froit
de par deca par telle maniere q̄ se la plusgrande montaigne
du monde estoit de fer massif ⁊ embrase come fust oncques
fer pour le forger et elle fust mise au torment de lestang de
glace ou froidure denfer elle seroit depart en part glacee aus
si come en ung moment. Et pourtat dit bien saint gregoi
re que telle froidure est intolerable. Et se on demande pour
quoy nostre seigneur ne dit aussi bien en leuagile/departez
vous dauec moy mauldis danez ⁊ vous en allez en la froi
dure eternelle come il dit au feu eternel. Response pourtat
que le feu entre les autres elemens est le plus actif et le pl⁹
afflictif pourtant dieu nous dona exeple du feu plus tost
que de la glace/pose quil le done assez a entendre par autre
lieu de leuangile ou il dit que les damnez plourerot ⁊ grisse
ront les dens/se plourer est pour le chault et le grissement de
dens pour la froidure. La secode differece de leaue defer et
de ce monde cest car celle denfer iames neschauffe po⁹ quel
que chose chault ⁊ qui lui puisse estre baillee/mais tousiours
demeure en ung estat et degre de froideur. La tierce differe
ce cest que celle defer est tousiours trouble plaine de pueur
et de incoparable horreur. La quarte difference cest car cel
le denfer ne fait mourir les danez/mais ainsi q̄ les poissos
viuent en leaue de par deca ainsi les danez ne peuet mourir
en leaue de par dela.

A tierce peine est crier et braire en plourant et en plain
gnant lequel tormet est cause pour quatre choses. La

premiere pourtant que les damnez congnoissent q̃ iamais
ne verront dieu qui est la plus grãt peine denfer/car les sau=
uez ou les damnez aymeroient mieulx a iamrs estre en en=
fer et veoir dieu que estre en paradis et ne le veoir point/se
telle chose estoit possible. Et ainsi que nul ne pourroit dire
ou penser la melodie qui est faicte en paradis tãt des benois
anges que des sains z sainctes bieurez semblablemẽt nul
ne pourroit declarer le piteux z horrible cry z hulement qui
se fait en enfer tant des diables que des autres damnez. Et
se on demande quilz dient en criãt. Response. Tous les dã
nez mauldient le createur. Item ilz se entremauldiẽt cõme
le pere et la mere dãnez maudiẽt leurs enfans et les enfans
le pere et la mere et lheure quilz furent engẽdrez/quilz nais=
quirent et quilz furent mis a nourriture et ceulx qui les de
uoiẽt corriger z enseigner et aussi ceulx qui ont este occasion
de leurs pechez/cõme le ribault mauldit la ribaulde et ain=
si des autres occasions en diuers pechez. La seconde cause
du cry des damnez est pour la cõsideration quilz ont du tẽps
de misericorde qui est passe auquel ilz pouoient faire peni=
tance et acquerir paradis/car dieu leur demande raison du
temps passe iusques au cil de loeil pourtãt quil ne nous a
rien baille si precieux cõme est le temps au quel nous pou=
ons faire penitance de noz pechez et acquerir paradis. La ti=
erce cause de leur cry est pour cause des horribles peines qlz
endurent cõme nous pouons considerer que cẽt mille persõ
nes auroient chascun vng pie et vne iambe en feu ou en ea=
ue bouillante sans pouoir mourir quel bruyt et quel cry ilz
feroiẽt mais ce seroit moins que neant en comparaison des
diables z dautres damnez car ilz sont plus de cent milmi=
lions qui tous sentrenupsenet z tous en vng tonnoirrecry
ent z brayent horriblement. La quarte raison de telle cla=
meur cest pourtant quilz sont desesperez de iamais pouoir
auoir remede. On pourroit demãder cõme ce peut estre q̃se
soy la iustice diuine il conuiẽt que pour vng seul peche qui

a este si tost fait et si legierement commis vne ame qui a tant
este de dieu aymee/qui a lymage de luy mesmes a este faicte ¶ formee:soit dannee eternellement a si grant abisme de
peines:Response se peut faire par lexemple dung achapt de
ritage qui se fait en bien peu de temps et toutessoie il donne
droit de possession a perpetuite. Semblablement se peche
vend son ame et le droit quil a au royaulme de paradis en
bien pou de temps/par quoy il est desherite a iamais ¶ eternite de peines condane.Item vng coup est tantost frape ¶
quoy la mort sensuit sans iamais recouurer la vie.Item on
est tantost cheu en telle fosse que la ressource est impossible ¶
Response par raisons.Les pecheurs qui en leur fin ont este
trouuez en peche mortel ont peche en eternite/Car silz eussent tousiours vescu en ce monde tousiours eussent continue leur peche:par quoy a bon droit doiuet auoir peine sãs
fin.Item apres la mort lame et la voulete sont immuables
soit en bien ou en mal/et pourtant que la mauuaise voulente des danez dure et perseuere en son iniquite elle doit a iamais demourer en peines.Ité le peche enquoy ses damnez
sont mors est contre le dieu deternite par quoy selon iustice
eternelle et infinie la peine doit estre sãs fin.Item pour vng
petit de temps de vray penitãce ou pour vne bonne oeuure
faicte en estat de grace dieu donne en eternite le royaulme
de paradis par quoy iustice requiert que semblablemêt aussi pour vng seul peche mortel duquel on pouoit en pou de
temps faire penitance soit dõnee peine eternelle/et de ceste
eternite de peines sera dit en apres plus a plain.

¶La quarte peine est fumee.Pour quoy est assauoir que
tout ainsi que fumee ycy bas est cause dengrossir laer
dont se monstre obscur et noir et engendre punaisie et point
les yeulx/procure larmes/empesche la veue ¶ penetre la cer-
uelle.Ainsi en monstrant q de toutes peines possibles il ya
en enfer abõdãce dit lescriture ¶te q enfer ya fumee ãpce de
de iiii.choses.Premieremêt du lieu isect ¶ puãt ou il ya tãt de

Questio

ysa.lxvi.Fumᵘerit i furore meo fumᵘ ar dens tota die.

ysa.vi.Domᵘ ipleta e fumo ʒ p.xvii.Aſ cēdit fumᵘ i ira eius

Hiere.xx.Maledi cta dies i qua natuſ ſu et i qua pepit me mater mea.

Job.xli.De naribᵘ eiᵘ pcedit fumᵘ apo x.De ore eiᵘ pcede bat ignis fumᵘ ʒ ſul fur.

apo.xiiii.Fumᵘ tor mētoʒ eiᵘ aſcēdit in secula seculoʒ

ordures comme pechez contre la loy de dieu/pechez indici=
bles/pechez contre nature/Rebellions/obstinations/impe=
nitance et mauuais exēple et doctrine mōstree aux ieunes
desquelz maulx en ce monde la fumee cest la Renōmee qui
est tant orde et dāgereuse. Et pour ce que en enfer tousio⁹
rauerdist et abonde pource tousiours la est ʒ accoist. Et cō
bien que en enfer il y apt grant feu et horrible il ne consum=
me point la dicte fumee mais tousiours laugmēte. Secon
dement procede de la matiere qui la est bruslee/car tout ain
si que rien nentre en paradis qui ne soit net ʒ pur ainsi en en
fer nentre que punaisie et ordure dont la fumee ne peut e=
stre que nuysible. Et ainsi q̃ les pechez par deca aueuglent
et empeschent lentendrement:ainsi la fumee du feu denfer
leur estaint leur vraye cōgnoissāce tellemēt quilz rōtemnēt
et desprisent ʒ mauldissent sa iustice/mauldissent aussi pe
re ʒ mere ʒ tous leurs amys. La tierce chose est des assistēs
et presens audit lieu denfer/car par experiēce nous voyōs
que es lieux ou sont gens infertz/ors et puans de leur nez et
de leur corps/de leursvestemēs procede fumee ʒ odeur eng̃
drant tristesse ʒ fait fuyr qui peut le lieu:ainsi des diables ʒ
des damnez procede/car ilz sont plains de toute ordure ʒ fu
mee contristant ʒqui engendre tenebres exteriores et palpa
bles. La quarte chose dont procede labondance d̃ ladicte fu
mee est que audit lieu deser na cheminee ne autre lieu dont
elle puisse partir/ mais des le temps que les mauuais an=
ges furent crees et se rebellerent contre dieu/et que Cayn
qui fust le premier damne des hommes/toutes les fume=
es sont demourees leans donc reste que le lieu est moult
aueugle horrible ʒ tenebreux desplaisant melancollieux et
ennuyeux.

LA quinte peine cest odeur puāt ʒ horrible cause de qua
tre pars. La premiere ptie sera pourtāt q̃ toutes le'cho
ses puantes qui oncques furēt ʒ iamaisseront adonc assem
blees et gettees en la fosse denfer. Et se ung corps humain

qui pourroit en vng chemin ou en vng quarfourc de ville
sans estre enterre est si grant pueur/ specialement en temps
de grans chaleurs que telle pueur pourroit empoisõnez tous
les habitans dune cite:q̃ pourra ce estre dune multitude des
corps de tous les damnez/ luxurieurs/ ydolatres/ et autres
sans nombre qui seront pis que pourris au feu et en la su-
mee qui ne peut au dehors denfer euaporer: qui pourra si le
pense. La seconde peine sera de souffre embrase selon que dit
saincte escripture. La tierce sera de la chair humaine cõme
dit est qui selon la diuersite et greuete des pechez sera puante plus ou moins. La quarte procedera de la presence des diables de la pueur desquelz dieu a demonstre plusieurs exem
ples cõme il appert en la legende de saint martin que quant
ilz apparoissent en ce mõde ilz laissent vne pueur itolerable.

videtes turbabũt
tiore horribli z mi-
rabũt. zc. sapie. v

La Si. peine est de la vision des diables qui cause aux dã
nez quatre manieres de peines. La premiere est paour
et freeur/ car se on craint moult a veoir ou a encontrer vng
chien ou vng lyon enrage ou autre creature layde/ cruele et
espouentable: que pourra ce estre de veoir cõtinuelemẽt tous
les diables/ car on treuue en escript que se aucune personne
mortelle en veoit vng tant seulemẽt en icelle figure que les
voyẽt les damnez: il souffiroit pour la faire mourir ou pour
enrager z perdre tout entendement. La seconde peine q̃ don
ne telle vision aux damnez cest continuelle reproche des pechez quilz leur ont fait commettre. La tierce sera flagellati-
ons et tormẽs inexplicables sans fin ne sans relachance La
quarte sera quilz fouleront et compzimeront tous les damnez ensemble et en plus grande destresse que oncques ne furent pierres en vng mur ou en autre chose par force dengin
pzessures.

Famem patiẽt vt
canes. ps. lviii. Itez
serui mei comedent
z vos esurietis. ysa.
septimo:

La Sii. peine est faim incõpzendable po' quatre choses. La
premiere/ car a telle faim po' nul moyen les damnez ne
pourront remedier. La seconde car chose qui soit en enfer na
dispositiõ po' ressasier. La tierce po' la remẽbrãce q̃lz aurõt

Sicut oues i ifer
no positi sunt: morõ
depascz eos. p. xlviii

du delit quilz souloient prendre a menger. La quarte pour
tant quilz congnoistront que telle faim est a iamais sans res
ser et scauront bien q̃ les tormens deuãt ditz et ceulx qui se
suiuent sont venus en nature humaine par occasion de mau
uaisement menger du fruit que dieu auoit defendu aux
premiers parens.

¶ La huitieme peine est de soif inestimable laquelle tor
mẽte non pas seulemẽt la langue /la gorge/ ou la bou
che mais auec ce toutes les parties du corps dehors ¿ dedẽs
et vient tel tormẽt pour quatre choses. La premiere pourtãt
que les damnez ont eaue presente de laquelle ne peũt gou
ster. La seconde pourtãt que en telle soif nya relachance ou
esperance pour aucun tẽps aduenir. De ce torment dit iesu
christ en leuãgile que le mauuais riche requist iadis a abra
ham vne poure et petite goute deaue et oncqs ne la peut a
uoir ne iamais ne laura. On trouue en escript q̃ ledit mau
uais riche auoit nom tãtalus et fut du peuple des hebrieux
laquelle chose on afferme pourtant quil appella abrahã son
pere/et fut par quatre cens ans deuant laduenemẽt d̃ iesu
christ et au tẽps du grant philosophe aristote/ et oncqs puis
ne iamais ne ceßera de mourir ¿ enrager de soif. En quoy ap
pert combien cest grant horreur de cheoir soubz la iustice di
uine. La tierce est pour vne saueur que les dãnez ont en le
goust qui est faicte et cõposee du fiel et des amertumes. Den
sez que saincte escripture nõme fiel de dragons qui est vng
torment inexplicable /car ainsi cõme par dela est vne chose
moult plaisante que de gouster ¿ assauourer precieux vins
et delicieuses viandes: ainsi par dela cest vne chose moult cru
elle que le torment qui est gouster. La quarte cest vne rage
qui est es dens/car ainsi cõme les dens ont este aucunemẽt
instrument de gouster: ilz sont par dela instrument pour
tormenter.

¶ La ix. peine est vne hõte tresex/
cessiue pour quatre raisons. La premiere car ilz seront
traictez trescruelement. La seconde pour cause du lieu dest

tresvil et trespuant. La tierce car ilz seront en seruitude tres
desauenant cest des diables et aux pechez quilz ont aymez
La quarte pour la compaignie / car ung chascun des damnez
a particuliere peine pour la presece z damnation de lautre
tant des diables que des hommes z femmes.

A dixiesme peine des damnez cest quat a la touchemet
car toutes les parties du corps des danez sont plus te
bres quat a estre bleceez z angoissees quilz nestoiet en ce md
de quant par boces z apostumes ilz estoient demy pourris
et ce non obstant ilz auront aggrauance de quatre pars. La
premiere sera de la ponderosite et colligation de lung mem
bre a lautre qui est autant grant aggrauace come la sante et
bonne disposition estoit le cofort et ayde de lautre membres
en ceste presente vie et plus grant dautant que la vie ou le
stat aduenir excede en bien ou en mal celluy de ceste vie pres
sente. Layde que fait lung membre a lautre se peut congnois
stre en considerant loperation et lusage de chascun de chas
cun membre au regart de lautre come nous voyons que lo
peration de la bouche est cause de la vie de tous les autres
ainsi des yeulx / ainsi des piedz z de ung chascun des autres
membres secretz entant que la maladie et destruction de
lung est la destruction de lautre. Et ainsi pareillemet peut
len dire de la douleur qui est en chascun membre des damnez
car elle est suffisante a la mort de tous les autres se mort
corporelle se pouoit en enfer recouurer. Et se peut cecy en
tendre non seulement des membres du corps de nature mais
auec ce des membres du corps mistique cest adire que se au
cun estoit en enfer sans auoir autre peine que celle quil ver
roit z congnoistroit en ses prochains il souffroit pour mou
rir dautant de mors quil ya de personnes damnez par ain
si que autant de membres autant de mors. La seconde peine
cest pour la touchemet du lieu auquel ilz sont qui est feu em
brase non pas seulement par nature / mais oultre plus par
operation diuine pource quil est instrument de excercer

la iustice de Dieu. Et pourtant que les operatiõs diuines ꝫ miraculeuses sont trop plus excellentes ꝗ celles qui se font simplement selon le cours de nature/lembrasement ꝫ le torment du feu Denfer excede la chaleur De tous les metaulx fondus qui pourroiẽt estre ymaginez plus excessiuement ꝗ cueur ne pourroit penser et pourtant quãt tel feu est en profond Du cueur/des os/des nerfz et des Veines/du sang ꝫ De la chair des Damnez ꝫ qui plus est a esmerueiller en toutes les puissances de lame qui pourra si pẽse langoisse De ceulx qui sont ẽ tel torment sans iames pouoir mourir. Mais aucun peut faire telle question/sil est ainsi que les Damnez seront baignes ẽ ung estang de glace selon que Dit saincte escripture ꝫ desia a este dit par deuãt que autant est grande la presse du froit que celle du feu cõme se pourroiẽt conioindre chault et froit en ung mesme torment et en ceulx qui ne se peuent remuer dung lieu en autre. Pespond ad ce le grant albert que telle alteration De froit ꝫ de chault en ung mesme corps Damne ne se fait pas par ce quil soit mis De sug lieu en autre/mais ainsi comme la maladie de la fieure donne premierement froideur ꝫ puis apres chaleur merueilleuse/ainsi les tormẽs denfer sont Varies en my les dãnez sans mutation Du lieu De leur chartre ꝫ enfer perpetuel. La tierce peine cest pour latouchement des autres corps damnez ꝫ embrases cõme on Voit sensiblemẽt que de tãt quil ya plus de Bois en ung feu dautant il art plus fort ꝫ pourtant le feu embrase ẽ une Ville est tresperilleux pour la multitude des maisons qui sont ensemble/non pas seulement a sentir ou pour le Dommage quil fait/mais auec ce a regarder de celui ou ceulx quirien ne possederoient en ladicte Ville/car par forreur et admiration De tel embrasement on pourroit perdre le sens et lentendemẽt. O pense qui pourra que ce peut estre De ceulx qui se sentent et entendent estre Damnez au feu denfer a iames ꝫ tant que dieu sera dieu ꝫ seront plus De cent mille miliõs Desquelz chascun sera plus grant feu ꝗ ne se

roit celui de la plus grande ville du monde se elle estoit em/
brasee. La quarte peine cest Du batre et frapper que les dia/
bles font sur les corps et sur les ames des danez. Et pour/
breue epilogation De toutes les peines de la partie du corps
est a noter que tous les cinq sens, naturelz des Damnez se/
ront remplis De choses qui leur donnerõt tormens sur tou/
te estimation/côme la veue verra horribles tormens τ crea/
tures Disformees/comme la mere verra la fille et la fille la
mere les seurs et les freres parens τ autres amps. Item le
mary la fême/τla femme son mary et ainsi De cent mil au/
tres choses que ung chascun Des danez voit et congnoist et
De chascune chose a Douleur et angoisse particuliere.
Et ainsi De loups en ouyât le crp/ la fouldre et tonnoire Du
chault et Du froit qui continuellemêt sont assemblez lung
autant grant que lautre De laqlle assemblee τ meslee sourt
vne confusion De son côme aucunemêt nous pouons veoir
quant on met ung fer embrase en eaue /ou quât vne nuee
froide assemble auec vne aultre nuee chaulde adonc se cau/
se la fouldre et le tonnoire qui souuenteffois nous rspouen
te pour loxreur Du grant son τ De lesclroix. ¶ Si lest adonc
ainsi que le corps De vng chascun des danez soit vng coing
De la fouldre et du torment denfer: quelle côfusion De crpz
De tonnoirre p prut il auoir: pense qui pourra. Ite le gouster
lodoxer et la touchemêt sont en semblables variations τ in/
nombrables peines τ tormens. Par la consideration seulle
mend Des peines Deuandictes qui est peu De chose en la cõ
paraison De celles qui sensuiuêt tout entendemêt qui peut
a telles peines paruenir ou se garder De y paruenir Deueroit
bien en soy mesmes võceu our vne telle crainte que par ce il
sefforxoxt De bien faire et de tout mal esrheuer et fuyr laquel
le chose est la fin a quoy nous tendons en tout le proces De
ce présent liure.
¶ Sensuiuêt en vne maniere De generalite les peines
De lame Damnee.

¶ Parata sût deri/
soribus iudicia τmalei
pcutietes stultozum
corpib9 puer. xix. c.

¶ Côgregabo sup eos
mala. τ.p.i. sagittas
meas côplebo in eis
deut. xxxii. c

¶ Sagite sût fames
sitis. frigus est9 .isir
mitas lassitudo τmors

Pres les quarante peines corporelles nombrees τ recitees par deuãt couient aucunemẽt reciter des peines de
lame affin que ceulx qui ne vouldroient ou ne pourroiẽt cõ-
ceuoir crainte par la cõsideration desdictes peines corporelles que pour les spirituelles ilz puissent paruenir a la crainte du createur qui a puissance de dãner corps et ame en enfer. Car les peines spirituelles sont plus cruelles et plus a
redoubter dautãt que lame est plus grant chose q̃ le corps)
laquelle cõparaison sourmonte desia la capacite dentende-
ment humain en ceste matiere/et par cõsequent on ne peult
comprendre parfaictement les peines de lame/car cõme deuant a este dit selon saint augustin ilz sont trop plus grandes que on ne pourroit dire ou penser. Et ce non obstãt aucune chose en sera icy recitee τ dicte pose que bien petit τ premieremẽt en vne generalite τ secondemẽt plus en particulier. Quant au premier est assauoir que a dieu le pere est attribuee puissance infinie a dieu le filz semblable sapiẽce τ
a dieu le saint esperit pareille bonte τ clemence. Et ceste benoiste trinite vne diuinite vne mesme essence vne maiestẽ
par sa puissance/sa sapience τ bonte a cree ame raisonnable
a sa semblance/a son ymage en lui donnant memoire entẽ-
dement et voulente en si hault degre de noblesse naturelle
q̃l ya donne liberal arbitre de faire bien ou mal ainsi quil p-
cedera de sa franche voulente. Et celle se vrase humiliee en
rendant a dieu lobedience τ le seruice quelle τ doibt par raison naturelle estre deu a creature elle se vint aueuglit p̃ grace en participant la gloire de sa diuinite par si haulte excel-
lence de diuinite quelle sapelle fille de dieu espouse de ihe-
sucrist et royne de paradis et celle qui sçait et peult toutes
choses en dieu. Et par loppposite quant si noble creature se
peruertist contraire et rebelle a sencontre de dieu son creatẽ
qui ainsi lauoit auctorizee donnee τ annoblie τ quelle veult
vser de sa propre voulente contre le commandemẽt τ ordõnãce de son dieu createur τ redemptur/laquelle chose est cõ

cre toute raison naturelle/adonc elle propose a Dieu son cre
ateur/faict de soymesmes son Dieu en presumant et querant
desordonnement en toutes choses son propre honneur/sa glo
ire et sa louenge. Et pourtant que tel Dieu est neant/folie et
erreur/sa poure ame miserable chiet et demeure aduersaire
et contraire a Dieu se createur en qui est bien et toute puissan
ce infiniement/ce lui seul a qui est donne tout honneur. Et
pourtant ainsi q nous voyons que tenebres sont contraire a
lumiere/beaute/et honnestete/a laydure et a toute ordure/
pourete a Richesse/sante a maladie/la mort a la vie/et ainsi
de toutes autres choses contraire/ semblablement conuient
dire de lame qui est contraire et aduersaire a dieu/et pourtat
que en Dieu come dit est a puissance/sapience/bonte/beaute
richesse/gloire/honneur/plaisances/delices/vie/verite/ius
tice/equite/doulceur et pitie et toutes autres perfectios in
finiement et sans nobre:il sensuit bien q en lame qui par la a
bus de sa propre voulente est a lui opposee en soy formant ad
uersaire et contraire a la voulete diuine est tout loppposite et
le contraire des choses deuatdictes/cestassauoir debilite emi
serable foiblesse/folie et mauuaistie/horrible deformite de
laideur pourete de tous bies si grande que la mort ou estre
adnichillez lui sembleroit estre pour vng grant bien/ misere
et deshonneur de toutes pars desplaisance/angoisse peines
et douleurs sans nombre et sans mesure mort eternelle luy
est son partage et propre heritage/faulsete/iniquite/malice
et telle cruellite quelle mauldit Dieu et toute creature en
desirant que tout le mode fust damne come elle no obstant
quelle sçait bien que mieulx ne lui en seroit de rien mais de
tout pis. Et pourtant quelle a cler entendement de soymes
mes et quelle voit et congnoist sa disposition/sa danation
et les maulx et les inconueniens deuat ditz et qui sensuiuet
innombrables et sans fin esquelz elle sest mise et donee par
sa propre voulete. Ite a congnoissance des biens de la gloire ql
le a perdus par son default et lesquelz iames ne peut recou

Comanducaueꝛūt linguas suas p̄ doloꝛe blaphemaueꝛūt deū celi p̄ doloribꝰ t vulneribꝰ suis. apo. xvi.cꝫ

uter et voit que de tous ces maulx elle seule mēt est la voulte pe et au deffault elle se hayt et maudit sur toutes autres choses et ainsi quelle rest desordonneemēt apmer elle se hait et a bon dꝛoit et voulsist non autre / mais ne peut auoir chose quelle desire / elle congnoist la laideur et oꝛdure qlle ne peut chasser ou lauer son deshonneur quelle ne peut recouurer / sō iniquite quelle ne peut roriger / sa perte quelle ne peut recouurer / pour lesquelles choses et pour la grant rage enquoy elle est deuenue se mort et mengue ses mains et sa langue a bien entendre et ne se peult elle mesmes poꝛter ne endurer pour quoy nest entendement langue ne escripture parquoy on puisse declarer la peine et angoisseuse rage des damnez Et cecy est quant a la generalite des peines denfer de la partie de lame

Tertium cap.

Sensuiuent des dix peines pꝛincipales de lame damnee et chascune diuisee en quatre. ¶ Tiers chapitre.

La premiere cest de toute gloire desaillance.
La seconde. Remoꝛs sans fin de conscience.
La tierce Ire rancune et murmure.
La quarte. Oꝛgueil et rebellion dure.
La quinte. du bien dautruy mauldicte enuie.
La siziesme cest crainte qui trop leur ennuye.
La septiesme peine cest toꝛment qui point ne fault
La huitiesme cest de toute ioye default.
La neufuiesme. Desir de la moꝛt tres hideuse.
La dixiesme cest tribulation honteuse

A premiere peine cest estre pꝛiue de la gloire et beatitude de paradis Et pour aucunemēt entēdꝛe la grādeur de ceste peine est bien a noter que autāt grant mal est la perte daucun bien cōme est grande la valeur dicelui bien perdu cōme pour exemple Se on demandoit combien est grāt mal maladie on pourroit veritablement respōdꝛe que cest autāt grant mal cōme sante est grāt bien pourtant que maladie est le contraire de sante. Item quel mal est la moꝛt: Cest au

tant grant mal comme la vie est grant bien. Semblablemet
se on demande quel mal est damnation eternelle cest autant
grant mal comme la gloire de paradis est grant bien Et pour
tat q la gloire de paradis est plus grant bien que les tourmes
de peine sensitiue deuatditz ne sont grant mal il senfuit que
la peine du dommaige que ont les damnez cest destre priue de la beatitude eternelle / est plus grant mal que toutes
les peines corporelles deuantdictes. Ceste peine de domage
cause quatre grans et incomprenables maulx es damnez Le
premier cest estre priue de veoir la benoiste trinite qui est autant grant mal comme dieu est grant bien selon quil est declaire par deuant/ ymagine qui pourra et nopas moy le mal
de telle perte et damnation. Et pourtant dit bien saint augustin quil ny a saint en paradis qui naymast mieulx estre au
feu denfer et tous autres tormens de peine et veoir dieu
que estre en la gloire de paradis excepte veoir dieu. Le scod
mal cest destre priue de la consolation et gloire que ont les
sauuez pour la compaignie et presence des benois anges
Le tiers mal cest estre priue de la ioye et lyesse que ont tous
les saintz pour la presence les anges des autres. ¶Le quart
mal cest estre priue de paix et du royaume de paradis qui a
bon droit se nomme la terre des viuans come ce present mode est bien nomme la terre des mourans. Pourquoy est a noter que se perdre vne duche ou vng royaume en ceste valee
de misere et du pais de mort z tresperilleux a habiter est chose tant crainte et tant plaint que pour soy garder de tel perte on fait armes /batailles/ assaulx/ que deueroit vng chacu
endroit soy faire pour euiter la perte de tel bien comme le royaume de paradis. De quoy dit saint gregoire que le plus petit des sauuez a entierement et parfaictement la possession
de tout paradis .car charite par quoy on ayme son prochain
comme soymesmes fait tous biens estre communs specialement audit royaume de paradi.

A seconde peine de la partie de lame se nomme le ver ou

Vermis eoꝛ non moꝛietur. ysa. vi.

Quid ꝓfuit nobis ſuꝑbia/ aut diuitiarū iactātia qd nobis cō tulit nobis. ſap. v.

Horrēdo cito apparebit vobis qm iudiciū duriſſimū i bis q preſūt fier exiguo eni concedif mia. Itē potētes potēter toꝛmēts patiēf. ſap. vi. Itē ibidē foꝛtioꝛi b̃ foꝛtioꝛ inſtat cruciatus...

se Remoꝛs de conſcience et Bne peine qui pꝛocede De clere cō
gnoiſſance qui adonc eſt en lame parquoy congnoiſt quelle
fuſt ſauuee ſelle euſt Boulu quant elle Devoit Bouloir en fai
re les euures. Item elle congnoiſt clerement que en telle per
te na point de Recouurer/et cecy luy eſt Bne deſplaiſſance in
compꝛenables cōme nous pouons Beoir aucunement en ce
monde de ceulx qui par leur default ou negligēce perdēt Bng
grant bien quilz ſont en Remoꝛs et en deſplaiſſance a lencon
tre de eulx meſmes/ꞇceſte peine eſt augmentee aux damnez
de quatre pars. La pꝛemiere ceſt de memoire De tous les pe
chez quilz firent onꞅques en leur Bie aient eſte pardōnez au
trefoꝭ par Deca ou non. Car de tant que dieu leur a pardōne
plus de pechez et par plus de foys Dautant ont ilz eſte plus
ingratz de eſtre Retournez et finablement Demourez en pe
che. Et quant ilz Boient la petite plaiſance/le pꝛofit et la Du
ree quilz ont eu en peche et ilz ſentent la peine et congnoiſſēt
leternite. Penſe quil pourra la rage en quoy ilz ſont ſans ceſ
ſer. La ſeconde ceſt de la memoire quilz ont Des biens qlz pou
oient faire en pou de temps comme penitence ꞇacquerir me
rites et le Royaume de paradis et que tout eſt paſſe ſans ia
mais y pouoir Remedier. La tierce eſt de la memoire Des bi
ens Des honneurs Des Richeſſes que dieu leur auoit dōne par
Deca pour le ſouer et ſeruir/et ilz en ont abuſe en faiſant gner
re et deshōneur au createur ꞇaux ſaintz de paradis. Parquoy
non ſeulement la iuſtice et maieſte Divine ſe tiennent offen
ſees mais auecce les creatures Dautant que lingratitude et
loffence eſt grande ꞡOꝛ eſt il aſſez cler par Raiſon naturelle
que loffence faicte contre la puiſſance/ſapience et Bonte in
finie eſt malice/iniquite et folie infinie/parquoy conuient q
iuſtice Divine puniſſe iuſtement et par toꝛmens infinis com
me puis apꝛes ſera demonſtre. Et cecy Boit et congnoiſt cha
cun damne eſtre fait par iuſtice infinie laquelle ilz hayent
ſouuerainement et a laquelle ne peuent Reſiſter ou aucune
ment fuyr ou euader. La quarte de la memoire Des biens

De grace quilz ont autreffois euz ou que ilz pouoient auoir
desquelz ilz ont perdu le merite et la retribution qui estoit
la vision de dieu et tout le royaulme et beatitude de para
dis. Item ilz ont clere congnoissance du benefice de lincar
nation de nostre seigneur et de sa benoiste passion laquelle
chose leur est autant grant peine cõme lamour et le benefi
ce estoit grant et incõprenable / et sur cecy contemple et profõ
de vng chascun selon la grace que le doulx iesus lui en don
nera / car ie suis assez certain que nul entendement cree ne le
pourroit comprendre du tout au plain.

A tierce peine de lame cest ire et rancueur incõprenable
enuers quatre choses specialement. La premiere cest a
lencontre de la puissance de dieu a laquelle ne peuët resister
cõme dit est non obstant quilz le desirent souuerainemët et
sont certains de ny pouoir paruenir par quoy ilz sont en ire
intollerable. La seconde cest alencontre de leur misere et dã
nation ainsi que chascun est en douleur et en angoisse de sõ
propre mal et dommage / plus ou moins selon la douleur et
le dõmage / et pourtant que lame damnee a clere congnoissã
ce de tous ces maulx elle est enragee dune ire sans mesure
La tierce est alencontre des diables par la temptation et sug
gestion desquelz ilz sont paruenus a tel estat et aussi qui les
tormentent sans nul remede. La quarte cest alencontre des
personnes qui autresfois ont consentu a leurs pechez ou qui
nont pas fait leur deuoir de les enseigner ou corriger / et au
regart de cecy les subiectz enuers leurs prelatz / les enfans
enuers le pere et mere / le ribault enuers la ribaulde sont en
telle rage de ire que nul ne le pourroit penser ou escrire.

A quarte peine cest dung orgueil enuenime et ne peu
ent soy venger et procede de quatre pars. La premiere cest
quant au regart de la seigneurie et domination infinie et ge
nerale du createur / et pourtãt que lame dãnee est aduersai
re et contraire a dieu elle a autant grande desplaisance de
lonneur et domination du createur comme tel honneur est

excellent et grant:La seconde est au regart de la iustice diuine selon laquelle elle se doit adiugee a leternite des exces
siues peines quelle sent et endure /et pourtant quelle a este
iniuste en vsurpant gloire/honneur et lusance de sa propre
volente elle cest faicte et formee contraire et aduersaire dela
iustice diuine par quoy elle demeure iustement en lobstina
tion de son orgueil et par consequent de son torment sans
fin.La tierce cest au regart de leur propre voulente de quoy
ilz auoient fait leur dieu/et pourtat quilz aymoiet tel dieu
sur toutes autres choses et ilz le voient subcõbe contraire ꝗ
tormente sans mesure et que a quelconque chose desiree ne
peuent paruenir ilz sont en vne mer dangoisseux torment.
La quarte cest au regart de la sainctete des vertus et de ve
rite quelle a perdus/ et leur est contraire / et touteffois voit
et congnoist que verite/iustice et gloire sourdent ꝗsont pris
de son torment et de sa peine par ceulx qui sont en paradis/
pourquoy elle enrage de douleur.

A quinte peine de lame cest de cruelle enuie au regart
de quatre choses.La premiere cest de la bonte de dieu
car puis quelle est contraire a dieu cõme dit est elle a en soy
loppposite des proprietez et excellences qui sont en dieu.Or
est il certain que en dieu a pitie/doulceur et misericorde infiniement par quoy sensuit que en lame damnee a euie/cru
delite et angoisse de tous les biens qui viennent ꝗprocedent
es creatures de la bonte et misericorde de dieu/et pourtat ꝗ
telz biens innombrables tãt en nature angelique que en na
ture humaine tant au ciel cõme en terre le torment de len-
uie des damnez ne pourroit estre suffisamment ymagine. Le
torment se demonstre aucunement des ce present mõde au
torment que seuffrent les enuieux en la prosperite de leurs
prochains.La seconde cest au regart de la noblesse et excel-
lence qui est en nature angelique. La tierce au regart des
autres bieneurez hommes et femes car comme est grande ꝗ
se demonstre la misericorde et bonte infinie au sauuement

de la multitude des benoiz sains Dautant est grande/et se
multiplie lenragee enuie des damnez. La quarte est au Pegart des petiz enfas qui sont moris en peche originel lesqlz
seront au feu denfer sans souffrir peine sensible ainsi q disent les docteurs. Et de ceste copaignie qui sera moult grãde les damnez seront affligez pour la crudelite de leur enuie a qui tout bien sera contraire cõme assez a este demõstre
par deuant.

A sixiesme peine de lame cest crainte imuable enlaqlle
ilz furent premierement gettez en enfer et condamnez
car se enenfer na point de redemption il conuiet dire quilz de
meurent a perpetuite au degre de le peine en quoy ilz sont
premierement condãnez. Ceste crainte procede de quatre p
ties. La premiere cest au regart du iuge quilz congnoissent
estre puissant et de iustice infinie. Item cõgnoissent q leur
iniquite est incomprenable rdamnable et de telle comparai
son et congnoissance procede crainte seruille inestimable et
sans iamais cesser. Laseconde est au regart de la compaignie
des hõmes et des femes damnez/car il ne fault point yma
giner quilz soient moins paoureux en enfer quilz estoiet par
deca/mais plusdaut ant quilz peuet plus souffrir de paour
quilz neussent eu pardeca. Or est il aisi que silz eussent veu
ou encontre vng dane par deca ilz eussent eu paour iusques
a enrager/pense donc qui pourra a quelle chose se peut estre
par dela ou les damnez sentreuoient a cent mil milions. La
tierce cest au regart des diables/car pourtat quilz nont pas
craint a leur obeyr en ce monde cest bien iustice de dieu qlz
craingnent leur presence/leurs regaes et leurs formes en feu
fer eternellemet. Ceste crainte oultre ce quelle est naturele
elle est aggrauee selon la iustice diuine en forme et maniere indicible. La quarte cest au Pegart des grandes et horribles peines denfer/cõme pour exemple. Se on demonstroit
a aucun en ceste presente vie vne eaue chaulde ou vng metal fondu et que onluy certifiast quil y seroit mis par iusti

ce par se pare d'ung moys ou d'ung an moult auroit grant
paour et grant crainte. Aduise chascun selon ce quil pourra
que peut ymaginer l'entendemēt des ames dānees qui ne
sont enrien retardees mais plus tost sur toute nature ap/
dees et esleues a entendre clerement tant les peines corpo/
relles que spirituelles qui leur sont appareillees. A ce pen/
se qui pourra.

La septiesme peine de l'ame dānee c'est certainete que ia/
mes en telle peine n'aura fin/terme respit ou relacħāce
pour quatre raisons. La premiere c'est pour raison de cestui ql
le a offense par son perche c'est dieu qui est infiny et eternel.
La seconde c'est pour raison de la nature de perche final c'est
assauoir cestui qui a la mort est trouue sans vraye repentan/
ce. La tierce c'est au regart de la iustice diue / mais pourtant
que de ceste eternite de peines deues a chascun perche mortel
sera vng chappitre en la fin de ceste matiere/il n'est poīt a pre
sent necessaire de aultrement traicter ces quatre poins ou
peines.

La huitiesme peine de l'ame dānee c'est default de toute
consolation lequel default leur vient de quatre pars.
La premiere c'est au regart de la diuine fontaine de ioye et
de consolation de laquelle les mauldis damnez se sont estō
gnez et seppares par quoy ilz sont cheuz en la partie opposi/
te c'est assauoir en la mer et es abismes de tristesse et de tou
te desolation. La seconde c'est au regart de nature angelique
laquelle apres dieu est la singuliere consolation de nature
humaine speciallemēt a esperit/et pourtant que les dam
nez n'ont pas obey aux bonnes inspirations de leurs sains
anges/mais plus tost aux suggestions de l'ennemy en lieu
de la garde et consolation angelique ilz ont la presence t la
desolation inestimable des diables. La tierce c'est au regart
de la saincte compaignie des bieneurez cōme est iesuchrist/
la vierge marie/et tous le eaultres sains et sainctes de pa/
radis qui n'auront en quelconque maniere compassion des

damnez/ mais seiouyront en la crudelite et eternite de leurs
tormens laquelle chose voyent et congnoissent les damnez
par quoy ilz sont inestimablement tormentez et desolez. La
quarte rest au regart de la compaignie des damnez/ car lun
naura compassion de lautre mais lung aggrauera la damnation de lautre/ par quoy ilz sentremaudiront et ainsi seront priuez de toute compassion tant de ceulx de paradis q̃
de ceulx denfer ne en eulx mesmes ne la peuent pas aucunement auoir/ mais se hayent et mauldient principallemẽt
car ilz sont la cause desaillante de tous les tormens esquelz
ilz sont paruenus.

La ix. peine de lame damnee cest desir de pouoir mourir
au quel iamies ne pourra paruenir. A bõ droit ne peuẽt
trouuer la mort par dela qui ont refuse la vie par deca par
quoy ilz desireront quatre choses esquelles ilz ne pourront
paruenir. La premiere cest quilz voulsissent nauoir point
este crees. La seconde quilz peussent estre adnichilez. La tierce quilz neussent point este racbetez. La quarte quilz neussent point este resuscitez/ car ainsi que ces quatre choses sõt
grant gloire et lyesse es bieneurez: semblablement cest ennuy
et tristesse aux maleureux pl° q̃ iamais on ne pourroit pẽser.

La dixiesme peine de lame damnee cest confusible retribution pour quatre choses. La premiere cest pourtant
que les damnez sont certains que dieu qui est leur aduersaire voit leur confusible damnation/ car ainsi comme veoir
dieu est eternelle et parfaicte retribution es bieneurez/ ainsi
estre veu de dieu en eternelle damnation est inestimable cõ-
fusion en tous les damnez et appert aucunement la confusion de ce torment en ce monde/ car vng larron a honte destre
veu et congneu en son larrecin daucun gõme notable/ mais
souurainemẽt il craindroit estre veu de celui q̃ le deueroit iuger. La seconde cest pourtãt q̃ les tormẽs et la multitude des
greuetes sont en la clere vision et congnoissance de dieu non
seulemẽt mais auec ce et toute la court celeste et ainsi cõme

la gloire des bieneurez est grandement acreue pour la dam⸗
nation des mauuais. Semblablement la damnation des
reprouuez est aggrauee inestimablement a cause de la con⸗
gnoissance des sauuez. ¶De la maniere de ceste veue nul
theologien ne doit doubter. Car ceulx de paradis voient en
dieu toutes les choses qui sont a laugmētation de leur gloi⸗
re cōme sont les tormens denfer ainsi quil a este dit par de⸗
uant et sera plus a plain au chapitre de leternite des peines
infernales. Item se aucun se donne merueille cōme se pour⸗
ra estre que lenfant sauue aura si grande ioye et si parfaic⸗
te lyesse de la dānation de son pere et de sa mere ou de lung
des deux:ou le pere et la mere sauuez de la damnation de
leur enfant et autres amys. La voulente des sauuez est tel⸗
lemēt vnie auec la voulēte diuine que tout ce q̄ dieu veult
cest la ioye et la voulente tresparfaicte de tous les sauuez
pourtant que dieu veult et doit vouloir selon sa puissance
et iustice icelle dānation ⁊ pourtant la voulente et la gloi⸗
re de tous les esleuz. La tierce cest du regart les vngz des
autres/car chascun verra le peche /et la conscience lung de
lautre/⁊ pourtant que ame raisonnable non obstant quelle
soit damnee ne pert point sa propriete quelle auoit hōte de
son peche ⁊ de sa confusion elle sera en souuecaine vergon⸗
gne en soymesmes et au regart de tout le monde tant des
sauuez que des damnez. La quarte cest pourtant quelle ver⸗
ra clerement la multitude de tous ses pechez la grauete et
lingratitude quelle a cōmis enuers le createur:et ainsi cōm⸗
me les sauuez ont eneulxmesmes vne ioye et vne lyesse des
biens quilz ont fais par deca:semblablemēt les dānez voy⸗
ans to⁹ leurs pechez auront pour chascun peche particulier
honte et abhomination et incōprenable confusion/or aduise
qui pourra q̄ ce sera de tous ensemble. Par les choses deuāt
dictes appert que il y a quarante peines particulieres de la
partie du corps /et pareillement autant de la partie de la⸗
me. Et par ainsi ce sont quattre vingtz peines particullie⸗

res en chafcun damne en corps et en ame/car comme dit eft
tous les cinq sens de nature ceft la veue/louye/lodozer/le
goufter et atoucher. Jtem les os/les moielles/les nerfz/les
veines la chair/le fang/les humeurs/et toutes les qualitez
corporelles feront remplis de fouueraines et indicibles dou
leurs et angoiffes. Jtem toutes les puiffances de lame com
me la memoire lentendement et la voulente feront en ire et
en rancune/en orgueil/et en rebellion/en obftination et en
profundite de fouueraine eternelle defolation et de confufi
ons fi grandes et fi innombrables que fe toute la mer eftoit
encre pour efcrire et le ciel et tous les quatre elemens eftoi
ent parchemin eftendu et toutes les langues des bieneurez
ne ceffoient en cent mil ans de nomer et de nombrer les par
ticulieres peines au quelles eft adiuge/et condamne chaf
cun damne on ne pourroit dire ne efcrire en cent mil ans les
peines dung damne feullement/car fe par chafcun an quil
fera en enfer il pouoit plorer vne feule larme quant il en au
roit autant plore que fe monte toute la mer encore ne feroit
ce que vne maniere de comencer fon torment et fon plorer.
Jtem fe il eftoit vne pierre mil fois plus groffe que toute la
terre et quil venfift vng oyfelet de cent mil ans en cent mil
ans et nonpoint plus fouuent et pour chafcun voyage pren
fiffet confumaft de la dicte pierre auffi gros feulement co
me eft la dixiefme partie dung grainde millet par ainfi que
en dix cens mil ans il neuft prins de la pierre que la monta
re dung grain de milet que dieu euft fait pmeffe a vng dá
ne que quant la dicte pierre feroit toute mengee et nonpoint
plus toft il auroit adonc non pas la gloire de paradis mais
relachance de fa prine ledit damne feroit defia defcharge de
lung des horribles tormens denfer ceft quil auroit efperan
ce du temps et de leure que la pierre feroit du tout mengee
et que adonc auroit quelque relachance. Mais las las (cent
mille fois las et quant feroit ce:et touteffois tous les dam
nez font prinez de telle attente/et de quelconque aultre/

esperance ou remede/et sont certains que pour iamais sans
fin et eternellement ilz seront en la peine et au torment quilz
sentent et endurent/et ceste peine est desespera nce /nul ne
scauroit suffisamment penser. O cueurs piteux pensez pro
fundement que deuiennent Sostre aage et Sostre temps/pê
sez ou est Sostre amour et Sostre entendement/pensez se Soꝰ
estes en chemin de gloire ou de torment et ymaginez quil y
en a cent millions en enfer que silz auoient la quarte partie
de demye heure de faire penitance et de e recouurer misericor
de ainsi que a ce faire Sous auez les iours/les moys /et les
ans ilz feroient diligence et telle penitãce que iamais la ne
se trouueroient laquelle chose iamais ne recouureront. He
las pense qui pourra les pleurs/les gemissemẽs/les regretz
et les complaintes quilz font incessamment en mauldissãt
leure quilz furent oncques engendrez/quilz naisquirent de
mere /que ilz furent peuz et alaictez ilz ont continuellement
en la memoire /et en lentendement les grans biẽs quilz ont
perdus /et les grans maulx en quoy ilz sont encourus par,
quoy ilz peuent dire. Helas quest deuenu le temps au quel
nous nous pouons sauuer tãt ont eu pou de duree noz ris
noz ieux et noz plaisances du monde. Helas que nous ont
profite honneurs/richesses et delices/grans chasteaux /mai,
sons /dignitez/offices ꞉ tout est passe plus tost que Sent et
ne nous en demeure que malediction de dieu/misere et tor,
ment/mauldicte soit leure q̃ noꝰ ne fusmes auortez et mors
plus tost que nez. Nous auons perdu le merite de la passi,

on/nous auons perdu paradis et eternelle benediction. He,
las dieu pourquoy nous as tu creez /Mauldit soit le crea,
teur/la creature et lheure aussi de la creation/bien sommes
nous mauldis et confondus. Nous auons beau crier maul
dire et blasphemer lung ne peut lautre conforter/Mais bien
nous entrepouons desoler. O cõbien est horrible chose crue
le et a redoubter q̃ doffenser dieu et ses cõmandemẽs trespas
ser/mais trop est tard de sen auiser et repentir. Telz remors

et autres ſans nombre ſont en la chanſon des maleureux
de leſtat deſquelz et de leurs peines nul ne pourroit parler
ne eſcripre au plain encomparaiſon de ce quilz ſeuffrёt mais
ce non obſtant qui bien regarderoit et poiſeroit en ſon cueur
ce qui en eſt dit z recite en ce traicte:il conceueroit crainte ſe
iamais par moyen deſcripture ou par autre voye humaine
il la deueroit conceuoir. Et a ce propos eſt trouue par eſcrip
ture que ung baſteleur hõme exceſſiuement mondain et de
toute vanite plain nõme fulques vne fois entre les autres
eſtoit couche en ung beau lit mol plaiſant/mais il ne pouoit
pas dormir comme il deſiroit et luy ennuyoit que lumiere
de iour ne luy venoit plus toſt/non pas pour meſſe ouyr ou
pour autrement prier dieu/mais pour exercer ſes folies et
ſes vanites mondaines/et luy eſtant en tel ennuy penſa en
luy profondement quel ennuy et douleur il pourroit auoir
ſil eſtoit condamne de ſoy tenir et demourer auſſi ou il gi
ſoit iuſques a leſpace de deux ou de trois ans ſans voir au
tre lumiere ou perſonne/z conceut en luy meſmes que pour
nulle ſomme dor ou dargent il ne pmettroit eſtre condãne
ne a tel ennuy et tel tormёt Et puis apres pёſa encore plus
profondemёt que ce peut eſtre de ceulx qui nont pas ſait ſuf
fiſante penitance par deca par quoy ilz ſont iuſtement adiu
gez a eſtre les vngs cent ans et les autres plus/les autres
moins es tormens et en ſaſpre feu de purgatoire qui eſt tant
dure et angoiſſeuſe choſe a porter et endurer que nul ne le
pourroit penſer/et mouſt ſeſmerueilla de la peine et de lennuy
quilz peuent auoir en attendant le iour de lyeſſe quilz
doiuent eſtre couronnez au royaume de paradis z deliurez
de toutes peines a iamais ſans fin. Mais oultre plus ainſi
que dieu vouſut penſa plus profondemёt que ce peut eſtre
de ceulx q ſont en enfer dãnez en eternite de tormёs leſquelz
nattendent ne ne eſperent a iamais dauoir ſecours ne alle
gance en aucune eſpace de iours ou de milions de ans Et
par ceſte conſideration z pёſemёt conceut telle crainte z ſi grã

De admiration q̃ pour sa folle et mauuaise vie ne peuſt vne fois venir a telle confusion que incontinent se delibera de delaisſez sa vie mondaine et tresperilleuse en considerãt que a grant peine et bien a tard pensent les mondains des choses qui leur sont finablement a aduenir/et apres bien pou de iours laissa le monde et entra en la religion de citeaux, en laquelle il profita si grandemẽt en meditant les peines denfer les ioyes de paradis/z autres sainctes meditations que pour sa grande sanctete/meditation et perfection de bonne vie il fut esleu tressainctement euesque de toulouse auquel office et dignite finit a la gloire de dieu ses iours. Par ceſt exemple appert clerement le grant profit qui vient de saincte meditation/z de penser es peines denfer/z a leternite de leur duree. Et pourtant affin que ceulx qui se vouldront estudier en ce present liure ayant matiere plus abondante de craindre et de esmerueiller leternite desdictes peines denfer sensuit vng chapitre au quel sont contenues plusieurs causes et raisons demonstrantes pour quoy dieu punist perche eternellement sans iamais y auoir fin.

⁋ Sensuit le chapitre des causes z raisõs pour quoy les peines denfer doiuent estre eternelles.

Quartũ cp̃m

Non obſtãt que aucune chose ait este touche de leterni/te des peines z tormes des reprouuez:encore pour plus grãde admiration z aussi pour obuier aux folz sentemens et opinions q̃ lennemy seme en my le cueur de plusieurs mondains aueuglez z endurciz en leurs pechez:sensuiuẽt plusieurs causes z raisons par lesqlles est euidẽtement demõstre que lesdictes peines doiuẽt estre eternelles sãs iamais y auoir relachãce z principalemẽt pour trois raisõs generales. La premiere ceſt au regart de la cõdition de peche mortel. La seconde au regart du createur q̃ est glorieulx z eternel. La tierce est la condition du monde vniuersel.

Quãt au p̃mier de la cõsideratiõ de peche eſt assauoir q̃ po⁹ iiii. raisõs iustice diuine requert q̃ peche soit puny en eternite

La premiere cest pourtant que selon tout iugement de rai
son loffence de peche doit estre poisee ⁊ punie selon la digni
te grande moindre ou moyenne de cellui qui est offense / car
nul ne pourroit ymaginer que ce ne fust plus grant offense
se de fraper iniustement ung euesque que ung simple chape
lain / ou le souuerain euesque cest le pape que ung autre hõ
me deglise en moindre dignite. Or est il ainsi que par chas
cun peche mortel dieu est offense souuerainemẽt ⁊ autant
greuement que sa maieste est digne et infinie / parquoy il se
suit que iustice infinie requiert peine correspondẽte / ⁊ p con
sequent infinie pour chascun peche mortel. La seconde rai
son cest pourtant que par peche mortel toute creature se pri
ue du bien eternel qui est dieu et par ainsi se submet a son op
posite cest damnation eternelle. La tierce raison cest pourtãt
que peche mortel priue sa creature du bien passe present ⁊ ad
uenir. Le bien passe cest la passion du benoist iesuchrist sans
laquelle il estoit impossible a tout le monde de pouoir eua
der les lyens de lennemy et touteffois par peche mortel on
se priue de tel benefice. Le bien present cest le merite de sain
cte eglise duquel le pecheur entant que pecheur est priue et
separe. Le bien aduenir ce sont les biens de gloire qui par bõ
ne iustice ne doiuent estre donnez aucunement a ceulx qui
sont ennemis et auersaires au createur cõme sont to⁹ ceulx
qui finablement demeurent en peche mortel. La quarte rai
son cest pourtant que peche mortel de sa propre condition de
struit tout le bien de la creature qui le commet / car vne chas
cune chose destruit son contraire en tant que est en soy com
me il appert du feu ⁊ de leaue de lumiere et de tenebres / et
ainsi des autres choses contraires. Or est il asse certainql
ny a rien contraire a la voulente diuine si non peche / ⁊ p cõ
sequent peche destruit ⁊ met a neant entant quest en soy la
voulente diuine et si met toute la benoiste trinite a neant /
et par ainsi il destruit tout le monde tant les sains et sain
ctes de paradis que aussi toutes les autres creatures car il

In inferno autez
qs cõfitebiꝼ tibi qua
si diceret nullꝰpſſ.vi
Jtẽ qꝛ nõ ifernꝰ cõ=
fitebiꝼ tibi neqꝛmorꝩ
laudabit te nõ expe
ctabũt q̃ deſcẽdũt i
lacũ veritatẽ tuam.
yſa. xxxviii.

eſt impoſſible que creature puiſſe eſtre ou auoir duree ſinon en tant que Dieu la tient ꝛ cõſeruc et ſe dieu eſt deſtruit ppe che qui ſeulement lui eſt contraire/toute creature eſt moꝛte et deſtruite en la moꝛt du createur/mais ceſt choſe impoſſible que Dieu puiſſe non eſtre ou mourir par quoy il ſenſuyt et conuient que peche ſoit puny ſelon la puiſſance ſapiẽce ꝛ eternite De ſon contraire/ceſt Dieu/et ſe ainſi neſtoit fait ce ſeroit fauſte De iuſtice/et ſe iuſtice diuine et infinie Defail loit Dieu defaulꝺroit. Jtẽ le pecheur qui meurt en peche moꝛtel peche en ſon eternite/caꝛ ſe touſiours euſt veſcu touſioꝰ euſt peche ꝛ autant que dure peche doit durer punition. Jtẽ ſe le peche qui touſiours dure neſtoit touſiours puny/iuſtice punytiue ſeroit trop deſloyalemẽt diminuee ꝛ toute verte diuine Defraudee imo anulee qui ſont choſes trop impoſſibles. Item autant grande eſt la tranſgreſſion cõme eſt gꝛãde lobligation Oꝛ eſt il verite que toute creature eſt obligee De ſeruir ꝛ honnoꝛer ſon createur laquelle choſe ne peut faire cellui qui eſt en peche moꝛtel/mais plus toſt fait loppoſite ceſt aſſauoir blaphemer et deſhonnouꝛer Dieu par quoy il eſt tranſgreſſeur De la loy diuine et de nature qui ſont loys eternelles. Par quoy il ſenſuit que telle tranſgreſſion Doit eſtre punie eterneſement.

Dant au ſeconꝺ point qui eſt en la comparaiſon de peche et Du createur a lencõtre du quel il eſt fait eſt aſſauoir que pour quatre raiſons il doit eſtre puny eternelleſmt La premiere ceſt pour la grace q̃ dieu a faicte a creature humaine/car Dautant comme la grace ou le benefice fait a aucun eſt plus gꝛant: Dautãt eſt plus gꝛãde loffenſe ou la forfaicture De celui qui eſt redeuable enuers celui a qui il doit ſeruice et honneur. Cõme pour exemple/le Roy Donne mil liures De rente a vng cheualier et a vng autre cent mille liures tous Deux offenſent et commettent traiſon enuers le roy/adonc ſera iuge que la traiſon de celui qui auoit cẽt mil liure eſt plus greue que De cellui qui nauoit que mil liures

Dautant que cent mil est plus grant chose que mil seulemt
A propos dieu nous a donne le corpe et lame qui sont aussi
cõme deux cheualiers / au corpe a donne veoir / gouster / odo=
rer / ouyr et ainsi des autres dons corporelz / mais a lame il
a donne entendement / memoire z voulẽte en la creant a son
ymage et a sa semblance en se donnãt a elle lui qui est le bi=
en et le tresoz infiny et nonobstant elle se forfait z commet
traison touteffois et quantes quelle se consent a peche moz
tel / car elle souftrait lonneur / lobedience et la gloire quelle
doit a son createur par quoy il conuient dire que autant est
grande loffense cõme estoit grant le benefice / et pourtanc q̃
estoit infini aussi est la transgression et punition infinie par
si droicte iustice que aucun nen doit doubter. La seconde rai
son cest a cause de liniure faicte a dieu en ce que lame qui se
consent a coulpe de peche moztel estist et ayme mieulx au=
cun bien cree quelle ne fait le createur. Oz est il ainsi que en
tre le bien cree quel quil soit et le bien cree qui est dieu a di=
stance infinie et de tant que le bien que on eslit plus tost que
on ne fait dieu est moindze: liniure est plus grande quant a
ceste consideration. Pourquoy appert q̃ luxurieux qui fait
de son ventre et de la plaisance de sa sensualite son dieu / et
lauaricieux de son oz et de son argeut / et lozguilleux duvẽt
de ambition et de vaine gloire fait horrible iniure a dieu et
infinie et ne peut demeurer impunye selon quil lui appar=
tient. cestassauoir infiniemẽt: autrement ne seroit pas dieu
de iustice infinie qui est chose impossible. La tierce raison
cest a cause de la maieste diuine qui a este assez demonstree
par deuant / cest assauoir que de tant que celluy qui est offen
se est de plus grande noblesse / dignite / sapience / iuridition
et auctozite et dautant que on est plus tenu et oblige de tãt
est loffence enuers luy plus grande. Et pourtant que dieu
est de maieste infinie et que sa creature luy est obligee infi=
niement cest adire autant quelle a estre substance et autres
biens soient de nature / de grace ou de fortune: il sensuit cle

xi

¶ Peccacũ est spre
to icõmutabili bono
reb" cõmutabilibus
adherere. hec aug".

tement que loffence du peche mortel doit estre infiniement
punye. La quarte raison est a cause de la iustice diuine/la
quelle chose se peut ainsi demonstrer. Sil appartient a la
iustice et misericorde diuine de remunerer les bieneurez en
eternite de gloire pour lobedience/honneur et reuerece qͤz
ont fait a leur createur par deca par icelle mesme iustice il
conuient quil punisse eternellemēt linobediēce/le deshōneur
et irreuerence que ont fait les maulditz damnez a dieu leur
createur en ceste presente vie.

Quāt au tiers point principal et final qui est q̄ peche doit
estre puny en eternite selon la ꝓparaison quil a au mōde vniuersel est assauoir que chascun de sa propre nature et
condition desire paruenir a bien eternel/et pourtāt lame q̄
se consent a peche mortel eslit aucun bien cree cōme sont hō-
neures orgueilleux/richesses es auaricieux/delices/plaisan-
ces charnelles aux luxurieux elle constitue sa fin et beatitude en la chose quelle desire souuerainement. Et toutes choses qui lui peuent seruir soit dieu/les sains/les anges ou autre chose pour paruenir a telle fin elle ne les desire si non par
la fin et felicite deuantdicte. Et de telz gens est il sans nōbre qui vouldroient auoir en ce monde ce quilz desirent et iamais ne veoir dieu ou autre beatitude auoir et pourtāt que
en tel amour et tel desir sont trouuez a leure de la mort ce
nest point cōtre linclination naturelle de lame/cest assauoir
quelle demeure en son eternite soubz la punition de la dec-
uable beatitude quelle auoit esleue par dessus dieu et contre dieu. Et cecy est pour la premiere raisonde ce tiers point
qui demonstre pourquoy la punition des damnez doit estre
eternelle. La seconde raison a este desia touchee par deuant
car la perfection du monde vniuersel requiert quil y ait felicite eternelle/et est ceste icy ordōnee par iustice a ceulx qui
auront resiste et bataille en ceste presente vie a lencontre de
leur sensualite et propre voulente/alencōtre du mōde et de
lennemy et auront perseuere iusques en la fin. Et par icel-

le mesme iustice conuient il que punition eternelle soit pre-
paree et reseruee a ceulx qui nauroit voulu batailler mais
auront obey a leurs aduersaires et ainsi quant chascun aura iuste retribution selon ses merites ou demerites. tout le
monde sera en sa pfection en laquelle naura plus que adiou-
ster minuer ou varier/car il appartient a la puissance / sapience et iustice diuine a conseruer toutes choses en leurs fi-
nales perfections. La tierce raison pour la grande vtilite q
souruient de leternite et misere des damnez ala perfection
du monde vniuersel. Car premierement dieu en est craint
souuerainemēt: Item ses cōmandemēs en sont gardez plus
humblement et plus diligēment et en ce faisant on acquiert finablemēt crainte filiale/merite et sauuemēt. Et pour
tant dire que les peines des damnez ne soient et doiuent e-
stre eternelles ce nest pas pitie mais souueraine iniquite et
manifeste subuersion de la verite de dieu contenue et reue-
lee es sainctes escriptures/et totalle destruction de nostre
saincte foy catholique. La quarte raison de leternite des pei
nes des damnez cest pour lagloire du createur qui est la sou
ueraine fin pourquoy toutes choses sont crees/faictes for-
mees et ordonnees laquellegloire reluit et est demonstree a
tout le monde grande noble et infinie dautant que la multitude des damnez et leurs peines douleurs et tormēs sont
grãs et innombrables et eternelz car ainsi que la misericorde infinie du createur est demõstree en la grãt beatitude de
paradis ainsi est manifestee la iustice par leternite des tormens des damnez. Et de telle manifestation de misericorde et de iustice dict et saccorde vne melodie de gloire de quoy
dit saincte escripture que on doit chanter deuant dieu le cã
tique ou la chanson de misericorde et de iustice / p quoy no?
pouons entēdre et ainsi le voyons en pratique que melodie
de musique ne peut estre parfaicte sil nya perfection de teneur et se la teneur nestoit eternelle la melodie ne seroit pas
eternelle. Sēblable mēt la melodie de lagloire des bieneurez

Notes marginales :

¶ In mēsurã cōtra mēsurã cũ abiecta fu erit iudicabit dñs y- sa.xxvii ca Itē xxviii c. ¶ Ponã ĩ pōdere iu diciũ et iusticiã ĩ mēsu ra.

¶ Deo eĩ militat oē qd obstat. hec alexã- der de balis.

¶ Qui bona egerũt ibunt in vitã eterna? q̃vo mala ĩ ignē et- num. Hec ē fides ca tholica ʒc. hec atha- nasius ĩ sym.

¶ Miā? et iudiciũ cã tabo tibi dñe. ps.

nauroit pas teneur eternelle se les peines des damnez ne
stoient eternelles. Jentens par la teneur de la glorieuse me
lodie de paradis le crier et braire/ et horrible tonnoirre den
fer. Par le contreteneur la ioye et leesse des benois sains et
sainctes de paradis. Par le floretis direlle melodieuse mu
sique ie entens la Joye/ lexultation et la leesse angelicque q
est incomprenable et inenarrable/ car elle est nonseulement
en ioye corporelle mais auec ce es oreilles de lame ainsi quil
sera traicte au traicte des ioyes de paradis/ esquelles nous
Vueille mener et conduire le doulx iesus auquel soit honne
et gloire auec le pere z benoit sait esperit amen iesus.

Quintū cap̄.

C Sensuit le traicte des ioyes de paradis. Et pre
mieremēt le plogue pour le .S. chapitre.

Pres le traicte des peines denfer sensuit des ioyes de
paradis par la consideration desquelles et moyennēt
la lumiere de saincte foy catholique/ la voulente/ le desir z
lamour de cueur humain est tire en amont. Car ainsi q par
la consideration des horribles peines deuant escriptes onp
uient a crainte grande/ petite ou moyenne selon que lenten
ment et la consideration direlles peines est grande ou pe
tite: ainsi semblablement paruient on a aymer z desirer les
ioyes de paradis selon que plus ou moine ilz sont conside
rees de cueur humain dont pour exciter lamour z le desir z
cueur humain a acquerir la gloire de paradis aucune chose
pose que bien petit en est icy apres escript/ premierement en
general z secondemēt plus enspecial. Duant au premier est
assauoir que selon que dit saint augustin homme mortel ne
peut dire ou ymaginer la multitude/ la grandeur et la no
blesse des ioyes de paradis/ car ilz sont trop plus grandes q
langue ne sauroit dire/ ne que cueur ne pourroit peser. La
est trouuee souueraine paix sans guerre/ repos sans labour
ioye sans douleur/ infinies richesses/ loyaulte/ Jeunesse et
leesse/ fontaine de tous les biens que entendemēt pourroit
penser ou q cueur pourroit desirer: car les bieneurez voient

Dieu face a face et toutes autres choses en dieu et dieu en
eulx mesmes. Item voient lumanite de iesuchrist voient la
vierge marie ⁊ toute sa saincte copaignie des bieeurez. De
laquelle vision dit saint augustin et aussi fait gregoire que
qui ne la deueroit auoir que par lespace dune iournee seule
ment on deueroit pour acquerir tel bien despriser toutes les
richesses et les honneurs / plaisances ⁊ delices que on pour
roit auoir en cent milios de ans en ce present mode / et auec
ce souffrir tous les martires angoisses ⁊ douleurs qui pour
roient estre dictes ou pesees / cest assauoir pour paruenir au
bien de pouoir voir en si petite espace de temps la beatitu
de qui est promise a tous les amys de dieu a posseder eter
nellemet. O benoist vray dieu eternel q ne peuent poures
aueugles mondains telles merueilles escouter / lyre ou en
tendre aucunement / car adonc pourroient comprendre certai
nement que tout bien terrien et mondain nest q pure et em
peschante pourete / sante nest que maladie / sapience que fo
lie / leesse ennuy ⁊ tristesse / ieunesse / decrepite ⁊ vielesse / vie
temporelle vne langueur mortele. ⁊ ainsi de toutes autres
choses caduques ⁊ transitoires en comparaison des biens de
eternelle gloire. Quant au second point seront recitees en p
ticulier dix principales ioyes de la partie de lame / et sem
blablemet dix de la partie du corps contraires et opposites
aux peines ⁊ tormens des damnez. Et chascune sera diui
see en quatre par la consideration desquelles ioyes lesperit
humain sera nonpas seullement endormy mais realement
mort et insensible qui ne se smouuera par vng feruent desir
de paruenir a tel bien incomparable / La quelle chose est la
principalle fin et intention de tout le proces de ce present
liure.

¶ Sensuit les dix principales ioyes de la partie de lame.
La premiere de dieu tresclere congnoissance.
La seconde laymer ⁊ toute sa puissance.
La tierce auec lui sans fin demourer.

Si consideram[us] q[ue] ⁊
quata sut q nobis p
mittur i cel vilescut
aio oia q hat in ter
ris. Terrena nam[que]
suba supne felicitati
coparata pods e tno
subsidiu. ⁊c. Talis
vita eterne vite cpa
ta morse potl dice
da q vita. hec gre. i
omelia.

La quatte ioye qui est a toufiours durer
La quinte de tout bien treflarge abondance
La sixiesme grant bonneur ꝛ grant reuerence
La septiesme beaulte de lame merueilleuse
La huitiesme parfaicte paix et gracieuse
La neufuiesme refection defiderable
La dixiesme felicite inuariable

Sextu capm .

A premiere ioye de paradis de laptie de lame est clere vision de dieu et de toutes autres choses qui appartiet a la gloire des sauuez pourquoy est a noter que les bieneu rez auront trois manieres de congnoissance. La premiere se nome congnoissance en la clarte de midy qui nest autre cho se a entendre si non veoir tresparfaictement lessence diuine La seconde se nome congnoissance enla clarte du matin cest congnoistre toutes les creatures spirituelles ou corporelles au miroer de la benoiste trinite/cest assauoir au benoist filz de dieu auquel est attribuee sapience eternelle. La tierce se nome congnoissance en la clarte du vespre cest congnoistre les creatures en leurs propres essences ꝛ natures parquoy appert que ceste ioye de clere vision procedera de quatre pars La premiere sera de veoir la diuinite laquelle iamais crea ture ne vit en ceste mortelle vie si nden lumiere de foy/mais adonc elle se manifestera treseleuemet/et selon que tesmoi gne saincte escripture lame sera tellemet trasmuee en dieu que en elle qui est a lymage de la benoiste trinite apparoist tra a tout le monde la souueraine puissance sapience et bon te qui sont en dieu et sera adonc semblante a dieu par grace diuine de laquelle elle sera plus reluisate que nest le soleil pour sa clarte. De ceste vision ou congnoissance q est incom prenable quant pour ceste presente vie viet et procede ung amour qui est autant grant q est icelle cognoissance et de la mour ꝛ congnoissace viet ꝛ prede ioye autat grande comme font congnoissance lamour ꝛ sont inestimables/aussi est la ioye qui en procede. Et adonc quant lame sedecra fille ꝛespou

se du roy eternel heritiere ⁊ en sa reale possession du royaulme de paradis a tames eternellement. Qui pourra si pense
quelle ioye elle pourra auoir/car en telle contemplation fo-
scurite de mon petit entendemēt default La secōde sera au
regart de la benoiste compaignie de paradis tant angelique
que humaine ⁊ de sa grandeur ⁊ multitude des merites de
tous les sains/laquelle chose se peult aucunement entendre se on entend la perfection de charite q̄ est en paradis cest
assauoir que vng chascun ayme son prochain cōme soymesmes. Aymer aucune chose proprement cest lui vouloir bien
et seiouyr de son honneur/de sa ioye/de sa beatitude/de sa
richesse et de sa sapience/de sa promesse/et ainsi des autres
dons et perfections tant de la partie du corps que la partie
de lame/pourquoy il conuiēt conclure que vng chascunde
bieeurez a particuliere ioye de tous les sauuez desquelz les
vngz peuēt estre plus bieneurez/les autres moins ⁊ les autres egalement. Et pour auoir matiere de merueilleuse cō-
templation ymaginons ⁊ ainsi est il realemēt que vng sauue soit et congnoist cent mil qui sont egaulx a luy en gloi-
re:il conuiēt dire sil ayme leur bien cōme le sien que il a cent
mil fois plus grant ioye de leur gloire quil na de la sienne
propre et singuliere. Imaginons secondement quil en soit ⁊
congnoist cent milions/desquelz chascun a plus de gloire moitie quil na:il conuiēt dire que cēt milions de fois en
double il a plus grāde ioye de telle multitude de sauuez quil
na de sa singuliere gloire. Et se homme mortel ne fut oncques par deca suffisant pour nombrer ou calculer la gloire
particuliere du moindre sauue qui puisse estre : que pourra
len dire de ceste presente comparaison a telle multitude de
sauuez? Itē dit ⁊ pratique saint bernardin que chascun des
sains de paradis a plus grant ioye de la gloire qui est en la
benoiste vierge marie que de la sienne propre/⁊ de celle quil
peut auoir de toute la court celeste au dessoubz delle dautāt
que ses merites et ses graces excedent les dons ⁊ les graces

De tous les esleuz en laquelle difference de merites on peut
realement ymaginer autât grant excez que il peut auoir en
la circunference du ciel en comparaison du centre de la terre
car elle est naturelle mere de dieu le quel priuilege excede
toutes les excellences que on pourroit dire ou penser. Item
la ioye que a ung chascun sauue de la tressaincte humanite de iesuchrist est dautant plus grâde que celle ql a de soy
de la Vierge marie z toulte la côpaignie de paradis comme
les dons et graces de iesuchrist excedent les dons z les meri
tes de tous les sauuez lequel excez est infiny pourtât q tel
homme cest assauoir iesuchrist est dieu egal au pere z au benoist saint esperit en toute maieste diuine zet toutes ces cô
paraisôs deuât dictes de la multiplication de gloire en ung
chascun sauue se doiuent entendre quât au nombre z multitude de la gloire non pas quant au plus parfaictemêt ay
mer / cest adire que ung chascun sauue ayme plus parfaictement sa propre et particuliere gloire que il ne fait celle de
tous les sauuez et ainsi le doit faire par bône charite qui cô
mence a soymesmes / mais pourtant que charite fait toutes
choses estre cômunes soit bien ou mal chascun des sauuez
accidentelle ioye tant de la multitude des sauuez que de les
merites et de chascun en particulier plus ou mois selonles
diuers degrez de gloire quil voit et côgnoist z ayme en chaf
cun de ses prochains. Qui pourra penser z nôbrer ceste gloi
re ne se fainge de contempler et esmerueiller. La tierce maniere de congnoissance cest quilz verront z côgnoistront cle
rement les perhez grans z horribles quilz aurôt cômis. Itê
verront les cautelles / les subtilitez et temptatiôs deceuables quilz ont eschapees fussent du monde de leur propre se
sualite ou de lennemy et de tant quilz serôt eschapez plus
victozeusement et de plus forte bataille et de plus grans
perilz / dautant congnoistront ilz plus layde et misericozde
de dieu sans laquelle ilz neussent peu auoir puissance de re
sister ou de se releuer apres laschete en la mort de la coulpe

xiii. Partie

De peche/et tant quilz congnoistront auoir eue plus grande
grace et ayde de Dieu/dautât laymerõt ilz plus/et dautant
quilz laymeront plus dautant auront ilz plus grant ioye/
car comme a este dit par deuant selon lamour grande ou pe
tite est mesuree la ioye qui en procede. Et ainsi appert q̃ nõ
seulement les merites des sauuez sont a augmẽtation de
leur gloire/Mais auec ce les pechez quilz ont autreffois cõ
mis desquelz ilz ont gloire non pas de les auoir fais ou de
la condition de peche/mais accidentelement pourtât quilz
en ont fait penitance τ quilz en sont releuez. La quarte ma
niere de congnoissance sera quilz verront et congnoistront
les damnez/lorreur et multitnde de leurs peines et tormẽs
par quoy leur sera declare et manifeste la iustice de la sa
pience diuine/et dautant quilz congnoistront plus gran
de et infinie iustice dautant laprouueront ilz et laymeront
et de tant plus laymeront et de tant plus se siouyront. Et
pourtant que les damnez et la multitude et grandeur de
leurs pechez sont innõbrables dautant aurõt ilz plus grãt
ioye. En quoy appert que onrques damne ne cõmist peche
duquel ne recoiue augmentation de gloire chascun des sau
uez. Item appert que ainsi comme laugmentation de gloire
qui vient es sauuez τ quilz recoiuent les vngz des aultres
est incomprenable comme dit est par deuant/semblable
ment est incomprenable laugmentation de gloire qui vi
ent es sauuez par loccasion des damnez/τ mesmement po
tant quilz en aura plus de damnez que de sauuez. Ite plu
sieurs qui ont este autreffois grans pecheurs comme dauid
saint paoul/saint mathieu/la magdalene verront les grãs
et horribles tormens quilz auoient iustement desseruis les
quelz ilz ont eschappez par la bonte et misericorde de dieu
Pour quoy ilz sont plus embrasez/et aspres en lamour de
dieu/et par consequent il sensuit quilz ont plus grant de
lectation et ioye dautant que lamour est plus grande ain
si comme dit est. Par les choses deuant dictes bien notees

appert clerement que toutes choses sont reduites finablement a la gloire de dieu/Car qui refuse on se vent indigne
de la grace et misericorde de dieu/chiet et est reduit soubz la
iustice/ztautant est chose digne desmerueiller z louer dieu
en sa iustice infinie comme en sa misericorde. Qui pourra si
pense telle infinite z tel abisme de gloire.

La seconde ioye de la partie de lame cest parfaicte amour qui procede de quatre choses. La premiere cest dieu pourquoy est a noter que raison et experiece nous demonstrent
que de tant que aucune chose est de plus grant valeur: dautant elle est digne destre mieulx aymee/z de tant quelle est
mieulx aymee z desiree: cest plus grat ioye den auoir la possession et fruition. Or est il ainsi que en dieu est toute bon-
te/sapience/bonneur/noblesse/doulceur/ioye z lyesse/tain-
si dautres perfections infinies qui pourroiet estre desirees
et aymees/parquoy il conuient dire que tous ceulx qui de
telz et si grans biens ont seure possessioneternele/ont autat
plus grant ioye de lui que de quelconque autre chose dautant que dieu est plus grat bien que nest tout autre bien cree
et comme il soit tout bien z bien infiny il appert clerement
quil doit estre ayme infiniement par dessus tout autre bi-
en qui pourroit estre dit ou pense. Or est il demonstre q damour vient ioye et lyesse autat grant que peut estre lamour
parquoy il sensuit que la ioye q ont les bieeurez pour lamour quilz ont a dieu en dieu et de par dieu est infiniement infinie par dessus toutes autres ioyes quilz peuet auoir de qel-
conque autre bien cree par telle maniere q les ioyeuses plaisances z lyesses qui oncques furent en creature ou pourroient estre sont moindre chose au regart de celles qui procedent de la viue fontaine de la benoiste trinite que nest vne
goutte deaue au regart de toutes les mers. La seconde chose que nous deuons aymer apres dieu cest nous mesmes selon lordonnace de dieu de nature z de vraye charite/z pourtat
q les sauuez soient qilz ont arquis bie ifiny z qilz ont fait chose

quoy ilz sont paruenus a la grace de dieu / et a la gloire de
paradis ilz se ayment et le bien quilz ont acquis autant cõ
me ilz sont (quilz ont acquis grant bien: pourtant quilz ont
acquis bien infiny et eternel: Autant est grant leur amour
en eulx mesmes et de eulx mesmes / et par cõsequēt autant
est grande leur ioye / et nombre qui pourra ¶La tierce chose
que nous deuons aymer cest nostre prochain / et la maniere
de laymer selon dieu et saincte escripture est comme nous
mesmes. Et de ceste ioye a este touche par deuant au secõd
article de la premiere ioye pose que cest autre chose veoir et
congnoistre le bien de son prochain et aultre chose laymer /
car lung procede de lentendement et lautre de la voulente
mais pour la reigle commune suffist a present que chascun
saune se siouyst du bien et des merites de ses prochains dau
tant plus quilz sont en plus grant nombre et en plus hault
degre de merites / parquoy il conuient dire que ainsi que len
tendement est plain de la congnoissance de la grande felici
te et beatitude de ses prochains / ainsi est la voulente plai
ne damour de quoy procede vne ioye et leesse autãt grande
que peuent estre la congnoissance et lamour et pourtãt que
a dieu seulement est congneu le nombre des esleuz et le de
gre de leurs ioyes et merites / aussi est la gloire dung chas
cun quil a au regart de lamour de son prochain ¶La quarte
chose que nous deuons aymer cest nostre propre corps leql
sera adonc cler et resplendissant plus que le soleil des aucũs
plus des autres moins selon le degre de la gloire et des me
rites de lame cõme sera dit puis apres. Et sil est ainsi q les
mondains ont plaisance et leesse de se veoir vestus et aornez
de precieux draps cõme doz et soye et de diuerses / de moult
chieres fourrures de bestes sauuages lesquelz abillemens
ne peuent pas longuement durer sans cueillir vers / quilz
ne muent couleur: quelle pourra estre la ioye des bieneurez
et la resplendisseur de la robe de immortalite qui leur sera
donnee et presentee par le benoist iesucrist roy de gloire

pour suiuee laquelle ilz ont desseruye en ce present monde/ pourtant quilz ont subiugue leur sensualite a faire penitan ce. Qui pourra si le contemple.

A tierce ioye de la ptie de lame cest estre seur et certain que la gloire et beatitude en quoy on se voit z cognoist iamais ne fauldra z ainsi que la premiere ioye precedete succede au merite de la foy que on a tenue z gardee/ et la secon de ioye au merite de charite: semblablement ceste tierce ioye de certainete est au regart de la vertu de vraye esperance q on a eu en la bonte de dieu de pouoir paruenir a telle gloire parquoy on se dispose par sainctes oeuures. ¶ Ceste ioye de certainete est causee de quatre pars. La premiere est po la promesse que dieu a faicte aux biheurez dauoir et posseder eternellement les ioyes et le royaulme de paradis /laquel le promesse est escripte en plusieurs lieux de la saicte escrip ture iamais ne peut mentir et par laquelle nous poude con gnoistre aucunemet la grande et inestimable difference de la poure et deceuable gloire mondaine z de celle q est vraye gloire et eternelle. Car premierement la gloire qui est mon daine est en choses exteriozes et non pas tousiours en lame car plusieurs qui ont et possedent les royaulmes de la terre seuffrent moult de maulx et soucy et dangoisses en leurs consciences /et souuenteffois sont moult miserables/ et es prisons et tyene de lennemy denfer par grans z horribles pechez moztelz/ mais ceulx qui ont la gloire de paradis sont et seront a tout iamais gloreux en corps et en ame. Item la gloire du monde est imparfaicte /car qui plus en a plus luy default/ mais celle de paradis est tresparfaicte sans indige ce quelconque. Item celle du monde ne dure gueres. Ou est maintenant le grant z noble roy dauid salomon/ arphazat ptholomee/ nabugodenosoz/ charlemaigne /et alexandre: et les autres grans seigneurs et Roys terriens qui ont este en ce monde grans/ gloreux et puissans en armes z en Riches ses: leur gloire mondaine a tantost este passee. Mais ainsi

nest il pas de la gloire des bieneurez/ Car il nya si petit
saint en paradis qui nait plus de honneur/de pris/de gloire et de richesses que ne se montreroit en ung homme seul toute la gloire qui ont que sut et sera iusques a la fin du monde en tous les viuans sur terre. O tant doit auoir grant desir et grande esperance celui qui a promesse infiniement certaine de paruenir a si grant bien. La seconde cause de ceste
certainete cest pourtant que dieu et nature ont ordonne q toute chose qui est paruenue a sa fin cesse son mouuement en receuant la pfection qui appartient au degre de sa nature z de
sa condition. Or est il ainsi que esperit humain cree si noblement par puissance diuine adonc est en sa fin z consummation quant il est vny auec dieu tant par grace que par gloire
car en ce il a acomplissement de tous ses desirs z possession
de biens infinis parquoy iamais ne pourroit autre chose appeter mais demeure tousiours sans fin en telle fermete de
beatitude eternelle. La tierce cause de certainete cest pour cause de lestat de imortalite/car puis que esperit cree a pris son
corps auquel il a naturelle inclination et quil a desseruy en
ceste breue et mortelle vie de paruenir au contentement de
toute creature qui est dieu: il est impossible sellon les lois q
ont este instituees par la sapience diuine a ses creatures ql
ne demeure en la fermete de eternele vision de la benoiste
trinite. La quarte cause de ceste seure fermete cest pour la
value du bien auquel sont paruenus les bieneurez/cest dieu
qui est le bien infiny et oultre le quel nest point possible que
on peust autre chose aymer sinon en luy z pour lui par quoy
tant la memoire que lentendement et voullente sont parfaictement deifiez/et ainsi y a parfaicte certainete de beatitude eternelle sans quelconque admixtion de doubte ou de
variablete. Parquoy ung chascun deueroit mettre peine de
paruenir a ceste beatitude eternelle.

La quarte ioye de la partie de lame cest vne merueilleuse z grande exultation z leesse inenarrable q

Beatitudo e[st] status
oim bonoꝝ aggrega-
tioe perfect[us]. Boeti[us].

Inebriabuntur ab
vbertate dom° tue z
torrente voluptatis
tue potabis eos.ps.
xxxv.

Oēs eī hoīes sci=
re desiderant. puer.
xxii.c. Eadē snīa ha
bet.i.methapbisice.

Extrema gaudii
luctus occupat
Qui addit sciam
addit z dolorem.

cause quatre choses enlame bienheuree. La premiere cest que
partelle ioye toutes choses luy sont mises en ioye. La secon
de cest quelle remplist z enpure la Boulēte car cest chose im
possible que la Boulente des bieeurez ne soit totalement re
plie de leesse. La tierce cest que non obstant son excez z abō
dance elle ne sera point en ennuy ne en chagrin / mais touf
iours soue sue doulce z plaisante. La quarte cest quelle par
fait tout le desir tāt de lentendemēt que de la Boulente qui
naturelle mēt desirent leesse et science lesquelles chose ne
se peuent parfaictement trouuer en ce present monde tran
sitoire ainsi quil appert assez par experience / car toute leesse
mondaine finist et prent son terme en angoisse z en douleur
z semblable chose est de science mondaine et terriene qui mi
eulx se doit appeler folie que science.

La quinte ioye de la partie de lame cest abondāce de to°
biens lesquelz redonde en lame de quatre parties. La
premiere cest de dieu qui est fontaine z abisme de tout bien
qui iamai ne se pourroit dire ne escrire ne cueur humain ne
le pourroit penser /z pourtant celui qui a telle perfection de
bien il a tout sans quil lui puisse rien defaillir. Et qui au
roit cent mil mondes z seroit priue de cestui auquel est tel
le perfection de biens: il pourroit bien dire quil nauroit riē
La seconde cest de soy mesmes car lame bieneuree se posse
de en dieu en la souueraine perfection de toutes ses puissā
ces de ses Bertus et merites. Et pourtāt est il bien dit q qui
met son cueur du tout en dieu il a son cueur et si a dieu / et
qui se met en aultre lieu il pert son cueur et si pert dieu. La
tierce cest pour la presence de la compaignie tant des neuf
ordres des anges que des patriarches apostres martirs con
fesseurs z Bierges et pour la consummation de charite q est
en paradis le bien de lung est le bien de lautre ainsi que par
deuant a este dit et declare. La quarte cest pourtant q les
biens deuant ditz sont tous ensemble non pas lung apre
lautre ou lung sans lautre et lame esleuee en celui z celui

ou sung sans lautre) et lame esleuee en cessuy et par cessuy
qui est tout puissant et tellement Sigoureuse en toutes ses
puissances quelle peut auoir congnoissance/amour et lyesse tant de dieu que de toutes ses creatures tant de chascune
en particulier q̃ De toutes ensemble pour chascun moment
et pour iamais sans finer. ¶Par cecy appert que tout Bray
royal catholique se deueroit efforcer De pouoir paruenir a
telz biens iusques a cent mil fois souffrit la mort tresioyeusement sil estoit possible z dieu le requeroit/mais par sa misericorde cent mil fois en fait plus grant marche auquel les
poures mondains ont bien peu de regart.

La sixieme ioye de la partie de lame cest honneur incomparable pour quatre choses La premiere cest pour sa de-
uotion/Deuotion Uault autant adire come dedication oue-
stre ordonne a dieu seruir et louer/et pourtant que lame bien
euree est tresparfaictemet le teple De la benoiste trinite elle
est baignee en lumiere Damour infini et embrasee De souueraine et tresparfaicte deuotion.¶La seconde cest pourt ant
quelle se Soit fille De dieu par Braye adoption et se seigneurie terrienne et mondaine est reputee chose haulte digne e ho
norable:come seroit estre filz de conte de duc ou De roy: que
peut on penser De ce spirituel et Diuin lignage/qui pourra
si pense. ¶La tierce sensuit par la seconde cest que par telle
adoption elle se Soit z congnoist royne De paradis/qui pour
ra en tel honneur contempler et mediter : Il a assez matiere
ouuerte pour dilater. La quarte cest que non seulement telle est fille et royne De paradis/ Mais auec ce elle est auouee
et reconglueue Deesse par participation/Par quoy toute la
court celeste luy porte reuerence par grant honneur et a bon
Droit puis que Dieu la tant honoree et tresexcellentement
deifiee.

La Uii ioye de la ptie de lame cest beaute plaine e admi
ration en quatre manieres.¶La premiere rest en beau
te Det edemet q̃ est clere ognoissace De dieu z de ses creates co

me a este touche par deuant. La seconde congnoissance cest
la beaute diuine qui enlumine et fait resplendir lame glorieuse plus cent mil fois que le soleil. La tierce cest la beaute des nobles vertus desquelles lame est aournee côme seroit ung tresriche vestemêt de grant multitude dor z de pierres precieuses qui auroient este assises par ouurier souuerain en resplendissante variation de diuerses coulleurs/car
cestui qui a aourne le ciel de diuers corps reluisans et la terre des herbes et des arbres verdoyans/et la mer et laer de
poissons et de oyseaulx volans/fleurs et plumes si diuerse-
ment et plaisamment paint et figure /icelluy souuerain ouurier a inestimablement paint et orne sa fille / sa mye et son
espouse/ son throne et son Peclinatoire / Cest assauoir lame
glorieuse et bieneuree. La quarte est la côparaison de quatre vertus cardinalles qui adonc seront en leur souueraine
operation cest assauoir iustice/force/prudence/et attrempâce tiendront lame sans nulle resistence en ses operations enuers dieu et enuers toute creature/car par la vertu de force
lame se vnist auec dieu/par iustice elle est subierte a dieu/
par prudence elle eslit veoir dieu sur toutes choses/par attrempance elle nest subgette ne empeschee par aucun mouuement de passion contraire/cest beaute et ordonnance spirituelle ne se peut demonstrer a entendement humain pour
ceste presente vie si non moult petitement en la comparaison de la verite.

La viii. ioye de la partie de lame cest pour leternite de
sa gloire qui est grande et incomprenable pour quatre
choses. La premiere cest pour la presence /et conformite qlle
a auec dieu. La seconde pour la compaignie et amiable charite quelle a auec les anges z les anges auec elle. La tierce
pour lunion et ioyeuse côfederation de sa voulente auec les
sains de paradis et tous les sains auec elle. La quarte pour
la transquilite quelle a en soymesmes parce quelle sera seure zcôfermee en leternite de sa gloire z beatitude. Et pourtât

que toutes ces choses ont este touchees par deuant / il nest
point necessaire de prolonguer cest article.

¶A neufiesme ioye de la partie de lame cest refection
tres delectable pour quatre chos. La pmiere cest po²
tant que adonc lesperit humain est la souueraine consummation de toute pfection de toute delectation τ de tous ses
desirs et si est paruenu ace quil auoit par deuant creu τ espere et a ce a quoy iamais nauoit ataint ne paruenu. La se-
conde/pourtant que toute peine/tout labour/tout soucy fi-
ny en ce monde napoint darrest ou de repos mais en gloire
na soucy labo² ne esmoy mais tout loppposite / cest assauoir
paix/ioye/et consolation. La tierce pourtat que la compaignie est tres delectable come aucunement appert en personne de grant honneur franche et liberale a qui ne suffist pas a
uoir en sa maison habundantes et delicieuses viandes selle
na compaignie de parage. Ainsi est il de lame bieneuree qui
a se roy Jesus τ la royne mere de dieu τ la musique τ melodie angelique et tous les princes ducz/contes et barons/es-
ruiers/dames/damoiselles/sans nombre qui tous se delec-
tent tresioyeusement en la beaute et es nobles vertus τ merites de lame bieneuree. La quarte pourtant que le palays
ou est celebre tel roup et tel disner est. inestimablement grat
plaisant/et one qui est le propre heritage de lame glorifiee
selon que dit saincte escripture. Et sil est ainsi que en ceste
vie mortelle on a ioye/bonneur/los/et pris pour la propriete
ou possession dug royaulme ou dune duche que peut ymaginer cueur humain dela gloire qui appartient alame dauoir
conqueste tel heritage.

¶A dixiesme ioye de la partie de lame cest beatitude sas
aucune vexation ou diminution ou iperfection qui
sont trouuees en gloire mondaine. ¶La premiere admixtion
daucun soucy/car iamais ne fut si glorieux home terrien et
modain qui nait aucun deffault. ¶Plusieurs sont riches qui
not pas sante/les autres riches τ en sante q nont pas beau-

vi

¶Credetes autem
exultabitis leticia
inenarrabili et glori
ficata reportates fi
nem fidei vestre salu
tem animaru vearu
prie pe.i.c.
¶Augustin⁹. xxii.
deci.dei. Deus est fi
n isde sideri opnrop
qui sine fine videbi-
tur sine fastidio ama
bitur: sine fastigatio
ne laudabitur.

¶Israel q̃ magna
est domus dei et in-
gens locus possessi-
onis eius. baruch t-
ciocapitulo.

te/ou ne sont pas de tous aymez/les autres riches sains et
beaux mais ilz nont pas tout ce que leur cueur desire : mais
en la gloire de paradis nya default diminution de beaulte
de richesse de plaisance de charite. La seconde imperfection
de gloire mondaine cest une maniere dennuy car en vain ou
en viandes en delit charnel en esbatement en richesses ou en
quelconque autre chose qui se peut desirer viennent finable
ment en ennuy/et a estre moins prisez/Mais es delices de
paradis iamais nest trouue aucune variation/¶ Car tous
iours aymez sans nouuelles tousiours commencante tous
iours aymees tousiours delectables et plaisantes. La tier=
ce imperfection de gloire mondaine cest quelle ne peut gue=
res durer car vie humaine et temporelle est comparee a vét
a fumee ou a la flesche qui est partie ¬ tiree de larc qui na poit
darrestement iusques ad ce quelle est au signe vise et orter
mine de celui qui la tire mais la gloire de paradis se nomme
couronnee pourtant quil nya point de fain car elle procede
totallement de cellui en qui na point de fain/cest nostre cre
ateur vray dieu en eternite. ¶ La quarte impfectiõ degloire
mõdaine cest alteratiõ car autres plaisances sont desirees é
ieunesse autres en moyen aage ¬ autre en vieillesse ainsi ql
est assez congneu par ceulx qui en ont eu aucune experience
Mais la gloire de paradis perseuere sans iamais se muer
Car en la fontaine dicelle gloire cest dieu na quelconques
alteration/variation/ou mutation. Item en lame glorieu=
se na plus lieu ne disposition de acroistre ou diminuer son
merite/Mais demeure et perseuere au degre au point. Et
en lestat au quel a este premierement mise et couronnee sãs
iamais pouoir aymer/penser ou desirer autre chose car soit
la plusgrande moidre ou la moyéne elle sera souueraineñt
plaine et si parfaictement contente q aucunement ne voul=
droit auoir plus ou moins comme on peut exemplifier dun
noble roy qui auoit trois enfans/lung de grande et nota=
ble corpulance/lautre moindre/et le tiers pl° petite esquelz

il seroit trencher robe de liuree Dug mesme dras riche z tref
precieux/quant viendroit a lusage zavestir lesdictes. Pobes
chascun ne vouldroit point auoir laisse lusage de la sienne
propre pour les autres deux nonobstat quelles vauldroiet
mieulx la moitie quant au pris/mais non pas quat a la dis
position belle et honneste du corps/car chascune seroit trop
grande ou trop petite. Ainsi est il du degre et loyer de para
dis lequel degre le roy de gloire a donne et dispose avng chas
cun selon lordonnace de linfinite de sapiece et bonte a laql=
le tous les bieeures sont si parfaictemet conformez que au=
tre chose ne peuet aucunemet desirer ou appeter. A lexperi
ence de laquelle chose inenarrable nous vueille le benoist
vouldr iesus conduire z mener amen.

¶ Sensuit le traicte des ioyes qui sont de la partie
　du corps. Septiz cap̃ij

Pres les dix ioyes de la partie de lame conuiet aucune
chose escrire des ioyes de la partie du corps. Aucun po~ Questio
roit demader cause de cest ordre cest assauoir/pourquoy au
traicte des peines denfer ont este premieremet recitees les
peines du corps zsecondemet de lame/mais au traicte des
ioyes de paradis est fait loppposite/car premierement a este Responsio
dit des ioyes de lame et maintenat finablemet des ioyes z
douaires du corps. Respose. Pourtat que peche est venu par
le moyen de la sensualite en lame q sest cosentue aux mau=
uais desirs et a la voulete dicelle fole z miserable sen suali
te a quoy lesperit deueroit raisonnablement cotredire en la
refrenat soubz les rigles de la voulete diuine:a bondroit la
danation du corps qui a este le moyen de peche a este premi
eremet traictee. Mais il est autremet de la ioye de paradis/
car elle est donee au corps et a la sensualite po~tant quil est
submis a lesperit selon lordre de raison /et po~tant toute la
gloire du corps viet de dieu par le moyen de lame ainsi cõe
danation viet a lame par le moyen du corps/z p ainsi appt
lordre de ce traicte et respose a la question. Et pourtat z la

gloire du corps ⁊ de ses douaires est maintenãt a traicter p̃
mierement en general ⁊ puis apres plus en special. Quant
au premier cest assauoir que lecorps glorieux a quatre pricipa
les excellences q̃ les theologiẽs appellent les douaires du
corps/cestassauoir clarte tresdelectable/⁊passibilite inenar
rable/subtilite iestimable et agilite incõprenable. Jtẽ selon
saint anselme/beaute/force/liberte/sante/toutes autres de
lices ⁊plaisances qui peuẽt estre dictes ⁊ ymaginees au regart de loperation des cinq sens de nature ⁊du lieu ⁊de toutes autres circunstances ainsi q̃l appert icy enapres serõt en
tous les corps des sauuez ⁊ en si tresgrãde ⁊ inestimable ex
cellẽce q̃ aucune langue mortele nest suffisante den parler/
mais pourtant q̃ dieu excuse la fragillite humaine qui fait
ce qui est en soy:sensuit en particulier dix principales ioyes
qui sont en chascun corps dnp auec son ame glorieuse.

¶Sensuiuẽt les dix ioyes de la ptie du corps.
La premiere du corpsexcellente clarte.
La seconde/parfaicte impassibilite
La tierce/subtilite esmerueillable
La quarte/agilite incõprenable.
La quinte/celeste habitation
La sixiesme moult delectable vision
La septiesme/melodie tresagreable
La huitiesme odorement inestimable
La.ix. sauoureux ⁊plaisant gouster
La x. louenge de voix sans cesser

La premiere ioye de la partie du corps cest clarte q̃ peut
estre cõparee a quatre choses ¶La premiere cest a lame
car de tant que lame sera plus digne/plus noble et en plus
grant degre de merite dautãt lui sera rendu son corps plus
resplendissant au douaire de clarte de gloire. Comme pour
exẽple /qui prendroit vne lumiere grande ou petite ⁊ la met
troit en vne lãpe ou autre vaisseau de voirre:dautãt que la
lumiere seroit plus grande ledit voirre sera plus reluisant.

La seconde comparaison cest aux diuerses parties du corps
car on ne doit pas ymaginer q̃ les peulx et la face du corps
glorieux en soient en aucun degre plus claire et plus reluisans que ne sera pas le pie ou la iambe. La tierce cõparaison
cestaux autres corps glorieux / Car ainsi que nous voyons
que le soleil / la lune z toutes les autres estoilles du ciel ont
vne difference en leur clarte q̃ ceulx ne pourroiët pas estre
trouuees du tout semblables : semblable chose est du corps
des bieneurez. La quarte cõparaison est des bonnes oeuures
faictes durant lunion du corps z de lame en ceste vie mortelle / car les bieeurez aurõt gloire et louyer de toutes les bõ
nes oeuures quilz firent oncques en ce monde pour lamour
de dieu fussent en estat de grace ou depeche mortel pose que
en ce ait grande differëce ainsi quil a este dit par deuãt. Par
quoy appert que on peut bien desirer a viure lõguemët po-
amender sa vie zpour se excercer en bõnes oeuures desquelles on puisse auoir ioye et louyer sans fin. Le louyer des biens faitz en estat de peche mortel est vne ioye accidëtale qui
vient tant au corps que alame pourtãt quilz ont aucunemt
disposition et preparation de retourner a estat de grace. Et
de ce dit alexandre des halles en la somme q̃ les bõnes oeuures peuët estre telles que durant le tëps q̃ on est occupe en
icelles on retarde q̃ pour quelconq̃ successionde temps le peche mortel nest aggraue durãt forcupation dicelles bonnes
oeuures. Itë monsʳ saint bernardin en sõtraicte de cõtract
tibus au sermon.lxiiii. qui se commence. Ecce ego vobiscuz
sum. zc. recite douze autres profis qui viennent de bonnes
oeuures faictes en peche mortel. Premierement ilz defendent la personne daulcuns pechez en quoy elle charroit ce
nestoient icelles bonnes oeuures. Item ilz disposent lame
a autres ou semblables bonnes oeuures. Item ilz conti-
nuent lame en vie imortelle et vertuese. Item ceulx qui
font leur penitance en tel estat de peche sacquitent. Itë ilz
occupent le temps tellement que sãs icelles bõnes oeuures

Benedicamʳ pres z
filiũ cũ sctõ spũ lau
dem ʳz superaltemʳ
eũ i secula daniel. z:

ou cherroit en oysiuete ou en plus grant mal. Item ilz font
la personne participante des biens de son prochain. Item ilz
empeschent plusieurs grandes pertes et mauuaises auan-
tures que ont desseruies les pecheurs et augmentent les biens temporelz/côme sont sante de corps/richesses dor /dar-
gent et dautres possessions pour lesquelz biens ilz aurôt hô-
neur et gloire silz sont vnefois sauuez. Item ilz empeschent
la puissance de lennemy lequel auroit plus grande occasion
de faire cheoir le pecheur en temptation se nestoient icelles
bonnes oeuures. Item on nest pas tant puny enenfer ou en
purgatoire côme se on eust este oysif ou occupe en mauuaises oeuures au têps que on a fait iceulx biens Itê ilz prouoc-
quent la bonte du createur de donner grace au pecheur de
recongnoistre sa coulpe ⁊ de trouuer misericorde par quoy prô-
uient dire que le corps et lame des sauuez auront gloire ac-
cidentale pour telles oeuures combien quilz ayent este faictes en estat de peche mortel.

¶ La seconde ioye de la partie du corps cest parfaicte ipas-
sibilite pour quatre choses. La premiere/car il ne peult
auoir chose en ce monde qui lui puisse estre contraire soit au
dehors ou au dedens. La secôde car autât que le corps a autreffois endure en tant que mortel et passible dautant sera
il en plus hault degre de impassibilite comme par deuant a
este dit que les vngs seront plus claire que les autres. La
tierce pourtant que toutes les parties du corps seront egales en telle maniere que sil estoit au feu denfer ou cent mil
glayues tresagus frapoient a lencôtre:silz ne pourroient ilz
aucunement souffrir. ¶ La quarte pourtant que la contem-
peration des quatre elemens desquelz est compose corps humain sont en leur souueraine et tresparfaicte consummation par quoy iamais ny peut cheoir passion /corruption ne al-
teration/et par ainsi demeurent impassibles eternellement
¶ La tierce ioye de la partie du corps cest subtilite en quatre manieres. La premiere car tel corps glorieux pour-

ra estre auecq et dedens ung autre corps non glorieux ainsi
cõme est le feu qui est chose corporelle peut estre par soye de
nature dehors et dedens et en toutes les parties dung fer ẽ
brase/et pourtant se par soye naturelle telle penetration se
fait en ung corps nõ glorieux:ce ne doit point estre trop grãt
merueille selle est faict e par puissance diuine es corps qui
sont glorifiez. La seconde car le corps glorieux ne sera point
auec corps glorieux/car deux corps glorieux estre ensemble
repugne a bonne cõgruite et a lordre q̃ la sapiece infinie a mi
se es choses crees. La tierce car corpsglorieux sera egalemẽt
subtil en toutes parslaquelle chose se doit entendre quant a
penetrer autre corps nonglorieux/car loeil ne trouuera poit
plus de resistẽce que le pie ou la main ꝫ aisi des autres mẽ
bres/mais touteffois lung mẽbre sera plus subtil ou moins
selon quil appartient a la disposition de corps humain. La
quarte cest car le corps glorieux sera ꝫ demieurera en iceluy
degre de subtilite qui aura desserui a iamais sans trouuer
fin et sans trouuer resistence qui face empeschemẽt a la volente de lame q̃ le corps glorieux ne puisse estre en ung moment du ciel en la terre ꝫ de la terre au ciel ꝫ dune partie du
ciel en lautre en moins despace de temps que maintenãt ne
pourroit estre dit entendu ou pense.

La quarte ioye de la partie du corps cest agilite en quatre manieres. La pmiere car le corps glorieux sera du
tout obeyssant a la volẽte de lame et ne lẽpeschera ennul-
le maniere quelle ne soit incontinẽt dung lieu en autre cõme peut estre maintenant nostre pensee aussi tost loig comme pres. La seconde car le corps glorieux naura point plo de
disposition a descendre que a mõter/mais toute sa propre ï-
clination sera obeyr a la puissance et volẽte de lame qui telle gloire lui a principalemẽt acquise en obeissãt au createur.
La tierce pourtãt que le corps glorieux nest point transfere
dung lieu en autre pour necessite ou indigence cõme nous
voyons en ce monde/mais seullement pour la plaisance et

Marginal notes:
Hec dicit tho.
äglici ĩ suo .iiii

Aug. xxii. de ci. di
vbi volet spũs ibi ꝑ-
tinus erit.

gloire de lame.et pourtant en rien qui puisse estre ymagine le corps glorieux ne doit tapescher ou retarder lame.La quarte pourtant que le corps glorieux ne se pourroit eslongner/ de la presence de dieu/car en quelconque lieu que le corps z ame glorieux se transportent tousiours sont presens et ont clere vision de dieu.Et ainsi appert en bref des quatre dou aires du corps est clarte/impassibilite/subtilite z agilite q sont de si haulte perfection au moindre glorieux qui soit ou qui finablement sera en gloire des bieeurez quenul entende ment detenu et aggraue en corps mortel ne le pourroit co prendre mais chascun en son endroit doit loyaulmet labou rer ad ce quil puisse finablement telle merueille experimenter.

A quinte ioye de la partie du corps cest a cause de labitation du ciel empire pour quatre choses.Cestassauoir pour la beaute/pour la grandeur/pour laforce z pour lare sonance.La beaulte du ciel est telle et si grande qlle ne peut estre comparee a nulle beaulte terrienne.La grandeur de la terre est aussi come vng point au regart de la grandeur du ciel.force/ioye et leesse y procedent et abondent de toutes pars par telle maniere que les cinq sens du corps glorieux sont souuerainemet remplis chascun de ce quil appete/rest assauoir que la veue est plaine de ioye et de leesse pour quatre choses.La premiere est lumanite de iesucrist.La secon de pour la presence de la royne glorieuse mere de dieu.La tierce cest en voyant la grande et inombrable copaignie des bieneurez.La quarte cest pour la clarte de gloire qui est en resplendisseur de tous les sains assemblez en vne lumiere pense qui pourra quelle chose ce peut estre de veoir les choses deuantdictes.Car nulle escripture ne peut suffire pour en declarer lune dicelles tantseulement comme il soit ain si que la clarte du moindre corps glorieux qui soit ou sera fi nablement en paradis sera plus grande que ne seroit la clar te du soleil se elle estoit quatorze fois plus grande/quelle

nest maintenant vne. O cueurs humains pensez donc ql/
le peut estre la clarte du precieux /et tresglorieux corps de
iesuchrist et de sa benoiste et tresdigne mere (z ainsi des au/
tres chascun en son degre. Mais que peut ce estre de tous en
semble si non vne abisme de ioye et de leesse autant grande
que est icelle lumiere. Et cecy est quant ala cinquieme ioye
du corps.

Ouye sera plaine de ioye (z de leesse pour quatre cho/
ses. La premiere sera pour la melodie de la voix qui est
et sera ouye en la gloire celeste. La seconde pour le grant no
bre de ceulx qui sont (z donent icelle melodie/car se sont ho/
mes et femmes/anges et archanges en vng accord de diui
ne (z celeste musique. La tierce pour la cause que le chant de
uant dit procede damour et de ioye infinie. La quarte pour
raison de celui a qui se fait telle ioyeuse melodie/cest a tou
te la benoiste trinite qui donne tant de bien (z tant de hon/
neur a toute la compaignie des sauuez que iamais ne pour
roient cesser de dieu magnifier (z louer sans soy ennuyer ou
se laisser. Et cecy est pour la sixieme ioye de la partie du
corps.

Odorer sera plain de ioye et de leesse pour quatre cho/
ses. La premiere est pour lodeur du precieux corps de ie
suchrist. La seconde pour lodeur de la vierge marie. La ti/
erce pour lodeur particulier de vng chascun saint en para/
dis. La quarte pour vne inestimable et redolente odeur
qui se compose de tous ensemble/car ainsi comme la veue (z
louye sont plains de doulceur et de melodie qui procedent
de diuerses parties. Ainsi est lodorement de vng chascun en
particulier (z de tous ensemble. Et cecy est po' la septiesme
ioye du corps.

E goufter sera remply de saueur incomprenable/car
pourtant que la gloire de paradis est tout bien assem/
ble il couuient quelle remplisse le goufter (z latoucher ainsi coe
les autre' ses corpelz/pquoy telle chose se nome en leuagile

Cantate dno can
ticu nouu.ɔ.c.l. Itē
Cātem⁹ dno glìose
ei honorificat⁹ē.rc.
exo.rv. In pria est
laus vocal,put dicit
glo.sup illud. Exul
tatões dei ī gutture
eoɔ.Qui hitat in do
mo tua dñe ī scl'a se/
culoɔ laudabūt te.ɔ
lxxxiii

le disner ou le souper de paradis pour quatre raisons. ¶La
premiere pourtant que ainsi que viande corporelle nous cõ
tribue la vie mortelle de ce present monde: ainsi la gloire de
paradis continue la vie eternelle a tous les sauuez. Ité po'
tant quelle suffist tresabondantemét. Item pourtant quel.
le donne souueraine perfection a loperation du gouster car
de toutes les saueurs plaisantes (delectables qui oncque'
furent en vins et en viandes/en fruitz ou autres choses/en
sera faicte (composee vne souueraine qui aura la perfecti.
on et delectation infiniement de toutes les autres laquelle
continuellemét refectiõnera les bie neurez. Item pourtant
que le gouster sera tousiours en la bonne et parfaicte dispo
sitiou de bien gouster et assauourer plus ou moins selon le
degre que lame aura desserui. Et semblablemét est il de la
toucher car il sera en telle delectation que la plaisance et le
esse ne pourroient point estre declarees par nulle langue
mortele/par lesquelles choses appert tellement quellemét
selon la fragilite et petit pouoir dentendemét humaincom
me les bieneurez sont tresplains de gloire/damour/de ioye
de sante/le leesse/de beaute/de bonte/de richesse/et de tou'
autres biens sans fin (sans mesure qui puisse estre dicte ou
comprise par entendement de personne mortele soit quant
a la gloire du corps ou de lame/laquelle chose doit esmou-
uoir poindre et exciter noz cueurs de paruenir a telle gloire
laquelle treschierement le benoist iesuchrist nous a conqui-
se et promise infalliblement se nous luy voullons obeyr en
tenant le sentier de ses tressains commandemens. Et cecy
est quant a la ix.ioye de la partie du corps.

¶Oultre les choses deuãtdictes (nombrees est assauoir
quil ya certaines persones entre les sauuez q ont gloire accidentelle excellente et singuliere/laquelle gloire se nõ
me aureole qui vault autant adire comme petite couronne
qui est donnee a telz bieneurez pour la singuliere bataille/
en quoy ilz ont este victorieux comme sont ceulx et celles

¶Si vis ad vitã ingredi serua mãdata matb.xix.

¶Hãc materiã videas in catholicõ lanuêsis i illo⸗bo⸗go

qui ont garde pure virginite sans corruption voluntaire de
leur corps soit en dieu ou autrement par ainsi quilz auoient es
perance et propos de pouoir paruenir a telle victoire pour la
mour de dieu. Auoir eu voulente seulement de rompre sa vir
ginite ne fait pas perdre laureole se on se repent et que le fait
nait point este acomply. ¶ Item celle qui est violee contre sa
voulente et puis apres perseuere en son bon propos ne perdra
pas laureole, et eust elle conceu lignee en ladicte violation.
Item laureole est promise aux docteurs qui ont vertueuse
ment resiste au diable tant pour eulx que pour leur prochain.
Et par le docteur doit on aussi entendre les bons prescheurs
et ceulx qui escriuent doctrines morales a la gloire de dieu
et pour le sauuement des ames, car a telz est promise laureo
le et non seulement a ceulx qui ont le degre et profession de
docteur. Item aux martirs qui ont eu victoire du monde en
souffrant la mort ou effusion de leur sang pour lamour de
dieu et pour la verite de la saincte foy catholique. Les trois
aureoles a souuerainement le benoist iesuchrist, car il est vi
erge et filz de vierge docteur et martir tresexcellant. Les au
cuns des esleuz en ont vne tant seulement. Les autres deux
et aucuns autres tous les trois.

¶ La dixiesme ioye de la partie du corps est pour la louenge
vocale qui se fait generalement a chascun sauue en par
ticulier et de tous ensemble deuant le throne de la benoiste
trinite principalement pour quatre choses. La premiere pour
tant que dieu a donne a creature raisonnable son ymage et
sa semblance a la creation des choses et ainsi comme le don
de creation est incomprenable pour la semblace qui est entre
dieu et lame deifiee et sauuee, aussi est inenarrable la ioye
de telle comparaison de semblance et la louenge qui pour tel
don et benefice est rendue au createur. La seconde pour la re
demption de humain lignage. Car en ce que les bieneurez
soient clerement et manifestement lamour infiny que dieu
leur a monstre par sa benoiste incarnation Et trespiteuse

passion et qui les a deliurez de eternelle damnation ilz don
nent graces et louenges vocales et melodieuses au redemp
teur tant excellentemēt que nul hōme mortel ney pourroit
parler dignement. La tierce pour la benediction de la grace
diuine de laquelle la misericorde infinie les a ornez et preue
nus en ce monde et souuenteffois les a rapellez/releuez zpre
seruez de grans et detestables pechez tāt par le mistere des
sacremens de saincte eglise que aussi en leur donnāt la gar
de et le seruice de tous les benois anges de la court celleste
lesquelles graces et benefices tous les sauuez congnoissent
tresparfaictement parquoy ilz donnet louege a dieu inceffa
ment. La quarte pour la gloire a laquelle ilz doient estre par
uenus et sont certains que iamais ne moindrira ne ne fauld
ra ne au corps ne a lame/mais sont z demeureront en eter
nite de paix et damour/en force/en beaute/en ieunesse et en
tous autres biens plus grans et infinis que cueur ne pour
roit penser. O tresglorieuse cōpaignie/o tresglorieux pop
aulme. O tresdesiderable vie. O felicite infinie. Nul nest
suffisant pour vous entendre/pour vous escrire/pour vous
nombrer/pour vous cōprendre/car toutes les choses deuāt
dictes non obstant quilz soient de grant merueille plaines
sont moindre chose en cōparaison de la reale verite que nest
vne trespetite goutte de rousee au regart de toute leaue q
dieu a cree. Et pourtant mieulx vault cesser a tant descri
re et se retourner a deuote oroison sans laqlle nully ne doit
aucunement cōmancer a pareillement finer. Et pourtant
vray dieu de misericorde de paix z de consolation/fontaine
damour/de pitie z de doulceur/lumiere infinie et vie eter
nelle a vous me rens digne de mort cruelle/abisme de igno
rance z de toute misere z de tout bien afferbe zindigne plus
que ne scauroye dire en vous suppliant treshumblemēt ql
vous plaise me donner gouster/et sentir en ceste presente
vie ce que des peines denfer zdes ioyes de paradis me auez
donne grace de dire zen ce presēt traicte zescrire a ce qvo'puis

se craindre ⁊ redoubter ⁊ finablemēt de tout mon cueur vo°
aymer. O createur du riel ⁊ de la terre qui tresiustemēt dō
nez enfer aux dānez et drē benoist paradis aux sauuez ie cō
fesse et abuoue estre resui rhaitif perbeur ꝗ les biēs du corps
et de lame ay tressolemēt despēdus/indigne de leuer ma fa
ce enuers le soleil ou la lune. Mais ce non obstant vraydieu
pere piteur de toute creature et fontaine de misericorde tres
instantemēt ie requier laide de tout vostre court celeste/et
tressingulieremēt de la vierge glorieuse mere de nostre sou
ueraiŋ seigneur/abisme de grace diuine ⁊ aduocate des pe
cheurs affiŋ ꝗ par leurs intercessions ⁊ excellēs merites me°
perbez grans innombrables ne soiēt et en ceste presente vie
remis ⁊ pardonnez et que ce que iay icy fait par vous en vo°
⁊ pour vostre gloire vous puisse estre aggreable ⁊ a ledification de toute bōne creature nō point po° mes merites ou di
gnes operatiōs/mais par l'ifinie bōte /doulceur ⁊ huilite de
nostre benoist sauueur iesus et de sa tressaincte mere ausꝗz
ie me submes ⁊ rens a la mort ⁊ a la vie. Amen.

An sir mil sir cēs soixāte ⁊ viii. apres le cōmencement
de luniuersel mōde. Et lan mil cccc. soixāte ⁊ ir. le rrii
iour de moy apres lincarnation de nrē ꝑ̄ fut premieremēt cō
summe ce present liure esquelz ans ⁊ iours abōde pl° grant
mal ꝗ pourroit estre dit ou pēse auoir este es ans ⁊ iours de
uant ditz/cest ꝗ les cōmandemēs de dieu sont presꝗ̄ to° def
prisez ⁊ tresdānablemēt trespassez laꝗlle chose est le pl°grāt
excez de la douloureuse pitie ꝗ puisse estre ymaginee /car par
ce il sensuit qne pres que tout le mōde qui regne en ces tres
perileux ⁊ dāgereux iours va a perdition. La consideration
du quel excez a este cause motiue de la cōposition de ce pre
sent liure po° la cōsolation ⁊ reuocation des simples gēs. Et
affiŋ ꝗ ceulr ꝗ le vouldrōt lyre ou escouter puissēt cōsiderer
ce quilz ont voue ou saint baptesme et aussi entēdre la veri
te des cōmandemēs de dieu ⁊ des oeuures de misericorde par
laꝗlle cōgnoissance ilz se pourrōt corriger ⁊ purifier de leurs

In nouissīs dieb°
instabūt tꝑs piclōsa
ii.thi.iii. Veniet tꝯ
ꝗle nō fuit ex eo exꝗ
gētes eē cepeſt vsꝗ
ad tꝯs illō. dasi.rii.
Multi sūt vocati pau
ci vero electi. math.
rr.ca.

pechez p saincte ⁊ entiere cōfession ⁊ craidꝛe et redoubter les
hoꝛribles peines ꝺēfer en ferme esperāce ꝺe pouoir puenir a
la tresglozieuse ꝯpaignie ꝺe paꝺis moyennāt layꝺe ⁊benedi
ction ꝺe toute la benoiste trinite auquel pere filz ⁊ saint espe
rit soit honneur ⁊ gloire au ciel et en terre eꝛ hoc sicut nūc et
semper Amen.

Impꝛime a paris lan mil.cccc.nonante quatre. Ponran
thoine Verard Libꝛaire ꝺemourant a paris sur le pōt no
stre ꝺame a lymage sait iehan leuāgeliste / ou au palais
au pmier pilier ꝺꝛuāt la chapelle ou on chante la messe ꝺe
messeigneurs les pꝛesidens.